Roman Krznaric

Der gute Vorfahr

Roman Krznaric

Der gute Vorfahr

Langfristiges Denken in einer kurzlebigen Welt

Aus dem Englischen
von Sebastian Vogel

Die wichtigste Frage, die wir uns stellen müssen, lautet:
»Sind wir gute Vorfahren?«

Jonas Salk

es ist 3:32 am Morgen
und ich kann nicht schlafen
weil meine Ururenkel
mich in Träumen fragen
was hast du getan, als die Welt aus den Fugen geriet?

Drew Dellinger

Inhalt

Teil III
Die Zeitrebellion in Gang bringen

Anhang

Vorwort

Gerade als 2020 die englische Originalausgabe dieses Buches in den Druck ging, breitete sich das Coronavirus (Covid-19) um die ganze Welt aus. Durch die Pandemie konzentrierte sich unsere Aufmerksamkeit verständlicherweise auf das Hier und Jetzt: Familien, Gemeinden, Unternehmen und Regierungen wurden tätig und setzten sich mit den dringenden Notwendigkeiten der Krise auseinander. Welche Erkenntnisse liefert langfristiges Denken angesichts einer solchen unmittelbaren Bedrohung?

Dass Länder, die schon langfristige Vorkehrungen für mögliche Pandemien getroffen hatten, bisher mit dem Virus am effizientesten umgehen konnten, liegt auf der Hand: In Taiwan gab es nach dem SARS-Ausbruch von 2003 bereits Virustests und Kontaktnachverfolgung, in den Vereinigten Staaten dagegen wurden die Maßnahmen behindert, weil man die Pandemieeinheit des Nationalen Sicherheitsrates 2018 aufgelöst hatte. Gleichzeitig erinnern uns die katastrophalen Auswirkungen des Coronavirus eindringlich daran, dass wir uns mit Gedanken, Planung und der Bereitstellung von Finanzmitteln auf mehrere Risiken einstellen sollten, die am Horizont auftauchen – nicht nur auf weitere Pandemien, sondern auch auf die Klimakrise und ungebremste technische Entwicklungen.

Die Reaktion der Menschen auf das Virus wird sicher langfristige Auswirkungen haben, und die werden sich in den vor uns liegenden Jahrzehnten bemerkbar machen. Viele Regierungen könnten versuchen, an den Notstandsbefugnissen festzuhalten, die sie sich selbst eingeräumt haben, wie beispielsweise der stärkeren Überwachung ihrer Bürgerinnen und Bürger. Damit würden Reste von autoritären Maßnahmen bestehen bleiben, die neue demokratische Entwicklungen untergraben. Andererseits könnte der durch die Pandemie entstandene Riss auch Freiräume für grundlegende neue Gedanken über Politik, Wirtschaft und Lebensweise eröffnen. Wie die Asche des Zweiten Weltkrieges, aus der bahnbrechende Institutionen wie Wohlfahrtsstaat und Weltgesundheitsorganisation hervorgegangen sind, so könnte auch das Coronavirus langfristige Überlegungen darüber auslösen, wie man den Herausforderungen des kurzfristigen Denkens begegnet und Resilienz angesichts einer höchst unsicheren Zukunft aufbauen kann.

Wenn wir in den jetzigen Krisenzeiten kluge – und nachhaltige – Entscheidungen treffen, könnten wir durchaus zu den guten Vorfahren werden, die nachfolgende Generationen verdient haben.

Oxford, März 2020

Teil I

Tauziehen um Zeit

1

Wie wird man ein guter Vorfahr?

Wir sind die Erben von Geschenken aus der Vergangenheit Denken wir einmal daran, welch ungeheures Vermächtnis uns unsere Vorfahren hinterlassen haben: Sie säten in Mesopotamien vor 10.000 Jahren zum ersten Mal Samen aus, rodeten das Land, bauten Wasserstraßen und gründeten die Städte, in denen wir heute wohnen; sie machten wissenschaftliche Entdeckungen, siegten in politischen Konflikten und schufen die großen Kunstwerke, die an uns weitergegeben wurden. Nur selten halten wir inne und denken daran, wie sie unser Leben verändert haben. Ihre Namen sind größtenteils in Vergessenheit geraten, aber einer, an den man sich noch erinnert, ist der Mediziner und Forscher Jonas Salk.

Im Jahr 1955, nach fast zehn Jahren mühseliger Experimente, hatten Salk und sein Team den ersten wirksamen und ungefährlichen Impfstoff gegen Kinderlähmung entwickelt. Es war ein gewaltiger Durchbruch: An der Kinderlähmung, auch Poliomyelitis genannt, starben damals weltweit jedes Jahr mehr als eine halbe Million Menschen. Salk wurde sofort als Wunderheiler gefeiert. Aber Ruhm und Geld interessierten ihn nicht – er stellte für den Impfstoff nie einen Patentantrag. Vielmehr hatte er nur den Ehrgeiz, »der Menschheit eine gewisse Hilfe zu sein« und für zukünftige Generationen ein positives Erbe zu hinterlassen. Dass ihm das gelungen ist, steht außer Zweifel.

In späteren Jahren brachte Salk seine Lebensphilosophie in einer einzigen Frage zum Ausdruck: »Sind wir gute Vorfahren?«[1] Wir haben viele Reichtümer aus der Vergangenheit geerbt, und deshalb, so seine Überzeugung, müssen wir sie auch an unsere Nachkommen weitergeben. Dazu – und um globale Krisen wie die Zerstörung der Natur durch die Menschen und die Bedrohung durch einen Atomkrieg zu vermeiden – brauchten wir nach seiner Ansicht einen radikalen Wandel in unserer Sichtweise für die Zeit. Wir müssen uns, so Salk, weitaus stärker auf langfristiges Denken und die Folgen unseres Handelns über unsere eigene Lebenszeit hinaus konzentrieren. Statt im Maßstab von Sekunden, Tagen und Monaten zu denken, sollten wir unseren zeitlichen Horizont erweitern und Jahrzehnte, Jahrhunderte und Jahrtausende in den Blick nehmen. Nur dann seien wir in der Lage, kommende Generationen wirklich zu respektieren und ihnen gerecht zu werden.

Salks Frage könnte sich als sein größter Beitrag zur Geschichte erweisen. In aktiverer Form – Wie können wir gute Vorfahren sein? – halte ich sie für die wichtigste Frage unserer Zeit, die auch Hoffnung für die Evolution der menschlichen Zivilisation macht. Die Aufgabe, sie zu beantworten, gab nicht nur die Anregung zu diesem Buch, sondern spukt auch überall auf seinen Seiten herum. Wir stehen vor der Frage, wie zukünftige Generationen uns beurteilen werden und ob das Erbe, das wir ihnen hinterlassen, ihnen nützt oder sie lähmt. Der alte biblische Anspruch, ein guter Samariter zu sein, reicht nicht mehr. Im 21. Jahrhundert ist es Zeit für eine Aktualisierung: Lasst uns gute Vorfahren sein.

Die Zukunft ist kolonisiert

Ein guter Vorfahre zu werden ist eine schwierige Aufgabe. Ob es uns gelingt, hängt vom Ausgang eines Konfliktes ab, der sich derzeit auf der ganzen Welt in den Köpfen der Menschen abspielt: des Konfliktes zwischen den Kräften des kurz- und langfristigen Denkens.

Welche Kraft in unserer historischen Epoche die Vorherrschaft hat, ist klar: Wir leben in einem Zeitalter der pathologischen Kurzfristigkeit. Politiker blicken kaum weiter als zur nächsten Wahl, zur neuesten Meinungsumfrage oder dem aktuellsten Tweet. Unternehmen sind Sklaven des nächsten Quartalsberichts und der ständigen Forderung, den Nutzen für die Aktionäre zu mehren. Märkte boomen und brechen plötzlich zusammen – Spekulationsblasen werden von Algorithmen im Millisekundentempo vorangetrieben. Staaten geraten an internationalen Konferenztischen aneinander und konzentrieren sich auf ihre unmittelbaren Interessen, während der Planet brennt und Arten verschwinden. In unserer Kultur der sofortigen Belohnung nehmen Fast Food, im Sekundentakt abgefeuerte Textnachrichten und »Jetzt-Kaufen«-Knöpfe überhand. »Es ist die große Ironie unserer Zeit«, schreibt die Anthropologin Mary Catherine Bateson, »dass wir immer länger leben und immer kürzer denken.«[2] Wir sind gefangen in einem Zeitalter der Tyrannei des Jetzt.

Kurzfristiges Denken ist alles andere als ein neues Phänomen. Die Geschichte ist voller Beispiele dafür, von der erbarmungslosen Zerstörung der alten Wälder im Japan des 17. Jahrhunderts bis zu der außer Kontrolle geratenen Spekulation, die 1929 zum Crash an der Wall Street führte. Es ist auch nicht immer etwas Schlechtes: Genau wie Eltern, die ein verletztes Kind zügig ins Krankenhaus bringen müssen, so muss auch eine Regierung schnell und flexibel auf Krisen wie ein Erdbeben oder eine Epidemie reagieren. Betrachtet man aber die täglichen Nachrichten, so erkennt man in vielen Fällen ein schädliches kurzfristiges Denken.[3] Regierungen bevorzugen die schnelle Lösung, mehr Verbrecher hinter Gitter zu bringen, statt sich mit den tiefergehenden gesellschaftlichen und wirtschaftlichen Ursachen des Verbrechens auseinanderzusetzen. Oder sie subventionieren weiterhin die Kohleindustrie, statt den Übergang zu erneuerbaren Energien zu fördern. Oder sie retten nach einem Crash zahlungsunfähige Banken, statt dem

Finanzsystem eine neue Struktur zu geben. Oder sie investieren nicht in vorbeugende Gesundheitsfürsorge, Kinderarmut und Sozialwohnungen. Oder, oder, oder ... Die Liste ließe sich beliebig verlängern.

Aber die Gefahren des kurzfristigen Denkens gehen weit über solche politischen Bereiche hinaus und haben uns mittlerweile an einen kritischen Punkt gebracht. Das liegt zum einen an dem wachsenden Bewusstsein für sogenannte »existenzielle Risiken«: Damit sind in der Regel Ereignisse mit geringer Wahrscheinlichkeit und starken Auswirkungen gemeint, die durch neue technische Entwicklungen verursacht werden könnten. Ganz oben auf der Liste stehen dabei die Bedrohungen durch künstliche Intelligenz, beispielsweise in Gestalt tödlicher, selbsttätig agierender Waffen, die von ihren menschlichen Herstellern nicht mehr kontrolliert werden. Weitere Möglichkeiten sind unter anderem gentechnisch verursachte Pandemien oder ein Atomkrieg, der in einem Zeitalter wachsender geopolitischer Instabilität von einem Schurkenstaat angezettelt wird. Der Risikoforscher Nick Bostrom macht sich insbesondere große Sorgen über die Auswirkungen der molekularen Nanotechnologie und fürchtet, Terroristen könnten sich selbst vermehrende bakteriengroße Nanobots in die Hand bekommen, die außer Kontrolle geraten und die Atmosphäre vergiften. Angesichts solcher Bedrohungen sind viele Expertinnen für existenzielle Risiken überzeugt, dass die Menschheit mit einer Wahrscheinlichkeit von eins zu sechs dieses Jahrhundert nicht überstehen wird, ohne dass es zu einem katastrophalen Verlust von Menschenleben kommt.[4]

Genauso ernst zu nehmen ist die Möglichkeit, dass die Zivilisation durch die erbarmungslose Zerstörung der ökologischen Systeme zusammenbricht, von denen unser Wohlergehen – und unser Leben – abhängt. Wenn wir weiterhin gedankenlos fossile Brennstoffe aus der Erde pumpen, Ozeane vergiften und biologische Arten in einem Tempo zerstören, das sich zu einem »sechsten

Aussterben« summiert, rückt die Aussicht auf verheerende Auswirkungen immer näher. In unserem ungeheuer vernetzten Zeitalter hat diese Gefahr heute weltweite Ausmaße: Wir haben keinen Planeten B, auf den wir flüchten könnten. Nach Angaben des Umwelthistorikers Jared Diamond stand eine solche ökologische Zerstörung in der Menschheitsgeschichte immer wieder am Anfang des Zusammenbruchs von Zivilisationen. Ihre wichtigste Ursache, so schreibt er, sei ein Übermaß an »kurzfristigen Reaktionen« in Verbindung mit dem Fehlen »couragierter, weitsichtiger Entscheidungen«.[5] Wir sind gewarnt.

Solche Herausforderungen konfrontieren uns mit einem unausweichlichen Widerspruch: Die Notwendigkeit langfristigen Denkens ist eine Angelegenheit von höchster Dringlichkeit und erfordert sofortiges Handeln in der Gegenwart. »Wir stehen gerade jetzt vor einer von Menschen gemachten Katastrophe globalen Ausmaßes, vor unserer größten Bedrohung seit Jahrtausenden: dem Klimawandel«, sagte David Attenborough 2018 bei der UN-Klimakonferenz zu den politisch Verantwortlichen der Welt. »Wenn wir nicht handeln, stehen der Zusammenbruch unserer Zivilisation und das Aussterben eines großen Teils der Natur am Horizont.« Und weiter erklärte der Naturforscher: »Was jetzt und in den nächsten Jahren geschieht, wird tiefgreifende Auswirkungen auf die nächsten Jahrtausende haben.«[6]

Solche Aussagen sollten uns in höchste Alarmbereitschaft versetzen. Aber oftmals vermitteln sie nicht, wer die Folgen unserer vorübergehenden Kurzsichtigkeit tragen wird: nicht nur unsere eigenen Kinder und Enkel, sondern auch die Milliarden Menschen, die in den kommenden Jahrhunderten geboren werden und weitaus zahlreicher sind als alle, die heute leben.

Insbesondere für die Bewohner der wohlhabenden Staaten ist die Zeit gekommen, in der sie eine beunruhigende Wahrheit erkennen müssen: Wir haben die Zukunft kolonisiert. Wir behandeln sie wie ein fernes Land, in dem keine Menschen leben und in dem wir ökologische Zerstörung, technologische Risiken und Atommüll nach Belieben abkippen können, während wir sie gleichzeitig nach Belieben plündern. Im 18. und 19. Jahrhundert, als Australien von Großbritannien kolonisiert wurde, berief man sich auf eine juristische Lehre, die heute unter dem Namen *terra nullius* – »Niemandes Land« – bekannt ist. Sie diente als Rechtfertigung dafür, den Kontinent zu erobern und die indigene Bevölkerung zu behandeln, als würde sie nicht existieren oder als hätte sie keinerlei Anspruch auf das Land.[7] Heute pflegen wir eine gesellschaftliche Haltung des *tempus nullius*: Die Zukunft ist für uns »Niemandes Zeit«, ein Territorium, das niemandem gehört und keine Bewohnerinnen hat. Wie die fernen Regionen des britischen Empire steht es uns zur Inbesitznahme zur Verfügung. Und wie die indigenen Australier noch heute gegen das Erbe des *terra nullius* kämpfen, so wird auch ein Kampf gegen die Doktrin des *tempus nullius* geführt werden müssen.

Tragisch ist dabei, dass die ungeborenen Generationen von morgen nichts gegen die kolonialistische Plünderung ihrer Zukunft unternehmen können. Sie können sich nicht wie eine Suffragette vor das Pferd des Königs werfen, können nicht wie Bürgerrechtsaktivistinnen die Alabama Bridge blockieren und sich nicht wie Mahatma Gandhi auf einen Salzmarsch begeben, um sich ihren kolonialistischen Unterdrückern zu widersetzen. Ihnen werden keine politischen Rechte oder Vertretungen zugestanden, sie haben an der Wahlurne oder auf den Märkten keinen Einfluss. Die große, schweigende Mehrheit der zukünftigen Generationen ist machtlos und aus unseren Köpfen verbannt.

Langfristiges Denken: Ein dringliches Konzept

Die Geschichte der Menschheit ist damit aber nicht zu Ende. Wir stehen an einem potenziellen historischen Wendepunkt: Zahlreiche Kräfte fließen in einer globalen Bewegung zusammen, die das Ziel hat, uns von unserer Gegenwartssucht zu befreien und ein neues Zeitalter des langfristigen Denkens zu gestalten.

Unter ihren Vertretern sind Stadtplanerinnen und Klimaforscher, Krankenhausärztinnen und Vorstandsvorsitzende von Technologieunternehmen. Sie alle erkennen allmählich, dass ein kurzfristiger Scheuklappenblick die Wurzel vieler heutiger Krisen bildet; dazu gehören die Gefahr, dass Ökosysteme zusammenbrechen, die Risiken der Automatisierung, die zunehmende weltweite Massenmigration, die immer größere Ungleichheit der Einkommensverteilung – und das naheliegende Gegenmittel ist langfristiges Denken. Al Gore meinte dazu: »Die herrschenden Institutionen wurden von Kapitalinteressen bestochen, die nicht auf langfristige Nachhaltigkeit, sondern auf kurzfristigen Gewinn versessen sind.« Deshalb, so die Sorge des Astrophysikers Martin Rees, »vernachlässigen wir Planungen, das Absuchen des Horizonts, die Gefahr langfristiger Risiken«. Seiner Ansicht nach sollten wir, was langfristige politische Planung angeht, von China lernen.[8] Der frühere Facebook-Manager Chamath Palihapitiya räumte ein: »Die von uns geschaffenen kurzfristigen, von Dopamin getriebenen Rückkopplungsschleifen zerstören die Funktionsweise der Gesellschaft«, und der Chefökonom der Bank of England kritisierte ganz offen die »steigende Flut der Kurzsichtigkeit« in Kapitalmärkten und Unternehmenshandeln.[9] Gleichzeitig wächst international die Einsicht, dass man das Leben zukünftiger Menschen bei heutigen moralischen und politischen Entscheidungen nicht beiseiteschieben darf. In den letzten 25 Jahren erwähnten mehr als 200 UN-Resolutionen ausdrücklich das Wohlergehen »zukünftiger Generationen«, und Papst Franziskus erklärte: »Ohne eine Solidarität zwischen den Generationen kann von nachhaltiger Entwicklung keine Rede mehr sein … Wir reden hier nicht von einer optionalen Haltung, sondern von einer grundlegenden Frage der Gerechtigkeit …«[10]

Eine solche wachsende öffentliche Überzeugung, wonach langfristiges Denken in der Zivilisation oberste Priorität einnimmt, hat es bisher noch nicht gegeben. Aber weit eindrucksvoller als die vielen schönen Worte war die explosionsartige Vermehrung handfester Projekte und Initiativen, die sie in die Tat umsetzen wollen. Im Svalbard Global Seed Vault, einem Bunker in den Felsen der fernen Arktis, will man über eine Million Samen von 6000 biologischen Arten für mindestens 1000 Jahre sicher aufbewahren. Es gibt neue politische Strukturen wie den Future Generations Commissioner (»Kommissar für zukünftige Generationen«) in Wales und das Ministerium für Kabinettsangelegenheiten und Zukunft in den Vereinigten Arabischen Emiraten. Begleitet wurden sie von Aktivitäten der Jugend, darunter die Kampagne Plant-for-the-Planet, die 2007 von dem neunjährigen Deutschen Felix Finkbeiner ins Leben gerufen wurde und bewirkt hat, dass in 130 Ländern insgesamt mehrere Dutzend Millionen Bäume gepflanzt wurden. In den kreativen Künsten begann am 31. Dezember 1999 um Mitternacht in einem Londoner Leuchtturm die Aufführung der Komposition Longplayer des Musikers Jem Finer, die sich ohne Wiederholungen 1000 Jahre fortsetzen soll.

Das langfristige Denken gewinnt also offensichtlich an Zugkraft, es wirft jedoch ein Problem auf. Man findet es zwar in den Winkeln der wissenschaftlichen und künstlerischen Community sowie auch unter manchen weitsichtigen Unternehmen und politischen Aktivisten, es ist aber nach wie vor eine Randerscheinung, und das nicht nur in Europa und Nordamerika, sondern auch in den aufstrebenden wirtschaftlichen Kraftzentren. Bisher ist es nicht tief in die Strukturen des modernen Geistes eingedrungen: Der ist weiterhin in der Zwangsjacke des kurzfristigen Denkens gefangen.

Auch als Konzept ist das langfristige Denken verblüffend unterentwickelt. Ich selbst habe in unzähligen Gesprächen erlebt, dass es als Lösung für die Übel auf unserem Planeten angeboten wurde, aber was es eigentlich ist, kann niemand so richtig sagen. Die Formulierung liefert bei einer Onlinesuche fast eine Million Treffer, aber nur in den seltensten Fällen wird dabei eindeutig erklärt, was es bedeutet, wie es funktioniert, welche zeitlichen Horizonte gemeint sind und welche Schritte wir unternehmen müssen, um es zum Normalfall zu machen. Auch wenn Prominente wie Al Gore seine Vorteile betonen, bleibt der Begriff ein abstraktes, formloses Sammelsurium ohne Prinzipien oder Programme. Dieses intellektuelle Vakuum führt zu nichts weniger als einem begrifflichen Notstand.[11]

Wenn wir gute Vorfahren sein wollen, ist es unsere erste Aufgabe, dieses Vakuum zu füllen. Das vorliegende Buch ist ein Versuch, das zu tun: Es beschreibt sechs Visionen und praktische Methoden, um das langfristige Denken zu kultivieren. Zusammen bilden sie ein unentbehrliches mentales Werkzeugarsenal, mit dem wir unserer Versessenheit auf das Hier und Jetzt entgegenwirken können.

Dass ich mich auf diese sechs Wege konzentriere, liegt an meiner tiefen Überzeugung, dass Ideen wichtig sind. Wie H. G. Wells – vielleicht der einflussreichste unter allen Autoren und Autorinnen, die über die Zukunft nachgedacht haben – bin ich der Ansicht, dass »Menschheitsgeschichte im Wesentlichen eine Geschichte der Ideen ist«.[12] Die vorherrschende Ideenkultur prägt die Entwicklung einer Gesellschaft, bestimmt darüber, was denkbar und was undenkbar, was möglich und unmöglich ist. Ja, Faktoren wie Wirtschaftsstruktur, politische Systeme und Technologie spielen eine wichtige Rolle, aber die Macht der Ideen sollte man niemals unterschätzen. Um nur einige zu nennen, die einst großen Einfluss hatten: dass die Erde der Mittelpunkt des Universums ist, dass wir vorwiegend von Eigeninteresse angetrieben werden, dass der Mensch und die Natur nicht eins und Männer den Frauen überlegen sind, dass Gott oder der Kapitalismus oder der Kommunismus der Weg zur Erlösung ist. Man kann sie Weltanschauungen, geistige Rahmenbedingungen, Paradigmen oder Denkweisen nennen: Sie alle haben über den Weg der Zivilisationen bestimmt.[13] Und in der historischen Gegenwart ist kurzfristiges Denken – der Glaube an den Vorrang des Jetzt – eine jener Ideen, die uneingeschränkt herrschen und dringend infrage gestellt werden müssen.

Wie wichtig das Thema ist, erkannte der Musiker und Kulturphilosoph Brian Eno schon in den 1970er-Jahren: Damals prägte er den Begriff des »langen Jetzt«. Eno war aufgefallen, wie viele Menschen in einer Mentalität des »kurzen Jetzt« stecken, wobei »Jetzt« Sekunden, Minuten oder vielleicht auch einige Tage bedeutet. Eine solche Kultur des hohen Tempos und der Kurzfristigkeit hatte unter anderem zur Folge, dass die Sorge um zukünftige Generationen, die vor unzähligen Bedrohungen vom Umweltkollaps bis zur Aufrüstung stehen, auf der Strecke blieb. »Unser Mitgefühl wächst in der Zeit nicht sonderlich nach vorn«, schrieb er. Das Gegenmittel war für ihn ein längerer Begriff des Jetzt: Danach erstreckt sich unsere Vorstellung, was das Jetzt ausmacht, um Jahrhunderte oder vielleicht sogar Jahrtausende vorwärts und rückwärts, und mit ihr erweitern sich auch unsere moralischen Sichtweisen.[14] Dieses Buch liefert Grundlagen für die Schaffung einer »Zivilisation des langen Jetzt«, einer Kultur, die ihre kolonialistische Mentalität, zukünftige Generationen zugunsten der Gegenwart zu versklaven, überwunden hat.

Mit meiner eigenen Forschung und dem, was ich seit über zehn Jahren über Empathie geschrieben habe, konzentriere ich mich auf die Frage, wie wir in der heutigen Welt in die Haut von Menschen unterschiedlicher gesellschaftlicher Herkunft schlüpfen können, um ihre Gefühle und Sichtweisen zu verstehen (was in der Fachsprache als »kognitive Empathie« oder »Perspektivenübernahme« bezeichnet wird). Aber schon seit Langem schlage ich mich mit einer noch größeren Herausforderung herum: Wie können wir eine persönliche, emphatische Verbindung zu zukünftigen Generationen herstellen, mit denen wir niemals zusammentreffen werden und deren Lebensumstände wir uns kaum vorstellen können? Mit anderen Worten: Wie können wir nicht nur über Räume, sondern auch über Zeiten hinweg Mitgefühl empfinden? Dieses Buch geht der Frage nach, wie uns so etwas gelingen könnte. Seit ich vor drei Jahren mit dem Schreiben begonnen habe, ist mir klar geworden, dass Empathie nicht die einzige Brücke ist, die wir brauchen, um unsere moralischen Visionen in die Zukunft zu erweitern; auch andere, damit verwandte Konzepte wie die Generationengerechtigkeit und die Ansichten indigener Völker über unsere Verantwortung für den Planeten können eine Schlüsselrolle spielen. Das so entstandene Buch unternimmt eine interdisziplinäre Reise durch die verschiedensten Bereiche von Moralphilosophie und Anthropologie bis zu den neuesten Erkenntnissen der Neurowissenschaft, der Konzeptkunst und der Politologie. Dabei bemühe ich mich, ein breites Spektrum gesellschaftlicher, wirtschaftlicher und kultureller Sichtweisen einzubeziehen, die Analyse wird aber zwangsläufig durch meine eigene gesellschaftliche Stellung eingeschränkt; wenn in diesem Buch von »wir« die Rede ist, meine ich damit in der Regel die wirtschaftlich gesicherten Bewohnerinnen und Bewohner der westlichen Industriestaaten, die manchmal auch als Globaler Norden bezeichnet werden.

Tauziehen um Zeit

Die nationalen Befreiungskämpfe des 20. Jahrhunderts wurden mit Gewehren ausgetragen. Der generationenübergreifende Befreiungskampf des 21. Jahrhunderts ist eine Schlacht der Ideen in Form eines gigantischen Tauziehens um Zeit (siehe unten). Auf der einen Seite drohen sechs Triebkräfte des kurzfristigen Denkens uns über die Klippe des Zivilisationszusammenbruchs zu stürzen. Auf der anderen ziehen uns sechs Wege, langfristiger zu denken, in Richtung einer Kultur längerer Zeithorizonte und der Verantwortung für die Zukunft der Menschheit.

Die sechs Wege des langfristigen Denkens, die wir im zweiten Teil genauer betrachten werden, sind die kognitiven Kernkompetenzen, die wir brauchen, um gute Vorfahren zu werden: eine Reihe grundlegender Einstellungen, Überzeugungen und Ideale. Sie lassen sich in drei Gruppen einteilen. Eine *Vorstellung* der Zukunft hat ihre Basis in der Demut gegenüber der Tiefenzeit (später mehr darüber) und entwickelt ein übergeordnetes Ziel für die Menschheit. *Einfühlung* in die Zukunft erfordert eine vermächtnisorientierte Haltung und ein Gefühl für Generationengerechtigkeit. Die Fähigkeit zur *Planung* für die Zukunft über unsere eigene Lebenszeit hinaus erwächst aus ethisch anspruchsvollem Denken und ganzheitlicher Vorausschau. Keine davon reicht allein aus, um in den Köpfen der Menschen eine langfristige Revolution in Gang zu setzen. Aber gemeinsam – und wenn sie von einer kritischen Menge von Menschen und Organisationen praktiziert werden – können sie mit ihrer Synergie zu einem neuen Zeitalter des langfristigen Denkens führen.

Die Triebkräfte des kurzfristigen Denkens, von denen in diesem Buch immer wieder die Rede sein wird, haben zwar eine beträchtliche Macht, aber dass sie in dem Tauziehen um Zeit den Sieg davontragen, ist keineswegs garantiert. Im Gegensatz zu einer verbreiteten Ansicht dürfte das langfristige Denken eine der größten unbesungenen Begabungen unserer Spezies sein. Wir denken nicht nur schnell und langsam, wie Daniel Kahneman uns gelehrt hat, sondern wir denken auch kurz und lang. Die Fähigkeit, über lange Zeiträume zu denken und zu planen, ist in unserem Gehirn verdrahtet und hat uns zu gewaltigen Leistungen befähigt, so zum Bau der Londoner Kanalisation nach dem Großen Gestank von 1858, zu den öffentlichen Investitionen in Roosevelts New Deal und dem engagierten Kampf der Sklavereigegner und Frauenrechtlerinnen. Wie wir noch etwas detaillierter erfahren werden,

Tauziehen um Zeit

Sechs Triebkräfte des kurzfristigen Denkens

Tyrannei der Uhr
Die Beschleunigung der Zeit seit dem Mittelalter

Digitale Ablenkung
Vereinnahmung der Aufmerksamkeit durch Technologie

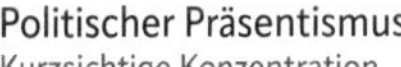

Politischer Präsentismus
Kurzsichtige Konzentration auf die nächste Wahl

Spekulativer Kapitalismus
Volatile Finanzmärkte mit Auf und Ab

Vernetzte Unsicherheit
Aufstieg globaler Risiken und Ansteckungsgefahren

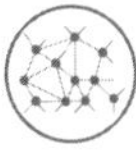

Ständiger Fortschritt
Endloses Wirtschaftswachstum als Ziel

Sechs Wege zum langfristigen Denken

Demut vor der Tiefenzeit
Begreifen, dass wir nur ein Wimpernschlag in der Geschichte des Kosmos sind

Vermächtnisdenken
Der Nachwelt in guter Erinnerung bleiben

Generationengerechtigkeit
Rücksicht auf die siebte zukünftige Generation

Kathedralendenken
Planung von Projekten über die Lebenszeit eines Menschen hinaus

Ganzheitliche Vorhersage
Ausmalen mehrerer Wege für die Zivilisation

Übergeordnetes Ziel
Streben nach Gedeihen auf dem einen Planeten

ist genau das die geheime evolutionäre Zutat, die den sechs Wegen des langfristigen Denkens ihr Potenzial und ihre Macht verleiht.

Wie lässt sich der Fantasiesprung zum langfristigen Denken in Taten ummünzen, die der Geschichte neue Konturen verleihen? Diese Frage steht im Mittelpunkt des dritten Teils: Er erzählt die Geschichte einer Gruppe von Pionieren, die als »Zeitrebellen« gegen das um sich greifende kurzfristige Denken der modernen Welt kämpfen und sich bemühen, die sechs Wege in der Praxis anzuwenden. Dazu gehören die von dem schwedischen Teenager Greta Thunberg angeführte globale Klimastreikbewegung, aber auch Organisationen wie Extinction Rebellion in Großbritannien oder Our Children's Trust in den Vereinigten Staaten. Andere Rebellinnen finden wir in der Bewegung für radikale regenerative Wirtschaft und unter den Fürsprechern von Bürgerversammlungen von Spanien bis Japan.

Sie haben allerdings mächtige Gegner, darunter jene, die das langfristige Denken für ihre eigenen Zwecke vereinnahmen wollen; das gilt insbesondere für den Finanzsektor: Gus Levy, der frühere Vorsitzende der Investmentbank Goldman Sachs, erklärte einmal stolz: »Wir sind gierig, aber nicht kurzfristig gierig, sondern langfristig gierig.«[15] Außerdem müssen die Zeitrebellen sich mit der unangenehmen Realität auseinandersetzen, dass manche grundlegenden Organisationsprinzipien unserer Gesellschaft, von den Nationalstaaten und der repräsentativen Demokratie bis zur Verbraucherkultur und dem Kapitalismus als solchem, sich für das Zeitalter, in dem wir leben, nicht mehr eignen. Sie wurden vor Jahrhunderten im Holozän erfunden, der 10.000 Jahre dauernden geologischen Ära mit stabilem Klima, in der die Zivilisation der Menschen aufblühte; es war eine Zeit, in der unser Planet die ökologischen Folgen des materiellen Fortschritts, die Kosten und Risiken neuer Technologien und die Belastungen des Bevölkerungswachstums zum größten Teil verkraften konnte. Diese

Epoche ist jetzt vorüber: Wir treten ins Anthropozän ein, eine neue Ära, in der die Menschen ein instabiles, vom ökologischen Zusammenbruch bedrohtes System Erde geschaffen haben.[16]

Es ist eine größere Version des klassischen QWERTZ-Problems: Diese ineffiziente Tastenanordnung wurde in den 1860er-Jahren geschaffen, um zu verhindern, dass die mechanischen Typenhebel der Schreibmaschinen sich verhakten, weswegen man häufig benutzte Buchstaben weit voneinander entfernt anbrachte; heute sind wir mit Institutionen belastet, die für die Herausforderungen einer ganz anderen Zeit gestaltet wurden. Es ist praktisch unmöglich, sich einer wichtigen Erkenntnis zu entziehen: Wenn wir eine Welt schaffen wollen, die sich für die jetzigen und zukünftigen Generationen eignet, werden wir Kernaspekte der Gesellschaft – wie unsere Wirtschaft funktioniert, wie unsere Politik funktioniert, wie unsere Städte aussehen – zutiefst neu denken und neu gestalten müssen, und wir müssen gewährleisten, dass sie von neuen Werten und Zielen unterfüttert sind, damit das langfristige Wohlergehen der Menschheit gesichert wird. Und dazu haben wir ungeheuer wenig Zeit.

Gibt es einen idealen Zeithorizont, den wir in dem Tauziehen gegen das kurzfristige Denken anstreben sollten? Das vorliegende Buch schlägt vor, 100 Jahre als Minimum für die Grenze zum langfristigen Denken anzusetzen. Dies ist derzeit die Dauer eines langen Menschenlebens und führt uns über die egoistische Grenze unserer eigenen Sterblichkeit hinaus; damit können wir uns eine Zukunft ausmalen, die wir beeinflussen, ohne dass wir selbst noch daran teilhaben.[17] Sie erstreckt sich viel weiter als der Ausblick von maximal fünf oder zehn Jahren, den man in Unternehmen findet, und geht in Richtung des Zeithorizonts für Taten wie das Pflanzen einer Eiche, die erst dann ausgewachsen ist, wenn wir längst nicht mehr da sind. Auch von Menschen mit einer längeren Sichtweise können wir lernen. Die auf die siebte Generation ausgerichteten Entscheidungen vieler indigener Völker umfassen einen Zeitraum von fast zwei Jahrhunderten. Noch ehrgeiziger ist die Long Now Foundation in Kalifornien: Sie setzt einen Zeithorizont von 10.000 Jahren an und begründet dies damit, dass die ersten Kulturen der Menschen sich vor zehn Jahrtausenden, am Ende der letzten Eiszeit, entwickelten – deshalb, so erklärt die Stiftung, sollten wir eine ähnliche Perspektive auch für die Zukunft einnehmen.[18] Mit unserer zeitlichen Fantasie müssen wir abenteuerlustig sein. Wenn wir uns vornehmen, »langfristig« zu denken, sollten wir wenigstens einmal tief durchatmen und uns darunter »100 Jahre oder mehr« vorstellen.

Radikale Hoffnung: Ein Ausblick

Können wir wirklich diesen welterschütternden Paradigmenwechsel vollziehen, damit langfristiges Denken nicht nur unsere persönlichen Entscheidungsprozesse durchdringt, sondern auch das ganze Gewebe unserer öffentlichen Institutionen, unserer Wirtschaftssysteme und unseres kulturellen Lebens? Der Literaturkritiker Terry Eagleton trifft eine nützliche Unterscheidung zwischen Optimismus und Hoffnung.[19] Optimismus ist danach eine fröhliche Neigung, immer und auch entgegen allen Indizien die positive Seite des Lebens zu sehen. Eine solche Einstellung kann leicht zu Selbstzufriedenheit und Untätigkeit führen. Hoffnung dagegen ist ein aktiveres, radikales Ideal: Sie erkennt die reale Möglichkeit des Scheiterns an, hält aber gleichzeitig entgegen allen Wahrscheinlichkeiten an der Erfolgsaussicht fest und wird durch ein tiefes Engagement für ein wünschenswertes Ergebnis angetrieben.

Dieses Buch handelt nicht von Optimismus, sondern von Hoffnung. Es besteht eine reale Möglichkeit, dass die Menschheit nicht aus ihrem Schlummer des kurzfristigen Denkens erwacht, bis eine extreme Katastrophe eintritt – und dann ist es vielleicht zu spät, um uns noch von dem selbstzerstörerischen Kurs abzubringen, den das Römische Reich und die Maya eingeschlagen haben. Aber der zukünftige Zusammenbruch der Zivilisation ist keineswegs unausweichlich, insbesondere wenn wir die Macht des kollektiven Handelns nutzen und radikale Veränderungen herbeiführen. Als erste Lektion lehrt uns die Geschichte: Nichts ist unvermeidlich, solange es nicht eingetreten ist. Wir sollten Hoffnung empfinden, wenn wir uns daran erinnern, dass Kolonialismus und Sklaverei zu Ende gegangen sind. Wir sollten Hoffnung in das Veränderungspotenzial der sechs Wege setzen, auf denen wir langfristig denken können, und auch in die aufkeimende Zeitrebellion, die sich zum Ziel gesetzt hat, das Tauziehen gegen das kurzfristige Denken zu gewinnen. Ebenso sollten wir zur Kenntnis nehmen, dass zukünftige Generationen uns nie verzeihen würden, wenn wir aufgeben, solange noch die Möglichkeit einer Veränderung besteht, ganz gleich, wie groß die Chancen sind. Wir müssen ihre Stimmen in unseren Träumen hören und in unseren Entscheidungen berücksichtigen.

Der Weg des guten Vorfahren liegt vor uns. Ob wir ihn einschlagen oder nicht – wir haben die Wahl.

2

Das Marshmallow und die Eichel

Das Innenleben unseres zeitgeplagten Gehirns

Schließen wir einmal die Augen und stellen uns vor, wir hätten in jeder Hand einen kleinen Gegenstand, ein Sinnbild für das alltägliche Dilemma in unserer belasteten Beziehung zur Zeit. In der linken Hand haben wir ein weiches rosa Marshmallow, in der rechten eine grün glänzende Eichel.

Beide zusammen stehen für das faszinierende Spannungsverhältnis zwischen unseren mentalen Zeithorizonten. Unser Gehirn ist für kurz- wie auch für langfristiges Denken verdrahtet, und zwischen beiden findet ein ständiges Tauziehen statt. Vom Persönlichen bis zum Politischen, vom Privatleben bis zur Öffentlichkeit: Die Spannung ist immer da. Sollen wir Geld für einen Strandurlaub ausgeben oder lieber fürs Alter sparen? Werden Politiker unser Land für die nächsten 100 Jahre fit machen oder sich kurzfristig darauf konzentrieren, die bevorstehende Wahl zu gewinnen? Posten wir eher ein Selfie auf Instagram, um Likes einzuheimsen, oder legen wir für die Nachwelt einen Samen in die Erde?

Jeder von uns hat ein »Marshmallowgehirn«, wie ich es nenne: Mit ihm fixieren wir uns auf kurzfristige Wünsche und Belohnungen. Wir alle besitzen aber auch das »Eichelgehirn«, mit dem wir uns die ferne Zukunft ausmalen und auf langfristige Ziele hinarbeiten. Das Wechselspiel zwischen diesen beiden mentalen Zeithorizonten ist ein beträchtlicher Teil unseres charakteristischen menschlichen Wesens.

Ganz buchstäblich tritt das Eichelgehirn in *Der Mann, der Bäume pflanzte* in Erscheinung, einer Kurzgeschichte von Jean Giono, in der ein Schäfer jeden Tag, während er seine Schafe hütet, Eicheln in die Erde steckt. Nach einigen Jahrzehnten ist daraus ein stattlicher Eichenwald herangewachsen – eine Geschichte, die wir überzeugend finden. Aber trotz alledem und trotz unserer offenkundigen Fähigkeit zu langfristigem Denken betont unser beherrschendes gesellschaftliches Narrativ unsere Neigung zur Kurzfristigkeit.

Während der Recherchen zu diesem Buch habe ich mit Psychologinnen und Wirtschaftswissenschaftlern, Zukunftsforscherinnen und Beamten gesprochen; dabei begegnete mir immer wieder die Überzeugung, wir bezögen unseren Antrieb vor allem durch unmittelbare Belohnungen und sofortige Vorteile, und deshalb bestehe wenig Hoffnung, dass wir uns den langfristigen Herausforderungen unserer Zeit stellen können. Sehr deutlich wird diese Sichtweise in einem Aufsatz von Nathaniel Rich über unser Versagen angesichts der Klimakrise. »Menschen«, so schreibt er, »ob in Weltorganisationen, Demokratien, der Wirtschaft, in politischen Parteien oder als Einzelne sind nicht in der Lage, die gegenwärtige Bequemlichkeit zu opfern, um damit einer Strafe zu entgehen, die zukünftigen Generationen auferlegt wird.«[1]

Wenn wir gute Vorfahren sein wollen, müssen wir diese Annahme infrage stellen und anerkennen, dass unser Geist tatsächlich zu langfristigem Denken in der Lage ist. Das ist der Ausgangspunkt für den Aufbau einer Gesellschaft, die unsere derzeitige kurzsichtige Konzentration auf die Gegenwart überwindet. Die verschiedenen Formen des langfristigen Denkens, mit denen wir uns in diesem Buch beschäftigen werden – Kathedralendenken, ganzheitliche Vorhersage und das Streben nach einem übergeordneten Ziel –, haben ihre Grundlage in unserer angestammten Fähigkeit, uns die Zukunft auszumalen und für sie zu planen. Ohne sie hätten wir niemals die Landwirtschaft erfunden, die Kathedralen des mittelalterlichen Europas errichtet, ein öffentliches Gesundheitswesen aufgebaut oder Reisen in den Weltraum unternommen. Und heute brauchen wir sie mehr als je zuvor.

In diesem Kapitel wird gezeigt, dass wir zu solchen langfristigen Denkleistungen in der Lage sind; dazu gehen wir der Frage nach, wie das Eichelgehirn funktioniert und wie es sich in zwei Millionen Jahren unserer Evolutionsvergangenheit entwickelt hat. Zunächst einmal müssen wir jedoch die innere Funktionsweise seines großen Rivalen offenlegen: des Marshmallowgehirns.

Das Marshmallowgehirn als Triebkraft unseres Verhaltens

Ich sitze in einem Café in Oxford. Bei mir ist der Neurowissenschaftler Morten Kringelbach, ein weltweit angesehener Experte für Gehirn und Lustempfinden; er ist erpicht darauf, mit mir über die Fähigkeit der Menschen zu langfristigem Denken zu sprechen. Er bestellt sich einen Schokoladenbrownie, und als das Gebäck gebracht wird, schiebt er den Teller zu mir. Ich lehne ab und erkläre ihm, ich wolle gesund leben. Dann schaue ich hinunter auf den Brownie. Das Gebäck lacht mich an. Wir tauschen Blicke aus. Nach einigen Minuten kann ich meiner Schokoladensucht nicht mehr widerstehen und nehme einen Bissen.

Wir Menschen, so erklärt mir Morten, tragen in unserem Gehirn ein Lustsystem, das uns dazu antreibt, nach kurzfristigem Vergnügen und Belohnungen zu streben, während es uns gleichzeitig veranlasst, unmittelbare Schmerzen zu meiden. Viele derartige Vergnügungen spielen in unserem Leben eine positive Rolle, wie das warme Gefühl der Sonne auf der Haut, eine tröstliche Umarmung oder die Freude, die wir beim Austausch in Gesprächen empfinden. Manchmal aber spielt das Lustsystem auch verrückt und wird von kurzfristigen Bestrebungen und Impulsen beherrscht, die leicht in Sucht umschlagen können: Wir sind gierig auf den Zuckerschub durch eine Limonade oder können uns nicht von einem Videospiel losreißen. Dieses »Suchtgehirn«, so Morten, müssen wir im Auge behalten, denn es treibt uns zu schädlichen kurzfristigen Verhaltensweisen (darunter die Vorliebe für Schokolade). Solche kurzfristigen Sucht- und Impulsmerkmale bezeichne ich aus Gründen, die ich noch darlegen werde, als Marshmallowgehirn.

Erste Erkenntnisse über seine Funktionsweise gewann man 1954 in einer bahnbrechenden Studie: Man pflanzte Elektroden in den Hypothalamus von Ratten ein und verband sie mit einem Hebel, den die Ratten betätigen konnten, um in ihrem Gehirn einen elektrischen Reiz zu erhalten. Die Tiere drückten den Hebel immer wieder – bis zu 2000 mal in der Stunde – und gaben zu diesem Zweck ihre normalen Tätigkeiten wie Fressen, Trinken und Sexualität völlig auf. Der Befund wurde später mehrfach nachvollzogen und lässt darauf schließen, dass bestimmte Gehirnareale für das Suchtverhalten zuständig sind und dass der Botenstoff Dopamin in diesen Arealen eine entscheidende Bedeutung für die Signalübertragung hat.[2] Ob es uns gefällt oder nicht, mit den Ratten verbindet uns eine gemeinsame Abstammung (die ungefähr 80 Millionen Jahre zurückreicht); deshalb ist es nicht verwunderlich, dass spätere Forschungsergebnisse auch bei Menschen auf ähnliche Gehirnareale hindeuteten.[3]

Nach den Erkenntnissen der Evolutionsbiologie entwickelte sich unsere Vorliebe für kurzfristige Vergnügungen, Wünsche und Belohnungen als Überlebensmechanismus unter Bedingungen der Nahrungsmittelknappheit oder der Lebensgefahr. Lange bevor Schokobrownies erfunden waren, entwickelte unser Gehirn Systeme zur kurzfristigen Verarbeitung, die uns veranlassten, so viel wie möglich zu essen und wegzulaufen, wenn uns natürliche Feinde begegneten. Das ist der Grund, warum wir automatisch und ohne nachzudenken dem Geruch eines frisch gebackenen Kuchens folgen und andererseits sofort die Beine in die Hand nehmen, wenn ein Rottweiler auf uns zugelaufen kommt.[4]

Wenn es uns also schwerfällt, der Verlockung durch Essen oder Drogen zu widerstehen, wissen wir, dass unser urtümliches Suchtgehirn tätig ist. Wenn wir über unser Telefon wischen und es auf neue Nachrichten prüfen, gleichen wir den Ratten, die wie besessen immer wieder den Hebel betätigen und den sofortigen Reiz einer Dopaminwelle anstreben, der gezielt in die Technik eingebaut wurde. Und wenn wir nach ein paar Drinks auf einer Party nicht der Zigarette widerstehen können, gehorchen wir dem tief sitzenden Ruf unserer Säugetier-Urvorfahren. Ist das nicht eine gute Entschuldigung?

Tatsächlich kann man einen großen Teil des alltäglichen kurzfristigen Denkens der Konsumkultur – von der Gier nach Junkfood bis zum Kundenansturm beim Ausverkauf – auf den Instinkt des Hier und Jetzt zurückführen, der ein Teil unseres evolutionären Erbes ist. Der Neurowissenschaftler Peter Whybrow schreibt: »Die Neigung zu übermäßigem Konsum ist das Überbleibsel einer Zeit, in der das individuelle Überleben vom erbitterten Wettbewerb um Ressourcen abhing ... Das urtümliche Gehirn, das uns antreibt, machte seine Evolution unter Bedingungen von Knappheit durch, wird von Gewohnheiten getrieben und ist auf das kurzfristige Überleben konzentriert; damit passt es nur schlecht zu dem hektischen Überfluss der heutigen materiellen Kultur.«[5]

Menschen ziehen kurzfristige Bedürfnisse sogar ihrem eigenen langfristigen Interesse vor. Ein naheliegendes Beispiel ist das Rauchen. Wir nehmen aber auch fette Nahrung zu uns, obwohl wir ganz genau wissen, dass wir davon irgendwann eine Herzkrankheit bekommen können, oder verwenden unser Erspartes auf einen luxuriösen Karibikurlaub, statt das Geld für schlechte Zeiten beiseitezulegen. Wenn es um den persönlichen Zeithorizont geht, kommt unsere eigene Zukunft oftmals erst an zweiter Stelle nach den unmittelbaren Vergnügungen der Gegenwart. In der Regel bevorzugen wir eine kleinere, schnellere Belohnung gegenüber einer großen, die erst später kommt – ein Phänomen, das als »hyperbolische Diskontierung« bezeichnet wird.[6]

Eines der bekanntesten Beispiele für unsere kurzfristige Impulsivität und unser Streben nach sofortigen Belohnungen ist der sogenannte Marshmallow-Test aus den 1960er-Jahren. Der Psychologe Walter Mischel von der Stanford University legte Kindern zwischen vier und sechs Jahren ein einziges Marshmallow hin und sagte ihnen, wenn sie es nicht essen würden, sobald er sie für 15 Minuten allein im Zimmer ließ, würden sie zur Belohnung ein zweites Marshmallow erhalten. Die Tatsache, dass zwei Drittel der Kinder nicht widerstehen konnten und das vor ihnen liegende Marshmallow dennoch aßen, gilt oft als Beleg für unsere kurzfristig ausgerichtete Natur.

Aber so berühmt der Marshmallow-Test auch ist, er spiegelt unser Wesen nur zum Teil wider. Zunächst einmal muss man zur Kenntnis nehmen, dass immerhin ein Drittel der Kinder in Mischels Experiment der Versuchung widerstand. Und außerdem zeigte sich bei der Wiederholung des Tests, dass die Fähigkeit, eine Belohnung hinauszuschieben, stark vom Kontext abhängt. Wenn die Kinder nicht darauf vertrauen, dass der Wissenschaftler zurückkommt, greifen sie viel häufiger nach dem Leckerbissen, und solchen aus wohlhabenden Verhältnissen fällt es leichter, der Versuchung zu widerstehen. Mangelndes Vertrauen und die Angst vor Knappheit treiben uns in Richtung des kurzfristigen Denkens.[7]

Noch wichtiger ist etwas anderes: Neurowissenschaftler wie Morton Kringelbach räumen ein, dass wir weit mehr als nur Ratten sind, die Hebel betätigen oder sich auf Süßigkeiten stürzen; das urtümliche Marshmallowgehirn liegt neben neueren Teilen unserer Neuroanatomie, und die versetzen uns in die Lage, langfristig zu denken und zu planen. Es wird Zeit, dass wir das Eichelgehirn entdecken.

Unser Eichelgehirn

Vor rund 12.000 Jahren, in der frühen Jungsteinzeit, tat einer unserer Vorfahren etwas Bemerkenswertes: Er oder sie aß ein Samenkorn nicht, sondern säte es für das nächste Jahr aus. In diesem Augenblick begann die landwirtschaftliche Revolution. Es war ein Wendepunkt in der Evolution des menschlichen Geistes und symbolisiert die Geburt des langfristigen Denkens.

Vorausschauend Körner zum Anbau von Nutzpflanzen aufzubewahren und sie während der langen, hungrigen Wintermonate nicht aufzuessen: Darin zeigt sich die bemerkenswerte Fähigkeit des *Homo sapiens*, sich im Geist aus der Gegenwart in die ferne Zukunft zu versetzen und Projekte mit einem langen Zeithorizont in Angriff zu nehmen. Dieser Aspekt unserer Nervenverdrahtung hat einen eigenen Namen verdient: Eichelgehirn. Wir alle besitzen es. Aber wie funktioniert es eigentlich, woher kommt es, und welche Leistungen kann es vollbringen?

Die Funktionsweise des Eichelgehirns ist Gegenstand eines neuen Forschungsgebietes: Die prospektive Psychologie, wie sie genannt wird, vertritt die Ansicht, dass Menschen einzigartig sind, weil sie über die Zukunft nachdenken können. Oder, um einen Begriff des Psychologen Martin Seligman zu übernehmen: Wir sind die Spezies *Homo prospectus*, die sich »von Alternativen leiten lässt, welche sich in die Zukunft erstrecken«.[8] Freud mag uns aufgefordert haben, eine Reise in unsere Vergangenheit zu unternehmen, aber von Natur aus neigt unser Geist dazu, in die entgegengesetzte Richtung zu blicken. Wir malen uns ständig Möglichkeiten aus, schmieden Pläne und brüten über den Umrissen der nahen und ferneren Zukunft. Oder, wie der Psychologe Daniel Gilbert es formuliert: Wir sind der »Menschenaffe, der nach vorn blickt«.[9]

Die Belege sind überzeugend. Offensichtlich denkt kein anderes Tier so bewusst an die Zukunft und macht Pläne wie der Mensch.

Eichhörnchen vergraben vielleicht Nüsse für den Winter, aber das tun sie instinktiv, wenn die Tage kürzer werden, und nicht, weil sie sich willentlich dafür entschieden hätten, ihr Überleben zu planen. Wie wir aus Tierverhaltensstudien wissen, haben auch andere Arten – zum Beispiel Ratten – ein ausgezeichnetes Gedächtnis, aber zeitlich können sie nur eine halbe Stunde vorausdenken. Schimpansen streifen die Blätter von einem Zweig ab und machen ihn so zu einem Werkzeug, mit dem sie in einer Termitenhöhle stochern können, aber es gibt keine Anzeichen dafür, dass sie ein Dutzend solche Werkzeuge anfertigen würden, um sie beiseitezulegen und in der nächsten Woche zu benutzen.[10]

Aber gerade solche Dinge tun Menschen. Wir sind hervorragende Planer. Wir planen den nächsten Sommerurlaub, legen Gärten an, die in zehn Jahren wunderschön aussehen werden, sparen für die Ausbildung unserer Kinder und stellen sogar die Lieder für unser eigenes Begräbnis zusammen. Bei alledem ist das Eichelgehirn aktiv. Mit unserer Fähigkeit vorauszuschauen, können wir überleben und gedeihen. »Unser einzigartiger Weitblick hat die Zivilisation geschaffen und erhält die Gesellschaft aufrecht«, schreibt Martin Seligman. »Die Kraft der Vorausschau macht uns klug. Bewusst und unbewusst in die Zukunft zu blicken, ist eine zentrale Funktion unseres großen Gehirns.«[11]

Alles beginnt in der frühen Kindheit. Mit ungefähr fünf Jahren können Kinder sich zum ersten Mal die Zukunft vorstellen, zukünftige Ereignisse vorhersagen und sie von Vergangenheit und Gegenwart unterscheiden – deshalb gaben meine Zwillinge mir ungefähr in diesem Alter zum ersten Mal mehrere Monate im Voraus kleine Wunschzettel für ihren Geburtstag. Wenn Kinder ins Teenageralter kommen, haben sie bereits eine Fähigkeit zu mentalen Zeitreisen entwickelt, mit denen sie über lange Zeiträume vorausblicken und planen, sich über Jahrhunderte erstreckende historische Zeit verstehen und über den eigenen Tod nachdenken können.[12]

In welchem Umfang nutzen wir im Alltag unsere Fähigkeit zu Vorausschau und Planung? Wir tun es weitaus stärker, als es die traditionelle Psychologie in der Regel unterstellt. In einer Studie wurden 500 Bewohner und Bewohnerinnen der Stadt Chicago zu zufälligen Zeitpunkten im Laufe des Tages über eine Smartphone-App gefragt, woran sie gerade dachten; wie sich herausstellte, verbrachten sie ungefähr 14 Prozent des Tages mit Gedanken über die Zukunft und nur 4 Prozent mit Gedanken über die Vergangenheit (die übrigen Gedanken beschäftigten sich entweder mit der Gegenwart oder mit keiner bestimmten Zeit). Von der Zeit, in der sie sich mit der Zukunft beschäftigten, dienten ungefähr drei Viertel dem Schmieden von Plänen.[13] Über die Zukunft denken wir also ungefähr dreimal so häufig nach wie über die Vergangenheit, und von jeweils sieben Stunden, die wir mit Denken verbringen, ist ungefähr eine den Dingen gewidmet, die noch nicht geschehen sind.

Die neuronalen Vorgänge, die sich mit der Zukunft beschäftigen, laufen zum größten Teil im Stirnlappen des Gehirns ab, einem Areal, das sich vorn im Kopf über den Augen befindet. Ist es geschädigt, wirken die Betroffenen häufig vollkommen normal: Sie können fröhlich über das Wetter plaudern, eine Tasse Tee trinken oder sich einem Gedächtnistest unterziehen. Dagegen versagen sie oft völlig bei jeglicher Form der Planung, beispielsweise wenn sie sagen sollen, was sie am Nachmittag tun werden, oder wenn sie ein Rätsel lösen sollen, das Vorausdenken erfordert. Der Stirnlappen, und dort insbesondere ein Teil, der als dorsolateraler präfrontaler Kortex bezeichnet wird, ist das Steuerungszentrum des Eichelgehirns, eine Zeitmaschine, mit der wir uns Situationen ausmalen, die noch Wochen oder sogar Jahrzehnte in der Zukunft liegen und mit der wir komplizierte Pläne und Prozesse über lange Zeiträume vorzeichnen können.

Eigenartig ist am Stirnlappen, dass er zum Gehirn erst relativ spät hinzukam: Er entwickelte sich im Laufe der letzten zwei Millionen Jahre (die ersten Lebewesen mit einem Gehirn erschienen schon vor rund 500 Millionen Jahren auf der Bildfläche). Im Laufe dieser Zeit hat sich die Masse unseres Gehirns mehr als verdoppelt, von den rund 700 Gramm des *Homo habilis* zu den fast 1400 Gramm des *Homo sapiens*. Aber dieser plötzliche Wachstumsschub war nicht gleichmäßig verteilt: Er machte sich besonders im vorderen Teil des Gehirns bemerkbar, sodass die niedrige, fliehende Stirn unserer ältesten Vorfahren allmählich immer weiter in die Höhe wuchs, bis sie ihre heutige, nahezu senkrechte Lage erreicht hatte. Und genau dort liegt der Teil unseres Gehirnapparats, der vorwiegend für die Zukunftsplanung und andere sogenannte »exekutive Funktionen« verantwortlich ist, so für abstrakte Überlegungen und Problemlösung.[14]

Aber trotz solcher evolutionären Fortschritte in unserer Fähigkeit zu langfristigem Denken konzentriert sich die Vorausschau zum größten Teil auf die sehr nahe Zukunft. Wie sich in der Studie aus Chicago zeigte, hatten rund 80 Prozent der zukunftsorientierten Gedanken mit demselben oder dem nächsten Tag zu tun, 14 Prozent betrafen Zeiträume von mehr als einem Jahr, und nur 6 Prozent blickten mehr als zehn Jahre in die Zukunft.[15] Das Eichelgehirn ist also als Teil unserer neuroanatomischen Funktionen sicher vorhanden, beherrscht wird es aber von dem kurzfristigen Marshmallowgehirn, und es hat Mühe, dessen Einfluss zu entkommen.

Daraus ergeben sich weitreichende Folgerungen. Eine davon nennt Daniel Gilbert, einer der Begründer der prospektiven Psychologie: Wenn Außerirdische unsere Spezies zerstören wollten, würden sie keine kleinen grünen Männchen schicken, die uns den Garaus machen, denn das würde sehr schnell unsere gut abgestimmten Verteidigungsmechanismen in Gang setzen. Sie würden vielmehr etwas wie die globale Erwärmung erfinden, was unter dem Radar des menschlichen Gehirns bleibt, weil wir einfach nicht gut auf langfristige Bedrohungen ansprechen. Einem Baseball, der auf unseren Kopf zufliegt, werden wir schnell ausweichen, aber viel weniger geschickt sind wir im Umgang mit Gefahren, die erst in mehreren Jahren oder Jahrzehnten auf uns zukommen. Und doch ist die Tatsache, dass wir überhaupt langfristig denken können, nach Gilberts Ansicht »eine der erstaunlichsten Neuerungen unseres Gehirns«; wir müssen nur begreifen, dass sie sich noch in einem frühen Entwicklungsstadium befindet.[16]

> »Wie alle Säugetiere können wir sehr gut klare gegenwärtige Gefahren erkennen. In den letzten paar Millionen Jahren haben wir aber einen neuen Kunstgriff gelernt – oder zumindest teilweise gelernt. Unser Gehirn ist im Gegensatz zu den Gehirnen nahezu aller anderen Arten darauf vorbereitet, die Zukunft so zu behandeln, als wäre sie die Gegenwart. Wir können bis zu unserem Ruhestand oder zu einem Zahnarzttermin vorausblicken, und wir können heute tätig werden, für den Ruhestand sparen oder uns die Zähne putzen, damit wir nicht in einem halben Jahr schlechte Nachrichten zu hören bekommen. Aber diesen Trick lernen wir gerade erst. Er ist im Tierreich eine ganz neue Anpassung, und wir beherrschen ihn noch nicht sonderlich gut.«[17]

Das heißt nicht, dass wir nicht in der Lage wären, über die ferne Zukunft nachzudenken – das wäre ein wirklich katastrophales neurologisches Hindernis, und es würde jede Reaktion auf die ökologischen, gesellschaftlichen und technischen Gefahren hemmen, die am Horizont stehen, von Konflikten um Wasserressourcen bis zu den Gefahren von Cyberangriffen für die Landesverteidigung. Das Problem liegt nur darin, dass wir es *nicht sonderlich gut können*. Wie nicht anders zu erwarten, haben manche Menschen es bereits gut gelernt, von den indigenen Gemeinschaften, die in ihren Entscheidungen bis zur siebten Generation vorausdenken, bis zu Ingenieuren, die Brücken mit einer Haltbarkeit von mindestens

100 Jahren planen, und den Kosmologinnen, die sich mit den Rätseln der Tiefenzeit beschäftigen. Aber die meisten von uns gleichen alten Hunden, die sich neue Kunststücke nur mit Mühe aneignen.

Das Eichelgehirn der Menschen verfügt sicher über ein gewaltiges Potenzial, und wenn wir gute Vorfahren werden wollen, müssen wir lernen, seine Möglichkeiten zu nutzen. Der erste Schritt ist die einfache Erkenntnis, dass wir es besitzen. Aber schon die Existenz des Eichelgehirns wirft eine entscheidende Frage auf: Wie hat es sich überhaupt entwickelt?

Der kognitive Sprung zum langfristigen Denken

Im Laufe von zwei Millionen Jahren erwarben unsere Vorfahren eine unglaubliche Errungenschaft: Ihnen wuchs ein Gehirn, mit dem sie dem gegenwärtigen Augenblick entkommen und zu Teilzeitbewohnern der Zukunft werden konnten. Nach den Vermutungen von Evolutionspsychologinnen und Archäologen muss ihnen die Fähigkeit, langfristig zu denken und zu planen, einen evolutionären Vorteil verschafft haben. Die Fähigkeit, zu berücksichtigen, was vor einem liegt, Veränderungen vorherzusehen und Pläne zu schmieden, wurde zu einem Überlebensmechanismus und schuf einen Ausgleich für alles, was unserer Spezies an Kraft, Geschwindigkeit oder Wendigkeit fehlte.[18] Möglich wurde dieser welterschütternde kognitive Sprung durch vier Hauptursachen: das Finden von Wegen, den »Großmuttereffekt«, soziale Kooperation und neue Werkzeuge (siehe unten). Jeder dieser Faktoren bildet eine wesentliche Szene im Zeitlupen-Psychodrama der menschlichen Evolution.

»Unser Wesen liegt in der Bewegung; vollständige Ruhe ist der Tod«, schrieb der Philosoph Blaise Pascal im 17. Jahrhundert. Es war eine zutreffende Beobachtung: Unsere vormenschlichen Urahnen streiften seit frühester Zeit durch die Landschaft – sie sammelten Nahrung, gingen auf die Jagd, suchten nach Wasser, wanderten mit den Jahreszeiten und stellten sich auf neue Umweltbedingungen ein. Im Laufe vieler Jahrtausende entwickelte sich bei ihnen eine Überlebensfähigkeit, die als »Wegfinden« bekannt wurde, die Fähigkeit, sich physisch im Raum zu orientieren und den Weg von einem Ort zum anderen zu finden. Zum Teil basierte diese Fähigkeit auf der Schaffung »kognitiver Landkarten«, die sie im Kopf hatten und dazu nutzten, wichtige Orientierungspunkte festzuhalten, bekannten Routen zu folgen und wohlbehalten nach Hause zurückzukehren. Zu der mentalen Kartografie gehörte aber nicht nur das Kartieren von *Orten*, sondern auch die *zeitliche* Einordnung. Jäger konnten kostbare Energie sparen und sogar ihr Leben retten, wenn sie nicht nur die Route planten, sondern auch die Zeit, die sie für den Weg von Ort zu Ort brauchten. Wie der Ökologe Thomas Princen erläutert, entwickelte sich bei den Menschen auf diese Weise zum ersten Mal die Fähigkeit, für die Zukunft zu planen: »Die kognitive Fähigkeit, sich solche Orte vorzustellen und sich auszumalen, welche Zeit man braucht, um dorthin zu gelangen, war also sowohl geografischer Natur (wo befindet sich der Bach im Verhältnis zum Wald) als auch zeitlich geprägt (wie viele Tage und Nächte dauert es, zum Bach und zum Wald zu gelangen).«[19]

In der Anthropologie hat man während der letzten 100 Jahre genauer untersucht, wie indigene Gruppen ihre Wege finden, von den Stäbchenkarten der Kanufahrer auf den Marshall-Inseln, auf denen gefährliche Riffe und komplizierte Gezeitenströme eingetragen sind, bis zu den Traumpfaden der australischen Aborigines, die damit eine Abfolge von Orientierungsmarken über ein riesiges Gebiet hinweg ganz buchstäblich singen können.[20] Wir sind die Erben solcher Traditionen: Sie haben uns die kognitive Begabung verliehen, nicht nur unsere Wege in einer Landschaft zu planen, sondern auch unsere Reise durch die Zeitlandschaften der Zukunft, für die ein Zeit-GPS im menschlichen Geist als Leitfaden dient.

Wie die Menschen ihr großes Gehirn bekamen

Eine Geschichte aus zwei Millionen Jahren

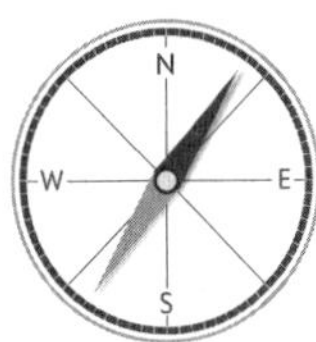

Wegfinden

Um zu überleben, mussten die Menschen ihre Ausflüge zum Jagen und Sammeln planen und zeitbezogene „kognitive Landkarten" entwickeln.

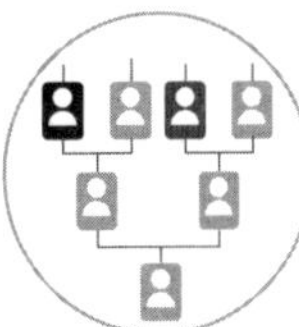

Großmuttereffekt

Großmütter steuerten lebenswichtige Kinderversorgung bei und erweiterten so den generationenübergreifenden Zeithorizont.

Soziale Kooperation

Kooperative Beziehungen mit Vertrauen, Gegenseitigkeit und Empathie waren die Grundlage langfristiger Bindungen.

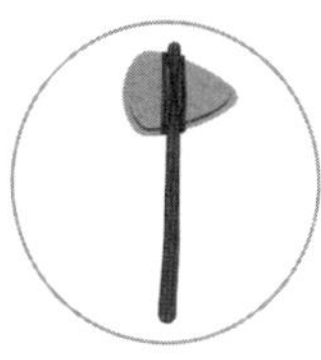

Neuerungen bei den Werkzeugen

Die Fortschritte bei der Herstellung von Steinwerkzeugen erforderten die Fähigkeit, komplizierte Handlungsabläufe zu planen und zukünftige Ziele zu erkennen.

Ein zweiter Mechanismus, der langfristiges Denken möglich macht, wird manchmal als »Großmuttereffekt« bezeichnet. Er erwächst aus einer biologischen Besonderheit unserer Spezies: der langen Abhängigkeitsperiode von Kindern. Die meisten Säugetiere können wenige Stunden nach der Geburt gehen und pflanzen sich nach einem Jahr fort. Bei Menschen ist das anders. Wir sind während unserer ersten Lebensjahre ziemlich hilflos und verletzlich – vollkommen selbstständig und fortpflanzungsfähig werden wir erst als Teenager. Aber nicht nur die Eltern sorgen dafür, dass Kinder heranwachsen und am Ende ihre Gene weitergeben können: Wie sich in Studien gezeigt hat, trägt auch die Gegenwart der Großeltern – und insbesondere der Großmütter mütterlicherseits – dazu bei, die Säuglings- und Kindersterblichkeit zu senken. In einem Hirschrudel bessern sich die Überlebensaussichten der jüngeren Tiere, wenn ältere, nicht mehr fortpflanzungsfähige Weibchen zugegen sind, weil diese wissen, wo man auch in Zeiten der Knappheit Futter oder Wasser findet. Genauso bietet auch eine menschliche Großmutter Fürsorge, Wissen und andere wertvolle Formen der Unterstützung.[21]

Dass wir Großmütter haben, die bis weit über das fortpflanzungsfähige Alter hinaus am Leben sind, ist eine Folge der darwinistischen Selektion: Ihretwegen konnten alle besser überleben. Durch den Großmuttereffekt waren unsere Vorfahren in generationenübergreifenden Familiengruppen eingebunden, und die halfen ihnen bei der Entwicklung eines Zeithorizonts – und eines Ethos der Fürsorge und Verantwortung –, der bis zu fünf Generationen umfasste, zwei in die Zukunft und zwei in die Vergangenheit, und die eigene Generation dazwischen.[22]

Verstärkt und ausgeweitet wurde der Großmuttereffekt durch einen dritten Faktor: unser tief verwurzelter instinktiver Drang zu sozialer Kooperation. Seit mindestens drei Jahrhunderten – seit den Schriften von John Locke oder Thomas Hobbes – wurde uns gesagt, Menschen seien von Natur aus eine egoistische, individualistische Spezies.[23] Dann aber folgte eine der großen Kehrtwenden der Wissenschaftsgeschichte: In der Evolutionsbiologie erkannte man, dass Menschen eine der sozialsten Säugetierarten sind. Darwin hatte das schon immer gewusst: In seinem 1871 erschienenen Werk *Die Abstammung des Menschen* schrieb er: »Es darf nicht vergessen werden … dass ein Fortschritt in dem allgemeinen Maßstab der Moralität sicher dem einen Stamm einen unendlichen Vorteil über einen anderen verleiht«. Nach seiner Überzeugung wächst der Erfolg eines Stammes, wenn seine Mitglieder »stets bereit sind, einander zu helfen und sich für das allgemeine Beste zu opfern«.[24] Mit anderen Worten: Natürliche Selektion wirkt nicht nur auf das Individuum, sondern auch auf die Gruppe. Wenn Nahrung knapp ist oder natürliche Feinde auf der Pirsch sind, sichert man sein Überleben am besten durch Zusammenarbeit. Das ist die Erklärung dafür, dass sich Kooperationsmerkmale wie gegenseitige Hilfe, Empathie, Altruismus und Vertrauen entwickelten. Oder, wie der Primatenforscher Frans de Waal es mir gegenüber formulierte: »Empathie und Solidarität sind in uns angelegt.«[25]

Aber was hat das alles mit dem langfristigen Denken zu tun? Soziale Kooperation setzt voraus, dass man mit Vorstellungskraft in die Zukunft blicken kann. Auf Vertrauen und Gegenseitigkeit gegründete Beziehungen funktionieren dann gut, wenn die Menschen wissen, dass die Hilfe, die sie jemandem in der Gegenwart zuteilwerden lassen, bei Bedarf in Zukunft erwidert wird: Die Zeit ist in den Gesellschaftsvertrag hineingeschrieben, ist im Geflecht der gegenseitigen Unterstützung verwoben. Auch Empathie basiert auf einer Fähigkeit, die Bedürfnisse, Gefühle und Ziele anderer vorherzusehen. Wenn eine Freundin ihren Arbeitsplatz verliert, versuchen wir uns vielleicht vorzustellen, in welchem Gefühlszustand sie sich befindet und wie wir sie am besten unterstützen können. Damit zeichnen wir ein Bild der Zukunft, in dem wir verschiedene Möglichkeiten durchspielen. Tatsächlich erfordern die meisten Aspekte gesellschaftlichen Lebens die Fähigkeit, uns mit unserem Geist in die Zukunft zu versetzen: Soziale Gefühle wie Schuld und Scham funktionieren, weil wir unsere eigenen zukünftigen Gefühle vorhersehen; wenn wir jemandem etwas versprechen, bauen wir einen zeitlichen Ablauf von Verpflichtung und Verantwortung auf; und der einfache Akt, die Absichten eines anderen einzuschätzen, basiert auf dem Erkennen verschiedener zukünftiger Möglichkeiten. Martin Seligman formuliert es so: »Wie können wir koordinieren und kooperieren, wenn wir keine zuverlässige Erwartung für die Handlungen anderer in verschiedenen Situationen aufbauen? Oder wenn wir keine zuverlässige Erwartung dessen haben, was wir selbst in Zukunft tun können oder wozu wir eine ausreichende Motivation haben?«[26] Daraus ergibt sich eine eindeutige Schlussfolgerung: Unser soziales Wesen hat sich in Verbindung mit der Fähigkeit zu mentalen Zeitreisen entwickelt.

Mit einer letzten Triebkraft, die in der Evolution die Entwicklung des langfristigen Denkens und Planens beschleunigte, richtet sich unsere Aufmerksamkeit von den Beziehungen auf die Technik: auf die beispiellose geniale Fähigkeit der Menschen, Werkzeuge herzustellen.

Ich muss gestehen, dass ich Museen, in denen ganze Vitrinen mit grob gehauenen Werkzeugen aus Flintstein gefüllt waren, immer ermüdend fand. Das änderte sich erst, als ich auf die Forschungsarbeiten des Archäologen Sander van der Leeuw stieß, eines weltweit bekannten Experten für die Werkzeugtechnologie der Steinzeit. Offensichtlich sind behauene Steinwerkzeuge ein Indikator für die kognitive Evolution des menschlichen Gehirns und die besten Belege für unsere wachsende Fähigkeit, komplexe, mehrstufige Pläne zu schmieden. Nach Angaben von van der Leeuw verlief die Entwicklung der Steinwerkzeuge im Laufe von zwei Millionen Jahren über eine ganze Reihe von Stadien. Die einfachsten Werkzeuge hatten natürliche Spitzen und Kanten. Aber dann lernten unsere steinzeitlichen Vorfahren, eine scharfe Kante zu erzeugen, indem sie den Stein gegen eine andere Oberfläche schlugen und so ein Stück absplittern ließen. Der nächste Schritt waren Steine mit zwei solchen Schlagkanten, die eine Linie bildeten – was andere Primaten niemals lernten. Danach, vor rund 20.000 Jahren, beherrschten sie die Herstellung von Werkzeugen und Waffen in drei Dimensionen und entfernten mehrere Splitter in unterschiedlichen Winkeln, um so am Schnittpunkt von drei Ebenen scharfe Spitzen zu erzeugen.

Welche Erkenntnisse liefern solche technischen Fortschritte über das Gehirn des Menschen? Bei der Herstellung der Werkzeuge wurden nicht einfach Steinstücke zufällig und ohne vorherige Planung abgeschlagen. Je raffinierter die Werkzeuge wurden, desto stärker setzten sie eine klare Vorstellung vom Endprodukt voraus, und außerdem musste die Fähigkeit vorhanden sein, mental rückwärts zu arbeiten und die verschiedenen Stadien der Steinbearbeitung zu planen, die zu seiner Herstellung notwendig waren. Bei der sogenannten Levallois-Technik war die Entfernung des einen Splitters gleichzeitig die Vorbereitung für die Entfernung des nächsten. Das war nur möglich, wenn man die Fähigkeit entwickelte, kausale Abläufe im Geist umzudrehen (»A verursacht B, wenn ich also möchte, dass B geschieht, muss ich A tun«).[27] Eine solche komplexe Planung ähnelt den Gedanken einer Bildhauerin, die überflüssiges Material entfernt und eine Form freilegt, die nach ihrer Vorstellung im Stein bereits vorhanden war.

Wie van der Leeuw erklärt, spiegelt sich in den Fortschritten der Steinbearbeitung eine schrittweise Veränderung des menschlichen Geistes wider:

> »Während unsere Vorfahren die Fähigkeit erwarben, sich Steinwerkzeuge in drei Dimensionen auszumalen und herzustellen, erwarben sie auch eine Reihe anderer begrifflicher Hilfsmittel. Eines davon war die Fähigkeit, komplizierte Vorgehensweisen zu planen und auszuführen … Damit wurde eine Schwelle über-

schritten, durch die sich seit jener Zeit die Entwicklung, mit der Menschen die Kontrolle über die Materie übernahmen, immer weiter beschleunigte.«[28]

Nach seiner Überzeugung wäre die Geburt der landwirtschaftlich geprägten Gesellschaften vor mehr als 10.000 Jahren ohne diese sprunghafte Verbesserung der kognitiven Fähigkeiten nicht möglich gewesen. Nur weil die Menschen der Jungsteinzeit in der Lage waren, komplizierte Pläne zu schmieden, die mehrere aufeinanderfolgende Prozesse beinhalteten, und weil sie Strategien entwickelten, die sich auf zukünftige Ziele richteten, konnten sie Tätigkeiten mit einem langen Zeithorizont vollziehen und beispielsweise den Fruchtwechsel praktizieren, wildes Getreide domestizieren, Tiere züchten und schließlich die ersten Städte bauen. In seinen Grundzügen bestand kein großer Unterschied zwischen dem Prozess, mit dem Steinwerkzeuge im Laufe mehrerer Stunden und in mehreren Schritten hergestellt wurden, der Planung des Getreideanbaus über mehrere Monate oder dem Bau einer Pyramide über mehrere Jahrzehnte. Van der Leeuw schreibt: »Wir sehen hier die gleichen Mechanismen wie bei der Herstellung von Artefakten: die Ausdehnung der zeitlichen Abfolge und die zeitliche Trennung zwischen verschiedenen Teilen eines ›Herstellungsprozesses‹.«[29] In den Steinwerkzeugen, die in den Museen Staub ansetzen, zeigt sich also die größte aller Errungenschaften der Menschen: die Entstehung der Zivilisation.

Die Gabe der zeitlichen Pirouette

Das Marshmallow- und das Eichelgehirn liegen vielleicht in ständigem Kampf, gleichzeitig haben sie uns aber auch mit einer erstaunlichen evolutionären Gabe ausgestattet: mit einer lebhaften Fantasie, die unser Denken sofort von einem Sekundenmaßstab zu Zeiträumen von Jahren wechseln lassen kann. Unser Geist tanzt täglich zwischen verschiedenen Zeithorizonten hin und her und verlagert unsere Aufmerksamkeit sehr schnell von einer Perspektive zur anderen. Wir beherrschen die zeitlichen Pirouetten hervorragend. Ob wir diese Gabe in vollem Umfang nutzen, ist allerdings eine andere Frage.

Welchen Ausdruck diese Fähigkeit zu Streifzügen durch verschiedene Zeiträume im privaten und öffentlichen Leben findet, zeigt die unten stehende Grafik. Im Privatleben denken, planen und handeln wir manchmal in Zeitmaßstäben von Minuten oder Sekunden, beispielsweise wenn wir auf eine Textnachricht antworten. Unser Geist kann aber auch augenblicklich auf den Maßstab von Stunden umschalten (wenn wir beispielsweise daran denken, wann die Batterie unseres Telefons den Geist aufgibt) oder auch auf Tage (wenn wir uns auf die wöchentliche Trainingsstunde freuen), Monate (wenn wir eine dreimonatige Diät planen) oder Jahre (wenn wir uns entschließen, einen Collegeabschluss zu machen), ja gelegentlich sogar auf Jahrzehnte (wenn wir ein Hypothekendarlehen aufnehmen). Aber nur selten denken wir über den Rahmen unserer eigenen Lebenszeit hinaus: Meist ist der Tod die Stelle, an der unsere Fantasie endet. Wie sich in Umfragen gezeigt hat, wird die Zukunft für die meisten Menschen, auch wenn sie aus verschiedenen Kulturkreisen und Religionen stammen, nach 15 bis 20 Jahren dunkel.[30] Es fällt uns einfach schwer, uns mehr als einige Jahrzehnte der Zukunft auszumalen, und das ist auch der Grund, warum es häufig schwierig ist, für den Ruhestand zu sparen.

Ein ähnliches Spektrum der Zeithorizonte gibt es auch im öffentlichen Leben. Der Hochfrequenz-Aktienhandel läuft in Millisekunden ab, Modetrends und die Quartalsberichte der Unternehmen berechnen sich nach Monaten, Legislaturperioden nach Jahren. Nur selten richtet sich der zeitliche Blick mehr als ein Jahrzehnt in die Zukunft, es gibt allerdings Ausnahmen: so das auf 30 Jahre angelegte Raumfahrtprogramm der NASA, der nationale

ÖFFENTLICHES LEBEN		PRIVATLEBEN
Kathedralenbau *Denken an die 7. Generation* *Samenbanken*	Jahrhunderte	Eine Eiche pflanzen Zeitkapseln Glauben an das Jenseits
Raumfahrtprogramm *Energiewende* *Chinesische Planung*	Jahrzehnte	Hypothekendarlehen Pensionsrückstellungen Ein Testament machen
Handelsabkommen *Olympische Spiele* *Legislaturperioden*	Jahre	Hochschulabschluss Karriereplanung Kindererziehung
Quartalsberichte *Modetrends* *Software-Update*	Monate	Schuljahr Schwangerschaft Diät
Tageszeitung *Schlussverkauf* *Musikfestivals*	Tage	Postzustellung Wocheneinkauf Gymnastikkurse
Öffnungszeiten *Parkuhren* *Öffentliche Versammlungen*	Stunden	Arbeitszeit Sonntagsfrühstück Handybatterie
Verkehrsampeln *Kurznachrichten* *Notruf*	Minuten	E-Mails Duschen Kaffeepause
Quizshows *Aktienmärkte* *Öffentliche Auktionen*	Sekunden	Textnachrichten 1-Klick-Kauf Atemzug

Zeithorizonte der Menschen

35-Jahresplan der chinesischen Regierung und Dauersamenbanken. Im Allgemeinen verschwimmt die Zukunft des öffentlichen Lebens jedoch nach ungefähr drei Jahrzehnten. Im Jahr 2020 ließ sich kaum eine Regierung, ein Unternehmen oder eine internationale Organisation finden, die über 2050 hinaus nennenswerte Pläne machten.

Sowohl im öffentlichen als auch im privaten Leben haben wir es also mit einer relativ schmalen zeitlichen Bandbreite zu tun, und greifen wir nicht auf die Vorstellungskraft unseres Eichelgehirns zurück, um langfristig in die Zukunft zu denken. Kräfte wie die Digitaltechnik treiben uns im Vergleich zur Vergangenheit sogar in noch kürzere Zeithorizonte, sodass sich ein immer größerer Teil unserer Aktivität auf die Bereiche konzentriert, die der Gegenwart am nächsten sind. Die Zukunft verschließt sich schnell vor unseren Augen.

Wir müssen unsere Sichtweise aber erweitern. Nur so können wir darauf hoffen, die existenziellen Risiken und einen Zusammenbruch der Zivilisation abzuwenden, Gefahren, mit denen unsere Spezies sich nicht nur in den kommenden Jahrzehnten, sondern in den kommenden Jahrhunderten und Jahrtausenden auseinandersetzen muss. Die Zukunft muss weit über die nächsten 20 oder 30 Jahre hinaus ausgeleuchtet werden.

Mittlerweile wissen wir, dass wir durchaus in der Lage sind, unser Vorstellungsvermögen bis auf solche entfernten Horizonte auszudehnen. Dank der Wegfinder, der Großmütter, der kooperativen Gesellschaften und der Werkzeugmacher früherer Zeiten können wir über das Wesen des Menschen eine weitreichende neue Geschichte erzählen: Danach sind wir nicht die Gefangenen unseres Marshmallowgehirns, sondern in uns ist auch ein Eichelgehirn fest verdrahtet. Wir bringen also die Voraussetzungen mit, um uns in die verschiedenen Formen des langfristigen Denkens zu vertiefen, von denen in den nachfolgenden Kapiteln die Rede sein wird: Unser Geist ist darauf vorbereitet, ein langfristiges Erbe zu schmieden, mit Kathedralendenken strategisch zu planen, die Wege der Zivilisation vorherzusagen, entfernte Ziele zu benennen und nach ihnen zu streben.

Eine solche veränderte Geschichte über unser Wesen ist von großer Bedeutung. Wenn wir uns immer nur sagen, wir seien vorwiegend von kurzfristigem Denken und sofortigen Belohnungen getrieben, werden wir solche Eigenschaften wahrscheinlich übertreiben; wir werden Erwartungen wecken, Anreize schaffen und eine Welt gestalten, die unser Marshmallowgehirn zufriedenstellt. Natürlich geschieht das schon heute. Denken wir nur an das allgegenwärtige Symbol der Augenblicks-Konsumkultur: den »Jetzt kaufen«-Button. Vielleicht kein anderes technisches Mittel ist so hervorragend dazu konstruiert, unsere kurzfristige Impulsivität auszunutzen. Aber stellen wir uns einmal vor, in dem Moment, in dem wir darauf klicken wollen, würde sich ein Fenster öffnen, das andere Möglichkeiten anbietet, beispielsweise »In einer Woche kaufen«, »In einem Monat kaufen«, »In einem Jahr kaufen« oder sogar »Von einem Freund ausleihen«, und nach der gewählten Zeit würden wir eine Erinnerungsmail erhalten, die uns fragt, ob wir den Gegenstand immer noch kaufen wollen. Und jetzt stellen wir uns vor, eine entsprechende langfristige Gestaltung wäre in unsere politischen Institutionen eingebaut, in unsere gesetzlichen Rahmenbedingungen, unsere Energiesysteme, Finanzvorschriften, Wirtschaftsorganisationen und Schullehrpläne. Die Welt würde ganz anders aussehen.

Das ist die Welt, die wir schaffen müssen. Wir stehen vor der Herausforderung, unser Eichelgehirn zu stärken und seine schlummernde Kraft zu befreien. Auf diese Weise kann es mindestens auf Augenhöhe mit unserem urtümlichen Marshmallowgehirn konkurrieren, das uns ständig zu einem immer kürzeren Zeithorizont drängt. Wir müssen es einschalten, unterstützen und auf ein längeres Jetzt ausrichten. Es ist an der Zeit, unser Eichelgehirn in Betrieb zu nehmen.

Teil II

Sechs Wege zum langfristigen Denken

In den folgenden Kapiteln wird von sechs Wegen die Rede sein, auf denen wir das langfristige Denken kultivieren können. Zusammen bilden sie ein mentales Werkzeugarsenal, mit dem wir zu guten Vorfahren werden können. Sie sollen uns helfen, uns die vielen möglichen Zukunftsszenarien auszumalen, die auf die Menschheit warten, uns um sie zu kümmern und dafür zu planen. Manche berühren uns persönlich und helfen uns, neu über unsere Beziehung zu Tod, Familie und Gemeinschaft nachzudenken. Bei anderen geht es um die gemeinsamen Pläne und Ziele unserer Spezies, die sich über Jahrhunderte in die Zukunft erstrecken. Alle betreffen auf ihre unterschiedliche Weise unsere wechselseitige Abhängigkeit von der Welt des Lebendigen und von der Notwendigkeit, uns neu mit der empfindlichen, fein ausbalancierten Oase zu versöhnen, die wir unter dem Namen »Planet Erde« kennen.

3

Demut vor der Tiefenzeit

Die Menschheit als Wimpernschlag der kosmischen Geschichte

Unsere Spezies leidet an diesem gegenwärtigen Punkt der Geschichte an einer akuten Perspektivenkrise. Unsere Zeithorizonte schrumpfen rapide auf die kurzen Perioden von Sekunden, Stunden und Tagen zusammen, und das gerade zu einer Zeit, in der unser Überleben von einer breiteren zeitlichen Vision abhängt. Während wir eifrig über unsere Telefone wischen, lauern gleich hinter dem Horizont existenzielle Bedrohungen vom Bioterrorismus bis zum Drohnenkrieg, steigt langsam und unmerklich der Meeresspiegel und droht unsere Küstenstädte zu verschlingen. Wie können wir unsere Gedanken erweitern und uns ein Bauchgefühl für ein längeres Jetzt ermöglichen, das uns hilft, den Weg unserer Zivilisation um die Gefahren des kurzfristigen Denkens herumzulenken?

Als wesentlichen Ausgangspunkt müssen wir ein Gefühl der Demut gegenüber der Tiefenzeit entwickeln: Wir müssen begreifen, wie bedeutungslos unser eigenes vorübergehendes Dasein im Verhältnis zu den gewaltigen Zeiträumen der kosmischen Geschichte ist. Damit verschaffen wir unserem Geist die Freiheit, sowohl weit in die Vergangenheit als auch über unsere eigene Lebenszeit hinaus in eine ferne Zukunft zu blicken. Wir müssen die Realität anerkennen, dass unsere persönliche Geschichte von der Geburt bis zum Tod, aber auch alle Errungenschaften und Tragödien der menschlichen Zivilisation, in den Annalen der kosmologischen Zeit kaum zu bemerken sind.

Wenn wir unseren Tunnelblick auf die Gegenwart aufgeben und die Tiefenzeit einbeziehen wollen, bedarf es eines ungeheuren Fantasiesprunges. Das nun folgende Kapitel handelt davon, wie die Menschheit im Laufe der letzten beiden Jahrhunderte auf unterschiedliche Weise dieser Herausforderung begegnet ist. Zuerst müssen wir uns aber mit einer wichtigen Schranke auseinandersetzen, die uns im Weg steht und seit mehr als einem halben Jahrtausend zur Triebkraft unserer Kultur des kurzfristigen Denkens geworden ist: der Tyrannenherrschaft der Uhr seit dem Mittelalter.

Die Tyrannei der Uhr

Während des größten Teils der Menschheitsgeschichte hatten unsere Vorfahren von der Zeit eine zyklische Vorstellung. Sie lebten im Einklang mit den rhythmischen Kreisläufen des Lebens, die in allem eingebettet waren, von täglichen Schlafrhythmen bis zu den regelmäßigen Umläufen von Mond, Sternen und Erde. In den 1930er-Jahren sagte Hehaka Sapa (Schwarzer Hirsch), ein Ältester der Oglala-Sioux, über diese zyklische Vorstellung von Zeit und Kosmos:

> »Ihr habt bemerkt, dass ein Indianer in allem, was er unternimmt, die Kreisform berücksichtigt, weil die Kraft der Welt sich stets in Kreisen auswirkt … Der Wind, wenn er seine höchste Macht entfaltet, bildet Wirbel. Die Vögel bauen sich runde Nester, denn ihre Religion ist die gleiche wie die unsrige. Die Sonne kommt hervor und geht wieder in einem Kreise nieder. Der Mond tut dasselbe, und beide sind rund. Selbst die Jahreszeiten bilden ihren wechselnden Gang in einem großen Kreis

und kehren immer wieder dorthin zurück, von wo sie gekommen. Eines Menschen Leben ist ein Kreis von Kindheit zu Kindheit, und so verhält es sich mit allem, darin Kraft sich regt.«[1]

Es gehört zu den großen Tragödien der menschlichen Zivilisation, dass die meisten Gesellschaften, insbesondere im Westen, die Verbindung zu den zeitlichen Zyklen und der damit verbundenen langfristigen Perspektive der ewigen Wiederkehr, in der die Zeit immer wieder neu beginnt, verloren gegangen ist. An die Stelle der uralten Vorstellung von der Zeit als Kreis ist der Begriff der linearen Zeit getreten, des Zeitpfeils, der aus der Vergangenheit in gerader Linie über die Gegenwart in die Zukunft verläuft. Warum spielt es eine Rolle, ob wir die Zeit als Kreis oder als Linie wahrnehmen? Weil man eine Linie im Gegensatz zu einem Kreis verkürzen kann.

Die Auflösung des zyklischen Zeitbegriffs begann in Europa im 14. Jahrhundert mit der Erfindung der mechanischen Uhr. Solche Uhren schufen nicht nur die Möglichkeit, die verstreichenden Stunden genauer zu messen als Sonnenuhren, Wasseruhren und andere alte Gerätschaften. Sie wurden auch zu Instrumenten der Macht und konnten die Zeit als solche reglementieren, kommerzialisieren und beschleunigen. In der Menschheitsgeschichte tauchte eine neue Frage auf: »Wer bestimmt über die Zeit?«

Sehr deutlich wurde die Tyrannei der Uhr im Konflikt zwischen dem christlichen Zeitbegriff und der »Kaufmannszeit«, wie der Historiker Jacques Le Goff sie nannte.[2] Nach der offiziellen christlichen Lehre war die Zeit »ein Geschenk Gottes und konnte deshalb nicht verkauft werden«. Dies führte dazu, dass die Kirche die Praxis des Wuchers bekämpfte – durch das Verleihen von Geld gegen Zinsen war die Zeit letztlich das Mittel, um Profite zu erzielen. Für die Kaufleute war das schlecht, denn sie waren auf Kreditlinien angewiesen, um ihre Geschäfte betreiben zu können. Allgemeiner gesagt hing ihr kommerzieller Erfolg zu einem großen

Teil davon ab, dass sie die Zeit zu ihrem Vorteil nutzen konnten: zu wissen, wann man billig kaufen und teuer verkaufen konnte, wie lange es dauerte, bis Schiffsladungen eintrafen, wie Wechselkurse im Laufe der Zeit schwankten, wie hoch der Preis für die Erntemengen der nächsten Saison sein würde und wie man die Arbeitskräfte, die man eingestellt hatte, in möglichst kurzer Zeit zu möglichst viel Arbeit veranlassen konnte. In der wachsenden Kaufmannsklasse des mittelalterlichen Europas herrschte die Ideologie »Zeit ist Geld«; ein göttliches Geschenk war sie nicht mehr.

Nach und nach gewann die Kaufmannszeit mithilfe der Uhr die Vorherrschaft gegenüber der Kirchenzeit. Im Jahr 1355 kündigte eine neue Uhr in der französischen Stadt Aire-sur-la-Lys die Stunden an, zu denen Handel stattfinden durfte, und kennzeichnete die Arbeitsstunden der Textilarbeiter – alles zum Nutzen der Kaufleute, die in der Gemeinde das Sagen hatten. 1374, nur vier Jahre, nachdem in Köln die erste öffentliche Uhr auf der Bildfläche erschienen war, wurde erstmals ein Gesetz erlassen, das darüber bestimmte, zu welchen Zeiten die Arbeiter ihr Mittagessen einnehmen durften – ein Vorbote für alles, was noch kommen sollte. »Die Gemeindeuhr«, schreibt Le Goff, »war ein Instrument der wirtschaftlichen, gesellschaftlichen und politischen Vorherrschaft«, das den Aufstieg des Kommerzkapitalismus möglich machte.[3]

Diese ersten Uhren gaben in der Regel nur die Stunde oder Viertelstunde an, bis 1700 verfügten aber die meisten Uhren auch über einen Minutenzeiger, und um 1800 war der Sekundenzeiger allgemein üblich.[4] Diese Möglichkeit, die Zeit mit beispielloser Genauigkeit zu messen, fand ihren maßgeblichen Ausdruck in der Fabrikuhr, die während der Industriellen Revolution zu einer wichtigen Waffe wurde. Der Technikhistoriker Lewis Mumford erklärte dazu: »Nicht die Dampfmaschine, sondern die Uhr ist das Schlüsselgerät des modernen Industriezeitalters.«[5] Schon wenig später mussten Arbeiter die Stechuhr betätigen, Zeitnachweise ausfüllen und wurden für Zuspätkommen bestraft. Als die Zeit in immer kleinere Abschnitte zerlegt wurde, konnten Firmeninhaber die Arbeitsgeschwindigkeit ihrer Mitarbeitenden auf die Sekunde genau messen und das Tempo von Fließbändern entsprechend steigern. Arbeitskräfte, die sich einer solchen Reglementierung durch »langsames Tun« widersetzten, wurden umgehend gefeuert. Die Tyrannei der Uhr wurde zum Nährboden für die wachsende Kultur der utilitaristischen Effizienz, die Charles Dickens in seinem 1854 erschienenen Roman *Harte Zeiten* so brillant nachzeichnet: Darin gibt es im Büro von Mr. Gradgrind »eine mordsstatistische Uhr, die jede Sekunde wie mit einem Schlag auf einen Sargdeckel maß«.

Zeit wird Geld: Arbeiterinnen stehen Schlange vor der Stechuhr der Schokoladenfabrik Rowntree, Yorkshire, Großbritannien, 1933.

Die Geschwindigkeitsbesessenheit, die die Stechuhr verkörperte, war das Sinnbild für den Triumph der linearen Zeit. Jetzt spielte das künstliche Konstrukt der Minuten und Sekunden eine größere

Rolle als die natürlichen Kreisläufe des Mondes oder der Jahreszeiten. Die langfristige Zukunft schwand dahin, während die Gegenwart bedrohlich größer wurde.

Mit den Umwälzungen von Verkehr und Kommunikation im 19. Jahrhundert entschwand die Zukunft in noch weitere Ferne. Die ersten Dampflokomotiven ließen in den 1830er-Jahren das Tempo des Alltagslebens im Vergleich zur gemächlichen Ära von Pferden und Kutschen rasant ansteigen, und Telegraf und Telefon radierten Raum und Zeit aus (man musste nicht mehr Wochen oder Monate warten, bis Briefe eintrafen). Heute haben Internet und Textnachrichten den Informationsfluss weltweit beschleunigt und damit die Gegenwart vollständig globalisiert. Sie haben aber auch für den Aufschwung eines neuen Instruments des kurzfristigen Denkens gesorgt, das uns dauerhaft im Hier und Jetzt festzuhalten droht: die digitale Ablenkung.

Die Digitaltechnik vermag es unübertroffen gut, unsere unmittelbare Aufmerksamkeit zu vereinnahmen. Mit einem Navigationssystem, das uns an den falschen Bestimmungsort dirigiert, würden wir uns niemals zufriedengeben, aber genau das macht die Technik, wenn sie uns durch den Informationsraum steuert.[6] Wir tun online nützliche Dinge und vereinbaren beispielsweise einen Arzttermin, aber irgendwie lassen wir uns dabei verleiten, uns Schrottfilme auf YouTube anzusehen, eine neue Yogamatte zu kaufen oder (wieder einmal) unsere E-Mails zu checken. Social-Media-Apps und -Websites sind so gestaltet, dass sie »Engagement-Ziele« erreichen: Sie sind so programmiert, dass wir immer weiter klicken, scrollen und wischen, während sie uns gleichzeitig so viele Werbeanzeigen oder Seiten wie möglich zeigen. Technologiefirmen beschäftigen sich damit, uns in eine digitale Gegenwart einzubinden, die uns davon abhält, selbst gewählte Ziele zu verfolgen; langfristiges Denken kann damit kaum konkurrieren. Sean Parker, der Gründungspräsident von Facebook, hat es zugegeben: Unsere Aufmerksamkeit zu kapern sei das erklärte Ziel des Unternehmens.

»Dahinter steckte folgender Gedanke«, sagte er. »Wie nehmen wir so viel von Ihrer Zeit und Ihrer bewussten Aufmerksamkeit wie möglich in Anspruch?«[7]

Das Telefon in unserer Tasche ist zur neuen Stechuhr geworden: Es nimmt Zeit in Anspruch, die früher uns gehört hat, und bietet als Gegenleistung einen ständigen elektronischen Strom von Infotainment, Werbung und Fake News. Die Ablenkungsindustrie zielt sehr geschickt auf unser uraltes Säugetiergehirn: Wir spitzen beim Pingping einer eintreffenden Nachricht die Ohren, oder unsere Aufmerksamkeit wechselt zu einem Video, das plötzlich am Bildschirmrand flackert, was eine Erwartungshaltung erzeugt, die unser Dopaminsystem tätig werden lässt. Facebook ist Pawlow, und wir sind die Hunde.

An dieser 500 Jahre alten Geschichte wird eine entscheidende Erkenntnis deutlich: Die Zeit hat sich in einen Machtfaktor verwandelt. Große Mächte haben danach gestrebt, die Zeit unter ihre Kontrolle zu bringen, von den Industriellen des 19. Jahrhunderts bis zu den heutigen Social-Media-Unternehmen, die darauf aus sind, unsere Aufmerksamkeitsspanne zu fesseln und zu verkaufen. Sie haben den »Zeitkrieg« angezettelt, wie der Gesellschaftstheoretiker Jeremy Rifkin ihn nennt: Sie wollen die Zeit zu ihrem eigenen Vorteil beherrschen, beschleunigen und verkürzen.[8]

Der Krieg um die Zeit hat auch unsere Verbindungen zur ökologischen Choreografie der Erde beschädigt, die aus den natürlichen Kreisläufen der ewigen Wiederkehr besteht. Wir haben den Kreis durchbrochen und eine Linie an seine Stelle gesetzt: den vorwärtsdrängenden Zeitpfeil. Seine Wanderungsrichtung wurde durch künstliche, von uns selbst erzeugte Zyklen vorangetrieben. Heute zählt nicht das Sonnenjahr, sondern der steuerliche Veranlagungszeitraum, nicht die vier Jahreszeiten, sondern die Quartalsberichte, nicht der Kreislauf des Kohlenstoffs, sondern die Legislaturperiode. Wir verändern sogar die Zyklen der Natur mit einer globalen Erwärmung, die Unheil bei den Jahreszeiten anrichtet, Biodiversität vernichtet und die Ökosysteme aus dem Tritt bringt.

Aber gibt es einen Weg, um dieses historische Erbe abzuschütteln und unserer kurzsichtigen Konzentration auf die Gegenwart zu entgehen? Eine Antwort liegt in einer Entdeckung der modernen wissenschaftlichen Ära, die unser Denken verändert hat wie kaum eine andere: in der Tiefenzeit.

Die Entdeckung der Tiefenzeit im viktorianischen England

Das 18. Jahrhundert war eine Zeit der Revolutionen. Neben den politischen Aufständen in Frankreich und Amerika gab es aber zu jener Zeit noch eine andere Revolution, weniger blutig und umwälzend, aber vielleicht von noch größerer Bedeutung. Sie begann am 7. März 1785: An diesem Tag hielt der Arzt James Hutton bei der Royal Society in Edinburgh einen schwülstigen Vortrag über die Entstehung von Landmassen und Gesteinsschichtungen. Darin war eine geologische Theorie von welterschütterndem Ausmaß verborgen: Sie widersprach der überlieferten christlichen Überzeugung, die Erde sei vor rund 6000 Jahren von Gott an sechs Tagen erschaffen worden (ein Professor aus Cambridge hatte die biblischen Aufzeichnungen zurückverfolgt und behauptet, alles habe am 26. Oktober 4004 v. u. Z. um neun Uhr morgens begonnen). Hutton vertrat die Ansicht, rätselhafte Phänomene wie die auf Berggipfeln gefundenen uralten Muschelfossilien oder Gesteinsschichtungen, die in ganz unterschiedlichen Winkeln übereinanderlagen, könne man nur mit wiederholten Zyklen der Ablagerung und Hebung erklären, und diese Zyklen müssten in riesigen Zeiträumen von Jahrmillionen oder noch länger stattgefunden haben.[9] Später nahm Hutton seinen Freund John Playfair mit zu einer Besichtigung freiliegender Gesteinsschichtungen, um seine

Theorie zu erläutern; damit veranlasste er Playfair zu der Aussage: »Uns schwindelte beim Blick in den Abyssus der Zeit.«[10]

Hutton war zwar nicht der Erste, der Fragen nach dem Alter unseres Planeten stellte, seine Arbeiten gehörten aber zu den einflussreichsten und kennzeichneten in der Geschichte des abendländischen Geistes einen grundlegenden Wendepunkt (wobei man anmerken sollte, dass viele nicht westliche Kulturkreise dem wahren Alter der Erde viel näher kamen).[11] Die Schöpfungsgeschichte war widerlegt (so schien es wenigstens), und an ihre Stelle trat die ungewöhnliche Idee, dass die Erde ungeheuer alt ist und dass es die Menschheit erst seit einem winzig kleinen Teil ihrer Geschichte gibt. Aber Revolutionen dauern in der Regel länger, als wir glauben, und so verging noch mindestens ein halbes Jahrhundert, bevor Huttons Gedanken Allgemeingut wurden. Verbreitet wurden sie von den wissenschaftlichen Pionieren des 19. Jahrhunderts, die einen Zangenangriff auf die viktorianische Psyche starteten. Von der einen Seite kamen Geologen wie Charles Lyell, die Huttons Thesen unterfütterten und weiterentwickelten. Auf der anderen übten die Evolutionstheoretiker unter Führung von Charles Darwin Druck aus: Sie erklärten, Vorgänge wie die Evolution von Flügeln und Federn bei Reptilien oder die Entwicklung von Menschenaffen zu Menschen hätten in den wenigen Jahrtausenden der biblischen Zeit niemals stattfinden können.

Die Entdeckung der »Tiefenzeit«, wie wir sie heute nennen, trug in der viktorianischen Zeit zu einer gewaltigen Begeisterung für Geologie und Archäologie bei. Außerdem wurde sie zur Anregung für einige der klügsten Köpfe jener Zeit, so auch für den Autor H. G. Wells. Er rief aus: »Eine neue, einst unvermutete Geschichte der Welt hat von uns Besitz ergriffen.« Wenn wir heute so weit in die Vergangenheit zurückblicken können, so erklärte er, warum sollten wir dann nicht ebenso weit in die Zukunft schauen? Für Wells schrie die Betrachtung der geologischen Zeit geradezu nach einer »Entdeckung der Zukunft«. Dies würde eine neue Wissenschaft erfordern, eine Art zeitliches Spiegelbild der Geologie, »das den Suchscheinwerfer der Vermutungen nicht rückwärts, sondern vorwärts richtet«, und das werde helfen, die Zukunft vorherzusagen, indem wir »nicht nach Fossilien suchen, sondern nach wirksamen Ursachen«.[12]

Mit solchen Aussagen erwarb sich Wells den Ruf als Erfinder der Zukunftsforschung – oder Futurologie, wie es heute heißt –, aber den größten Einfluss hatte er vielleicht auf die Fantasie der Menschen. In Romanen wie *Die Zeitmaschine* (1895) reist ein viktorianischer Wissenschaftler in das Jahr 802701 – womit Wells dem abendländischen Kulturkreis das langfristige Denken erschloss, ein »sich ständig erweiterndes Jetzt«, wie er es nannte.[13] Zuvor waren nur die wenigsten Schriftsteller auf den Gedanken gekommen, ihre Geschichten weit in der Zukunft stattfinden zu lassen; utopische Romane spielten meist nicht in der fernen Zukunft, sondern an fernen Orten – häufig auf einer exotischen, noch nicht entdeckten Insel. Wells trug mehr als jeder andere dazu bei, dass sich das änderte, und sorgte in diesem Zusammenhang für die Geburt des Genres der Science-Fiction, die schon wenig später zu einem beliebten kreativen Ventil für die Erkundung der langfristigen Zukunft wurde.[14] Zu ihren ersten und besten Vertretern gehörte der Philosoph Olaf Stapledon: Mit seinem 1930 erstmals erschienenen Roman *Last and First Men: A Story of the Near and Far Future* (auf Deutsch 1983 unter dem Titel *Die letzten und die ersten Menschen* veröffentlicht) hatte er großen Einfluss auf visionäre Autoren wie Arthur C. Clarke. Er beschreibt darin die Evolutionsgeschichte der Menschheit in den nächsten zwei Milliarden Jahren und über 18 große biologische und kulturelle Revolutionen hinweg. Dieser Zeitrahmen ist so gewaltig, dass die gesamte Menschheitsgeschichte bis in die Gegenwart des Autors auf den ersten beiden Seiten abgehandelt wird.

Im Zusammenhang mit der Tiefenzeit stellt sich das Problem, dass es schwierig ist, sie von einem abstrakten Begriff in eine konkrete Form umzuwandeln, die unser Dasein zutiefst betrifft und verändert. John Playfair wurde vielleicht schwindlig, als er 1788 an der schottischen Ostküste die Felsformationen betrachtete, aber meiner Vermutung nach empfinden nur die wenigsten Menschen etwas Ähnliches, wenn sie sich Schichten von Sedimentgestein gegenüberfinden. Mir jedenfalls geht es nicht so. Und ganz gleich, wie eingehend ich die geologischen Zeittafeln in den Lehrbüchern studiert habe, in denen Perioden wie Kambrium, Devon oder Kreidezeit aufgeführt sind, sie haben es nie vermocht, meinen Geist Jahrmillionen zurück (oder nach vorn) in eine ekstatische Begeisterung für die Tiefenzeit zu katapultieren. Für einen Geologen, für den das Thema durch Wissen und Liebe zum Fachgebiet zum Leben erwacht, mag es anders aussehen, ebenso für ein Kind, das sich für Dinosaurier begeistert, aber mich persönlich lassen solche fachlichen Informationen kalt wie einen Stein.

Es gibt aber auch eine gute Nachricht: Seit mehr als 100 Jahren geben fantasievolle Forschende, Autorinnen und andere kreative Köpfe sich alle Mühe, das Wunder und die ungeheure Länge der Tiefenzeit trotz der harten Konkurrenz durch die tickenden Uhren der Industriekultur zu vermitteln. Ihre Versuche unternehmen sie auf drei Gebieten: Kunst, Metapher und Erfahrung. Und ihre Arbeiten waren für uns nie von so großer Bedeutung wie heute.

Die Kunst der Tiefenzeit und die 10.000-Jahres-Uhr

Im Laufe der letzten Jahrzehnte haben künstlerische Darstellungen der Tiefenzeit eine Blütezeit erlebt: Mit kreativen Mitteln wurde versucht, unsere Vorstellungen von der Zeit zu erweitern. Im Jahr 1977 gab man der Raumsonde *Voyager* zwei goldene Schallplatten mit, die mindestens eine Milliarde Jahre überdauern sollen. Sie enthalten »die Klänge der Erde« als Friedensbotschaft für die ersten Außerirdischen, die sie finden. Die Schallplatten reisen heute schon außerhalb unseres Sonnensystems durch den Weltraum; die Aufnahmen reichen von Mozart über Chuck Berry bis zu Vogelgesängen und dem Gelächter von Menschen (kritische Stimmen weisen darauf hin, dass es realistischer gewesen wäre, auch Geräusche von Krieg, Gewalt, Hunger und Bedrücktheit aufzunehmen). Erdnäher ist das Projekt *The Oldest Living Things in World* von Rachel Sussman: Die Fotografin bildete 2000 Jahre alte Flechten in Grönland ab, die in 100 Jahren nur um einen Zentimeter wachsen. Jonathon Keats installierte 2015 in Tempe in Arizona eine Tiefenzeit-Kamera, die 1000 Jahre lang die Skyline der Stadt erfasst – die Aufnahme soll im Jahr 3015 ausgestellt werden. Der Künstler Martin Kunze möchte mit seinem Projekt *Memory of Mankind* »gefährdete Erinnerungen« festhalten und lagert dazu 1000 besonders wichtige Bücher in einem australischen Salzbergwerk, wo sie auf Keramik-Mikrofilmplatten eine Million Jahre überdauern sollen.

Das Tiefenzeit-Kunstwerk, das die Gedanken vielleicht am stärksten anregt, ist die *Clock of the Long Now*, die Uhr des langen Jetzt, auch 10.000-Jahres-Uhr genannt. Das Projekt der Long Now Foundation verfolgt das Ziel, eine neue Mythologie der Zeit zu schaffen und damit die pathologisch kurze Aufmerksamkeitsspanne der modernen Welt infrage zu stellen. Stewart Brand, einer seiner Erfinder, formuliert es so: »Wie machen wir das langfristige Denken von etwas Schwierigem und Seltenen zu etwas Automatischem und allgemein Üblichen? Wie machen wir es unvermeidlich, langfristige Verantwortung zu übernehmen? Das Hilfsmittel ist eine Uhr, eine sehr große, sehr langsame Uhr.«[15] Die Uhr ist so konstruiert, dass sie über 10.000 Jahre genau gehen soll; sie ist 60 Meter hoch und wird derzeit in einem abgelegenen Kalksteingebirge in der Wüste von Texas erbaut, wegen der komplexen technischen Rahmenbedingungen wird es aber noch mehr als zehn Jahre dauern, bis sie fertig ist. Besucher werden eine ganztägige

Wanderung unternehmen müssen, um ihr Innenleben zu erreichen. Dort angekommen, werden sie von dem Klang von zehn Glocken begrüßt, die von dem Musiker Brian Eno geschaffen wurden und in den 10.000 Jahren (3.652.500 Tagen) der Lebenszeit der Uhr jeden Tag in einer einzigartigen Tonfolge erklingen werden.[16]

Das Projekt hatte aber durchaus auch seine Kritiker. Manche von ihnen stellen die Frage, ob eine mechanische Gerätschaft, die so stark an die Stichuhren und die Beschleunigung der Zeit während der Industriellen Revolution erinnert, tatsächlich ein angemessenes Mittel ist, um uns wieder mit den zyklischen biologischen Rhythmen der Natur in Verbindung zu bringen. Andere weisen auf die unverkennbare Ironie hin, dass ausgerechnet der Amazon-Begründer Jeff Bezos, dessen größtes Vermächtnis für die Menschheit vielleicht der »Jetzt-Kaufen«-Button ist, als ihr wichtigster Sponsor auftritt. Bezos setzt sich bekanntermaßen für die Vorteile des langfristigen Denkens ein: »Jedes Unternehmen«, so erklärt er, »braucht eine langfristige Sichtweise«.[17] Gleichzeitig hat er ein Unternehmen geschaffen, das von der Mentalität der kurzfristigen, sofortigen Befriedigung der Kunden lebt.[18] Aber trotz solcher Widersprüche verblüfft und begeistert die 10.000-Jahres-Uhr durch ihren kulturellen und zeitlichen Ehrgeiz, und vielleicht wird sie eines Tages zu einer Pilgerstätte für gute Vorfahren, zu einem eindringlichen Symbol für das langfristige Denken der Menschheit.

Die Macht der Metapher

Die Tiefenzeit ist das Kernstück von Schöpfungsgeschichten aus der ganzen Welt, von der Traumzeit der australischen Aborigines, die zu den allerersten Anfängen der Zeit zurückreicht, als die Geister der Vorfahren erstmals das Land und seine Menschen erschufen, bis zum *kalpa* oder »Tag Brahmas«, einem Zyklus von 4,32

Milliarden Jahren in der hinduistischen Kosmologie, der den Zeitraum zwischen der Erschaffung und Wiedererschaffung des Universums bezeichnet. Wenn wir Geschichten erzählen, geht es aber um mehr als nur um die Narrative, mit denen wir in der Welt und unserem Platz in ihr einen Sinn finden wollen. Wichtig ist auch, welche Form der Sprache wir verwenden. Wenn es darum geht, die Geschichte der Tiefenzeit zu vermitteln, sind Metaphern eines unserer wichtigsten Hilfsmittel: Sie versetzen uns in die Lage, die riesigen Zahlen zu verstehen, die uns sonst so leicht vor den Kopf stoßen. Vielleicht die eindringlichste, mit der ich jemals in Berührung gekommen bin, ist eine einfache, elegante Metapher des Autors John McPhee, der 1980 erstmals den Begriff »Tiefenzeit« prägte:

> »Wenn man sich die Erdgeschichte als das alte englische ›Yard‹ vorstellt, das heißt, als die Entfernung zwischen der Nase des Königs und der Spitze seiner ausgestreckten Hand, dann würde eine Nagelfeile am Mittelfinger des Königs mit einem einzigen Strich die ganze Menschheitsgeschichte in Staub zerfallen lassen.«[19]

Wenn ich diese Worte lese, läuft es mir noch heute kalt den Rücken herunter. Manche Autoren ziehen es aber vor, unsere kosmische Bedeutungslosigkeit im Verhältnis zu einem Zeitraum wie dem Kalenderjahr statt der Länge eines königlichen Armes auszudrücken. In einem beliebten Beispiel erstreckt sich die Periode des Präkambriums vom Neujahrstag bis ungefähr zu Halloween, die Dinosaurier kommen und gehen zwischen Mitte Dezember und dem zweiten Weihnachtsfeiertag, die letzten Eiskappen schmelzen am 31. Dezember eine Minute vor Mitternacht, und das Römische Reich existiert ganze fünf Sekunden.

Darstellungen der Tiefenzeit sind meist historisch geprägt: Sie beginnen in der fernen Vergangenheit und führen uns bis in die

Gegenwart und ins Zeitalter des *Homo sapiens*. Dabei besteht die Gefahr, dass die Menschheit fast als Höhepunkt des Evolutionsprozesses erscheint – ein Gedanke, der kaum dazu beiträgt, bei unserer Spezies ein Gefühl der Demut zu wecken. Das ist der Grund, warum wir auch Visionen der Tiefenzeit brauchen, die ausdrücklich nicht nur in die Vergangenheit, sondern auch nach vorn blicken und sich ebenso stark auf die noch kommenden Epochen konzentrieren. Einen solchen Ansatz findet man häufig bei Kosmologen, so auch bei dem britischen Astrophysiker Martin Rees:

> »Ich möchte das Bewusstsein der Menschen gern auf die ungeheuren Zeiträume lenken, die noch vor uns liegen – für unseren Planeten und für das Leben als solches. Die meisten gebildeten Menschen wissen, dass wir das Ergebnis von nahezu vier Milliarden Jahren der Darwinschen Selektion sind, aber viele neigen zu dem Gedanken, die Menschen seien in irgendeiner Form ein Höhepunkt. Unsere Sonne hat aber noch nicht einmal die Hälfte ihrer Lebensdauer hinter sich. Es werden nicht Menschen sein, die das Verlöschen der Sonne in sechs Milliarden Jahren beobachten. Lebewesen, die es dann vielleicht gibt, werden sich von uns ebenso stark unterscheiden wie wir von Bakterien oder Amöben. Unsere Sorge um die Zukunft der Erde konzentriert sich verständlicherweise höchstens auf die nächsten 100 Jahre – auf die Lebenszeit unserer Kinder und Enkel. Aber das Bewusstsein für diesen längeren Zeithorizont und für das ungeheure Potenzial, das Tätigkeiten der Menschen in diesem Jahrhundert zunichtemachen können, bietet ein zusätzliches Motiv zugunsten einer angemessenen Fürsorge für diesen Planeten.«[20]

Diese Aussage trifft den Kern der Tiefenzeit-Perspektive. Einerseits erweitert sie unsere Vorstellung von einem kurzen zu einem längeren Jetzt, in dem der *Homo sapiens* kaum länger als einen Augenblick der kosmischen Zeit existiert. Wir sind nur Nebendarsteller und erscheinen auf der Bühne lediglich für einen kurzen Moment in einer Handlung, die sich über Zeitalter erstreckt. Auf der anderen Seite ist sie eine Warnung vor unserem Zerstörungspotenzial: In unglaublich kurzer Zeit haben wir eine Welt in Gefahr gebracht, zu deren Evolution Jahrmilliarden notwendig waren. Wir sind nur ein winziges Glied in der großen Kette der Lebewesen, wer also gibt uns das Recht, mit unserer ökologischen Blindheit und unserer tödlichen Technologie alles zu gefährden? Haben wir nicht eine Verpflichtung und eine Verantwortung gegenüber der Zukunft unseres Planeten und den Generationen der Menschen und anderer Arten, die nach uns kommen?

Erlebnisreisen und die Weisheit der Baumzeit

Wenn wir die Rätsel der Tiefenzeit begreifen wollen, sind vielleicht nicht Metaphern oder Kunstwerke am hilfreichsten, sondern lebendige Erfahrungen, die in unsere geistige Landschaft eingeätzt werden.

Ein möglicher Ausgangspunkt ist dabei eine physische Reise mit einer App namens Deep Time Walk: Mit ihr unternehmen wir einen 4,6 Kilometer langen Spaziergang, der die 4,6 Milliarden Jahre der Erdgeschichte repräsentiert. Unterwegs beschreiben die Erzähler verschiedene Stadien in der Geburt unseres Planeten und seiner Überfülle an Lebensformen; die letzten 20 Zentimeter des Weges decken die Zeit ab, seit es Menschen gibt. Zu nennen wäre auch der Cosmic Pathway im American Museum of Natural History in New York. Dort gehen die Besucher 120 Meter weit in einer aufsteigenden Spirale um die Geschichte des Universums herum, und schließlich kommen sie zu einem einzigen aufgespannten menschlichen Haar, dessen Breite die 30.000 Jahre von der ersten bekannten Höhlenmalerei in Europa bis zum Bau des spiralförmigen Weges repräsentiert.

Wer so etwas erleben will, muss aber nicht nach Nordamerika reisen: Wir sind von greifbaren Erinnerungen an die Tiefenzeit umgeben. Ich weiß noch, wie ich durch ein Teleskop die Sterne beobachtete und mir zum ersten Mal klarmachte, dass eine Zeitmaschine mich hier in die Lage versetzte, weit in die Vergangenheit zu blicken: Das Licht, das in mein Auge fiel, war zur Erde jahre- oder vielleicht jahrhundertelang unterwegs gewesen und stammte möglicherweise sogar von Sternen, die es nicht mehr gab, oder aus einer Zeit, bevor die Evolution der Menschen begonnen hatte.

Letzten Sommer suchte ich zusammen mit meinen Kindern am Strand des Badeortes Lyme Regis nach Fossilien. Anders als die berühmte Fossiliensucherin Mary Anning, die das Gleiche vor 200 Jahren getan hatte, fand ich kein spektakuläres Ichthyosaurierskelett, aber ich stieß auf einen ausgezeichnet geformten Belemniten, ein vorzeitliches tintenfischähnliches Tier, das die Brandung aus dem Felsen der Klippe herausgelöst hatte. Es war nur wenige Zentimeter lang, und ich hielt es vorsichtig in der Hand. Vor mir hatte es nie ein Mensch gesehen oder angefasst. Ich hatte einen 195 Millionen Jahre alten Teil der Erdgeschichte vor mir. Es erfüllte mich mit Staunen, und mir wurde ein wenig schwindelig, als ich in den Abgrund der Zeit blickte.

Einen weiteren bedeutungsschweren Weg, um mit der Tiefenzeit in Verbindung zu treten, bieten alte Bäume. Besucher des American Museum of Natural History stehen seit über 100 Jahren staunend vor dem Querschnitt eines riesigen Mammutbaumes. Als er 1891 gefällt wurde, war er über 110 Meter hoch und am unteren Ende 30 Meter breit. Seine 1342 Ringe zeigen, dass der Baum bis auf die Mitte des sechsten Jahrhunderts zurückgeht. Schilder an seinem Radius kennzeichnen bedeutsame historische Zeitpunkte, von der Krönung Karls des Großen im Jahr 800 und der Eroberung Jerusalems während des ersten Kreuzzuges ungefähr 1100 bis zum Aufstieg Napoleons im Jahr 1800 und dem Lebensende des Baumes zu der Zeit, als Arthur Conan Doyle *Die Abenteuer von*

Sherlock Holmes veröffentlichte. »Angesichts dieser historischen Kontraste«, erklärte die *New York Times* am 12. Januar 1908, »können wir uns in der Fantasie ansatzweise ein Bild von der Lebenszeit machen, deren sich dieser widerstandsfähige Methusalem des Waldes erfreut hat.«

Aber die Schilder erzählen nicht die ganze Geschichte. Sie sagen uns nichts darüber, wer unter den Zweigen des Baumes Schutz

Der Mammutbaum im American Museum of Natural History in New York.

suchte oder sich aus Angst hinter dem Stamm versteckte. Sie sagen nichts über die Kings River Lumber Company, die 1888 mehr als 12.000 Hektar Mammutbaumwald in ihren Besitz brachte und bis 1905 über 8000 seltene Bäume gefällt hatte, darunter auch den in dem Museum. Die meisten von ihnen waren über 2000 Jahre alt. »Ich habe nie gesehen, dass ein großer Baum eines natürlichen Todes gestorben wäre«, schrieb der Naturschützer John Muir. Aber trotz aller Tragödien empfand ich beim Anblick eines weiteren Querschnitts aus demselben Baum, der im Natural History Museum in London stand, eine gewaltige Ehrfurcht, eine Verehrung und eine Erweiterung meines Gefühls des Jetzt.

Solche Begegnungserlebnisse mit uralten Bäumen versetzen uns in die Lage, mit den Wundern der Tiefenzeit in Verbindung zu treten. Zwar verkörpert kein einzelner Baum unmittelbar die Jahrmillionen oder Jahrmilliarden der kosmischen Geschichte – Zeiträume, die uns fast unvorstellbar vorkommen –, Bäume können aber als Brücke zu solchen ungeheuren Zeiträumen dienen, weil sie eine weitaus längere Lebensdauer haben als wir. Sie helfen uns, aus den engen Grenzen der Jahrzehnte herauszutreten und eine Vision von Jahrhunderten oder sogar Jahrtausenden zu schaffen. In den White Mountains in Kalifornien stehen nahezu 5000 Jahre alte Grannenkiefern, und ein ungefähr 3000 Jahre alter Olivenbaum auf Kreta trägt immer noch Früchte.[21] Auch in der Literatur kommen solche Bäume vor: In *Der Herr der Ringe* von J. R. R. Tolkien ist Baumbart, ein riesiger sprechender Baum oder Ent, das älteste Wesen von Mittelerde. Man braucht nur durch einen alten Waldbestand zu gehen, dann spürt man, wie die Zeit sich verlangsamt und ausdehnt, und in den knorrigen Wurzeln und der feuchten Luft liegt das Gefühl eines längeren Jetzt.

Dass Bäume auf diese Weise eine Verbindung zur Tiefenzeit schaffen können, fiel mir zum ersten Mal vor vielen Jahren auf, als ich an einem College in Oxford als Gärtner arbeitete. Meine Kollegen und ich pflanzten viele Dutzend Bäume, und dabei wussten wir, dass wir sie während unseres Lebens nicht mehr im ausgereiften Zustand sehen würden – Eichen, Linden und Blutbuchen. Viele von ihnen würden ihren Schatten erst weit im 22. Jahrhundert und noch später werfen. Das Wissen, dass diese Bäume mich leicht überleben können, weckte in mir ein Gefühl der Demut und des Respekts vor der Welt des Lebendigen, die um so vieles größer ist als meine eigene schattenhafte Existenz.

Bäume verkörpern unsere symbiotische Beziehung zur Natur. Sie dienen uns als äußere Lunge: Ein großer Baum kann den Sauerstoff-Tagesbedarf für vier Menschen liefern, und die weltweit rund 3,1 Billionen Bäume nehmen jedes Jahr rund ein Drittel des von Menschen produzierten Kohlendioxids auf.[22] Aber von ihren Leben spendenden Eigenschaften abgesehen, können wir uns Bäume auch als langsam laufende Uhren vorstellen, die nicht nur mit ihren immer größeren Ringen die Jahre markieren, sondern sich auch mit den Jahreszeiten verändern und so die zyklischen Rhythmen der Natur kennzeichnen. Oder, wie der Romanautor Richard Powers es formuliert: Bäume lehren uns das »Leben im Holztempo«.[23] Die Kunst des langfristigen Denkens liegt vielleicht in der Fähigkeit, in »Baumzeit« zu denken, in einem Maßstab der Jahrhunderte oder Jahrtausende, der unseren Geist für die Tiefen der Zeit öffnet.

Natürlich gibt es kein einfaches Rezept dafür, die Tiefenzeit zu erleben. Man kann sie nicht fertig kaufen oder auf Bestellung liefern lassen. Aber wir können uns Mühe geben, zum Beispiel indem wir einmal im Monat zu einem alten (und vorzugsweise nicht abgestorbenen, sondern noch lebenden) Baum pilgern. Dabei könnte es klug sein, das Handy den Tag über wegzuschließen, damit wir in aller Stille unter seinen Ästen sitzen können und nicht der Versuchung erliegen, ein Selfie zu machen. Der Zen-Mönch Thich Nhat Hanh gab den verspielten Rat: »Tu einfach gar nichts. Sitze dort.«[24] In der Stille, in der Versenkung beginnen die Zeitalter vielleicht durch uns zu fließen.

Die Wiederkehr des wirbelnden Zyklus

Die Tiefenzeit wurde von der Geschichte nicht freundlich behandelt. Ihre Entdeckung fiel mit der wachsenden Vorherrschaft des kurzfristigen Denkens während der Industriellen Revolution zusammen, und seither hatte sie es mit der erbarmungslosen Konkurrenz der digitalen Kultur und ihrem immer größeren Tempo zu tun. Im Laufe der letzten beiden Jahrhunderte trugen die Stechuhr und das iPhone im Wesentlichen den Sieg über den Geologenhammer und das Sternguckerteleskop davon. Der Aktienmarkt nimmt Wissenschaftler oder Künstlerinnen, die von den Vorteilen eines Denkens im kosmologischen Maßstab der Jahrmillionen schwärmen, kaum zur Kenntnis, und die meisten Politiker würden selbst eine Planung, die drei oder vier Jahrzehnte vorausschaut, für höchst utopisch halten.

Aber genau wie unsere moralische Vorstellungskraft, die sich im Laufe der Jahrhunderte ausgeweitet hat – von der Sorge um die unmittelbare Familie und den Stamm hin zu Idealen wie universellen Menschenrechten und den Rechten von Tieren –, so steckt auch in unserer zeitlichen Vorstellungskraft das Potenzial, sich weit über das Hier und Jetzt hinaus zu erweitern. Mithilfe von Kunst, Metaphern und Erfahrungen können wir uns daranmachen, in der Tiefenzeit einen Sinn zu finden.

Manche Menschen stellen den Wert eines solchen Unternehmens infrage und vertreten die Ansicht, ein Verständnis für die Tiefenzeit sei ein Rezept für Teilnahmslosigkeit: Warum soll man sich mit den Problemen der Welt beschäftigen, wenn das Dasein der Menschen im Verhältnis zur riesigen Weite der kosmischen Geschichte ein derart flüchtiger Augenblick ist und wir ohnehin alle am Ende nur Sternenstaub sind, der sich im Universum verteilt?

Eine Begegnung mit der Tiefenzeit lenkt uns in eine andere Richtung – in die von Zielen anstelle von Nutzlosigkeit. Sie bietet uns eine unentbehrliche neue Sichtweise für das zwanghafte kurzfristige Denken der modernen Welt, führt unseren Geist über den letzten Tweet und die nächste Deadline hinaus und schafft die Möglichkeit, ein größeres Bild zu erkennen. Sie hilft uns, über die Folgen unseres Handelns in der fernen Zukunft nachzudenken, so über die Frage, ob künstliche Intelligenz oder synthetische Biologie eines Tages unsere Spezies übernehmen werden. Sie bringt uns wieder in Berührung mit den Kreisläufen der Zeit und versetzt uns in die Lage, Naturphänomene wie den Kohlenstoffzyklus, der im Maßstab von Jahrtausenden wirksam ist und das Schicksal des Lebens auf der Erde prägt, richtig einzuschätzen. Sie hilft uns, unsere Stellung im großen Panorama des Lebens auf unserer Erde zu erkennen: Wir sind Teil einer Kette des Daseins und haben nicht das Recht, sie durch rücksichtslose Zerstörung der Ökosysteme, in denen alle Lebewesen zu Hause sind, zu unterbrechen.

Wir beginnen unseren Weg in Richtung der Tiefenzeit mit einer Übung, die ihre Anregung von der Long Now Foundation bezieht und in ihrer Einfachheit große Macht entfaltet: Jedes Mal, wenn wir ein Datum schreiben, setzen wir eine Null vor die Jahreszahl. Ich schreibe diese Worte im Jahr 02019. Mit einer einzigen zusätzlichen Ziffer – einem Widerhall der wirbelnden Kreise von Schwarzer Hirsch – können wir anfangen, uns gedanklich Zehntausende von Jahren in die Zukunft zu bewegen.

4

An unser Vermächtnis denken

Wird man uns in guter Erinnerung behalten?

»Werden zukünftige Generationen ebenso von der Weisheit ihrer Vorfahren sprechen, wie wir es gern bei unseren Ahnen tun? Wenn wir gute Vorfahren sein wollen, sollten wir zukünftigen Generationen zeigen, wie wir ein Zeitalter großer Veränderungen und Krisen bewältigt haben.«

Jonas Salk[1]

Wie werden die Menschen der Zukunft sich an uns erinnern? Diese Frage zielt auf den Kern der Conditio humana und rührt an unserem kraftvollen Wunsch, unserer eigenen Sterblichkeit ein Schnippchen zu schlagen, indem wir der Nachwelt etwas hinterlassen. Die psychologische Forschung aus mehr als einem halben Jahrhundert zeigt, dass dieser nahezu allgemein verbreitete Drang sich dann entfaltet, wenn wir in unsere mittleren Lebensjahre eintreten.[2] Meist hoffen wir darauf, dass unsere Taten und unser Einfluss sich irgendwie in den kommenden Jahren auswirken und dafür sorgen, dass die Flamme unseres eigenen Lebens auch über den unvermeidlichen Tod hinaus weiterbrennt. Nur die wenigsten Menschen wünschen sich ehrlich, für immer vergessen zu werden.

Aber wir entscheiden uns dafür, unser Vermächtnis auf sehr unterschiedliche Weise zum Ausdruck zu bringen. Manche Menschen zielen auf eine egozentrische Form der Hinterlassenschaft ab und hoffen darauf, dass man sie wegen ihrer persönlichen Leistungen in Erinnerung behält und verherrlicht. Diesen Ansatz verfolgte Alexander der Große: Überall in seinem Reich ließ er Statuen von sich errichten, sogar an der heiligen Stätte im griechischen Olympia. Er war bestrebt, sich auf alle Zeiten wegen seiner heroischen Taten verehren zu lassen, und er wollte wie ein Gott in Erinnerung bleiben – was bei jemandem, der eigenen Behauptungen zufolge ein unmittelbarer Nachfahre von Zeus war, nicht verwunderlich ist. Einen ähnlichen Ehrgeiz haben die heutigen Firmenherrscher, die mit ihrer gemeinnützigen Großzügigkeit Gebäude, Fußballstadien und Museumstrakte finanzieren und ihnen ihren Namen geben.

Weiter verbreitet sind Bestrebungen, in der Familie ein Erbe – Geld, Grundeigentum oder kostbare Familienerbstücke – zu hinterlassen: Dazu wird in der Regel ein Testament für Kinder, Enkel und entferntere Angehörige verfasst. Besondere Wertschätzung genießen solche Vermächtnisse bei Aristokraten, die ihre Familienimmobilien in der eigenen Verwandtschaft halten wollen, aber auch bei Immigranten wie meinem Vater, der nach dem Zweiten Weltkrieg als Flüchtling aus Polen nach Australien kam: Sie arbeiten viele Stunden in der Hoffnung, ihren Kindern genügend Geld hinterlassen zu können, sodass ihnen im Leben mehr Möglichkeiten offenstehen als ihnen selbst. Materielle Besitztümer zu hinterlassen ist für viele Menschen jedoch weniger wichtig als die Weitergabe ihrer Werte und ihrer Kultur, sei es in Form religiöser Überzeugungen, überkommener Sprachen oder Familientraditionen.

Aber wenn wir wirklich gute Vorfahren werden wollen, müssen wir unseren Begriff des Vermächtnisses erweitern und darin nicht nur einen Weg zu persönlichem Ruhm oder das Erbe für unsere Nachkommen sehen, sondern eine praktische Form des Alltagslebens, die allen zukünftigen Menschen zugutekommt. Wir können darin eine Art »Vermächtniseinstellung« sehen: Dann streben wir danach, bei den Generationen in Erinnerung zu bleiben, die wir nie kennenlernen werden, bei den universellen Fremden der Zukunft. Kultivieren können wir diese Form langfristigen Denkens auf drei Wegen: durch den Anstoß des Todes, durch generationenübergreifende Geschenke und durch die Weisheit des *whakapapa*.

Der Anstoß des Todes

Was wissen wir über das Bestreben und die Bereitschaft der Menschen, völlig Fremden ein übergeordnetes Erbe zu hinterlassen? Nach Antworten kann man bei den »Vermächtnisschenkungen« suchen, bei denen Menschen testamentarisch Geld für gemeinnützige Zwecke hinterlassen. Die Daten wirken auf den ersten Blick eindrucksvoll: In den Vereinigten Staaten beliefen sich solche wohltätigen Vermächtnisse 2018 auf mehr als 40 Milliarden Dollar, in Großbritannien kommen auf die gleiche Weise jährlich 3,2 Milliarden Dollar zusammen. Organisationen wie Cancer Research UK und British Heart Foundation erzielen auf diesem Weg mehr als ein Drittel ihrer Einnahmen. Sieht man aber genauer hin, verlieren die Zahlen ihren Glanz. Zwar erklären in Großbritannien 35 Prozent der Befragten, sie würden in ihrem Testament wohltätige Organisationen bedenken, aber nur 6,3 Prozent tun es tatsächlich.[3] Erbschaften sind in unseren Augen vorwiegend eine Familiensache und nicht die Gelegenheit, damit auch außerhalb unserer eigenen Verwandtschaft etwas Nützliches zu tun.

Andererseits erwachsen aus der Verhaltenspsychologie faszinierende neue Erkenntnisse. Sie zeigen, wie wenig notwendig ist, damit wir mehr für zukünftige Generationen tun. Wir brauchen dafür nur den »Anstoß des Todes« – eine gut platzierte Erinnerung an unsere eigene Sterblichkeit.

Ein aufschlussreiches Experiment leitete Kimberly Wade-Benzoni, eine weltweit führende Expertin für generationenübergreifende Entscheidungsprozesse. Die Versuchspersonen wurden in zwei Gruppen eingeteilt. In der ersten Gruppe sollten sie einen Artikel über einen Menschen lesen, der bei einem Flugzeugabsturz ums Leben gekommen war, die zweite las einen Text über ein russisches Mathematikgenie. Anschließend sagte man ihnen, sie könnten bei einer Lotterie 1000 Dollar gewinnen und hätten dann die Möglichkeit, einen Teil des Preises für einen von zwei wohltätigen Zwecken zu spenden: für die Unterstützung von Menschen, die derzeit bedürftig waren, oder zu dem Zweck, Menschen in Zukunft zu helfen. Das Ergebnis? Diejenigen, die über das Mathematikgenie gelesen hatten, spendeten für den gegenwartsorientierten Zweck zweieinhalbmal mehr als für den, der in der Zukunft lag. Dagegen stellten diejenigen, die in dem Artikel über den Absturz den Anstoß des Todes erhalten hatten, für den zukünftigen guten Zweck mehr als fünfmal so viel wie für den in der Gegenwart.[4]

In einer weiteren bahnbrechenden Studie sollten die Versuchspersonen einen kurzen Aufsatz darüber schreiben, wie sie bei zukünftigen Generationen in Erinnerung bleiben wollten, und mussten deshalb über ihr ganz persönliches Vermächtnis nachdenken. Anschließend erklärten sie sich bereit, einen um 45 Prozent höheren Betrag an eine Umweltorganisation zu spenden als solche, die keinen derartigen Text geschrieben hatten.[5]

In einem dritten wichtigen Forschungsprojekt ging es um die Frage, wie man die Menschen in Großbritannien dazu veranlassen kann, größere Beträge testamentarisch für gemeinnützige Zwecke zu bestimmen. Wenn Anwälte ihre Mandanten nicht fragten, ob sie Geld an gemeinnützige Organisationen vermachen wollten, entschieden sich ungefähr 6 Prozent von sich aus dafür. Fragte der Anwalt aber ausdrücklich: »Möchten Sie in Ihrem Testament einen Betrag für gemeinnützige Zwecke bestimmen?«, stieg der Anteil sofort auf 12 Prozent. Und ging der Anwalt noch einen Schritt weiter und sagte: »Viele unserer Mandanten hinterlassen testamentarisch eine Spende für einen gemeinnützigen Zweck. Gibt es gemeinnützige Zwecke, die Ihnen besonders am Herzen liegen?«, entschieden sich sogar 17 Prozent der Befragten für eine entsprechende testamentarische Verfügung.[6] Schon eine geringfügig veränderte Formulierung kann also großen Einfluss auf die Gestaltung von Vermächtnissen haben.

Aus solchen Befunden kann man eine wichtige Lehre ziehen. In der Wirtschaftswissenschaft geht man in der Regel davon aus, dass Menschen stark »die Zukunft diskontieren« und dem Interesse zukünftiger Generationen einen relativ geringen Wert beimessen. Aber das kann sich schon mit wenigen gut gezielten Hinweisen verändern. Es ist, als gäbe es in unserem Gehirn einen »Vermächtnisschalter«, der einfach nur umgelegt werden muss. Wenn man Menschen dazu veranlasst, sich gezielt auf die Verteilung von Erbschaften zu konzentrieren, sind sie eher geneigt, es auch zu tun.

Außerdem zeigen die Studien, dass Gedanken über den Tod und die Frage, wie wir später in Erinnerung bleiben wollen, einen ungeheuren gesellschaftlichen Nutzen haben können: Sie tragen dazu bei, ein Gespür für generationenübergreifende Sorge und Verantwortung zu formen. Das alles läuft der Kultur der Todesverleugnung, die in der westlichen Gesellschaft so weit verbreitet ist, entgegen. Wir wenden ungeheuer viel Energie dafür auf, uns vom Tod abzuschotten – im Mittelalter dagegen malte man tanzende Skelette auf Kirchenwände, und die Menschen trugen Gewandspangen in Form von Totenköpfen (auch »memento mori« genannt) als Erinnerung daran, dass der Tod sie jeden Augenblick dahinraffen konnte.[7] Mit unseren Kindern sprechen wir nicht darüber, ältere Menschen verbannen wir in Pflegeheimen aus unserem Blickfeld und unseren Gedanken, und die Werbebranche vermittelt uns, wir könnten ewig jung bleiben. Vielleicht ist es an der Zeit, mehr Gespräche über den Tod zu führen.

Wichtig ist aber auch, was solche Studien nicht offenbaren. Sie besagen nicht, dass wir uns ein besseres Bild von uns selbst im höheren Alter machen sollten und dass dies in gewisser Weise ein Schritt zu einer größeren Sorge um zukünftige Generationen wäre. In immer mehr Forschungsarbeiten werden Menschen mit computergenerierten Bildern ihrer selbst im höheren Alter mit Runzeln und grauen Haaren konfrontiert; wie sich dabei zeigt, kann man sie auf diese Weise veranlassen, heute weniger Geld auszugeben und mehr für das Alter zu sparen.[8] Aber nichts deutet darauf hin, dass solche bildhaften Darstellungen eine Wirkung auf das Verhalten als Erblasser hätten. Wir brauchen einen Anstoß, um nicht nur über den Ruhestand, sondern über unsere Sterblichkeit nachzudenken.

Zwar ist klar, dass wir die Wirksamkeit des Todesanstoßes nutzen sollten, aber die Laborexperimente der Verhaltenspsychologen scheinen unter Umständen weit entfernt von den Realitäten des Alltagslebens zu sein. So gehen sie in der Regel davon aus, dass ein Vermächtnis eine finanzielle Entscheidung für das Lebensende ist, dazu kann aber auch gehören, dass man beispielsweise einen Baum pflanzt, auf vegetarische Ernährung umstellt oder an einer Demonstration zum Schutz des Gesundheitswesens teilnimmt.

Um besser über solche Möglichkeiten nachdenken zu können, lohnt es sich, den Todesanstoß mit einer umfassenden Frage nach den Vermächtnissen zu verbinden, die wir hinterlassen. Der Erste, der sie stellte, war Steward Brand, der sich mit dem langfristigen Denken beschäftigte: Was hätten wir für unsere Nachkommen tun können? Was würden sie sich wünschen?[9]

Damit können wir uns auseinandersetzen, wir können damit kämpfen und den durchdringenden Blick der Zukunft spüren. Aber wie die Antwort auch ausfällt, sie ist eine Aufforderung zum Handeln.

Auf die Zukunft einzahlen: Geschenke für die nächste Generation

Der Todesanstoß kann zu sofortigen Verhaltensänderungen führen, aber er geht meist nicht weit genug und schafft nicht die tiefgreifenden psychologischen Verschiebungen, die wir brauchen, um die Werte des guten Vorfahren in der Gesellschaft zu verankern. Wie können wir also eine weiterreichende Verbindung zu den ungeborenen Mitgliedern der Menschheit schaffen, aber auch zu dem Planeten, auf dem sie leben werden? Die Antwort: Indem wir uns auf die uralte Praxis des Schenkens besinnen.

In den meisten traditionellen Gesellschaften war das Schenken ursprünglich eine rituelle Gepflogenheit, mit der man gemeinschaftliche Bindungen stärkte und für gute Beziehungen zwischen den Stammesgruppen sorgte. Manchmal basierte es auf unmittelbarer Gegenseitigkeit: Man gab eine Pfeife und erhielt im Gegenzug ein Tierfell. In vielen Kulturen jedoch, so beispielsweise bei den Völkern der Massim auf den Trobriand-Inseln bei Neuguinea, gingen Geschenke nicht direkt hin und her, sondern wanderten vielmehr im Kreis über die Inselgruppe. Den zeremoniellen, als *kula* bezeichneten Austausch untersuchte der Anthropologe Bronisław Malinowski erstmals vor rund 100 Jahren: Dabei wanderten Halsketten aus roten Muschelschalen, die von Frauen getragen wurden, im Uhrzeigersinn, während die von Männern getragenen Armbänder sich im Gegenuhrzeigersinn von Insel zu Insel und von einer Gemeinschaft zur nächsten bewegten.[10]

Eine ähnliche Form des mittelbaren Austausches von Geschenken ist auch das Vermächtnis für zukünftige Menschen, nur wird es nicht im Raum, sondern in der Zeit weitergegeben. Ein solcher Austausch findet auch im Alltagsleben statt, beispielsweise wenn Eltern die abgelegten Kleidungsstücke ihrer Kinder an andere Familien weiterreichen: Meine Kinder tragen häufig Jacken und Schuhe, die zuvor älteren Kindern in unserer Nachbarschaft gehört haben, und sobald unsere Kinder herausgewachsen sind, werden wir sie an die nächste Gruppe verschenken. In einem weiteren Sinn sind wir alle die Empfänger von Geschenken früherer Generationen: von den Arbeitern der Vergangenheit, die unsere heutigen Straßen und Abwasserleitungen gebaut haben, über die Forschenden aus der Medizin, die eine Heilung für Pocken und Tollwut fanden, und die Aktivistinnen, die gegen die Sklaverei und für das heute selbstverständliche Wahlrecht kämpften, bis zu den

Komponisten, deren Musik uns noch heute die Tränen in die Augen steigen lässt. Der Anarchist und Geograf Peter Kropotkin schrieb im 19. Jahrhundert:

> »Über Jahrtausende haben Millionen Menschen daran gearbeitet, die Wälder zu roden, die Sümpfe trockenzulegen und Verkehrswege zu Land und zu Wasser zu öffnen ... An den Kreuzungen der Straßen sind große Städte entstanden, und innerhalb ihrer Grenzen haben sich alle Schätze von Industrie, Wissenschaft und Kunst angesammelt. Ganze Generationen, die im Elend gelebt haben und gestorben sind, die von ihren Herren unterdrückt und schlecht behandelt wurden und von der Plackerei erschöpft waren, haben unserem Jahrhundert dieses ungeheure Erbe übergeben.«[11]

Auch wenn wir dieses Erbe oftmals nicht wertschätzen, ist unser Leben auf den Geschenken aufgebaut, die wir alle von unseren gemeinsamen Vorfahren erhalten haben. Mit dem übergeordneten Vermächtnis begleichen wir unsere Schuld. Aber statt »zurückzuzahlen« können wir auch »vorwärtszahlen« und Geschenke an zukünftige Generationen geben.

Das Ideal des Schenkens findet seinen Widerhall auch in der ursprünglichen Bedeutung von *legacy,* dem englischen Wort für Erbe. Seinen Ursprung hat es im mittelalterlichen Europa: Ein Legat – von dem lateinischen Wort *legatus*, das so viel wie Botschafter oder Gesandter bedeutet – war ein Vertreter, den der Papst in ferne Länder schickte, damit er dort eine wichtige Nachricht überbrachte. Unter einem Menschen, der ein Erbe hinterlässt, kann man sich also einen zeitüberschreitenden Botschafter der Gegenwart vorstellen, der ein Geschenk an die ferne Zukunft übermittelt.

Es gibt vielleicht keine höhere Berufung, als ein Geschenk an die Fremden von morgen zu hinterlassen. Ein solches Geschenk verschafft uns einen Platz in der großen Prozession des Lebens, die uns mit den ersten einzelligen Organismen ebenso verbindet wie mit allem, was sich in den vor uns liegenden Jahrtausenden noch entwickeln wird. Von früheren Generationen aller Lebewesen haben wir bereits außergewöhnliche Geschenke erhalten; keines davon ist größer als der Planet, auf dem wir leben, atmen und gedeihen. Da ist es das Mindeste, dass wir ihn denen, die nach uns kommen, in einem geeigneten Zustand hinterlassen, damit man uns im Rückblick nicht für die Täter einer rücksichtslosen biologischen Nachlässigkeit oder für die Urheber des Massensterbens hält. Wollen wir wirklich so in Erinnerung bleiben? Der Erdsystemwissenschaftler Johan Rockström warnt: »Als erste Generation wissen wir, dass wir vor beispiellosen globalen Umweltgefahren stehen, aber gleichzeitig sind wir auch die letzte Generation, die noch eine nennenswerte Chance hat, daran etwas zu ändern.«[12] Wenn wir ein Erbe hinterlassen wollen, auf das wir stolz sein können, läuft uns die Zeit davon.

Der Gedanke, der Nachwelt ein generationenübergreifendes Geschenk zu hinterlassen, ist für viele Menschen eine starke Motivation, ganz gleich, ob es sich dabei um einen gedeihenden Planeten, ein Zeitalter des Friedens oder etwas anderes handelt. Gleichzeitig fällt es uns aber schwer, eine nachhaltige persönliche Beziehung zu den ungeborenen Erdbewohnern herzustellen, die wir nie kennenlernen werden und denen wir nie in die Augen blicken können. Ihr Leben erscheint uns so fern, so abstrakt und unbekannt, dass wir es fast unmöglich finden, uns in sie hineinzuversetzen und uns um ihre Zukunftsaussichten zu kümmern. Empathie mit zukünftigen Generationen zu entwickeln ist vielleicht eine der größten moralischen Herausforderungen.

Gibt es einen Weg, um die Kluft zu überbrücken? Ja, den gibt es, und seine Wurzeln liegen in den uralten Traditionen der Ahnenverehrung.

Auf der Suche nach whakapapa *(mit Unterstützung meiner Tochter)*

Die Ahnenverehrung zieht sich wie ein roter Faden durch die Geschichte der Menschheit. Das christliche Alte Testament, das hinduistische Mahabharata und die alten nordischen Sagen der Edda enthalten lange stammesgeschichtliche Listen, mit denen die Blutsverwandtschaft bis in die ferne Vergangenheit zurückverfolgt wird. Schon das isländische Wort *edda* als solches bedeutet »Großmutter«: Generationen von Großmüttern erzählten die Geschichten ihren Nachkommen. Darunter waren Berichte über Valhalla, die große, mit Schilden gedeckte Halle, in der alle, die im Kampf einen ruhmreichen Tod gestorben waren, sich mit ihren Vorfahren wiedervereinigten. Die Wikinger glaubten, sie würden von ihren verstorbenen Vorfahren aufgrund ihrer Heldentaten beurteilt, und wollten bei allen, die nach ihnen kamen, in guter Erinnerung bleiben. Archäologische Spuren der Ahnenverehrung, die in China gefunden wurden, reichen mehr als 4000 Jahre weit zurück. Darunter sind Gefäße, in denen das Fleisch von Kriegsgefangenen den Toten als rituelles Opfer dargebracht wurde.[13] Heute füttert man frühere Generationen in China auf weniger grausige Weise während des alljährlichen »Festes der hungrigen Geister«: Dabei lässt man Sitzgelegenheiten für verstorbene Angehörige frei, damit diese bei einem üppigen Festmahl ihren ewigen Hunger stillen können. Solche Rituale stärken das konfuzianische Ideal der kindlichen Frömmigkeit, des Respekts für die Vorfahren, der noch heute in der chinesischen Kultur eine große Bedeutung hat.

Die Ahnenverehrung ist für uns ein Anlass, aus der Gegenwart in die Vergangenheit zu blicken. Auf den ersten Blick scheint das etwas ganz anderes zu sein als die Vorstellung von einem Vermächtnis, bei der wir uns ausmalen, wie unsere Nachkommen aus der Zukunft auf uns zurückblicken und unsere heutigen Taten beurteilen. Doch die Verehrung der Vorfahren schafft in der Regel eine kraftvolle Kette der generationenübergreifenden Verbindung, die in der Zeit nicht nur rückwärts, sondern auch vorwärts reicht. Sehr deutlich zeigt sich das in einem Sprichwort der Māori, das die Zeit zu verbiegen scheint: *Kia whakatōmuri te haere whakamua* – »ich gehe rückwärts in die Zukunft und habe dabei den Blick auf meine Vergangenheit gerichtet«. Die Weltanschauung der Māori basiert auf einem fließenden Zeitgefühl, in dem Gestern, Heute und Morgen ineinander aufgehen; deshalb erfordert es den Respekt vor den Traditionen und Überzeugungen früherer Generationen, während es gleichzeitig an diejenigen denkt, die noch kommen werden. Alles und jeder steht im Raum: die Toten, die Lebenden und die Ungeborenen. »Wir alle sind Enkel, und wir alle sind Vorfahren«, sagt Julia Whaipooti, Māori-Anwältin und Kinderrechtsaktivistin. »Ich persönlich werde von unseren *mokopuna* (›zukünftigen Generationen‹) dazu getrieben, die Welt besser zu machen als das, was wir vorgefunden haben.«[14]

Ihren vielleicht bekanntesten Ausdruck finden solche Denkweisen in dem Māori-Begriff der *whakapapa* (»Stammesgeschichte«); er beschreibt eine ununterbrochene Lebens- und Abstammungslinie, die jeden einzelnen Menschen mit Vergangenheit, Gegenwart und Zukunft verbindet.[15] In der traditionellen Kultur der Māori lässt sich die *whakapapa* in Form eines *ta moko* darstellen, eines Tattoos auf Gesicht oder Körper. Nanaia Mahuta, die erste Politikerin, die im neuseeländischen Parlament ein *ta moko* im Gesicht trug, bezeichnet es als Kennzeichen dafür, »wer ich bin, woher ich komme und welchen Beitrag ich weiterhin leisten möchte«.[16]

Nach Auskunft des Führungsexperten und Autors James Kerr ist die Rugbymannschaft Neuseelands bestrebt, nach einer Philosophie des *whakapapa* zu leben, die von ihnen fordert, frühere Spieler zu repräsentieren und ein Vermächtnis für ihre Nachfolge zu schaffen:

»Bei den Māori gibt es das grundlegende spirituelle Konzept des ›whakapapa‹, einer langen, ununterbrochenen Kette Arm in Arm stehender Menschen, die sich vom Anbeginn der Zeit bis zum Ende der Ewigkeit erstreckt. Die Sonne beleuchtet davon nur einen Augenblick, nämlich unsere Zeit. Wir haben die Pflicht und stehen in der Verantwortung, zu diesem Vermächtnis beizutragen. Unsere erste Aufgabe ist es, gute Vorfahren zu sein.«[17]

Am besten versteht man unter *whakapapa* einen Teil eines Netzwerks von zusammenhängenden Begriffen der Māori wie *whānau* (»Großfamilie«) und *whenua* (»Land« oder »Plazenta«). Der Begriff hat aber eindeutig das Potenzial, Kulturgrenzen zu überschreiten, und regt auch Nicht-Māori dazu an, ihren Blick zu erweitern und sich ihren Platz in der langen Kette aus Toten, Lebenden und Ungeborenen auszumalen. Andererseits fällt es uns oft schwer, eine solche Denkweise in unser Leben einfließen zu lassen, denn es ist der westlichen Kultur verheerend gut gelungen, das tief sitzende Gefühl für generationenübergreifende Verbindungen zu zerstören. Wie die Kinder in der Romanreihe *His Dark Materials* von Philipp Pullman, die von ihrer Tierseele abgeschnitten wurden, so hat man auch uns von unseren Vor- und Nachfahren abgeschnitten. Wir sind so damit beschäftigt, in der Gegenwart zu leben, und so gefangen im kurzen Jetzt der beruflichen Termine und Sofortnachrichten, dass der Gedanke, wir seien nur ein Glied in einer riesigen Menschheitskette, die sich über kosmologische Zeiträume erstreckt, unter Umständen schwer zu begreifen ist. Noch schwieriger wird das durch unsere individualistische Kultur der Selbsthilfe und des Eigeninteresses. Das alles hat zur Folge, dass unser Zeithorizont auf die Gegenwart zusammenschrumpft. Wenn wir überhaupt daran denken, ein Vermächtnis zu hinterlassen, dann beschränkt es sich in der Regel auf eine oder zwei spätere Generationen und auf die Grenzen unseres Familienstammbaums.

Mit ein wenig Fantasie können wir aber Wege finden, um mit der Kraft des *whakapapa* in Verbindung zu treten. Das beste Mittel, das mir zu diesem Zweck begegnet ist, war die Teilnahme an einem intensiven Workshop über Vermächtnisdenken im Rahmen einer Wochenendveranstaltung des Long Time Project. Der Workshop mit dem Titel »Human Layers« (»Menschenschichten«) wurde von den Kulturaktivistinnen Ella Saltmarshe und Hannah Smith nach einer Anregung der Ökologin Joanna Macy gestaltet. Am besten erlebt man ihn zwar in Gesellschaft, man kann ihn aber auch allein nachvollziehen.

Zu Anfang stellt man sich in einen offenen Raum. Die erste Anweisung lautet: Tritt mit geschlossenen Augen einen Schritt zurück und stelle dir jemanden aus einer älteren Generation vor, den du kennst und an dem dir etwas liegt, beispielsweise einen Eltern- oder Großelternteil. Dann trittst du noch weiter zurück und stellst dir diese Person als jungen Erwachsenen vor, malst dir ihr Leben, ihre Gedanken und Gefühle aus, ihre Hoffnungen und Konflikte. Nach einer Minute trittst du einen dritten Schritt zurück und stellst dir den fünften Geburtstag dieser Person vor – die Menschen, die dort sind, ihre Gesichtsausdrücke, die Gefühle, die in der Luft liegen. In dem Bild, das ich in diesem Augenblick im Kopf hatte, stand mein Vater im Alter von fünf Jahren in seinem winzigen Dorf in Polen – es war ein Jahr, bevor der Zweite Weltkrieg ausbrach und sein Leben auf den Kopf stellte. Es gab Gelächter, herzliche Umarmungen von seiner Großmutter, die ersten Walderdbeeren des Frühjahrs.

Im nächsten Schritt kehrst du zu deiner ursprünglichen Ausgangsposition zurück und stellst dir einen jungen Menschen aus deinem Leben vor, an dem dir etwas liegt und mit dem du dich verbunden fühlst, beispielsweise eine Nichte, ein Patenkind oder eines deiner eigenen Kinder. Du trittst wiederum mit geschlossenen Augen einen Schritt nach vorn und malst dir sein Gesicht aus, seine Stimme und die Dinge, die es gern tut. Mit einem weiteren

Schritt nach vorn reist du 30 Jahre in die Zukunft – was geschieht im Leben dieser Person, worin bestehen ihre Freuden und Ängste, in welchem Zustand ist die Welt um sie herum? Ein letzter Schritt, und es ist die Feier ihres 90. Geburtstages. Du stellst dir vor, wie sie von ihren eigenen Kindern und Enkeln umgeben ist, von engen Freunden, Nachbarn und Arbeitskolleginnen. Ein wenig altersschwach steht sie auf, ein Getränk in der Hand, und hält eine Geburtstagsansprache. Plötzlich sieht sie auf dem Kaminsims ein Foto von dir und entschließt sich, den Versammelten etwas darüber zu erzählen, welches Erbe du ihnen hinterlassen hast: Was hat sie von dir über das Leben gelernt, und welche Anregungen hast du ihr vermittelt?

An dieser Stelle lautet die letzte Anweisung: Setz dich hin und schreibe die Ansprache auf, die diese Person halten würde – eine Erinnerung an dich, ihren verstorbenen Vorfahren.

Diese Übung kann sehr belastend sein, insbesondere wenn man dunkle Vorahnungen über die Zukunft unseres Planeten hat. Manche Menschen rührt sie zu Tränen. Sie ist aber eine wichtige Methode, um sich die Zukunft, die sonst nur allzu leicht zu einer fernen Abstraktion wird, vorzustellen und persönlich werden zu lassen.

Als ich mir während dieser Übung meine zehnjährige Tochter als 90-Jährige vorstellte, erlebte ich eine *whakapapa*- Offenbarung. Vielleicht zum ersten Mal sah ich mich selbst als Teil der Kette der Menschheit mit ihren vielen Gliedern. Ich dachte nicht nur darüber nach, welche Welt ich meiner Tochter hinterlassen wollte, sondern auch, was für alle zukünftigen Generationen von mir zurückbleiben würde, für diejenigen, die durch die Gäste auf ihrer Geburtstagsparty symbolisiert wurden. Ich erkannte, dass meine Tochter nicht nur ein isoliertes Individuum ist, sondern Teil eines ganzen miteinander verflochtenen Netzes von Leben und Beziehungen, das die Zukunft ausmacht: die vielen Menschen im Zimmer, die Luft, die sie atmeten, die lebendige Welt außerhalb der Mauern. Wenn mir an ihrem Leben etwas lag, lag mir an *al-*

lem Leben etwas. Wie ich dabei entdeckte, kann tiefes Eintauchen in Gedanken über familiäre Vermächtnisse auch eine Brücke zu einem Vermächtnis in einem umfassenderen Sinn werden und uns veranlassen, über die Begrenzungen der biologischen Vererbung hinaus zu denken.

Aber nicht nur ein einzelnes Kind kann diese grenzüberschreitende Verbindung zur Zukunft herstellen; das gleiche Potenzial haben alle Beziehungen, in die wir eingebettet sind. Wenn wir uns wie die neuseeländischen Rugbyspieler begeistert einer bestimmten Gemeinschaft zugehörig fühlen, können wir ein Gefühl der Besorgnis und Solidarität zu ihren zukünftigen Mitgliedern entwickeln und den Wunsch haben, zu ihrem Nutzen etwas zu hinterlassen. Wir können sie uns ausmalen, ja, beinahe kennen wir sie. Ob es in der Gemeinschaft um Sport, Religion, Kultur, einen Ort oder Politik geht, immer können wir uns durch ein Gespür für die gemeinsame Geschichte und ein gemeinsames Narrativ dazu motivieren lassen, im Interesse eines gemeinsamen Schicksals tätig zu werden. Auf diese Weise wirkt Empathie über die Weite der Zeit hinweg und hilft uns, uns aus der Zwangsjacke des Egos und der Kurzsichtigkeit des Jetzt zu befreien.

Ein Vermächtnis für morgen herstellen

Unter den sechs Wegen zum langfristigen Denken, von denen dieses Buch handelt, kommt der Gedanke des Vermächtnisdenkens dem ursprünglichen Anliegen von Jonas Salk, der ein guter Vorfahr sein wollte, am nächsten. Er stellt uns in eine Beziehung zu zukünftigen Generationen, und wir spüren, wie sie uns ständig anstarren. Wir können dankbar dafür sein, dass Menschen den tiefen psychologischen Drang besitzen, der Nachwelt ein Vermächtnis zu hinterlassen, und wir wissen auch, wie wir ihn aktivieren können: durch die Weisheit des *whakapapa*, die Wirkung generationenübergreifender Geschenke und eines rechtzeitigen Todesanstoßes, der unser Eichelgehirn einschaltet.

Wir stehen vor der existenziellen Entscheidung, wie man sich an uns erinnern soll und wozu unser Vermächtnis gut ist. Wir werden niemals gute Vorfahren werden, wenn wir einfach ein egozentrisches Vermächtnis anstreben, das kaum mehr tut, als unsere persönlichen Leistungen zu feiern und uns unsterblich zu machen, und ebenso können wir uns nicht nur einem eng gefassten Streben nach einem familiären Vermächtnis widmen, so verführerisch es auch sein mag. Als Vater von zwei Kindern verstehe ich den Wunsch, den eigenen Angehörigen etwas zu hinterlassen, insbesondere ein finanzielles Erbe, das ihnen in dieser unsicheren Welt so etwas wie Sicherheit verschafft. Aber wenn wir hoffen, dass die Menschheit – und dazu gehören auch unsere eigenen Nachkommen – im 21. Jahrhundert und darüber hinaus überlebt und gedeiht, müssen wir unser Blickfeld erweitern und Vermächtnisse unter einem umfassenderen Gesichtspunkt betrachten.

Bei den Apachen lautet eine Redensart: »Wir erben das Land nicht von unseren Vorfahren, sondern wir leihen es uns von unseren Kindern.«[18] Letztlich sind es aber nicht nur unsere eigenen Kinder, die uns von der Zukunft aus beurteilen, sondern alle Kinder.

Ein Vermächtnis ist nicht etwas, das wir *hinterlassen*, sondern wir lassen es während unseres Lebens *wachsen*. Es ist nicht nur das in einem Testament festgeschriebene Erbe, sondern tägliche Praxis. Wir lassen unser Vermächtnis als Eltern und Freunde wachsen, als Arbeitskräfte und Bürgerinnen, als Kreative, Aktivistinnen und Angehörige einer Gemeinschaft. Es bedeutet, auf die Folgen unseres Handelns für die ferne Zukunft zu achten, ganz gleich, ob es darum geht, wie wir einkaufen oder wen wir wählen. Es bedeutet, eine Welt weiterzugeben, in der Leben gedeihen kann. Es bedeutet, im Interesse derer, die noch kommen werden, Eicheln in den Boden zu pflanzen.

Als Anregung können uns all jene dienen, die diesen Weg eingeschlagen haben, wie zum Beispiel die kenianische Medizinprofessorin Wangari Maathai, die als erste Frau aus Afrika den Friedensnobelpreis erhielt. Sie gründete 1977 in Kenia das Green Belt Movement (»Grüngürtelbewegung«) mit dem doppelten Ziel, Frauen mehr Macht zu verschaffen und den natürlichen Reichtum des Landes wiederherzustellen. Als sie 2011 starb, hatte die Bewegung mehr als 25.000 Frauen in Forstwirtschaft ausgebildet und mehr als 40 Millionen Bäume gepflanzt. Ihr Erbe lebt weiter: In über 4000 Gemeindegruppen arbeitet die Grüngürtelbewegung im ganzen Land und setzt sich afrikaweit für eine nachhaltige Lebensweise ein. Das ist gemeint, wenn man von guten Vorfahren spricht.

Wangari Maathai, Gründerin der Grüngürtelbewegung

5

Generationengerechtigkeit

Warum wir die siebte Generation respektieren sollten

»Warum soll ich mich um zukünftige Generationen kümmern? Was haben die für mich getan?« Diese schlaue Redensart wird häufig Groucho Marx zugeschrieben, in Wirklichkeit ist sie aber seit über 200 Jahren im Umlauf.[1] Doch in unserem Zeitalter des immer schnelleren Klimawandels, in dem Arten in atemberaubendem Tempo aussterben und die Gespenster von KI und Nanotechnologie lauern, klingt der Witz ein wenig hohl, denn plötzlich wird klar, dass die brennende Frage lautet: Was tun wir *für sie*? Es gab in der Geschichte vielleicht noch nie eine Zeit, in der die Handlungen der Gegenwart derart weitreichende Folgen für die Zukunft hatten. Wir stehen heute vor einer der drängendsten gesellschaftlichen Fragen des 21. Jahrhunderts: Welche Verpflichtungen und Verantwortlichkeiten haben wir gegenüber den Generationen, die auf uns folgen werden?

Für die junge schwedische Klimaaktivistin Greta Thunberg liegt die Antwort auf der Hand. Sie begründete eine internationale Jugendbewegung, die streiken will, bis die reichen Länder ihre Kohlenstoffemissionen entsprechend dem Pariser Klimaabkommen von 2015 zurückfahren. Im Dezember 2018 stand sie bei der UN-Klimakonferenz im polnischen Kattowitz vor politisch Verantwortlichen aus der ganzen Welt und ermahnte sie, weil sie die globale ökologische Krise nicht in Angriff nahmen:

»Im Jahr 2078 werde ich meinen fünfundsiebzigsten Geburtstag feiern. Falls ich Kinder haben sollte, werden sie diesen Tag vielleicht mit mir verbringen. Vielleicht werden sie mich nach euch fragen. Vielleicht werden sie fragen, warum ihr nichts getan habt, als noch Zeit zum Handeln war. Ihr sagt, ihr liebt eure Kinder über alles, und doch stehlt ihr ihnen die Zukunft vor ihren Augen.«[2]

Von diesem krassen Akt des generationenübergreifenden Diebstahls angestachelt, ist Greta eine der Anführerinnen einer wachsenden Bewegung von Zeitrebellen, die das Potenzial hat, das Erscheinungsbild der modernen Demokratien zu verändern. Die Bewegung fordert Generationengerechtigkeit und Gleichberechtigung – sie will ein Gleichgewicht zwischen den Bedürfnissen der jetzigen und zukünftigen Generationen finden und sucht nach Wegen, um die Interessen der Bürgerinnen von morgen innerhalb der heutigen politischen Institutionen zu vertreten.

Man kann sich solche Generationen als »Zukunftseigner« vorstellen; den englischen Begriff *futureholders* prägte Juliet Davenport, die Gründerin von Good Energy, eines Unternehmens für erneuerbare Energien. Wie ein Unternehmen, das Anteilseigner oder *shareholders* hat, so gibt es in der Gesellschaft die Zukunftshalter, Bürger und Bürgerinnen der Zukunft, deren Interessen und Wohlergehen in Entscheidungen, die sich auf ihr Leben auswirken, berücksichtigt werden sollten. Auch wenn wir einige davon bereits kennen – unsere Kinder oder andere junge Menschen aus unserem Bekanntenkreis –, sind die meisten aber noch nicht geboren. Um ihr Wohlergehen zu sichern, müssen wir eine Gesellschaft schaffen, die auf generationenübergreifender Gerechtigkeit basiert – das ist einer der sechs Wege zum langfristigen Denken, die das Kernstück dieses Buches bilden. Sie bietet einen moralischen Kompass, wenn wir gute Vorfahren werden wollen, erweitert unsere ethische Fantasie in die vor uns liegende Zeit und bietet auch einen Leitfaden für andere Formen des langfristigen Denkens, so des Kathedralendenkens und der ganzheitlichen Vorhersage. Im Gegensatz zum Vermächtnisdenken, das ein Gefühl der persönlichen Verbindung mit den Zukunftshaltern begünstigen kann, fördert die generationenübergreifende Gerechtigkeit den Sinn für unsere kollektive Verantwortung.

Dieses Kapitel handelt von den vier Hauptgründen, die von Zeitrebellinnen heute für die Generationengerechtigkeit angeführt werden, und von dem Prinzip der siebten Generation aus den indigenen Kulturen, in dem sie ihre Anregung gefunden haben. Unser Ausgangspunkt ist eines der wichtigsten Hindernisse, vor denen sie stehen: eine außerordentlich einflussreiche wirtschaftswissenschaftliche Methode, die den harmlosen Namen »Diskontierung« trägt.

Die schwarze Kunst der Diskontierung (oder wie wir die Bürger und Bürgerinnen der Zukunft zu Sklaven machen)

Diskontierung ist eine Waffe der generationenübergreifenden Unterdrückung, die sich als rationale wirtschaftliche Methodik tarnt. Menschen erscheinen uns umso kleiner, je weiter sie von uns entfernt sind, und die Diskontierung misst ihren Interessen immer weniger Bedeutung bei, je weiter sie in der Zukunft stehen. Politiker wägen durch Diskontierung die Kosten und den Nutzen langfristiger Investitionsentscheidungen ab. Wenn wir wirklich wissen wollen, wie viel einer Regierung an ihren zukünftigen Bürgern und Bürgerinnen liegt, dürfen wir nicht den wortreichen Reden von Ministern zuhören, sondern wir müssen die Diskontrate betrachten. Dabei werden wir Erschreckendes entdecken.

Das Argument für die Diskontierung erscheint auf den ersten Blick plausibel. Menschen schätzen Belohnungen in der Gegenwart meist höher als solche in der Zukunft; wenn uns jemand heute 2000 Euro schenkt, ist uns das lieber, als würden wir 5000 Euro in zehn Jahren erhalten. Die Diskontierung macht diese zeitliche Vorliebe zum Prinzip: Zukünftigem Nutzen wird im Vergleich zum Nutzen in der Gegenwart ein relativ geringer Wert beigemessen. Ein Beispiel ist eine staatliche Politik mit dem zukünftigen Nutzen, dass Menschenleben beispielsweise durch Investitionen in die Gesundheitsversorgung gerettet werden. Bei einem Diskontsatz von 2 Prozent hat ein einziges Menschenleben heute den gleichen Wert wie 2,7 Menschenleben in 50 Jahren (die Berechnung erfolgt nach der Zinseszinsformel 1 x 1,0250 = 2,7). Betrachtet man 100 Jahre, hat ein heutiges Menschenleben den gleichen Wert wie 7,2 Menschenleben in der Zukunft. Steigert man den Diskontsatz, nimmt der relative Wert zukünftiger Menschenleben rapide ab: Bei einem Satz von 10 Prozent ist ein heutiges Menschenleben so viel wert wie 117 Menschenleben in 50 Jahren und wie 13.781 Menschenleben in 100 Jahren (1 x 1,1100 = 13.781). Bei einem Diskontsatz von 10 Prozent würde eine Regierung sich also dafür entscheiden, lieber heute wenige Menschenleben zu retten, statt den gleichen Geldbetrag zu investieren, damit in 100 Jahren fast 14.000 Menschen überleben können.

Was hat das alles mit Generationengerechtigkeit zu tun? In den letzten 100 Jahren hat sich die Diskontierung aus Finanzwesen und Buchhaltung auch auf die Politik ausgebreitet, und das in Bereichen vom öffentlichen Gesundheitswesen bis zum Klimawandel. Über Investitionen in Krankenhäuser, Verkehrsinfrastruktur oder ein neues System von Hochwasserbarrieren entscheiden Regierungen heute häufig, indem sie mithilfe eines Diskontsatzes berechnen, in welchem Verhältnis der zukünftige Nutzen solcher Projekte zu ihren heutigen Kosten steht. Die dabei angewandten Diskontraten – meist zwischen 2 und 4 Prozent – scheinen auf den ersten Blick nicht sonderlich hoch zu sein, aber sie reichen unter Umständen aus, um solche Investitionen zu verhindern, selbst wenn sie in Zukunft großen Nutzen bringen würden: Es scheint, als könne man einen weit entfernten Nutzen (beispielsweise nach mehr als 50 Jahren) vernachlässigen.[3]

Wenn man sich klarmachen will, wie problematisch die Praxis der Diskontierung ist, kann man eine umstrittene Entscheidung der britischen Regierung aus dem Jahr 2018 betrachten, die sich gegen die Genehmigung des landesweit ersten Gezeitenkraftwerks in der Swansea Bay richtete. An das Projekt knüpften sich hohe Erwartungen, insbesondere angesichts der Tatsache, dass Großbritannien über rund 50 Prozent der in Europa verfügbaren Gezeiten- und Wellenenergie verfügt, sodass Gezeitenkraftwerke die Möglichkeit boten, bis zu 20 Prozent des Energiebedarfs des Landes zu decken. Die Regierung rechtfertigte ihre Entscheidung mit der Behauptung, Gezeitenkraftwerke seien weniger kosteneffizient als Alternativen wie Kernkraftwerke, aber wie Kritiker schnell deutlich machten, waren die langfristigen Kosten des Abrisses von Kernkraftwerken und der Atommüllentsorgung nicht in die Kosten-Nutzen-Analyse und die Diskontierungsmethode eingeflossen, und ebenso hatte man den vollständigen Nutzen des auf 120 Jahre angelegten Gezeitenprojekts nicht über die ersten 60 Jahre hinaus berücksichtigt. Wären diese langfristigen Kosten- und Nutzeneffekte eingerechnet worden, das Gleichgewicht hätte sich sicherlich zugunsten des Projekts verschoben.[4] Wie Juliet Davenport, die CEO von Good Energy, mir erklärte, erhalten solche umfangreichen Projekte zur Erzeugung erneuerbarer Energien unter anderem deshalb nur unter Schwierigkeiten staatliche Förderung, weil die Anfangskosten relativ hoch sind, während der langfristige Nutzen wegdiskontiert wird. Die Folge: Zukünftige Generationen müssen letztlich die Kosten für unsere statistische Achtlosigkeit tragen.[5]

Die Diskontierung ist heute in der Politik allgemein üblich, aber sollte sie eine derart zentrale Rolle für die Entscheidungsfindung spielen? Infrage gestellt wurde dies durch *The Economics of Cli-*

mate Change, einen Bericht, den der Wirtschaftswissenschaftler Nicholas Stern 2006 für die britische Regierung verfasste. Darin äußerte er die Ansicht, der Klimawandel werde so hohe Kosten verursachen, dass man zu ihrer Linderung rund 1 Prozent des weltweiten BIP aufwenden müsse. Stern wurde allgemein gelobt, weil er den Interessen zukünftiger Generationen hohes Gewicht beigemessen hatte: Er hatte den ungewöhnlich niedrigen Diskontsatz von 1,4 Prozent zugrunde gelegt, während andere Wirtschaftswissenschaftler wie William Nordhaus üblicherweise von 3 Prozent ausgehen und die britische Regierung sogar 3,5 Prozent ansetzt.[6] Aber hatte er damit wirklich einen so großen Sieg für die Generationengerechtigkeit errungen?

In Wirklichkeit behandelte er zukünftige Generationen mit einem Diskontsatz von 1,4 Prozent beinahe wie Sklaven. Warum? Nach einer berüchtigten Klausel aus der US-Verfassung von 1787 wurde einem afroamerikanischen Sklaven für die Berechnung der Vertretung der Südstaaten im Kongress drei Fünftel des Wertes eines freien Weißen zugestanden. Wie schnell messen wir also zukünftigen Generationen nach den Regeln der Diskontierung eine Stellung bei, die der von Sklaven entspricht? Oder anders formuliert: Nach wie vielen Jahren hat ein in Zukunft lebender Mensch nur noch drei Fünftel des Wertes eines heutigen Menschen? Legt man Sterns Diskontsatz von 1,4 Prozent zugrunde, behandeln wir Menschen nach nur 36,5 Jahren nicht besser als Sklaven: Ihre Interessen haben nur 60 Prozent des Wertes der Interessen heutiger Menschen. Noch krasser ist das Ergebnis mit Nordhaus' 3 Prozent, die von vielen Regierungen verwendet werden: Danach sind zukünftige Generationen schon in 17 Jahren »versklavt«. Im Vergleich zu 100 heutigen Menschen werden 100 Menschen in der Zukunft nach 17 Jahren wie 60 Menschen (drei Fünftel) bewertet, nach einem Jahrhundert wie 5 Menschen und in 150 Jahren wie ein einziger Mensch. Wie können wir unsere Nachkommen mit einer so kaltschnäuzigen Missachtung behandeln? Die Diskontierung ist das Sinnbild für die Kolonisierung der Zukunft: Wir behandeln sie, als hätte sie praktisch keine Bewohner.

Sollten wir nicht das Diskontieren beenden und die Interessen aller Menschen gleichbehandeln, unabhängig davon, wann sie geboren werden? Darauf lautet die übliche Antwort: Partys heute sind uns eben wichtiger als die Rente morgen. Aber die individuelle Vorliebe für die Gegenwart ist keine Rechtfertigung dafür, dass wir kollektiv auch zukünftige Generationen so behandeln. Wer gibt uns das Recht, den Wert zu mindern, den sie selbst ihrem Leben und ihrem Wohlergehen beimessen? Eine zweite Antwort findet sich häufig in Lehrbüchern der Wirtschaftswissenschaft: Danach ist die Diskontierung gerechtfertigt, weil Wirtschaftswachstum und technischer Fortschritt zukünftige Generationen in die Lage versetzen werden, Probleme wie den Klimawandel mit besseren und billigeren Mitteln zu bewältigen, und deshalb sollten wir nicht übermäßig viel investieren, um ihnen zu helfen. Aber die Annahme, das Wachstum werde sich Jahrzehnt für Jahrzehnt fortsetzen, ist Wunschdenken, insbesondere wenn die Folgen des ökologischen Zusammenbruches sich einmal bemerkbar machen. Wunschdenken ist auch die Vorstellung, unsere Nachkommen müssten nur genug Geld und Technologie in der Tasche haben, um katastrophale Vorgänge wie das Artensterben, das Abschmelzen des Polareises und die aggressive Ausbreitung gentechnisch veränderter Viren rückgängig zu machen.

Auf den ersten Blick mag die Diskontierung nach einer neutralen technokratischen Übung aussehen, aber wie der Wirtschaftsnobelpreisträger Amartya Sen betont, ist damit zwangsläufig ein Werturteil verbunden, und deshalb sollte sie »in der Öffentlichkeit behandelt und erörtert werden müssen«.[7] Frank Ramsey, der Erfinder der Diskontierung, ging noch einen Schritt weiter und erklärte schon 1928, die Diskontierung des Wohlergehens zukünftiger Generationen sei eine Praxis, die »ethisch nicht vertretbar

Die Versklavung zukünftiger Generationen

Welcher Wert wird 100 zukünftigen Menschen bei einem Diskontsatz von 3 % zu verschiedenen Zeitpunkten in den nächsten 150 Jahren beigemessen?

Heute: 100 Menschen

Nach 17 Jahren: 60 Menschen (Status von Sklaven)

Nach 50 Jahren: 23 Menschen

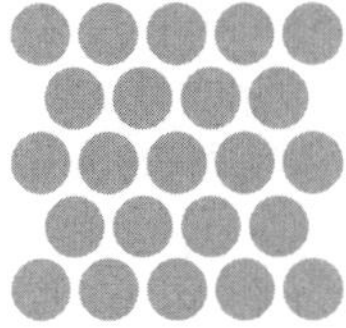

Nach 100 Jahren: 5 Menschen

Nach 150 Jahren: 1 Mensch

ist und lediglich einer Schwäche der Vorstellungskraft entspringt«.[8] Das soll nicht heißen, dass die Diskontierung in der Bewertung von Projekten überhaupt keinen Platz hätte, aber sie ist vielleicht nicht angemessen, wenn es darum geht, Gezeitenkraftwerke und andere Umweltprojekte mit sehr langfristigen Auswirkungen zu beurteilen, oder wenn möglicherweise irreversible katastrophale Risiken bestehen, die auch durch das Versprechen von noch so viel Wirtschaftswachstum nicht wettgemacht werden. Aber wenn wir rechtfertigen wollen, dass wir die Diskontierung beiseitelassen, müssen wir auch positive Argumente für die Gleichberechtigung der Generationen finden. Warum soll uns eigentlich so viel an den Menschen der Zukunft liegen?

Der Pfeil, die Waage, die Augenbinde und der Staffelstab

Angenommen, uns würde jemand 100 Millionen Dollar geben, damit wir sie zum Wohlergehen der Menschheit verteilen. Wie würden wir vorgehen? Wir stehen dabei nicht nur vor dem Dilemma, die Mittel unter verschiedenen Ländern oder gesellschaftlichen Gruppen aufzuteilen und so das Leiden in der heutigen Welt zu vermindern, sondern es geht auch um die Frage, wie wir die Mittel *zeitlich* verteilen. Mit anderen Worten: Sollte ein Anteil der Summe – und wenn ja, welcher – zum Nutzen zukünftiger Generationen vorgesehen oder investiert werden, und wie viele Generationen beziehen wir ein? Diese Frage zielt auf den Kern der Diskussionen über Generationengerechtigkeit und Gleichberechtigung. Einfache Antworten gibt es natürlich nicht, und Philosophen schlagen sich bereits seit mehr als 50 Jahren mit dieser Frage herum. Man wird sich aber zunehmend darüber einig, dass das Leben zukünftiger Menschen – auch derer, die erst in Jahrzehnten oder Jahrhunderten leben werden – in unsere ethischen Urteile und politischen Entscheidungen einbezogen werden sollte und dass man es nicht einfach mit einer witzigen Bemerkung nach Art von Groucho Marx oder mit dem Diskontsatz der Wirtschaftswissenschaftler beiseitekehren kann.

Diese wachsende Einsicht zeigt sich unter anderem in der Lawine internationaler Vereinbarungen, die sich auf zukünftige Generationen beziehen. Blicken wir zurück auf die französische Erklärung der Menschenrechte von 1789 oder die Allgemeine Erklärung der Menschenrechte von 1948, so finden wir darin keinerlei Anspielung auf zukünftige Generationen.[9] Das alles änderte sich erst 1987, als die UN-Weltkommission für Umwelt und Entwicklung den »Brundtland-Bericht« mit dem Titel *Our Common Future* (»Unsere gemeinsame Zukunft«) veröffentlichte. Darin steht die berühmte Definition der nachhaltigen Entwicklung als »Entwicklung, die die Bedürfnisse der Gegenwart befriedigt, ohne zu riskieren, dass künftige Generationen ihre eigenen Bedürfnisse nicht befriedigen können«.[10] Seit 1993 wurde das Wohlergehen »zukünftiger Generationen« in mehr als 200 UN-Resolutionen erwähnt, außerdem auch in mehr als 40 nationalen Verfassungen in Ländern von Argentinien bis Estland.[11]

Wie nicht anders zu erwarten, wurde diese Flut offizieller Anerkennung bisher nicht in nennenswerte politische Praxis umgesetzt, aber sie ist zweifellos ein Signal, dass das Thema der Generationengerechtigkeit endlich Fuß gefasst hat. Heute setzt sich ein breites Spektrum von Organisationen für die Bürger und Bürgerinnen von morgen ein. Dazu gehören internationale Aktivistengruppen wie Greenpeace, die es sich zur Aufgabe gesetzt hat, »zukünftigen Generationen eine friedliche, nachhaltige Welt zu sichern«, und Thinktanks wie die Stiftung für die Rechte zukünftiger Generationen. In Italien fordern Jugendgruppen einen Gerichtshof für Generationengerechtigkeit, und die Organisation Our Children's Trust kämpft juristisch für das Recht zukünftiger Generationen von Amerikanern, auf einem gesunden Planeten zu leben.[12] Hinzu kommen Protestbewegungen wie das Sunrise Movement in den Vereinigten Staaten und Extinction Rebellion in Großbritannien. Politisch engagierte Hebammen sorgen sich um das Schicksal der Babys, die von ihnen zur Welt gebracht werden.[13] Experten für existenzielle Risiken setzen sich bei Regierungen für die Abmilderung der Gefahren ein, die neue Technologien im kommenden Jahrhundert für die Menschheit aufwerfen.[14] Auch Papst Franziskus hat sich angeschlossen und spricht von der notwendigen »Gerechtigkeit zwischen den Generationen«.[15] Der Kampf für die Rechte und Interessen der Zukunftshalter wird immer schneller zu einer der aktivsten gesellschaftlichen Bewegungen unserer Zeit.

Viele, die sich heute für die Rechte zukünftiger Generationen einsetzen, machen es wie die Gegner der Sklaverei, die ihr Anliegen im 18. Jahrhundert mit stichhaltigen Argumenten vortrugen und ihm damit moralische und intellektuelle Durchschlagskraft verschafften. Sie erkennen, dass die einfache Aussage, die Bedürfnisse zukünftiger Generationen würden eine ebenso große Rolle spielen wie die der heute lebenden Menschen, nicht ausreicht. Insbesondere da die Menschheit heute vor so vielen drängenden Problemen von der Kinderarmut bis zum Bürgerkrieg steht, kann man nicht so tun, als wäre dies eine unbestreitbare Tatsache. Wir müssen anerkennen, dass die Probleme unserer eigenen Zeit ethisch dringlich sind – so besteht beispielsweise derzeit für 150 Millionen Kinder die Gefahr, durch Mangelernährung zu sterben[16] –, aber gleichzeitig müssen wir auch die Menschen der Zukunft fair behandeln, das heißt, so, dass ihre Interessen nicht außer Acht gelassen werden. Die Aktivistinnen haben verstanden, dass es entscheidend ist, zukünftige Generationen mit einer überzeugenden Begründung in unser Problembewusstsein einfließen zu lassen und Anregungen für Aktivitäten in ihrem Interesse zu geben.[17] Aber warum sollte uns an ihnen etwas liegen, warum sollten wir für sie sogar etwas opfern? Die beliebtesten Argumente lassen sich in vier große Kategorien einteilen; in jeder davon kommt ein anderes ethisches Motiv für die Generationengerechtigkeit zum Ausdruck. Ich bezeichne sie als den Pfeil, die Waage, die Augenbinde und den Staffelstab (siehe unten).

Der Pfeil sagt etwas darüber aus, in welchem Ausmaß wir für die zukünftigen Folgen unseres Handelns verantwortlich sind. Eine der bekanntesten Formulierungen kommt in den Schriften des Philosophen Derek Parfit vor:

> »Zeitliche Ferne hat als solche keine größere Bedeutung als räumliche Entfernung. Angenommen, ich schieße einen Pfeil in einen weit entfernten Wald, und er verwundet dort einen Menschen. Sollte ich gewusst haben, dass sich jemand in diesem Wald befindet, bin ich einer großen Fahrlässigkeit schuldig. Da die Person weit entfernt ist, erkenne ich nicht, wem ich einen Schaden zugefügt habe. Aber das ist keine Entschuldigung. Ebenso ist es keine Entschuldigung, dass diese Person weit weg ist. Die gleichen Aussagen über Wirkungen sollten wir auch bei Menschen machen, die zeitlich weit weg sind.«[18]

Oder anders formuliert: Wenn wir die Verpflichtung haben, eine Bombe nicht in einen Zug zu legen, wo sie heute ein Kind schädigen würde, haben wir auch die gleiche Verpflichtung, es nicht zu tun, wenn der Zug erst in zehn Minuten abfährt oder in zehn Tagen oder auch in zehn Jahren.[19] Dieses Argument wird häufig in Diskussionen über Atommüll angeführt. Wir wissen, dass der »hoch radioaktive Abfall«, wie er genannt wird, noch in Hunderten oder auch Tausenden von Jahren für die Menschen gefährlich sein wird, aber nur weil sie sich in großer zeitlicher Entfernung befinden, bedeutet das nicht, dass wir das Risiko ungehindert auf sie abwälzen können. Wir sollten ihr Wohlergehen unabhängig davon berücksichtigen, wann sie zufällig geboren sind, aber diese

Vier ethische Motive für Generationengerechtigkeit

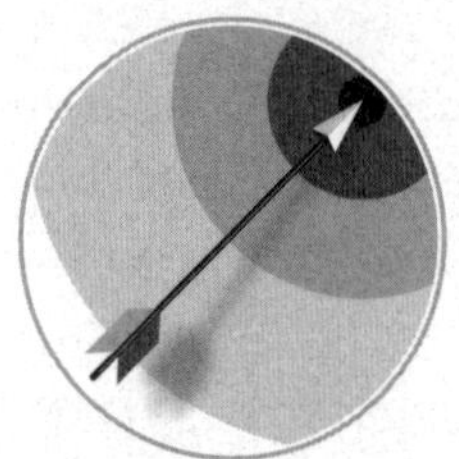

Der Pfeil

Behandle Menschen gleichwertig, unabhängig davon, wann sie zufällig geboren werden.

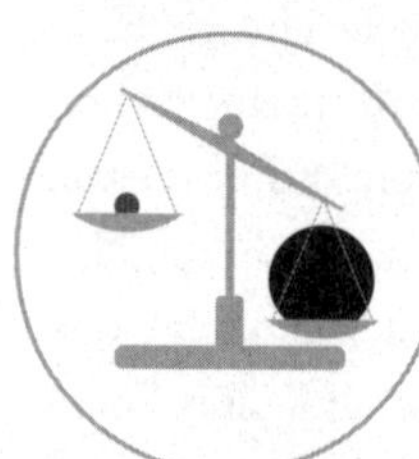

Die Waage

Wäge das Wohlergehen der heute lebenden Menschen gegenüber dem aller ab, die noch geboren werden.

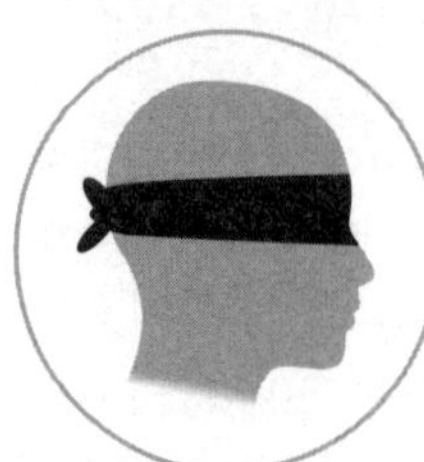

Die Augenbinde

Male dir aus, welche Welt du dir wünschst, wenn du nicht weißt, in welcher Generation du geboren wirst.

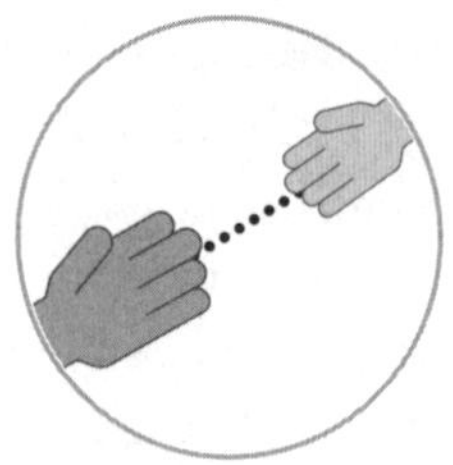

Der Staffelstab

Behandle zukünftige Generationen so, wie du von früheren Generationen gern behandelt worden wärst.

Ansicht steht in völligem Widerspruch zur Logik der Diskontierung. Atommüll gleicht einem Pfeil, der jahrhunderte- oder jahrtausendelang durch die Wälder fliegt und für die Bevölkerung ein ständiges Risiko darstellt. Es besteht eine beträchtliche Wahrscheinlichkeit, dass der Pfeil irgendwann treffen und verheerende Wirkungen verursachen wird, genau wie es geschieht, wenn wir fossile Brennstoffe verfeuern oder die Meere vergiften. Wir haben die Verantwortung, heute etwas zu unternehmen und damit die zukünftigen Wirkungen der von uns abgeschossenen Pfeile zu verringern. Und je weniger wir überhaupt abschießen, umso besser.[20]

Ein zweites Grundprinzip der Generationengerechtigkeit ist die Waage: Diese lädt uns ein, uns vorzustellen, dass alle heute lebenden Menschen die eine Waagschale füllen, und in der anderen stehen sämtliche Generationen, die noch nicht geboren sind. Zumindest was die schiere Zahl angeht, wird die derzeitige Bevölkerung leicht von allen, die uns nachfolgen werden, übertroffen. Einer Berechnung zufolge haben in den letzten 50.000 Jahren rund 100 Milliarden Menschen gelebt und sind gestorben; bleibt die durchschnittliche Geburtenrate des 21. Jahrhunderts während der nächsten 50.000 Jahre bestehen, werden bis dahin rund 6,75 Billionen Menschen geboren, 877-mal mehr als die 7,7 Milliarden, die heute die Erde bevölkern, und weit mehr als alle Menschen, die jemals gelebt haben (siehe unten).[21] Wie können wir ihr Wohlergehen außer Acht lassen und glauben, unser eigenes sei von so viel größerem Wert?

Darauf entgegnen manche Kritiker, in den kommenden Jahrtausenden würden in der anderen Waagschale nicht einmal mehr Menschen stehen, die wie wir sind. Der *Homo sapiens* könnte sich in einen Cyborg mit künstlich verstärkter Intelligenz und künstlich hergestellten Organen verwandeln, mit denen er nicht nur Jahrzehnte, sondern Jahrhunderte überleben kann, und solche Wesen hätten dann vielleicht vollkommen andere Werte und eine andere Vorstellung von Wohlergehen. Woher sollen wir wissen, was für sie überhaupt von Bedeutung ist oder ob wir ihnen die gleichen moralischen Standpunkte zubilligen sollen wie uns selbst? Aber wenn man annimmt, dass es noch einige Exemplare des *Homo sapiens* gibt oder auch Wesen, die uns auf nennenswerte, wiedererkennbare Weise ähneln – die Schmerzen empfinden, den Tod fürchten, sich verlieben, Familien gründen und nach Sinn suchen –, wäre es ein gewaltiges ethisches Versagen, wenn wir ihr Wohlergehen außer Acht lassen. Wir würden damit gegenüber der Zukunft schamlos eine Haltung von Kolonialherren einnehmen und sie als leeres Land behandeln, das keine Bewohner hat, sodass es uns freisteht, es ungestraft auszuplündern.

Die Augenbinde spielt auf ein Gedankenexperiment an, das der politische Philosoph John Rawls in seinem 1971 erstmals erschienenen Buch *A Theory of Justice* (auf Deutsch 1979 unter dem Titel *Eine Theorie der Gerechtigkeit* veröffentlicht) erfand. Stellen wir uns vor, wir stünden hinter einem »Schleier des Unwissens« und wüssten nicht, in welche gesellschaftliche Stellung wir hineingeboren werden – wir haben keine Ahnung, wie es in unserem Leben mit Reichtum, Geschlecht, ethnischem Hintergrund, Intelligenz oder Werten aussehen wird. Wie, so fragte Rawls, würden wir in diesem »Urzustand« die Ressourcen der Gesellschaft verteilen? Würden wir beispielsweise zulassen, dass manche Menschen sehr reich sind, während die große Mehrheit in Armut lebt? Das, so argumentiert er, würden wir nicht tun, denn damit würden wir unser eigenes Elend riskieren; deshalb würden wir uns stattdessen für Grundprinzipien von Gleichberechtigung und Umverteilung entscheiden.[22] Aber jetzt treiben wir das Experiment noch weiter und malen uns aus, wir wüssten nicht nur nichts darüber, in welche gesellschaftliche Position wir gelangen, sondern auch nicht, in welcher Generation wir geboren werden. Vielleicht wird das in zehn Jahren geschehen, wenn das Leben sich nur wenig von unserem heutigen unterscheidet, es könnte aber auch in 200 Jahren sein, wenn eine gewaltige weltweite Nahrungs- und

Wasserkrise herrscht und die Reichen den Planeten in ihrer Mehrzahl verlassen haben. Wie würden wir dann die Ressourcen verteilen? Wie viel würden wir für zukünftige Generationen beiseitelegen oder investieren, nur für den Fall, dass wir zu einer von ihnen gehören werden?

Rawls und viele andere haben den Versuch unternommen, eine Antwort auf dieses Dilemma zu finden. Eine davon lautet: Wir sollten nur so viel beiseitelegen, dass »gerechte Institutionen« gewährleistet sind und jede zukünftige Gesellschaft grundlegende Rechte beibehalten kann.[23] In einem anderen Ansatz soll gewährleistet werden, dass spätere Generationen ihre Grundbedürfnisse decken oder die Entscheidungen treffen können, die zu einem erfüllten Leben führen; dazu dürfte ein Mindestmaß an Bildung oder Gesundheitsfürsorge erforderlich sein. Wieder andere vertreten die Ansicht, mit der Ressourcenverteilung übersehe man das große ökologische Bild, und jede Generation solle den Planeten in einem lebenserhaltenden ökologischen Gesundheitszustand hinterlassen, der mindestens ebenso gut ist wie der, in dem sie ihn geerbt hat – ein Prinzip der »regenerativen Gerechtigkeit«, in dem Treuhandgedanken anklingen.[24] Man könnte einwenden, eine solche Vielfalt von Antworten mache Rawls' Gedankenexperiment mehr oder weniger wertlos. Aber wie die Antwort auch lautet, entscheidend ist immer das Gleiche: Wenn wir hinter einem Schleier des Unwissens stehen, berücksichtigen wir das Wohlergehen zukünftiger Generationen und erkennen darin etwas, das heute für uns von Bedeutung sein sollte. Die Augenbinde hat den Vorteil, dass sie die Fantasie der Menschen anregt und uns ermuntert, unseren Kreis der Fürsorge nicht nur im Raum, sondern auch in der Zeit zu erweitern.

Ein letztes beliebtes Argument bezeichne ich als Staffelstab. Seine Grundlage ist die »goldene Regel«: »Was du nicht willst, das man dir tu', das füg' auch keinem andern zu.« Dieses Empathieprinzip findet sich in fast allen großen Weltreligionen, und Kin-

Die Größe ungeborener Generationen

Wenn man 50.000 Jahre in die Vergangenheit und 50.000 Jahre in die Zukunft blickt – und dabei annimmt, dass die Geburtenrate des 21. Jahrhunderts gleich bleibt –, steht allen Menschen, die bisher gelebt haben, eine viel größere Zahl derer gegenüber, die noch kommen werden.

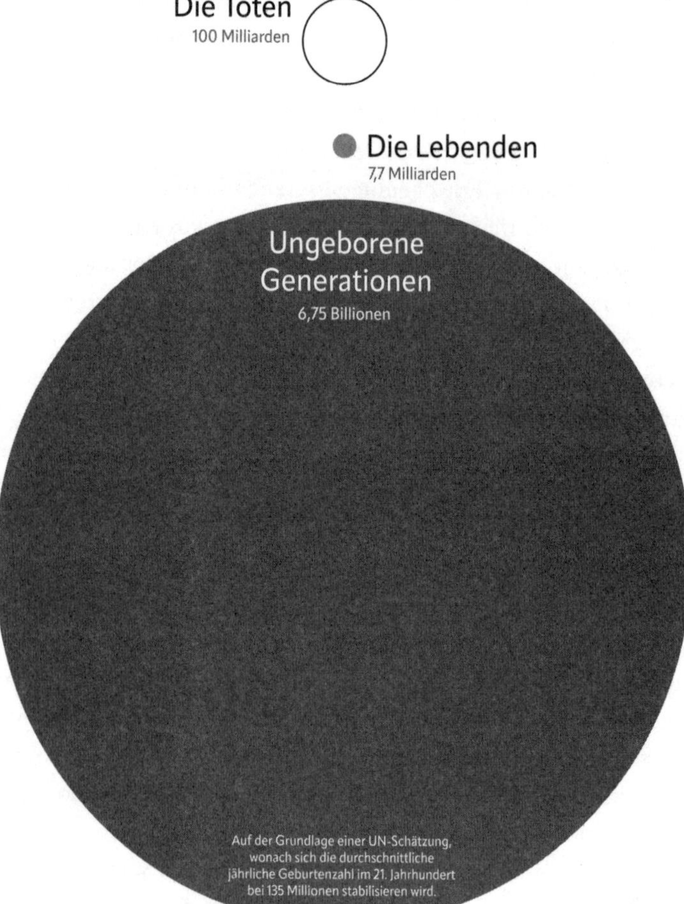

dern bringen wir es häufig als erste moralische Lehre ihres Lebens bei. Eine Einschränkung der goldenen Regel liegt meist darin, dass wir sie innerhalb der zeitlichen Begrenzung unseres eigenen Lebens betrachten – wir behandeln die Menschen um uns herum so, wie wir selbst behandelt werden wollen. Der Gedanke lässt sich aber leicht auf zukünftige Generationen ausweiten: Danach haben wir auch die Pflicht, zukünftigen Menschen keine Schäden oder gefährlichen Risiken aufzubürden, die wir selbst nicht auf uns nehmen würden. Mit anderen Worten: »Behandle zukünftige Generationen so, wie du von früheren Generationen gern behandelt worden wärst.«[25] Das Ganze kann man sich als generationenübergreifende goldene Regel vorstellen, die von einer Generation zur nächsten weitergegeben wird – gewissermaßen also ein »goldener Staffelstab«.

Wenn wir selbst an unsere Vorfahren denken, würden wir uns sicher wünschen, sie hätten vieles nicht an uns weitergegeben, vom Rassismus der Kolonialzeit über die patriarchalischen Einstellungen, die noch heute in vielen Ländern verbreitet sind, bis hin zu den ökologischen Folgen einer Industrie, die auf fossilen Brennstoffen basiert. Wenn wir uns also wünschen, unsere »schlechten Vorfahren« hätten uns kein solches Erbe hinterlassen, welchen Grund haben wir dann, ein ähnlich negatives Vermächtnis an die Zukunft weiterzugeben, sei es in Form der von uns verursachten ökologischen Schäden, durch die potenziellen Gefahren neuer Technologien oder durch die achtlose Entsorgung von Atommüll? Schließlich wollen wir selbst nicht die Empfänger eines solchen Erbes sein. Der Staffelstab stellt sicher, dass wir auf die Folgen unseres Handelns achten, und damit ist er eine nützliche Orientierungshilfe, wenn wir gute Vorfahren werden wollen. Wir können ihn auch unter dem Gesichtspunkt positiver Handlungsweisen betrachten und beispielsweise das gute Gesundheitswesen weitergeben, das frühere Generationen uns vererbt haben, oder auch ihre großen Werke von Kunst und Literatur. In einer Geschichte aus dem jüdischen Talmud wird ein Mann gefragt, warum er einen Johannisbrotbaum pflanzt, der zu seinen Lebzeiten keine Früchte tragen wird. Darauf antwortet er: »So wie meine Vorfahren für mich Bäume gepflanzt haben, pflanze ich ihn für meine Nachfahren.«[26]

Die Grundprinzipien dieser vier Argumente liegen den Werten einer Zivilisation des langen Jetzt zugrunde. Zwar können wir uns nur schwer ausmalen, wie die Welt von morgen aussehen wird und welche Herausforderungen sich im Einzelnen für die Menschheit stellen, entscheidend ist aber, dass wir die schweigende Mehrheit der zukünftigen Generationen ins Boot holen, wenn wir Entscheidungen treffen, sei es als Einzelne oder als Gesellschaft. Es macht uns aufgeschlossener dafür, die Interessen der Zukunftseigner zu berücksichtigen und für ihre faire Behandlung in einer Welt zu sorgen, in der sie von den vorhandenen politischen Institutionen mehr oder weniger übergangen werden. Die Argumente als solche bieten keine genaue Formel für die Aufteilung der Ressourcen zwischen den heutigen und zukünftigen Generationen, aber sie besagen, dass wir die Bedürfnisse zukünftiger Menschen neben der Ungerechtigkeit und dem Leid, vor denen die Menschen heute stehen, angemessen berücksichtigen sollten. Ihre Sorgen haben es verdient, Gehör zu finden.

Wie können wir solche philosophischen Überlegungen in praktisches Handeln ummünzen? Die vielleicht leistungsfähigste und wirksamste Methode ist eine kulturelle Praxis indigener Völker, in der sich die Zielsetzung in einer einzigen einheitlichen Vision verkörpert: Entscheidungen für die siebte Generation.

Denken bis zur siebten Generation und der Wert langfristiger Vorsorge

Würden wir einen typischen Berufspolitiker auffordern, eine wichtige politische Entscheidung zu treffen und zu diesem Zweck 200

Jahre in die Zukunft zu blicken, er würde uns wahrscheinlich lauthals auslachen. Für viele indigenen Völker ist so etwas jedoch eine höchst angesehene kulturelle Tradition. Der indigene Amerikaner Oren Lyons, Oberhaupt des Turtle-Clans der Nation der Onondaga, formuliert es so:

> »Wir blicken nach vorn, denn für uns als Häuptlinge ist es einer der ersten Aufträge, dafür zu sorgen, dass jede von uns getroffene Entscheidung sich auf das Wohlergehen und Wohlbefinden der siebten nachfolgenden Generation bezieht, und das ist die Grundlage, auf der wir im Rat unsere Entscheidungen treffen. Wir überlegen: Wird dies der siebten Generation von Nutzen sein?«[27]

Nach Angaben des kanadischen Juraprofessors John Borrows, der zur Gruppe der Chippewas der Nawash First Nation gehört, ist das Denken bis zur siebten Generation »ein bedeutsames Prinzip der indigenen Gesetze«. Es gewährleistet den Nachkommen eine gesunde Umwelt, insbesondere indem die Ausbeutung natürlicher Ressourcen eingeschränkt wird: »Innerhalb unserer Grenzen zu leben zeigt die Zuneigung zu unseren Kindern. Außerdem zeigt es unseren Respekt vor der Erde und ihre Liebe zu ihr.«[28]

Solche überlieferten Prinzipien sind nicht beschränkt auf Amerika. Es gibt sie bei den indigenen Völkern der ganzen Welt, allerdings finden sie ihren Ausdruck nicht immer in Form einer festgelegten Zahl von Generationen. Als ich mit dem tansanischen Massai-Häuptling Samwel Nangiria sprach, sagte er mir, sein Volk plane in dem Bemühen, die traditionelle Lebensweise beizubehalten, auf 100 Jahre im Voraus – ganz im Gegensatz zu manchen Nichtregierungsorganisationen, die ihnen helfen wollen, wobei die Projekte aber nur über zwei oder drei Jahre laufen. »Wir müssen über die Gegenwart, die Vergangenheit und das Leben zukünftiger Menschen nachdenken«, sagte er. »Dabei geht es nicht nur um das Land, sondern um das ganze Leben. Wir haben für das Leben einen Plan, der hundert Jahre vorausschaut. Wir kämpfen für unsere Menschen, unsere wilden Tiere, die nächste Generation.«[29]

Hinter dieser Weltanschauung der indigenen Völker steht eine Philosophie tiefer Verantwortung. Darin »gehört« die Erde nicht der derzeitigen Generation, und diese kann mit ihr nicht umgehen, wie sie möchte, sondern sie ist ein lebendes Gebilde, eine Mutter Erde, die zum Wohle der Nachkommen und des Lebens als Ganzes unversehrt erhalten bleiben und gedeihen muss. Der gleiche Gedanke ist uns aus den Lehren vieler Religionen vertraut: Im Christentum beispielsweise ist die Erde ein Geschenk Gottes, das jeder Generation vorübergehend »anvertraut« wird.[30] Die Sichtweise der indigenen Völker geht aber noch weiter. Darin sind Menschen keine überlegenen Wesen, die eine besondere Verpflichtung haben, über die Schöpfung zu wachen, sondern ein integraler Bestandteil des lebenden Ganzen der Welt. Eine Tätigkeit als Verwalter für die siebte Generation ist ein tiefgreifender Ausdruck eines Bewusstseins für die Biosphäre.

Zu den führenden Vertretern des Denkens bis zur siebten Generation gehört der Ökologe und Genetiker David Suzuki. Nach seiner Ansicht sollten unsere Politiker sich fragen: »Angenommen, wir verabschieden dieses Gesetz – welche Auswirkungen wird es nach sieben Generationen haben?«[31] Wie Suzuki erkannt hat, ist der Gedanke, dass Menschen in einer Wechselbeziehung mit der Welt des Lebendigen stehen, das Kernstück des Siebte-Generation-Prinzips. Die Umwelt ist nicht irgendetwas »da draußen«, sondern »wir *sind* die Umwelt«, wie er es formuliert. Durch die Luft, die wir atmen, das Wasser, das wir trinken, und den Boden, in dem wir unsere Lebensmittel anbauen, sind wir mit der Landschaft ebenso verbunden wie mit zukünftigen Generationen.

Ein Beispiel ist der Sauerstoff, den wir einatmen: Er kreist in unserem Blut, aber ungefähr die Hälfte verbleibt in der Lunge –

es gibt also keine klare Trennlinie, an der die Luft endet und wir beginnen. Wenn wir ausatmen, vermischt sich unser Atem mit der Luft und wird von anderen Menschen aufgenommen, aber auch von Vögeln, Säugetieren und Reptilien. »Wenn ich Luft bin und du Luft bist, dann bin ich du«, schreibt Suzuki. Aber die Atome in der Luft bleiben auch zeitlich erhalten. Einer Studie zufolge enthält ein Atemzug ungefähr 3 x 1019 (eine 3 mit 19 Nullen) Argonatome. Diese Quintillionen Atome wandern ständig rund um die Erde; wo wir auch sind, wir atmen rund 15 Argonatome ein, die sich vor einem Jahr schon einmal in unserem Körper befunden haben. Und das ist nicht alles: Jeder unserer Atemzüge enthält Argonatome, die vermutlich einst von Kleopatra und Gautama Buddha eingeatmet wurden und auch von der siebten Generation unserer Nachkommen eingeatmet werden. Die Luft, so Suzuki, spielt eine entscheidende Rolle, denn »sie verknüpft alles Leben in einem einzigen Gerüst und verbindet Vergangenheit, Gegenwart und Zukunft in einem einzigen fließenden Ganzen«.[32]

Das Denken bis zur siebten Generation ist ein überzeugendes Prinzip, es verbindet sich aber auch mit einigen Mythen. Als sein Ursprung wird häufig das »große Friedensgesetz« genannt, eine 500 Jahre alte »Verfassung« der sechs nordamerikanischen Irokesenvölker, in der die Berücksichtigung der siebten Generation allerdings nicht ausdrücklich erwähnt wird.[33] Dennoch ist das Prinzip heute in der Entscheidungspraxis der indigenen Amerikaner zweifelsohne sehr lebendig, so unter anderem bei der Nation der Oglala Lakota in South Dakota.[34] Außerdem beschwört es das Ideal indigener Völker herauf, die im Einklang mit der Natur leben und sich um zukünftige Generationen sorgen; andererseits ist aber durchaus bekannt, dass manche dieser Völker keine ökologischen Verwalter waren, sondern Holzgewinnungs- und Bergbaurechte an die Höchstbietenden verkauften. Natürlich erliegen auch indigene Gemeinschaften den Verlockungen des kurzfristigen Denkens, aber bei ihnen ist dies eher die Ausnahme als die Regel.

Kann man eine Praxis wie das Denken an die siebte Generation realistischerweise aus dem Zusammenhang der indigenen Kulturen herausreißen und ihr auch in der temporeichen, konsumgetriebenen modernen Welt einen Sinn und eine Zugkraft verleihen? Können die Besucher der Einkaufsmeile in Shanghai, die Ölmanager von Dubai oder die Politikerinnen in Miami sie wirklich ernst nehmen?

Die Antwort lautet Ja, und das viel mehr, als man sich vielleicht vorstellt. In den letzten 20 Jahren ist das »Denken an die siebte Generation« zu einer beliebten Kurzformel für einen langfristigen Ansatz der Nachhaltigkeit und der Generationengerechtigkeit geworden, und ihr Einfluss breitet sich weit über die traditionellen indigenen Gemeinschaften hinaus aus. Die internationale Jugendorganisation Earth Guardians verfolgt das Ziel, »unseren Planeten und seine Menschen über die nächsten sieben Generationen zu schützen«.[35] In Japan setzt sich die politische Bewegung Future Design dafür ein, die Interessen zukünftiger Generationen in die Politik einfließen zu lassen, und dabei bezieht sie ihre Anregung vom Siebte-Generation-Prinzip der Irokesen.[36] Die Ökologin Joanna Macy konzipierte einen Workshop mit dem Titel »Siebte Generation«, dessen Teilnehmer paarweise Dialoge führen: Dabei spricht eine Person für die Gegenwart, die andere stellt jemanden aus der siebten zukünftigen Generation dar.[37] Der Stammesälteste Oren Lyons war 2008 an der Gründung der schwedischen Urban-Farming-Firma Plantagon beteiligt und gab einzigartige »Aktien der siebten Generation« aus, die man sich erst auszahlen lassen kann, nachdem sie in einer Familie über sieben Generationen weitervererbt wurden oder nachdem sieben Menschen sie jeweils mindestens 33 Jahre gehalten haben.[38] Es heißt sogar, der Hersteller nachhaltiger Reinigungsmittel Seventh Generation hat das Prinzip in der Firmenzentrale in Vermont auf das Fenster des wichtigsten Konferenzsaales schreiben lassen.

Bisher hat keine Regierung das Prinzip der siebten Generation zu einem Kernstück ihrer Politik gemacht, aber früher oder später wird es keine freie Entscheidung, sondern eine Notwendigkeit sein, es zu übernehmen. Die Wirtschaftsnobelpreisträgerin Elinor Ostrom warf 2008 in einem Vortrag die Frage auf, wie wir eine Gesellschaft schaffen können, die unsere ererbten natürlichen Ressourcen nachhaltig verwaltet, sodass wir sie an unsere Nachkommen weitergeben können:

> »Ich bin den indigenen Völkern der Vereinigten Staaten zutiefst dankbar, denn in ihrer Vorstellung sind sieben Generationen der angemessene Zeitrahmen, wenn man über die Zukunft nachdenkt. Nach meiner Überzeugung sollten wir alle uns die Regel der siebten Generation im Kopf zu eigen machen. Wenn wir wirklich wichtige Entscheidungen treffen, sollten wir nicht nur fragen, was sie heute für mich bewirken, sondern auch, welche Auswirkungen sie in der Zukunft für meine Kinder, die Kinder meiner Kinder und deren Kindeskinder haben werden.«[39]

Ermächtigung der schweigenden Mehrheit

Ganz gleich, wie überzeugend der Gedanke ist, die Interessen zukünftiger Generationen zu respektieren: Es bleiben doch beträchtliche Kräfte, die ihnen eine faire Behandlung verweigern und ihre Bedürfnisse missachten, von Politikern, die ihre Beliebtheit bei der nächsten Wahl steigern wollen, bis zu den Mineralöl- und Biotechnologieunternehmen, die auf den schnellen Euro aus sind. Die größte Herausforderung bleibt aber unsichtbar: die Milliarden ungeborenen Bürger und Bürgerinnen von morgen, die nicht für sich selbst sprechen können. Sie können keine Menschenketten vor Unternehmenszentralen bilden oder sich auf belebte Stadtstraßen setzen. Sie können keine Regierung verklagen, keine Zeitungskolumne zu ihrer Verteidigung schreiben oder es ablehnen, sich von Wirtschaftswissenschaftlern diskontieren zu lassen. Sie sind die Mehrheit, aber sie sind dazu verdammt, schweigend zu leiden.

Hoffnung liegt in einer wachsenden weltweiten Bewegung zugunsten der Generationengerechtigkeit, die durch die moralische Kraft des Pfeils, der Waage, der Augenbinde und des Staffelstabes gestützt wird und ihre Anregung aus der praktischen Anwendung des Siebte-Generation-Prinzips bezieht. Zu ihr gehören Hunderttausende von Schulkindern – darunter auch meine –, die sich der Klimabewegung angeschlossen und in vielen Ländern gestreikt haben, die Aktivistengruppen, die Staaten und Städte auf der ganzen Welt dazu veranlassen, den Klimanotstand auszurufen, und die Befürworterinnen der Bürgerversammlungen, die dem Interesse zukünftiger Generationen eine Stimme verleihen. Das alles ist nur der Anfang einer progressiven gesellschaftlichen Bewegung, die sich als eine der kraftvollsten unserer Zeit erweisen könnte.

Bisher hat die repräsentative Demokratie die Rechte zukünftiger Generationen systematisch übergangen; diese wurden in die Position einer machtlosen und missachteten schweigenden Mehrheit abgedrängt. Wenn wir die zeitliche Diskriminierung überwinden, schaffen wir eine der weitreichendsten Veränderungen in der Geschichte der Demokratie seit dem Frauenwahlrecht im frühen 20. Jahrhundert. Vor dem Hintergrund dieses Ehrgeizes übertragen meine Partnerin und ich heute unsere Wählerstimmen an unsere elfjährigen Zwillinge: Wir gehen gemeinsam die Parteiprogramme durch, hören uns politische Debatten an und diskutieren die Probleme; dann geben sie uns Anweisungen, wen wir wählen sollen.

Wird die Bewegung für Generationengerechtigkeit Erfolg haben? Ihre Strategien und Konflikte, mit denen wir uns im dritten Teil dieses Buches beschäftigen werden, machen Hoffnung. Ebenso lassen Indizien aus der Menschheitsgeschichte hoffen. Bis zur

Mitte des 20. Jahrhunderts zeigten die Europäer kaum Interesse an der Notlage der Menschen in Entwicklungsländern. Es gab einige Organisationen, die sich für sie einsetzten, aber die fanden in den Medien wenig Aufmerksamkeit, und die Politik verwendete kaum einen Gedanken darauf. Das alles hat sich geändert. Möglicherweise wird unsere Einstellung gegenüber den Zukunftseignern bis zur Mitte des 21. Jahrhunderts einen ähnlichen Wandel durchmachen. Dann werden sie zu einem Teil unserer moralischen und politischen Gedankenwelt werden.

6

Kathedralendenken

Die Kunst, für die ferne Zukunft zu planen

»Wenn wir bauen, lasst uns daran denken, dass wir für immer bauen. Lasst es nicht zum gegenwärtigen Vergnügen sein, und auch nicht allein zum gegenwärtigen Gebrauch. Lasst es ein Werk sein, für das unsere Nachkommen uns danken werden.«

– John Ruskin[1]

In Gesprächen über langfristiges Denken kommt häufig eine Geschichte über das New College in Oxford zur Sprache. Offenbar entdeckte man in den 1860er-Jahren, dass die langen Eichenbalken, die das Dach des alten Speisesaals trugen, morsch waren und ersetzt werden mussten. Wo man solche gewaltigen Holzbalken finden sollte, wusste niemand. Dann aber erfuhr man vom Förster des Colleges, dass William of Wykeham, der Gründer der Hochschule, beim Bau des Saales im 14. Jahrhundert einen Eichenhain gepflanzt hatte, der ausdrücklich für den Austausch der Balken bestimmt war. Durch of Wykehams unglaubliche Weitsicht hatte das College also 500 Jahre später die für diesen Zweck benötigten Eichen; seither nehmen Forschende und Studierende jeden Tag unter den ausgetauschten Balken fröhlich ihre Mahlzeiten ein.

Eine wunderschöne Geschichte, die nur einen Haken hat: Sie stimmt nicht. »Manche Mythen sterben offensichtlich nie«, sagte mir Jennifer Thorp, die Archivarin des New College, als ich sie nach dem Wahrheitsgehalt befragte.[2] Die Eichen, aus denen die Balken gemacht sind, stammen in Wirklichkeit aus einem Wald, den das College erst Jahrzehnte nach dem Bau des ursprünglichen Saales erwarb, und sie waren auch nie ausdrücklich für die Dachsanierung vorgesehen. So weitsichtig war William of Wykeham also doch nicht gewesen.

Mir geht es hier nicht darum, einen weiteren Fall von Fake News zu entlarven. Aber die Geschichte erfreut sich großer Beliebtheit, und das zeigt, wie gern wir an die Fähigkeit der Menschen zu langfristiger Planung glauben möchten. Eine Geschichte über Bäume, die zum Nutzen der Menschen in einem halben Jahrtausend gepflanzt werden, hört sich nach dem idealen Gegengift zu unserem Zeitalter der pathologischen Kurzsichtigkeit an. Wenn unsere Politiker ein wenig weniger auf die letzte Meinungsumfrage versessen wären und ein wenig mehr wie William of Wykeham agieren würden, könnten wir Maßnahmen ergreifen, um ernsthaft in das öffentliche Gesundheitswesen zu investieren, die globale Erwärmung zu bremsen oder uns auf die Gefahren der biologischen Kriegsführung vorzubereiten. Wir könnten sogar aufhören, zukünftigen Generationen unseren Atommüll aufzubürden. Das jedenfalls wäre die Hoffnung.

Dieses Kapitel zeigt, dass die historischen Erfahrungen auf der Seite der Hoffnung stehen. Geschichten über unsere Fähigkeit zu langfristiger Planung brauchen wir nicht zu erfinden, denn Menschen waren dazu während der letzten 5000 Jahre erstaunlich gut in der Lage. Es ist vielleicht eine der größten Fähigkeiten unserer Spezies und der deutlichste konkrete Ausdruck für die Tätigkeit unseres Eichelgehirns. Jared Diamond hält erfolgreiche langfristige Planung für entscheidend, wenn eine Gesellschaft nicht untergehen, sondern überleben und gedeihen soll.[3] Deshalb gehört die Kunst, für die ferne Zukunft zu planen – das »Kathedralendenken« –, zu den sechs entscheidenden Strategien, wenn wir eine Kultur der Langfristigkeit gestalten wollen. Aber wie sieht erfolgreiche langfristige Planung aus, und was lehrt uns die Geschichte über die Bedingungen, unter denen sie sich entwickeln kann? Aufschlüsse finden wir in drei unerwarteten Bereichen: in der geistlichen Architektur, in einer japanischen Mondlandschaft und in einer dramatischen Abwasserkrise.

5000 Jahre langfristige Planung

Planung besteht nach einer einfachen Definition darin, einen praktischen Handlungsablauf vorzuzeichnen, um damit ein bestimmtes Ziel zu erreichen. Mir geht es hier nicht um kurzfristige Pläne, beispielsweise was es zum Abendessen gibt oder auch, wo wir in fünf Jahren wohnen wollen, sondern um unser Potenzial, Projekte mit einem Zeithorizont zu planen, der sich über Jahrzehnte oder noch länger und auch über unsere eigene Lebenszeit hinaus erstreckt.

Wer Zweifel daran hat, dass wir dazu in der Lage sind, sollte einmal durch die Türen des Ulmer Münsters gehen, einer lutherischen Kirche im Südwesten Deutschlands. Dort findet sich ein auf 1377 datierter Grundstein. In diesem Jahr entschlossen sich die Bewohner der Stadt, unter den aufmerksamen Blicken des Architekten Heinrich II. Parler eine neue Kirche zu bauen und selbst durch einzelne Kostenbeiträge zu finanzieren. Das fertige Bauwerk sollte keiner von ihnen zu Gesicht bekommen: Vollendet wurde es erst 1890, mehr als 500 Jahre später.

Damit zählt das Ulmer Münster sicher zu den eindrucksvollsten Crowdfunding-Projekten der Geschichte. Es ist auch ein klassisches Beispiel für langfristige Planung, denn die Begründer des Vorhabens wussten genau, dass es innerhalb ihrer eigenen Lebenszeit nicht fertig werden würde. Und doch machten sie sich an die Arbeit, angetrieben vielleicht von einer Mischung aus spiritueller Überzeugung und halsstarriger Entschlossenheit. Aus jüngerer Zeit am ähnlichsten ist ihr die Sagrada Familia, Antoni Gaudís fantasievolle Basilika in Barcelona. Ihr Bau begann 1882, und heute ist sie vielleicht das längste ununterbrochen betriebene Bauprojekt der Welt – mit der Fertigstellung wird 2026 gerechnet. Gaudí arbeitete in den letzten 43 Jahren seines Lebens auf der

Die Sagrada Familia im Jahr 1905. Gaudí arbeitete von 1883 bis zu seinem Tod 1926 an dem Bauwerk und übernachtete regelmäßig in den Fundamenten der Baustelle. Als er auf seinem täglichen Weg zur Beichte im Alter von 73 Jahren von einer Straßenbahn überfahren wurde, war sie erst zu einem Viertel vollendet.

Baustelle; als Architekt überstürzte er nie etwas, sondern ließ auch mal fröhlich eine Mauer einreißen, wenn sie nach seinem Dafürhalten nicht gut aussah. »Mein Bauherr hat es nicht eilig«, sagte er gern, womit er seinen göttlichen Auftraggeber meinte.[4] Aber dass religiöse Bauwerke zu den bekanntesten Beispielen für langfristige Planung gehören, liegt vielleicht weniger daran, dass Gott ein so geduldiger Bauherr ist, als vielmehr an der Langlebigkeit der religiösen Institutionen als solchen. Die meisten Katholiken rechnen damit, dass ihre alte Ordnung, die bereits seit 2000 Jahren existiert, auch in den kommenden Jahrhunderten erhalten bleibt; deshalb ist es vollkommen plausibel, dass man zum Nutzen der zukünftigen Gläubigen baut.

Der Begriff des Kathedralendenkens ist eine Art abgekürzte Ausdrucksweise für die langfristige Vision, die sich in Kirchenbauwerken zeigt, in Politik oder Wirtschaft aber weitgehend fehlt. Nach Ansicht von Greta Thunberg »werden wir Kathedralendenken brauchen, um die Klimakrise zu bewältigen«.[5] Populär gemacht wurde das Konzept auch von dem Astrophysiker Martin Rees: Wie er betonte, ist die weitsichtige Sichtweise, von der sich die Erbauer der Kathedrale von Ely im elften Jahrhundert inspirieren ließen, himmelweit entfernt von der gegenwärtigen kurzsichtigen Betrachtung des Augenblicks: »In der heutigen, außer Kontrolle geratenen Welt können wir nicht danach streben, ein Denkmal zu hinterlassen, das tausend Jahre überdauert, aber es wäre sicher eine Schande, wenn wir an einer Politik festhalten, die zukünftigen Generationen ein faires Erbe verweigert.«[6]

Aber sollten wir nur in Kathedralen nach Anregungen suchen? Die folgende Tabelle führt ein breites Spektrum langfristiger Projekte auf, die menschliche Gesellschaften im Laufe der letzten 5000 Jahre in Angriff genommen haben; der Zeithorizont erstreckt sich dabei von Jahrzehnten bis zu mehreren Jahrhunderten.

	Langfristige Planung in der Menschheitsgeschichte
RELIGIÖSE BAUWERKE	
Stufenpyramide von Sakkara, Ägypten	Die älteste Pyramide der Welt wurde ungefähr 2600 v. u. Z. im Laufe von 18 Jahren erbaut, damit der König Djoser im Jenseits ewig wiedergeboren werden konnte. Der Baumeister Imhotep wurde als Gott verehrt.
Ulmer Münster, Deutschland	Lutherische Kirche, erbaut zwischen 1377 und 1890. Finanziert von den Bewohnern der Region war sie mit einer Laufzeit von über 500 Jahren die Mutter aller Crowdfunding-Projekte.
Sagrada Familia, Spanien	Gaudís Basilika in Barcelona. Baubeginn 1882, mit der Fertigstellung wird 2026 gerechnet. Derzeit das längste ununterbrochen betriebene Bauprojekt der Welt. Gaudí selbst widmete ihm 43 Jahre.
Ise-jingū, Japan	Der Shinto-Schrein wird seit 690 u. Z. alle 20 Jahre abgerissen und nach dem gleichen Bauplan wieder aufgebaut. Ein ewig neues und ewig altes Bauwerk.
INFRASTRUKTUR	
Qanats von Gonabad, Iran	System von Wasserleitungen, erbaut zwischen 700 und 500 v. u. Z., über 33 Kilometer lang und noch heute in Gebrauch. Liefert in der trockenen Region das Wasser für rund 40.000 Menschen.
Aquädukt von Segovia, Spanien	Eines der am besten erhaltenen Beispiele römischer Baukunst. Errichtet im 1. Jahrhundert u. Z. aus Granit und ohne Mörtel. Bis zum 19. Jahrhundert in Gebrauch.

Chinesische Mauer	Die Anfänge gehen auf das 3. Jahrhundert v. u. Z. zurück. Seit dem 14. Jahrhundert erbaute die Ming-Dynastie im Laufe von 200 Jahren eine 8850 Kilometer lange Mauer mit 25.000 Wachtürmen, um die Mongolen fernzuhalten.
Polder-Wasserwirtschaftssystem, Niederlande	Die durch Deiche geschützten Landflächen machen ein Viertel des Landes aus. Der älteste noch vorhandene Polder stammt von 1533. Bewirtschaftung durch demokratische Wasserverwaltungsgremien.
Canal du Midi, Frankreich	Der erste große europäische Kanal ist 240 Kilometer lang und verbindet das Mittelmeer mit dem Golf von Biskaya. Erbaut 1665–1681. Der Konstrukteur Pierre-Paul Riquet wurde zum Nationalhelden.
Panamakanal	Bau 1881–1894 unter französischer Aufsicht, aber das Vorhaben wurde nach dem Tod von 22.000 Arbeitskräften aufgegeben. Fertigstellung 1904–1914 durch die Vereinigten Staaten, die bis 1979 die Kanalzone kontrollierten.
Transsibirische Eisenbahn, Russland	Erbaut 1891–1916. Die längste Eisenbahnstrecke der Welt reicht von Moskau bis nach Wladiwostok am japanischen Meer; die 9289 Kilometer lange Strecke wurde von 62.000 Arbeitern errichtet.
Kanaltunnel, Großbritannien/Frankreich	Erste Pläne für einen 50 Kilometer langen Tunnel gab es 1802; sie wurden in den 1920er-Jahren von Churchill unterstützt, und 1988–1994 wurde der Tunnel endlich gebaut. Das Bauwerk soll mindestens 120 Jahre überdauern.

Süd-Nord-Wasserkanal-Projekt	Konzipiert 1952 unter Mao. Bau 2002–2050. Drei Kanäle mit einer Gesamtlänge von rund 2500 Kilometern sollen eine Wassermenge transportieren, die der Hälfte der jährlichen Wassermenge im Nil entspricht.
STÄDTEBAU	
Milet, Griechenland	Hippodamus von Milet, der Erfinder der formellen Stadtplanung, entwarf 479 v. u. Z. den ersten Gitternetzplan für seine Heimatstadt mit ihren 10.000 Einwohnern. Er wurde später zum Vorbild für römische Städte.
Haussmanns Erneuerung von Paris, Frankreich	Riesiges öffentliches Bauprogramm 1853–1870: Boulevards, Kanalisation, Wasserleitungen und Parks. Die Bauarbeiten an Haussmanns Projekten wurden bis 1927 fortgesetzt.
Londoner Kanalisation, Großbritannien	Erbaut 1858 nach dem »Großen Gestank« und tödlichen Choleraepidemien. Der leitende Ingenieur Bazalgette brauchte 18 Jahre, 22.000 Arbeitskräfte und 318 Millionen Ziegelsteine. Das System ist noch heute in Betrieb.
Brasilia, Brasilien	Die brasilianische Hauptstadt wurde 1956–1960 von Lúcio Costa, Oscar Niemeyer und Robert Burle Marx geplant und entwickelt. Inbegriff einer modernistisch geplanten Stadt.
»Grüne Stadt« Freiburg im Breisgau	Die Stadt ist seit den 1970er-Jahren für nachhaltige Entwicklung bekannt. Im Quartier Vauban müssen Autos in Garagen am Stadtrand abgestellt werden. Ein Drittel aller Wege werden mit dem Fahrrad zurückgelegt.

British Library, Großbritannien	Die 1982–1999 erbaute Bibliothek soll mindestens 250 Jahre überdauern. Sie ist das größte öffentliche Gebäude, das im 20. Jahrhundert in Großbritannien errichtet wurde.
North Vancouver 100-Jahr-Nachhaltigkeits-Vision, Kanada	Beginn 2007. Erweiterung der Stadtplanung von 30 auf 100 Jahre; bis 2050 soll eine Verminderung der Treibhausgasemissionen um 80 Prozent erreicht werden, 2107 soll die Stadt kohlenstoffneutral sein.
POLITIK	
Tokugawa-Aufforstung, Japan	Eines der weltweit ersten langfristigen Aufforstungsprogramme, umgesetzt zwischen den 1760er-Jahren und 1867; bewahrte Japan vor einer ökologischen und ökonomischen Katastrophe.
US-Verfassung	Geschaffen 1787, insgesamt 27 Ergänzungen. Älteste noch gültige schriftlich festgehaltene Verfassung.
Yellowstone-Nationalpark, USA	Eingerichtet 1872. Erster Nationalpark der Welt und ein Meilenstein in der US-amerikanischen Umweltschutzgeschichte. Berühmt durch die Wiederansiedelung der Wölfe in den 1990er-Jahren.
Sowjetische Fünfjahrespläne	Auf fünf Jahre angelegte Entwicklungspläne zwischen 1928 und 1991 im Rahmen einer jahrzehntelangen wirtschaftlichen Strategie. Wurde in vielen anderen Ländern nachgeahmt, so in China, Indien und Indonesien.
New Deal, USA	Von Präsident Roosevelt 1933–1939 aufgelegtes Programm für öffentliche Bauvorhaben und wirtschaftliche Erholung zur Rettung der USA vor der Weltwirtschaftskrise.

National Health Service (Staatliches Gesundheitssystem), Großbritannien	Gegründet 1948 im Rahmen des Wohlfahrtsstaates nach dem 2. Weltkrieg mit dem Ziel einer kostenlosen medizinischen Versorgung für alle Bewohner. Arbeitgeber für rund 1,5 Millionen Menschen.
Europäische Union	Politischer und wirtschaftlicher Zusammenschluss von 27 Staaten mit fast 500 Millionen Einwohnern. Gegründet mit dem Ziel, das Wiederaufflammen nationalistischer Konflikte nach dem 2. Weltkrieg zu verhindern. Wurzeln in der 1952 gegründeten Europäischen Montanunion.
Ausrottung der Pocken	Ins Leben gerufen wurde das Programm von der Weltgesundheitsorganisation 1958, als noch jedes Jahr rund zwei Millionen Menschen an der Krankheit starben. Abgeschlossen 1980.
Ein-Kind-Politik, China	Programm zur Geburtenkontrolle, 1979–2015. Wurde kritisiert, weil es die gezielte Abtreibung weiblicher Föten begünstigte.
Norwegischer Staatsfonds	Eingerichtet 1990. Einnahmenüberschüsse der Öl- und Gasindustrie werden vorwiegend für zukünftige Generationen angelegt. Bewertet mit 1 Billion Dollar (200.000 Dollar je Bürger).
Kernkraftwerk Onagawa, Japan	Erbaut Anfang der 1980er-Jahre. Überstand (im Gegensatz zu Fukushima) den Tsunami 2011 wegen seiner Lage auf hoch gelegenem Terrain und besonders hoher Hochwasserschutzeinrichtungen.
Atommülldeponie Onkalo, Finnland	Unterirdisches Endlager für Atommüll. Baubeginn 2004, vorgesehene Fertigstellung 2023. Soll 100 Jahre lang Atommüll aufnehmen und für 100.000 Jahre lagern.

GESELLSCHAFTLICHE BEWEGUNGEN	
Suffragetten, Großbritannien	Die Bewegung forderte seit ungefähr 1867 in Großbritannien das Frauenwahlrecht. Für Frauen über 30 Jahre war das Ziel 1918 erreicht, für solche über 21 Jahre erst 1928.
Revolutionäre marxistische Organisationen	Bewegungen auf der Grundlage des Kommunistischen Manifests (1848) verfolgten jahrzehntelang den revolutionären Klassenkampf. Verloren seit 1989 an Schubkraft.
Neoliberalismus	Ausgangspunkt in der 1940er-Jahren bei der Mont Pelerin Society (Mitglieder u. a. Friedrich Hayek und Milton Friedman). Umgesetzt in den 1980er-Jahren von Thatcher und Reagan.
Grüngürtelbewegung, Kenia	Die Organisation wurde 1977 von der Nobelpreisträgerin Wangari Maathai gegründet und setzt sich für Frauenrechte und Naturschutz ein. Hat bisher über 51 Millionen Bäume gepflanzt.
WISSENSCHAFTLICHE PROJEKTE	
Wawilow-Samenbank, Russland	Gegründet 1921. Im 2. Weltkrieg verhungerte ein Dutzend Botaniker in einem geheimen Bunker, wo sie 370.000 Samen gegen deutsche Soldaten bewachten und selbst keinen einzigen aßen.
ITER-Kernfusionsreaktor, Frankreich	Projekt zur Stromerzeugung durch Kernfusion, 35 beteiligte Staaten. Beginn 1988, Vollbetrieb wird (falls die Technik funktioniert) für 2035 erwartet.

Svalbard Global Seed Vault	2008 eröffnete Samensammlung in der Arktis mit über einer Million Samen von 6000 Arten. Soll in einem unzerstörbaren Felsbunker mindestens 1000 Jahre überdauern.
KULTURPROJEKTE	
Mormonen-Missionare	Seit 1830 waren über eine Million Mormonen als Missionare tätig. Derzeit bemühen sich jedes Jahr rund 70.000 von ihnen in 150 Ländern, ihren Glauben zu verbreiten.
10.000-Jahres-Uhr	Eine Uhr, die 10.000 Jahre laufen soll, wird derzeit im Rahmen eines Projekts der Long Now Foundation in der Wüste von Texas gebaut. Der erste Prototyp entstand 1999.
Future Library, Norwegen	Seit 2014 stellt 100 Jahre lang jedes Jahr ein Autor ein geschriebenes Werk ein. Alle Texte werden 2114 auf dem Papier von 1000 speziell zu diesem Zweck gepflanzten Bäumen veröffentlicht.

Die Tabelle liefert mehrere interessante Aufschlüsse über die Fähigkeit der Menschen zu langfristiger Planung und ihrem praktischen Ablauf. Dass der *Homo sapiens* so etwas bemerkenswert gut kann, liegt auf der Hand. Unser kurzfristig denkendes Gehirn veranlasst uns vielleicht, den vor uns liegenden Marshmallow zu ergreifen, aber das langfristige Eichelgehirn hat uns in die Lage versetzt, atemberaubende monumentale Projekte zu planen und auszuführen, darunter die römischen Aquädukte, Haussmanns öffentliches Bauprogramm in Paris, den Panamakanal und den Kanaltunnel. Biber können vielleicht gut Dämme bauen, aber was die Fähigkeit als visionäre Baumeister und Ingenieure angeht, reicht kein Tier an den Menschen heran.

Betrachtet man die Tabelle genauer, so erkennt man, dass es zwei verschiedene Formen von Planung gibt. Manche Projekte, so der Bau einer Kathedrale oder eines Kanalsystems, nehmen bis zur Fertigstellung viel Zeit in Anspruch und erfordern deshalb eine komplizierte Planung, deren Stadien sich über viele Jahre verteilen. Die Urheber solcher Projekte würden es in der Regel vorziehen, wenn das Vorhaben eher früher als später abgeschlossen wäre, unterliegen aber finanziellen oder anderen Einschränkungen: Dass es den Bürgern von Ulm lieber gewesen wäre, wenn ihr Münster nicht nach fünf Jahrhunderten, sondern nach fünf Jahrzehnten fertig gewesen wäre, ist kaum zu bezweifeln. In die zweite Kategorie gehören Projekte, die bis zu ihrer Fertigstellung auf lange Zeiträume angelegt sind, wie die Bibliothek oder der Saatguttresor.[7] Hin und wieder überschneiden sich die beiden Kategorien auch wie bei der Chinesischen Mauer, einem langfristigen Bauprojekt, das sich über mehrere Generationen der Ming-Dynastie erstrecken sollte. In manchen Fällen – ein Beispiel sind die Wassertunnel von Qanat im Iran – war das Vorhaben nicht unbedingt auf mehrere Jahrhunderte angelegt, es blieb aber durch erfolgreiche, über Generationen fortgesetzte Instandhaltung so lange erhalten.

Eine dritte Lektion lautet: Langfristige Planung geht weit über Kathedralen und andere große Bauprojekte hinaus; sie erstreckt sich auch auf Bereiche wie Politik, Wissenschaft und Kultur. Im politischen Bereich gibt es Beispiele wie den staatlichen Gesundheitsdienst in Großbritannien, der 1948 gegründet wurde und zukünftigen Generationen eine kostenlose medizinische Versorgung ermöglichen sollte; er ist noch heute tätig und beschäftigt rund 1,5 Millionen Menschen (wobei er allerdings durch die steigende Lebenserwartung und andere Faktoren zunehmenden Einschränkungen unterliegt). Dann gibt es politische Gebilde wie die Europäische Union, die in ihren Anfängen auf die 1952 gegründete Montanunion zurückgeht und sich im Laufe der Zeit zu einer

Reihe langfristig angelegter Verwaltungseinrichtungen entwickelt hat, die auch immer wiederkehrende wirtschaftliche und politische Krisen überdauert haben. Norwegen richtete 1990 seinen Staatsfonds ein, der seither mehr als eine Billion Dollar aus den staatlichen Öl- und Gaseinnahmen für die Verteilung an zukünftige Generationen eingesammelt hat, denn paradoxerweise werden diese die Mittel brauchen, um die ökologischen Auswirkungen der fossilen Brennstoffe abzumildern (seit 2019 fährt der Fonds seine Beteiligung an Erschließungsvorhaben für fossile Brennstoffe in anderen Ländern zurück, das allerdings weniger aus ökologischen als vielmehr aus finanziellen Gründen). Andere Beispiele sind wissenschaftliche Vorhaben wie der Kernfusions-Forschungsreaktor ITER in Frankreich und künstlerische Projekte wie die 10.000-Jahre-Uhr. Aber vielleicht kein anderes Projekt reicht an das Atommüllendlager Onkalo in Finnland heran, wo man den Ehrgeiz hat, radioaktive Abfälle für 100.000 Jahre sicher zu lagern – aber wird dann noch irgendjemand in der Lage sein, den Erfolg zu überprüfen?[8]

Viertens verläuft langfristige Planung nicht nur von oben nach unten, wobei Architekten, Ingenieurinnen und andere Planer ihre theoretischen Visionen umsetzen: Sie verkörpert sich auch in basisdemokratischen gesellschaftlichen und politischen Bewegungen. Die Anführerinnen der Suffragettenbewegung zum Beispiel, die 1867 in Manchester ihre erste formelle Organisation gründeten, richteten sich auf einen langen politischen Kampf ein, der aller Wahrscheinlichkeit nach mehr als nur einige Monate oder auch Jahre in Anspruch nehmen würde. Am Ende dauerte es mehr als ein halbes Jahrhundert, bis sie ihre Ziele erreicht hatten.[9] In die Tabelle könnte man auch viele andere politische Konflikte aufnehmen, von der Bewegung zur Abschaffung der Sklaverei, die im 18. Jahrhundert in Europa entstand, bis zur US-Bürgerrechtsbewegung und den heutigen Feldzügen für die Rechte indigener Völker.

Eine letzte Einsicht lautet: Kathedralendenken ist nicht immer gut für uns. Es war auch die Ursache für ungeheure Planungskatastrophen und für Pläne mit höchsten boshaften Absichten. Damit meine ich nicht nur Hitlers größenwahnsinnigen Plan, Europa zu erobern und ein tausendjähriges Reich zu schaffen, oder die mangelnde Effizienz und das Missmanagement der sowjetischen Fünfjahrespläne, die zu einer kolossalen Ressourcenvergeudung führten, wobei Grundnahrungsmittel in den Läden fehlten, während es zu viele Skier und Bleistiftspitzer gab.[10] Rund um die Welt führte der Bau von Hunderten Staudämmen, Kanälen und Straßen während der letzten 100 Jahre im Namen von »Erschließung« und »Fortschritt« zu beispiellosen ökologischen Schäden. Die Menge des bis heute gegossenen Betons würde ausreichen, um unseren ganzen Planeten in einen zwei Millimeter dicken Betonsarg einzuhüllen, der sich sogar über die Weltmeere erstreckt (und das ist noch nicht alles: Die Zementindustrie stößt heute rund 5 Prozent der globalen Kohlendioxidemissionen aus).[11] Dann gibt es geplante Städte wie Brasilia, das zwar wegen Oscar Niemeyers großartiger modernistischer Architektur gefeiert wurde, heute aber als eines der leblosesten und dysfunktionalsten Ergebnisse der Stadtplanung des 20. Jahrhunderts gilt. Den gleichen Vorwurf können wir durchaus auch Le Corbusier machen, der mit seiner maßgeblichen Vision die Anregung zu Brasilia gab, einer Stadt, die nach einem einzigen rationalen, von oben herab verordneten Bauplan gestaltet wurde. Sein berühmter Ausspruch sagt alles: »Der Plan: Diktator.«[12]

Langfristige Planung hat also ihre Gefahren, insbesondere wenn sie von oben auf geradlinige, diktatorische Weise aufgezwungen wird, ohne Rücksicht auf die Bedürfnisse der Menschen und empfindliche Ökosysteme zu nehmen. Aber die ökologischen, technologischen und gesellschaftlichen Krisen unserer Zeit lassen sich nicht kurzfristig, improvisiert und ohne jede Planung bewältigen. Wie können wir also lernen, klug für die Herausforderungen der Zukunft zu planen? Ein guter Ausgangspunkt für die Suche nach Antworten ist das alte Japan: Dort finden wir eines der bemerkenswertesten historischen Beispiele dafür, wie sich der Zusammenbruch einer Zivilisation durch geeignete Planung abwenden lässt.

Brauchen wir gütige Diktatoren? Eine Geschichte aus dem alten Japan

»Japan sollte heute eigentlich keine wohlhabende, dynamische, hoch entwickelte Industriegesellschaft sein, die auf einer üppig grünen Inselgruppe lebt, sondern eine verarmte bäuerliche Gesellschaft voller Slums, die ihren Lebensunterhalt auf einer erodierten Mondlandschaft fristet.«[13] Man mag es kaum glauben, aber dieses Bild einer verwüsteten, öden Landschaft wurde von dem Umwelthistoriker Conrad Totman gezeichnet, und jahrhundertelang sah es wirklich so aus, als steuere Japan auf die Selbstzerstörung zu. Heute sind 80 Prozent des Landes von Gebirgswäldern bedeckt, aber von den 1550er- bis zu den 1750er-Jahren waren seine Waldflächen so stark geschrumpft, dass das Land an der Schwelle zum ökologischen und gesellschaftlichen Zusammenbruch stand. Das vorindustrielle Japan war eine Zivilisation der Holzbauwerke und von Bauholz so abhängig, wie wir es heute von Öl sind. Die Oberschicht des Landes rasierte ganze Wälder ab, um Tausende von hölzernen Burgen, Palästen und Schreinen zu bauen. Das Wachstum von Städten wie Edo (das heutige Tokio) führte zu einer solchen Nachfrage nach Bauholz, dass es zu akuter Knappheit kam, und die Bauern plünderten die Wälder wegen des Brennholzes. Gleichzeitig erforderte die Ausweitung der Landwirtschaft, dass riesige Flächen mit altem Baumbestand abgeholzt wurden, und durch die Waldzerstörung kam es in den empfindlichen Niederungen des Landes zu Erosion und

Überschwemmungen. Die Folge war seit dem 17. Jahrhundert eine Reihe schwerer Hungersnöte.[14]

Mit dieser erbarmungslosen ökologischen Kriegsführung konnte das natürliche Wachstum der Bäume nicht annähernd Schritt halten. Schließlich erkannten die Tokugawa-Shogunherrscher, die mithilfe von 250 untergeordneten Adligen eine erbliche Militärdiktatur innehatten, dass sie etwas unternehmen mussten. Anfangs schränkten sie die Ausbeutung der Wälder mit Gesetzen ein, mit denen das Abholzen seltener Baumarten oder die Nutzung kostbarer Holzsorten für neue Gebäude verboten wurden. Aber solche Vorschriften, die oft nur unzureichend durchgesetzt wurden, reichten bei Weitem nicht aus. Deshalb machten sich die Herrscher zwischen den 1760er- und Ende der 1860er-Jahre einen neuen Ansatz zu eigen: Sie begannen mit einem der weltweit ersten systematischen Aufforstungsprogramme. Beamte zahlten den Dorfbewohnern Geld dafür, dass sie jedes Jahr bis zu 100.000 junge Bäume setzten, neue Gesetze förderten die kommerzielle Anpflanzung von Bäumen und machten die Bäume zu zwar langsam wachsenden, aber gewinnbringenden Nutzpflanzen. Durch Fortschritte der forstwirtschaftlichen Methoden überlebten die Setzlinge, und die Holzerträge stiegen. Es war ein langfristiger, auf Jahrzehnte angelegter Plan, und er setzte voraus, dass die Herrscher mindestens 50 bis 100 Jahre in die Zukunft blickten, denn so lange dauerte es, bis neue Wälder in nennenswertem Umfang herangewachsen waren.[15]

Die Ergebnisse stellten sich nur langsam ein, waren aber spektakulär. Jahrhundertelang hatte das Land in der klassischen »Fortschrittsfalle« gesteckt und den Weg zum Niedergang seiner Zivilisation eingeschlagen, weil die Basis der ökologischen Ressourcen, auf denen die Gesellschaft aufgebaut war, untergraben wurde. Durch die Aufforstung jedoch war Japan bis zum Ende des 19. Jahrhunderts wieder zu einer grünen Inselwelt geworden, und das Schicksal des Zusammenbruchs blieb ihm erspart.

In gewisser Hinsicht ist diese Geschichte heute ein Anlass zur Hoffnung: Sie bietet ein Vorbild, wie wir unsere eigenen ökologischen Krisen mit langfristiger Planung bewältigen können. Auf einer anderen Ebene stellt sich damit aber auch eine schwierige politische Frage: Gelingt langfristige Planung unter einem autoritären Regime am besten?

In Japan wurde das Aufforstungsprogramm vor allem deshalb möglich, weil die Tokugawa-Shoguns Feudalherrscher waren, die neue Gesetze erlassen konnten, ohne mit großem Widerstand zu rechnen, und die die Macht hatten, Bauern zur Zwangsarbeit heranzuziehen, wenn es notwendig war, um die mühsame Tätigkeit des Pflanzens auszuführen. Wir sollten uns auch nicht der tröstlichen Argumentation hingeben, ihre Handlungsweise habe ihre Anregung aus einer japanischen Liebe zur Natur oder einem buddhistischen Respekt vor dem Lebendigen bezogen; wenn das stimmen würde, warum hatten sie dann ihre Wälder anfangs überhaupt abgeholzt? Die Shoguns waren vermutlich bereit, ein so langfristiges Projekt in Angriff zu nehmen, weil sie dafür sorgen wollten, dass auch ihre Nachkommen über eine wohlhabende Gesellschaft herrschen konnten. Die langfristige Planung wurde in Japan von einer autoritären Familiendynastie kontrolliert, die ihre eigene Macht über Generationen hinweg erhalten wollte.[16]

Heute würden nur die wenigsten von uns freiwillig unter einer solchen Diktatur leben wollen, insbesondere wenn die Gesetze von Schwert schwingenden Samurai durchgesetzt würden. In den letzten Jahren habe ich aber von immer mehr Menschen den Gedanken gehört, wir würden eine Art »gütige Diktatur« brauchen, um die Krisen bewältigen zu können, vor denen wir stehen, da die demokratische Politik einfach hoffnungslos kurzfristig sei. Einer, der so argumentierte, war der Wissenschaftler James Lovelock, nach dessen Ansicht »es notwendig sein könnte, die Demokratie eine Zeit lang auszusetzen«, um mit dem wachsenden weltweiten ökologischen Notstand fertigzuwerden. Ähnliche Ansichten vertrat der Astrophysiker Martin Rees in einem Artikel über die lebensbedrohlichen Gefahren durch Klimawandel und biologische Waffen; er schrieb: »Nur ein aufgeklärter Despot könnte die Maßnahmen durchsetzen, die notwendig sind, damit wir das 21. Jahrhundert gefahrlos überstehen.«[17] Das ist eine überraschende Aussage, denn dass Rees offensichtlich ein gewisses Vertrauen in den demokratischen Prozess hat, zeigt sich darin, dass er (in seiner Eigenschaft als Mitglied des britischen Oberhauses) ein Mitbegründer der All-Party Parliamentary Group on Future Generations war, einer parteiübergreifenden Arbeitsgruppe, die sich mit dem Schicksal zukünftiger Generationen befasst. Als ich ihn in einem öffentlichen Forum fragte, ob er die Diktatur ernsthaft für ein politisches Rezept zum Umgang mit dem kurzfristigen Denken halte, äußerte ich die Vermutung, er könne in dem Artikel einen Witz gemacht haben, woraufhin er erwiderte: »Eigentlich war es mir dabei halb ernst.«[18] Dann nannte er China als Beispiel für ein autoritäres Regime, das mit seiner langfristigen Planung unglaublich erfolgreich sei, was sich heute an gewaltigen Investitionen in Solartechnik und anderen politischen Maßnahmen zeigt. Im Saal sah ich viele Köpfe, die dabei zustimmend nickten.

Meiner war nicht darunter. Wenn überhaupt, gibt es in der Geschichte nur wenige Beispiele für Diktatoren, die über längere Zeit gütig und aufgeklärt bleiben – man braucht nur den Umgang mit den Menschenrechten in China zu betrachten. Außerdem spricht nach dem in Kapitel 9 beschriebenen generationenübergreifenden Solidaritätsindex (»Intergenerational Solidarity Index«) kaum etwas dafür, dass autoritäre Regime im langfristigen Denken und Planen bessere Leistungen erbringen als demokratische Regierungen. Schweden bezieht beispielsweise schon heute fast 60 Prozent seiner Energie aus erneuerbaren Quellen, ohne dass ein Despot regiert, in China dagegen sind es nur 26 Prozent.[19]

Blickt man in die Geschichte, so findet man stattdessen eindrucksvolle Beispiele dafür, wie demokratische Regierungen der langfristigen Planung politische Priorität eingeräumt haben. Aber unter welchen Umständen sind sie dazu bereit? Um diese Frage zu beantworten, müssen wir tief in die Kanalisation des viktorianischen London hinabsteigen.

Der Große Gestank (oder wie eine Krise radikale Planung auslösen kann)

Versetzen wir uns einmal ins London der 1850er-Jahre. Malen wir es uns nicht aus, sondern riechen wir es. Die Exkremente der Menschen hatte man seit dem Mittelalter in Jauchegruben abgelagert, stinkenden, mit verwesendem Unrat gefüllten Löchern im Boden, die sich häufig im Keller der Häuser befanden – oder aber die Abwässer direkt in die Themse geleitet. Nachdem man seit den 1830er-Jahren Tausende von Jauchegruben beseitigt hatte, war die Themse selbst zu einer riesigen Jauchegrube geworden, gleichzeitig war sie aber für die Stadt auch die wichtigste Trinkwasserquelle: Die Londoner tranken ihre eigenen verdünnten Abwässer. Die Folge waren große Choleraepidemien, an denen 1848 über 14.000 Menschen und 1854 noch einmal 10.000 starben.[20] Dennoch unternahmen die Behörden der Stadt so gut wie nichts, um die anhaltende öffentliche Gesundheitskatastrophe zu bewältigen. Behindert wurden sie nicht nur durch mangelnde Finanzierung und die allgemein herrschende Ansicht, die Cholera werde nicht durch das Wasser, sondern durch die Luft übertragen, sondern auch durch den Druck der privaten Wasserfirmen, die steif und fest behaupteten, das von ihnen aus dem Fluss gepumpte Wasser sei herrlich sauber.

Im erstickend heißen Sommer 1858 spitzte sich die Krise zu. In dem Jahr hatte es bereits drei Choleraepidemien gegeben, und jetzt hatte der ausbleibende Regen dazu geführt, dass der Unrat sich an den Uferböschungen der Themse fast zwei Meter hoch auftürmte. Der faulige Gestank breitete sich in der ganzen Stadt aus. Ertragen mussten ihn nicht nur die armen Arbeiter, sondern er wehte vom Fluss auch in die erst vor Kurzem neu erbauten Houses of Parliament, und das neue Lüftungssystem trug ebenfalls dazu bei, die unangenehmen Gerüche im ganzen Gebäude zu verteilen. Der Geruch war so ekelhaft, dass die Debatten im Unter- und Oberhaus abgebrochen werden mussten und die Abgeordneten mit Tüchern über dem Gesicht aus den Sitzungsräumen flüchteten.

Der »Große Gestank«, wie er genannt wurde, führte endlich dazu, dass die Regierung handelte. In der Rekordzeit von 16 Tagen setzte der Premierminister Benjamin Disreali ein Gesetz durch, das dem Hauptstadt-Bauausschuss die notwendige langfristige Finanzierung verschaffte, um für die Stadt eine moderne Kanalisation zu bauen, und umfangreiche neue Befugnisse sorgten für die Umsetzung. Dank einer Krise, vor der selbst die Abgeordneten sich nicht in Sicherheit bringen konnten, nahm Großbritannien eine der radikalsten gesundheitspolitischen Reformen des 19. Jahrhunderts in Angriff. Die Londoner *Times* berichtete: »Diese zwei heißen Wochen hatten für die Gesundheitsverwaltung der Metropole die gleiche Wirkung wie die Meutereien in Bengalen für die Verwaltung in Indien.«[21]

Allerdings musste die Kanalisation erst noch gebaut werden. Hier kommt einer der Helden des viktorianischen Zeitalters ins Spiel: Joseph Bazalgette, Chefingenieur des Londoner Metropolitan Board of Works, dem Bauausschuss der Stadt. Im Laufe von 18 Jahren wurde unter seiner Leitung ein über 130 Kilometer langes Netz von Kanalisationsleitungen gebaut, wofür man mehr als 670.000 Kubikmeter Beton und 318 Millionen Backsteine verwendete. Das Abwasser wurde zu stromabwärts gelegenen Pumpstationen geleitet und konnte dort gefahrlos mit der Ebbe ins Meer gespült werden. Interessanterweise ist nahezu das ganze System noch heute in Betrieb, und wenn Touristen an der Themse die breiten Victoria and Albert Embankments entlang schlendern, gehen sie über eine Promenade, in der Bazalgettes 22.000 Arbeiter die nur wenige Meter tiefer gelegenen Abwasserleitungen untergebracht haben.

Cartoon aus dem Magazin *Punch*, erschienen auf dem Höhepunkt des Großen Gestanks im Juli 1858. Die Beschreibung nennt es »Entwurf für ein Fresko in den neuen Houses of Parliament«. Vater Thames, der personifizierte Fluss, stellt »der sauberen Stadt London« seine Nachkommen vor: Diphtherie, Skrofulose und Cholera.

Wie konnten die Kanalisationsleitungen so lange unversehrt erhalten bleiben? Die Antwort liegt in der Fähigkeit des leitenden Ingenieurs zu langfristiger Planung. Bazalgette sah das Bevölkerungswachstum in der Stadt voraus und konstruierte die Abwasserleitungen so, dass sie mehr als das Doppelte des zu jener Zeit notwendigen Volumens aufnehmen konnten. Außerdem bestand er darauf, den kurz zuvor erfundenen Portlandzement zu verwenden, der 50 Prozent teurer war als gewöhnlicher Zement, aber auch weit länger hielt und durch den Kontakt mit Wasser sogar immer widerstandsfähiger wurde. Und er sorgte dafür, dass die haltbaren Backsteine des Typs Staffordshire Blue anstelle der zerbrechlichen, in Fabriken hergestellten Rohrleitungen verwendet worden. Wir wissen es zwar nicht sicher – leider hinterließ er keine persönlichen Tagebücher –, aber es sieht so aus, als habe Bazalgette sein Kanalisationssystem für eine Lebensdauer von mindestens 100 Jahren geplant. Damit war er im viktorianischen Großbritannien zweifellos einer der großen Zeitrebellen.

Bazalgette hinterließ ein ungewöhnliches Erbe. Der Historiker John Doxat schreibt: »Auch wenn man sich an ihn vielleicht weniger erinnert als an seinen Zeitgenossen Isambard Kingdom Brunel, hat dieser großartige, weitsichtige Ingenieur möglicherweise mehr Gutes getan und mehr Menschenleben gerettet als jeder andere Beamte der viktorianischen Zeit.«[22] Wir sollten beide wegen ihrer langfristigen Visionen respektieren, waren doch sie – und der Schweiß ihrer Arbeiter – dafür verantwortlich, dass Brücken, Kanalisationsanlagen, Eisenbahnlinien und weitere Infrastruktur erbaut wurden, die noch heute jeden Tag von Millionen Menschen genutzt werden. Welchen Antrieb hatten sie, für die Nachwelt zu planen? Vielleicht lag es an einer Art »Empire-Psychologie«, einem kulturell bedingten Zutrauen, dass ihr viktorianisches Zeitalter sich als siegreiche, ewige Zivilisation weit in die Zukunft erstrecken würde. Es könnte aber auch an einer Mentalität der Langfristigkeit gelegen haben, die im Berufsstand der Bauingenieure weitverbreitet war.

Heute erfreuen sich Ingenieure im Vergleich zu ihren Kollegen aus viktorianischer Zeit nur eines geringen Renommees. Wie viele Menschen kennen beispielsweise den Namen des leitenden Ingenieurs beim Bau des Kanaltunnels oder die Pioniere der Solarenergie? Das Ingenieurwesen ist mit Sicherheit alles andere als ein unschuldiger Beruf: Ingenieurinnen haben nicht nur nützliche Einrichtungen wie die Kanalisationssysteme konstruiert, sondern auch Atomsprengköpfe und Ölpipelines. Dennoch ist ihre Neigung, nicht kurz-, sondern langfristig zu denken – ihr Wunsch, etwas Dauerhaftes zu bauen –, bewundernswert. Im Verhaltenskodex des britischen Verbandes der Bauingenieure heißt es: »Alle Mitglieder sollten ihre volle Aufmerksamkeit auf das öffentliche Interesse richten, insbesondere im Zusammenhang mit Fragen von Gesundheit und Sicherheit sowie in Beziehung zum Wohlergehen zukünftiger Generationen.«[23] Wäre es nicht gut, wenn auch unsere Politikerinnen und Firmenlenker eine ähnliche Verpflichtung eingehen würden und dafür zur Verantwortung gezogen werden könnten?

Eine der wichtigsten Lehren, die wir aus der Geschichte über Bazalgettes Kanalisation ziehen können, lautet: Erfolgreiche langfristige Planung muss Anpassungsfähigkeit, Flexibilität und Widerstandskraft in die ursprüngliche Konstruktion einfließen lassen. In seinem Buch *How Buildings Learn* weist Stewart Brand darauf hin, dass die langlebigsten Gebäude »lernen« und sich im Laufe der Zeit auf neue Zusammenhänge einstellen: Sie nehmen unterschiedliche Nutzer auf oder lassen sich leicht erweitern, umbauen oder modernisieren. Er zieht einen Vergleich mit der Biologie: »Je stärker ein Lebewesen an die derzeitigen Bedingungen angepasst ist, desto weniger ist es angesichts unbekannter zukünftiger Bedingungen anpassungsfähig.«[24]

Genau dafür ist die Londoner Kanalisation ein Musterbeispiel. Bazalgette baute die Tunnel doppelt so groß, wie es zu jener Zeit nötig gewesen wäre, und stellte damit für das System eine langfristige Anpassungsfähigkeit her. Und indem er die besten Baumaterialien nutzte, verschaffte er den Leitungen so viel Widerstandskraft, dass sie 100 Jahre lang der ständigen Abnutzung standhielten. Über Widerstandsfähigkeit können wir natürlich nicht nur an Beispielen wie der viktorianischen Kanalisation etwas lernen, sondern auch an Naturphänomenen wie dem empfindlichen Spinnennetz, das einen Sturm übersteht, oder dem Schwitzen und Zittern, mit dem der menschliche Organismus seine Temperatur steuert.[25] Das alles wirft allerdings die Frage auf, wie wir eine evolutionäre Lernfähigkeit in unsere politischen, wirtschaftlichen und gesellschaftlichen Systeme einfließen lassen können, sodass sie angesichts wechselnder Umstände oder äußerer Schocks nicht erstarren und sich dadurch selbst behindern. Im dritten Teil dieses Buches wird von realen Beispielen für die Tätigkeit solcher Systeme die Rede sein, von den zentralisierten politischen Institutionen, die sich auf wechselnde lokale Bedürfnisse einstellen können, bis zum flexiblen Wirtschaftssystem der »kosmolokalen Produktion«.

Ebenso wichtig ist eine andere Lehre, die wir aus der Londoner Kanalisation ziehen können: Oft bedarf es einer akuten Krise, damit langfristige Planung in Gang kommt. Hätten die Parlamentsabgeordneten nicht selbst an den Auswirkungen des Großen Gestanks gelitten, es hätte vielleicht noch Jahrzehnte gedauert, bevor man das Abwasserproblem der Metropole ernsthaft in Angriff genommen hätte, und möglicherweise hätten bis dahin Hunderttausende von Menschen ihr Leben verloren. Tatsächlich erwuchs langfristige Planung in der Geschichte häufig aus Krisenzeiten, insbesondere wenn diese auch die Machthaber in Politik und Wirtschaft betrafen. Darüber hätten sich weder Karl Marx noch Milton Friedman gewundert, zwei der vielen Denker, nach deren Ansicht ein grundlegender Systemwechsel in der Regel die Folge einer Krise ist. Durch sie werden die Spielregeln neu gestaltet und alte Lehrmeinungen infrage gestellt, sodass sich neue Möglichkeiten eröffnen. Bekannte Beispiele sind der New Deal, mit dem die Vereinigten Staaten auf die Weltwirtschaftskrise reagierten, oder die Lebensmittel- und Treibstoffrationierung, die von der britischen Regierung im Zweiten Weltkrieg eingeführt wurde, nachdem die sehr reale Gefahr einer deutschen Invasion bestand.[26]

Oder betrachten wir das beispiellose Spektrum langfristig angelegter Institutionen, die aus der Asche dieses Krieges erwuchsen: Europäische Union, Vereinte Nationen, Marshallplan und das Finanzsystem von Bretton Woods, in Großbritannien außerdem der Wohlfahrtsstaat, der soziale Wohnungsbau und die Verstaatlichung der Industrie.

Dass wir bei einem Problem wie dem Klimawandel keine nennenswerten Maßnahmen ergreifen – zum Beispiel durch umfangreiche, langfristige Investitionen in erneuerbare Energien oder Strafsteuern für Kohlenstoff –, liegt unter anderem daran, dass die meisten Menschen (insbesondere im Westen) ihn im Gegensatz zum Großen Gestank oder dem Zweiten Weltkrieg nicht als schwere Krise wahrnehmen. Die Auswirkungen stellen sich allzu schleichend ein: Wie ein Frosch, der im Wasser mit allmählich steigender Temperatur bei lebendigem Leib gekocht wird, so steigt auch die Wärme auf unserem Planeten nur langsam, und deshalb springen wir nicht aus dem Topf. Selbst die wachsende Zahl klimabedingter Katastrophen – von der Dürre in Kenia bis zu Waldbränden in Australien – haben noch nicht so viele Schäden angerichtet, dass sie die notwendige, ernsthafte Reaktion ausgelöst hätten. Wahrscheinlich bedarf es einer schnellen Folge wirklich katastrophaler Ereignisse, die sich auf politische und wirtschaftliche Akteure auswirken, damit die Menschheit aufwacht: Müssen erst New York und Shanghai in einem einzigen Jahr von Wirbelstürmen verwüstet werden, bei denen Zehntausende von Menschen ums Leben kommen, müssen europäische Hauptstädte nach großen Missernten von Unruhen heimgesucht werden, und müssen die britischen Parlamentsabgeordneten auf Rettungsflößen aus dem Westminster Palace flüchten, nachdem die Themse über die Ufer getreten ist und London unter Wasser gesetzt hat?

Eine entmutigende Nachricht ist das vielleicht für die Öko-Aktivistinnen, nach deren Ansicht positive, optimistische Aussagen über eine bessere Zukunft weitaus wirksamer sind als Katastrophenvisionen, wenn man Menschen zum Handeln bewegen will. Das mag stimmen, wenn es darum geht, die allgemeine Öffentlichkeit zu motivieren, weniger offensichtlich ist es aber im Zusammenhang mit den Privilegierten und Mächtigen, die mit größerer Wahrscheinlichkeit auf Krisen und sogar Angst reagieren. Es scheint, als würden sie nur dann radikale Maßnahmen ergreifen, wenn sie selbst nach ihrem eigenen Eindruck etwas zu verlieren haben.

Vielleicht ist das letztlich die historische Lektion aus dem Großen Gestank: Radikale, langfristige Planung kann durch eine Krise schnell in Gang gesetzt werden. Dies ist das Wesentliche nicht am Kathedralendenken, sondern am »Kanalisationsdenken«, wie ich es nenne. Manchmal kann nur eine Krise die herrschenden Akteure und Institutionen aus ihrem Schlummer aufschrecken. Aktivistinnen wie Greta Thunberg haben das Prinzip vollkommen verstanden. »Unser Haus brennt«, sagte sie 2019 beim Weltwirtschaftsforum im schweizerischen Davos. »Ich will eure Hoffnung nicht … Ich möchte, dass ihr in Panik geratet … dass ihr handelt.«[27] Ein echtes Gespür für Krise und Notfall zu schaffen könnte das wirksamste Gegengift gegen unsere tödliche Schlafwandelei in Richtung des Zivilisationszusammenbruchs sein.

Die Erkenntnis, wie wichtig Krisen sind, bedeutet aber nicht, dass wir uns zurücklehnen und auf eine Katastrophe warten sollten. Entscheidend ist, dass wir uns auf alle bevorstehenden ökologischen oder sonstigen Verwerfungen vorbereiten und zu diesem Zweck einen Fahrplan für den langfristigen Systemwechsel erstellen. Oder, wie Milton Friedman es formulierte: Eine Krise bietet zwar die Gelegenheit zur Veränderung, aber »wenn diese Krise eintritt, hängen die Maßnahmen, die dann ergriffen werden, von den Ideen ab, die gerade im Umlauf sind.«[28] Die Finanzkrise von 2008 war eine solche Tragödie, weil keine naheliegende wirtschaftliche Vision als Alternative im Angebot war. Sie bot die Gelegenheit, das weltweite Finanzsystem vollständig neu zu ordnen, aber am Ende retteten Regierungen nur die Banken und stützten die veralteten ökonomischen Strukturen, von denen die Krise überhaupt erst ausgelöst worden war. Einen solchen Fehler sollten wir nicht wiederholen: Alternative Modelle müssen bereitstehen. Deshalb ist es von so entscheidender Bedeutung, dass wir die Werte und Praktiken des langfristigen Denkens im Hier und Jetzt verankern.

Lasst die Pumpen laufen

Ohne Plan hat die Menschheit keinen Spielraum mehr. Wir brauchen dringend langfristige Planungen, um uns nicht nur mit den ökologischen und technischen Herausforderungen unserer Zeit auseinanderzusetzen, sondern auch mit gesellschaftspolitischen Problemen wie den mangelnden Investitionen in die seelische Gesundheit. Einerseits können wir sicher sein, dass wir dazu fähig sind: Seit der Zeit der alten Ägypter schmieden wir ständig Pläne und führen Projekte mit einem Zeithorizont aus, der sich über Jahrzehnte und sogar Jahrhunderte in die Zukunft erstreckt. Andererseits liegt es auf der Hand, dass Planung eine Hydra mit vielen Köpfen ist: Sie kann bösartig und fehlgeleitet sein, sie kann gewaltige Umweltschäden anrichten, sie kann in Diktaturen gedeihen, und wenn sie nicht durch eine verheerende Krise in Gang gesetzt wird, findet sie unter Umständen überhaupt nicht statt.

Die Triebkraft für viele Planungen der Menschen lag bisher im Gebot des Holozän: dem wirtschaftlichen Fortschritt. Beton, Kunststoffe und Gifte, die wir produzieren, schenken uns Straßen, Bauwerke und andere langlebige Infrastrukturelemente der modernen Zivilisation, gleichzeitig ersticken sie aber auch unseren Planeten. Das ist kaum die Art von Planung, mit der wir die Herausforderungen des Anthropozän bewältigen können. Wir entsprechen damit zwar vielleicht dem Grundsatz von John Ruskin, so zu bauen, als würden wir für die Ewigkeit bauen, aber wir können nicht behaupten, es seien »Arbeiten, für die unsere Nachkommen uns danken werden«.[29]

Langfristige Planung sollten wir zudem gemeinsam als Gesellschaft in Angriff nehmen. Dazu können wir in die Niederlande blicken, wo die Bürger und Bürgerinnen seit über 800 Jahren gemeinsam die Polder bewirtschaften, tief gelegenes, wiedergewonnenes Land, das durch Deiche geschützt wird. Ein Viertel des Landes besteht aus solchen gefährdeten Landflächen, die unterhalb des Meeresspiegels liegen und ständig mit Gräben und Pumpen trockengelegt werden müssen, damit sie nicht überschwemmt werden (genau diesem Zweck dienten ursprünglich die vielen Windmühlen).

Viele der Älteren erinnern sich noch an die Überschwemmungen von 1953, bei denen mehr als 2000 Menschen ums Leben kamen, und Schulkinder erfahren etwas über die Luciaflut von 1287, bei der mindestens 50.000 Menschen ertranken. Solche Ereignisse haben sich in die historische Fantasie der Niederländer eingegraben und machen die Überschwemmungsgefahr zu lebendiger Realität; die Krise kann jederzeit vor der Tür stehen. Wegen dieser ständigen Bedrohung hat man in dem Land ein hoch entwickeltes System von *waterschappen* (»Wasserschaften«) angelegt, örtlichen demokratischen Körperschaften, die schon seit Jahrhunderten den Hochwasserschutz an den Poldern verwalten und aufrechterhalten. Wenn die Deiche brechen, ertrinken alle gemeinsam. Deshalb sagt ein niederländisches Sprichwort: »Du musst mit deinem Feind zurechtkommen, denn vielleicht ist er derjenige, der an deinem Polder die Nachbarpumpe bedient.«[30]

Wir alle bedienen auf diese oder jene Weise die Pumpen füreinander. Wir leben in einer Welt der gegenseitigen Abhängigkeit, und unsere Handlungen haben Folgen nicht nur für unsere Nachbarn oder die Menschen in fernen Ländern, sondern auch für die kommenden Generationen. Wie die Niederländer müssen wir lernen, unseren Heimatplaneten gemeinsam zu bewirtschaften; nur dann können wir darauf hoffen, dass unsere Zukunft lang und gedeihlich sein wird und dass wir nicht von der Sintflut hinweggefegt werden. Nur so werden wir uns den Dank unserer Nachkommen verdienen.

7
Ganzheitliche Vorhersage
Langfristige Wege für die Zivilisation

Die ersten professionellen Prognostiker dürften Priester im alten Ägypten gewesen sein: Vor über 3000 Jahren versammelten sie sich jedes Frühjahr am Oberlauf des Nils in der Nähe der Stelle, an der die drei wichtigsten Quellflüsse sich trafen, und sagten die alljährliche Überschwemmung voraus, die den Bauern 1500 Kilometer stromabwärts das notwendige Wasser liefern sollte. War das Wasser klar, steuerte der Weiße Nil, der vom Victoriasee kam, den Hauptteil der Wassermenge bei, was zu einer schwachen Überschwemmung und niedrigen Getreideerträgen führte. Bei dunklem Wasser beherrschte der Blaue Nil den Strom und lieferte wahrscheinlich die ideale Menge für eine üppige Ernte. Dominierte das grün-braune Wasser des Atbara, der aus dem äthiopischen Hochland herabströmte, würde die Überschwemmung wahrscheinlich frühzeitig eintreten, eine katastrophale Höhe erreichen und das Getreide vernichten. Aufgrund der Vorhersagen der Priester konnten die Beamten im landwirtschaftlichen Kernland weiter stromabwärts auf Monate im Voraus planen, Getreidevorräte anlegen, Steuern festsetzen oder mit einem Gespür dafür, was die Zukunft bringen würde, entsprechende Mittel aufwenden.[1]

Ob und wie genau die Vorhersagen der Priester zutrafen, lässt sich heute nicht mehr feststellen. Eines aber wissen wir: In allen Gesellschaften der Menschen entwickelte sich eine Priesterkaste, welche die Zukunft vorhersagte – Wahrsagerinnen, Orakel, Astrologinnen, Schamanen und Propheten suchten nach ihren Geheimnissen in der Bewegung der Sterne, in geworfenen Knochen, in der Traumdeutung oder den Gesetzmäßigkeiten früherer Ereignisse. Heute tragen solche Priester oftmals Titel, die eine Aura von Wissenschaft und Rationalismus verbreiten.[2] In der Regel streiten sie jede Fähigkeit ab, bestimmte Ereignisse vorherzusagen wie Nostradamus oder das Orakel von Delphi; stattdessen sprechen sie lieber über Szenarien und Wahrscheinlichkeiten, aber sie erfüllen die gleiche Aufgabe: die Unsicherheiten der Zukunft zu mildern und eine Vision der vor uns liegenden Landschaften zu liefern.

Solche modernen Seher blicken in der Regel nur wenige Monate oder Jahre in die Zukunft, insbesondere wenn sie ihr Geld in der Welt der Wirtschaft verdienen. Unternehmensprognosen lassen häufig auch wenig oder gar keine Besorgnis um zukünftige Generationen erkennen: Wenn ein Ölkonzern seine Produktionszahlen vorhersagt, richtet sich der Blick fest auf den Aktienkurs, aber nicht auf den Preis, den die Menschheit irgendwann für sein Handeln bezahlen wird. Dennoch sind Vorhersagen zweifellos wertvoll. Man kann sich nur schwer vorstellen, wie wir die Kunst des langfristigen Denkens praktizieren sollten, ohne irgendwelche Aussagen über die Zukunft zu treffen. Unterlassen wir dies, leisten wir lediglich einer reaktionsgesteuerten kurzfristigen Kultur Vorschub, in der wir uns nur mit Ereignissen beschäftigen, wenn sie uns in der Gegenwart treffen. Wir müssen uns auf Dinge, die wahrscheinlich am Horizont stehen, vorbereiten und dafür planen, sei es die Aussicht auf sommerliche Waldbrände, das politische Pulverfass des wachsenden rechtsgerichteten Populismus oder das langsame Ausbrennen einer ganzen Zivilisation.

Dieses Kapitel beschreibt die »ganzheitliche Vorhersage«, wie ich sie nenne, als fünftes der sechs entscheidenden Hilfsmittel zum langfristigen Denken. Sie umfasst einen viel längeren Zeitrahmen als traditionelle Prognosen und erstreckt sich über Jahrzehnte oder sogar Jahrhunderte. Außerdem ist sie weiter angelegt: Sie konzentriert sich nicht auf die eng gefassten Interessen von Institutionen und Unternehmen, die in den üblichen Vorhersagen vorherrschen, sondern auf das große Bild der Aussichten für Menschen und Erde im globalen Maßstab. Dabei geht es nicht darum, auf kurze Sicht einzelne Ereignisse vorherzusagen, sondern ich möchte ein breites Spektrum von Wegen skizzieren, die unsere weltweite Zivilisation langfristig einschlagen kann.

Der Aufstieg der vernetzten Unsicherheit

Unsichere Zukunftsaussichten waren immer ein Hindernis für langfristige Vorhersagen. Je weiter wir in die Zeit vorausblicken, desto größer wird das Spektrum der Möglichkeiten und Wege, und damit vervielfacht sich auch das Ausmaß der Unsicherheit. Oder, wie Zukunftsforscher es gern formulieren: Der »Kegel der Unsicherheit« wird immer breiter.[3]

Seit der Jahrtausendwende haben wir aber einen Übergang von einer kegelförmigen Zukunft zu einem neuen Zeitalter der vernetzten Unsicherheit erlebt: »Vernetzt« ist sie, weil die Ereignisse und Risiken, vor denen wir stehen, zunehmend globalisiert und voneinander abhängig sind; damit steigt die Aussicht, dass schnelle Ansteckung und Schmetterlingseffekte selbst die nahe Zukunft nahezu undurchschaubar machen. Diese verflochtene, nichtlineare Struktur der radikalen Unsicherheit entsteht durch eine Flut zusammenwirkender Faktoren: das immer größere Tempo technischer Neuerungen, die zunehmende Geschwindigkeit der Informationsflüsse, geopolitische Instabilitäten, die sich seit dem Ende des Kalten Krieges entwickelt haben, unsichere Arbeitsplätze, Volatilität und Verflechtungen der Finanzmärkte sowie die unabsehbaren Gefahren durch KI, biologische Waffen, Cyberkriminalität und gentechnisch entstandene Krankheiten.

Anzeichen für vernetzte Unsicherheit finden wir überall um uns herum. Wie viele Wirtschaftswissenschaftler hatten den Crash von 2008 und seine globalen Auswirkungen wie die Occupy-Bewegung vorhergesagt? Wie viele politische Wahrsager prophezeiten Brexit und Trump? Die Unsicherheit wird sich wahrscheinlich auch auf absehbare Zeit nicht vermindern. Klimaforscherinnen warnen vor Kipppunkten, die zum plötzlichen Zusammenbruch von Eiskappen und biologischen Arten führen werden. Ebenso sind wir Zeugen immer häufigerer »schwarzer Schwäne« geworden, Ereignisse, die sich nicht nur schwer vorhersagen lassen und gewaltige Auswirkungen haben, sondern von denen auch Experten nur im Rückblick behaupten können, sie hätten alles schon lange vorhergesehen – vom 11. September bis zum Aufstieg von Google.[4]

Es scheint, als wären wir in das Zeitalter einer unvorhersehbaren Zukunft eingetreten. Nach einer Vermutung von Yuval Noah Harari konnte man im Jahr 1020 relativ einfach vorhersagen, wie die Welt von 1050 aussehen würde, aber 2020 lässt sich nahezu unmöglich sagen, in was für einer Welt wir 2050 leben werden, von der Zeit danach ganz zu schweigen.[5]

Professionelle Prognostikerinnen vermitteln immer noch gern den Eindruck, sie könnten Licht in das Dunkel der Zukunft bringen, aber erstaunliche Belege sprechen dafür, dass sie nur in äußerst begrenztem Rahmen über die Fähigkeit verfügen, zutreffende Prophezeiungen zu formulieren. In einer berühmten, über 20 Jahre laufenden Studie des Politikwissenschaftlers Philip Tetlock sollten 284 Prognose-»Experten« – von Thinktank-Vertreterinnen bis zu Analysten der Weltbank – eine Reihe relativ langfristiger geopolitischer und wirtschaftlicher Vorhersagen treffen und beispielsweise die Frage beantworten, ob die Europäische Union in den kommenden zehn Jahren Mitglieder verlieren würde oder wie groß das US-Haushaltsdefizit sein könnte. Als er die insgesamt 82.361 Vorhersagen mit den tatsächlichen Ergebnissen verglich, gelangte er zu der Schlussfolgerung, dass die Experten nicht nur äußerst unzutreffende Urteile abgegeben hatten, sondern dass ihre Leistung im Durchschnitt sogar noch schlechter war als einfache Faustregeln wie »Sage immer vorher, dass sich nichts ändert« oder »Nimm an, dass der Wandel sich in dem derzeitigen Tempo ununterbrochen fortsetzt«. Tetlock fand sogar eine umgekehrte Beziehung zwischen der Genauigkeit der Vorhersagen und der öffentlichen Bekanntheit oder der beruflichen Qualifikation ihrer Urheber.[6]

Man könnte also ohne Weiteres zu dem Schluss gelangen, dass langfristige Vorhersagen ein mühseliges Geschäft sind. Warum finden wir uns nicht einfach mit der Unsicherheit ab, legen alle unsere Pläne in die Schublade und setzen uns einfach mit der Zukunft auseinander, wenn es so weit ist?

Die Antwort: weil es in der Geschichte durchaus Gesetzmäßigkeiten gibt. Wir müssen nur wissen, wo wir sie finden.

Die Weisheit der S-Kurve

Menschen suchen nach Gesetzmäßigkeiten. Wir sind darauf aus, in der Natur allgemeingültige Gesetze zu finden, vom Archimedes-Prinzip und der Evolutionstheorie bis zum Zweiten Hauptsatz der Thermodynamik. Ebenso haben wir nach grundlegenden Mustern in der gesellschaftlichen Welt gesucht. Ob Aristoteles, Polybius, Ibn Khaldun oder Karl Marx: Sie alle glaubten, sie hätten in der Geschichte zyklische Abläufe erkannt, die über Aufstieg und Fall von Staaten und Imperien, gesellschaftlichen Klassen und Wirtschaftssystemen bestimmen. Die Suche nach Gesetzmäßigkeiten geht auch heute weiter: Google und Facebook sind darauf aus, mithilfe von Big Data im Verhalten der Menschen die Gesetzmäßigkeiten zu entdecken, die dafür sorgen, dass wir auf mehr Werbeanzeigen klicken und mehr Videos teilen.

Aber gibt es solche Gesetzmäßigkeiten wirklich? Nach allem, was wir über die vernetzte Unsicherheit wissen, sollten wir skeptisch sein. Dennoch möchte ich mich gegen die Skeptiker stellen und auf eine entscheidende Gesetzmäßigkeit aufmerksam machen, die in den Gesellschaften der Menschen in der Vergangenheit immer wieder wirksam war und sich mit ziemlicher Sicherheit auch in Zukunft immer wieder bemerkbar machen wird. Sie ist in der Philosophie des langfristigen Denkens ein so unverzichtbarer Bestandteil, dass sie sich in die Köpfe aller einprägen sollte, die gute Vorfahren sein wollen.

Dieses Muster ist die sagenumwobene S-Kurve, manchmal auch Sigmoidkurve genannt (siehe unten). Sie sagt nichts darüber aus, wer die nächste Präsidentschaftswahl gewinnen wird, wann der Aktienmarkt zusammenbricht oder ob wir den Mars besiedeln werden. Vielmehr liefert sie eine einfachere, aber viel tiefgreifendere Erkenntnis: *Nichts wächst ewig*. In ihrer klassischen Version beginnt sie mit einer aufsteigenden Kurve des immer schnelleren Wachstums – sie »hebt ab«; dann erreicht sie einen Haltepunkt, an dem die Wachstumsrate des fraglichen Phänomens sich verlangsamt, und schließlich geht sie in eine Phase der »Reife« über. Anschließend kommt meist ein zweiter Wendepunkt, und von nun an beginnt der allmähliche »Niedergang«. Eine extremere Form der Kurve beginnt mit einem steilen Aufwärtstrend, und dann erreicht sie einen Gipfel, auf den ein plötzlicher »Kollaps« folgt.

Solche S-Kurven findet man in der Welt des Lebendigen überall, vom Wachstum einer Ameisenkolonie und der Ausbreitung von Krebszellen bis zur Entwicklung eines Waldes oder den Füßen unserer Kinder. Ebenso verbreitet sind derartige Gesetzmäßigkeiten in den von Menschen gemachten Systemen. Staaten und Wirtschaftsordnungen, Diktaturen und Demokratien, gesellschaftliche Bewegungen und Modetrends – sie alle unterliegen am Ende der Logik der S-Kurve. Sie wachsen, erreichen ihren Gipfel und sinken ab.

Die Anerkennung der S-Kurve ist im Laufe der letzten 50 Jahre in den Gesellschaftswissenschaften und der angewandten Forschung zu einer der wichtigsten und am weitesten verbreiteten Erkenntnisse geworden. Charles Handy, ein Experte für Organisationsverhalten, hält die S-Kurve für die entscheidende Gesetzmäßigkeit, nach der gesellschaftliche Organisationen und politische Systeme sich im Laufe der Zeit entwickeln: »Sie ist der Verlauf alles Menschlichen.«[7] Der Technikanalyst Paul Saffo rät dazu, »nach der S-Kurve Ausschau zu halten«, und stellt fest, dass die Übernahme neuer technischer Errungenschaften – von persönlichen Robotern bis zu autonom fahrenden Autos – ihrem Verlauf folgen muss.[8] Fachleute haben mit der Sigmoidkurve den Aufstieg und Fall des Römischen Reiches und anderer antiker Kulturen beschrieben, sagen mit ihrer Hilfe aber auch heutige Verschiebungen voraus, so den Niedergang der Vereinigten Staaten als globale Supermacht.[9] In der Systemforschung stellten die Autoren des Club of Rome die S-Kurve in ihrem 1972 veröffentlichten Bericht *The Limits of Growth* (auf Deutsch im gleichen Jahr als *Die Grenzen des Wachstums* erschienen) in den Mittelpunkt ihrer Analysen.[10] Wie die Wirtschaftswissenschaftlerin Kate Raworth jüngst zeigen konnte, geht die Hauptrichtung der Wirtschaftswissenschaft davon aus, dass das Wachstum des BIP einer »exponentiellen Kurve folgt, die mitten in der Luft hängen bleibt«, während es sich in Wirklichkeit höchstwahrscheinlich entsprechend der S-Kurve auf einem Niveau einpendeln wird.[11] Der Energieexperte Udo Bardi ließ sich von der Beobachtung des römischen Philosophen Seneca anregen, dass »Wachstum langsam verläuft, der Ruin aber schnell geht«, und prägte den Begriff der »Seneca-Klippe«. Danach folgen große Strukturen, darunter Finanzsysteme oder Tierpopulationen, mit ihrer Entwicklung einer schrägen S-Kurve: Sie erreichen einen Spitzenwert und brechen dann plötzlich zusammen.[12]

Die S-Kurve: Nichts wächst ewig

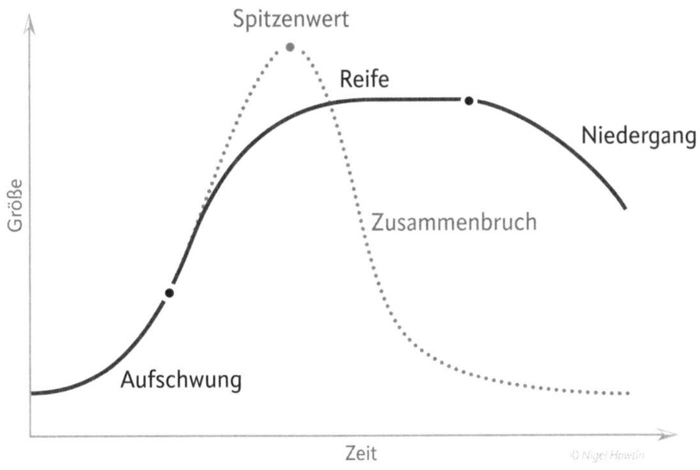

Zu den größten Fürsprechern der Sigmoidkurve gehörte Jonas Salk: Er bezeichnete sie als wichtigstes »Denkwerkzeug« für unser Zeitalter des Wandels.[13] Anfang der 1980er-Jahre erkannte er, dass die Bevölkerungsentwicklung der Menschen langfristig der Kurve folgen würde. Während eines großen Teils der letzten 8000 Jahre hatte die Weltbevölkerung bei unter einer Milliarde Menschen gelegen, aber nach der Bevölkerungsexplosion, die ungefähr um 1800 begann und die Kurve schnell ansteigen ließ, würde nach seiner Vorstellung eine Verlangsamung einsetzen, und zum Ende des 21. Jahrhunderts würde sich die Bevölkerung bei zehn bis elf Milliarden Menschen einpendeln (eine Vorhersage, die den derzeitigen Berechnungen der Vereinten Nationen bemerkenswert stark ähnelt). Salk unterteilte die Kurve ungefähr an ihrem ersten Wendepunkt in zwei Abschnitte und glaubte, in der Funktionsweise der Gesellschaft müsse nach der Epoche A mit ihrem starken Anstieg in der Epoche B, dem »ausgewachsenen« Teil, ein grundlegender Wandel eintreten (siehe unten).[14]

Jonas Salks S-Kurve

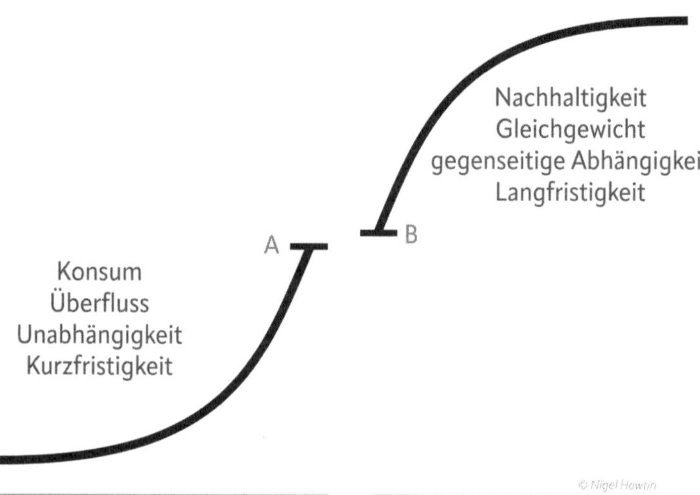

Nach Jonas Salks Überzeugung mussten die Werte, die in der Epoche A und insbesondere in den letzten beiden Jahrhunderten geherrscht hatten, im Übergang zum 21. Jahrhundert durch die Werte der Epoche B verdrängt werden.

In der Epoche A gab es demnach kaum Grenzen für Wachstum, Ressourcennutzung und verfügbare Energiemengen. Diese Periode war durch ein hohes Maß an Materialverbrauch, eine im Wesentlichen auf das Individuum konzentrierte Kultur und eine Vorherrschaft des kurzfristigen Denkens charakterisiert. Wenn aber die Weltbevölkerung fast das Zehnfache ihrer Größe aus historischer Zeit erreicht, so Salk, tritt die Gesellschaft in die Epoche B ein; überleben kann sie jetzt nur noch in der Anpassung an neue Werte und Institutionen, die auf einer nachhaltigen Ressourcennutzung, dem Bewusstsein für Grenzen, einem höheren Maß an gesellschaftlicher Kooperation und einem viel stärker langfristigen Denken basieren. Um gute Vorfahren zu sein, so seine Überzeugung, müssen wir anerkennen, dass wir uns dem Scheitelpunkt der S-Kurve nähern und uns demnach eine Denkweise zu eigen machen, die sich für die Epoche B eignet, statt an den veralteten Einstellungen und Praktiken der Epoche A festzuhalten. Gelingt uns dieser Übergang nicht, steuert die Zivilisation der Menschen auf einen katastrophalen Zusammenbruch zu.[15]

Als Denkwerkzeug hat die S-Kurve unter anderem den Vorteil, dass sie die am tiefsten verwurzelte Annahme der derzeit herrschenden Kultur der Aufklärung infrage stellt: dass nämlich Wachstum und Fortschritt sich unendlich fortsetzen werden. Eine solche Annahme zieht sich durch den Weltbestseller *Enlightenment Now* (auf Deutsch 2018 unter dem Titel *Aufklärung Jetzt* erschienen) des Psychologen Steven Pinker. Darin verdeutlicht er in 75 Grafiken den offenkundigen ungeheuren Fortschritt der Menschheit während der letzten 200 Jahre: steigende Lebensdauer, bessere Volksgesundheit, Rückgang von Verbrechen und Gewalt, Verminderung der Armut, besserer Zugang zu Bildung und sogar ein verbesserter Umweltschutz. Was den Verlauf des Fortschritts in der Vergangenheit angeht, steckt in seiner Argumentation eine gewisse Wahrheit (wenngleich seine Behauptungen über die Umwelt vielfach angezweifelt wurden), mit Blick auf die Zukunft jedoch steht er empirisch auf einem wackeligen Fundament.[16] Pinker ist schamlos optimistisch und glaubt, die »kalten, harten Fakten« würden auf eine einfache Erkenntnis hindeuten: »Was bereits geschehen ist, wird auch weiterhin geschehen.« Mit anderen Worten: Der Weg des Fortschritts werde immer weiter aufwärts führen. Abschätzig urteilt er über die »romantische grüne Bewegung« und andere, die wegen der Gefahren des Klimawandels, des Verlusts von biologischer Vielfalt, ungleicher Wohlstandsverteilung oder technischer Gefahren wie der biologischen Waffen besorgt sind; stattdessen setzt er seinen Glauben in die Wunder von Geoengineering und Wirtschaftswachstum, die alle unsere Probleme lösen sollen. Um seinen geradezu religiösen Glauben an den endlosen Fortschritt zu untermauern, zitiert er sogar den Historiker Thomas Macaulay aus dem 19. Jahrhundert: »Welches Prinzip liegt der Wahrnehmung zugrunde, dass wir im Rückblick nur Fortschritt sehen und in der Zukunft nichts als Niedergang erwarten?«[17] Pinkers Argumentation verkörpert das lineare Denken in seiner extremsten Form, eine vorsätzliche Blindheit gegenüber den überzeugenden Belegen für die S-Kurve, die den Rationalismus der Aufklärung, den er angeblich vertritt, Lügen straft. Er gleicht einem Kind, das glaubt, es könne den Luftballon immer weiter aufblasen, sodass er größer und größer wird, ohne jemals zu platzen.

»Voraussagen sind schwierig, insbesondere wenn sie die Zukunft betreffen«, sagt ein altes dänisches Sprichwort.[18] Die Vorhersage einzelner Ereignisse mag tatsächlich wissenschaftlich zweifelhaft sein, mit der Sigmoidkurve befinden wir uns aber auf einem festeren Fundament, denn mit ihr erkennen wir ein Muster von Wachstum und Zerfall, das sich in der Geschichte der Menschheit immer wieder zeigt (allerdings sicher nicht überall, und die Kurve verläuft auch nicht immer ohne Brüche). Wir brauchen nur lange genug zu warten, dann wird sich eine Kurve, die auf den ersten Blick ständig wie ein J nach oben zu weisen scheint, in eine S-Kurve verwandeln, ganz gleich, ob wir den langfristigen Weg des Wirtschaftswachstums betrachten, technologische Neuerungen, den Bevölkerungswandel, die Ausdehnung der Städte oder irgendein anderes Phänomen. Die S-Kurve als solche besagt nichts darüber, wann wir den Wendepunkt der Verlangsamung oder des Niedergangs erreichen werden, aber sie ist eine Warnung, dass sie irgendwann eintreten. Das kann uns in unserer Zukunftsplanung nur klüger machen: Es versetzt uns in die Bereitschaft, uns vorzubereiten, uns anzupassen, Resilienz auszubilden und uns neu zu erfinden.

Gleichzeitig kann die Sigmoidkurve uns auch veranlassen, Alternativen für den weiteren Verlauf der Entwicklung zu durchdenken. Auf welchen Wegen können wir sicherstellen, dass wir allmählich reifen und nicht einen Gipfel mit anschließendem Zusammenbruch erleben? Können wir das Tempo des Niedergangs vermindern, wenn er eingesetzt hat? Und können wir vielleicht sogar einen nicht nachhaltigen Weg verlassen und uns auf eine ganz andere Kurve begeben? So betrachtet, ist die S-Kurve eine Aufforderung und Motivation, neu zu überdenken, wie wir unsere Wirtschaft, unsere Gesellschaft und unser Alltagsleben einschließlich der ihnen zugrunde liegenden Werte und Überzeugungen organisieren sollen. Die globale Zivilisation kann vielleicht einem Spektrum verschiedener Kurven folgen. Aber wenn wir vollständig begreifen wollen, wie sie aussehen, müssen wir Hilfe bei einem anderen Denkwerkzeug suchen, das guten Vorfahren zur Verfügung stehen sollte: der Szenarioplanung.

Eine kurze Geschichte der Szenarioplanung

Im Jahr 1948 fand der junge Physiker Herman Kahn eine Stelle bei der RAND Corporation, einem neuen Forschungsinstitut, das mit Finanzmitteln der US-Luftwaffe gegründet worden war. RAND diente eigentlich als Thinktank für die Verteidigungspolitik der Vereinigten Staaten und entwickelte militärische Strategien für den zunehmend heißen Kalten Krieg.[19] Wenig später wurde das Institut auch zu einem Brennpunkt für die Entwicklung neuer Methoden zur langfristigen Vorhersage, deren Grundlage Erkenntnisse aus neuen Fachgebieten wie Spieltheorie, Kybernetik und Informatik bildeten. Kahn war einer seiner größten Stars.

In den 1950er-Jahren begann Kahn, die »Szenarioplanung« zu entwickeln, wie sie heute genannt wird. Er erkannte, dass es effizienter war, nicht einzelne zukünftige Ereignisse vorhersagen zu wollen, sondern eine Reihe plausibler Szenarien zu skizzieren, die vielleicht eintreten konnten. Seine Gedanken fasste er in dem umstrittenen, 1960 erschienenen Buch *On Thermonuclear War* (*Nachdenken über den Atomkrieg*, auf Deutsch 1984 veröffentlicht) zusammen. Darin untersuchte er mögliche Szenarien, die im Fall eines Atomkrieges mit der Sowjetunion eintreten konnten. In einigen davon starben Dutzende von Millionen Amerikanern, ganze Kindergenerationen kamen mit Geburtsfehlern zur Welt, und Teile der Erde wurden auf Jahrtausende unbewohnbar. In anderen wurden nur wenige große Städte zerstört, die Strahlenkrankheit hatte einen begrenzten Umfang, und die US-Wirtschaft konnte sich innerhalb weniger Jahrzehnte oder sogar noch schneller erholen.

Kahns Buch war zwar eine bemerkenswerte Übung in langfristigem Denken und machte die möglicherweise verheerenden Folgen eines Atomkrieges deutlich, sollte aber ganz sicher kein Argument dagegen sein, den Atomknopf zu drücken. Kahn hielt den Atomkrieg nicht nur für möglich, sondern auch für gewinnbar. In einer berüchtigten Tabelle (siehe unten) mit der Überschrift »tragische, aber unterscheidbare Nachkriegszustände« führte er auf, wie viele US-Bürger in den verschiedenen Szenarien ums Leben kommen würden und wie lange es dauern würde, bis die amerikanische Wirtschaft sich erholte. Seine schaurige Schlussfolgerung lautete: Ein Verlust von bis zu 20 Millionen Menschenleben sei in einem Nuklearkonflikt »hinnehmbar«, wenn die USA daraus siegreich hervorgingen. Er sei zwar eine große Tragödie, die Mehrzahl der Überlebenden werde aber ein »normales, glückliches Leben« führen können und nicht so stark leiden, dass sie »die Toten beneiden würden«.[20] Für Kahn waren 20 Millionen Tote oder 10 Prozent der damaligen US-Bevölkerung ein Preis, den zu zahlen sich lohnte, wenn man damit die Russen besiegte. Die wachsende Bewegung der Atomwaffengegner etikettierte sein Buch schnell als »moralische Abhandlung über den Massenmord«. Da ist es kein Wunder, dass Kahn für Stanley Kubrick zu einem Vorbild für den verrückten Wissenschaftler wurde, den Peter Sellers 1964 in seiner Atomkriegssatire *Dr. Seltsam oder Wie ich lernte, die Bombe zu lieben* wurde. Kahn soll von dem Regisseur Tantiemen gefordert haben, weil in dem Film so viele Zeilen aus seinem Buch vorkamen.[21]

TRAGISCHE, ABER UNTERSCHEIDBARE NACHKRIEGSZUSTÄNDE	
Tote	Wirtschaftliche Erholung
2.000.000	1 Jahr
5.000.000	2 Jahre
10.000.000	5 Jahre
20.000.000	10 Jahre
40.000.000	20 Jahre
80.000.000	50 Jahre
160.000.000	100 Jahre
Werden die Überlebenden die Toten beneiden?	

Mögliche Szenarien für die USA im Fall eines amerikanisch-sowjetischen Nuklearkonflikts; aus dem Buch *Nachdenken über den Atomkrieg* von Herman Kahn.

Im Gefolge von Herman Kahn erlebte die Szenarioplanung einen Aufschwung. Mit spektakulärem Erfolg wurde sie von Pierre Wack angewandt, dem Leiter der Planungsabteilung bei dem Ölkonzern Royal Dutch Shell. Anfang der 1970er-Jahre verfeinerte Wack den Ansatz von Kahn und machte daraus eine einheitliche Methodik. Das Ziel, so sagte er, bestehe nicht darin, die »richtige Vorhersage« zu treffen – das sei in einer zunehmend unsicheren Welt eine unmögliche Aufgabe –, sondern man müsse »die Unsicherheit akzeptieren, zu verstehen versuchen und zu einem Teil unserer Überlegungen machen«.[22] Demnach gibt es nicht eine einzige Zukunft, die nur darauf wartet, einzutreten, sondern es sind viele verschiedene »Zukünfte« im Angebot. Wack beschrieb zunächst drei oder vier solcher Zukunftsszenarien; mindestens eines davon war »weiter wie bisher«, ein anderes eine Alternative mit geringer Wahrscheinlichkeit, aber großen Auswirkungen. Dann entwickelte er detaillierte Abläufe, die sich jeweils abspielen könnten. Damit wollte er sicherstellen, dass das Unternehmen auf mehrere Szenarien vorbereitet war und beispielsweise Wege der Flexibilität für ein Spektrum verschiedener Folgen entwickelte. Er sah darin ein Mittel, dem »Trugschluss der Extrapolation« zu entkommen, bei dem man annimmt, die Zukunft sei eine lineare Fortschreibung früherer Trends.

Unter Unternehmensstrategen gelangte Wack zu plötzlicher Berühmtheit, nachdem er mithilfe der Szenarioplanung die Möglichkeit des Ölpreisschocks von 1973 vorhergesehen hatte. Er hatte erkannt, dass die arabischen Staaten im OPEC-Kartell versuchen konnten, das Angebot einzuschränken und so den weltweiten Ölpreis, der über Jahrzehnte relativ stabil gewesen war, beträchtlich in die Höhe zu treiben. Bei Royal Dutch Shell beherzigte man irgendwann Wacks Rat und bereitete sich auf den möglichen Preisschub vor, beispielsweise indem man die Betriebskosten senkte. Auf diese Weise konnte das Unternehmen dem Sturm der Ölkrise standhalten, und am Ende des Jahrzehnts war es einer der weltweit größten und profitabelsten Konzerne.[23]

Danach eroberte die Szenarioplanung die Geschäftswelt im Sturm. Schon 1977 nutzten sie rund 20 Prozent der 1000 größten Unternehmen der Vereinigten Staaten (»Fortune 1000«), und bis 1981 war dieser Anteil auf fast 50 Prozent gewachsen.[24] Nach und nach verbreitete sie sich auch außerhalb der Unternehmenswelt und wurde zunehmend in der Demografie und politischen Planung, von Umweltschutzorganisationen und Entwicklungshilfe-NGOs genutzt. Dennoch war sie vorwiegend ein geschäftliches Hilfsmittel, mit dem Unternehmen sich Wettbewerbsvorteile verschaffen konnten, indem sie Markttrends oder Geschäftsgelegenheiten erkannten und finanzielle Risiken minimierten.[25]

Das alles änderte sich um die Jahrtausendwende mit dem Aufstieg der Klimaforschung, denn nun erreichte die alte Versessenheit der Menschen, das Wetter von morgen vorherzusagen, eine ganz neue Ebene. Nach dem Erdgipfel von Rio 1992 und dem Kyoto-Protokoll von 1997 fingen Tausende von Forschenden an, das Klima für die nächsten 50 oder 100 Jahre vorherzusagen, und mit ihren Analysen griffen sie häufig auf die Hilfsmittel der Szenarioplanung zurück. Die wahrscheinlichen Auswirkungen verschiedener Szenarien für die globale Erwärmung sickerten ins Bewusstsein der Öffentlichkeit ein. Welche Teile von Florida oder Bangladesch werden unter Wasser stehen, wenn es bis 2100 zu einer Erwärmung um zwei, drei oder auch sechs Grad kommt? Wie wirkt sich eine unterschiedlich starke Zunahme des Säuregehalts in den Ozeanen bis 2050 auf die weltweite Lebensmittelversorgung aus? Wie könnten potenzielle Kipppunkt-Ereignisse untereinander in Wechselwirkung treten, vom Abschmelzen der Eiskappe in Grönland bis zum Auftauen des sibirischen Permafrosts und dem massenhaften Absterben des Amazonas-Regenwaldes? Durch die Berichte des Weltklimarates erhielt der Begriff »langfristig« in der öffentlichen Wahrnehmung eine ganz neue Bedeutung und reichte nun weit über den Fünf- oder Zehnjahreshorizont der Unternehmensplanung hinaus. Szenarien und Prognosen für 2030 bis 2040 galten jetzt als »kurzfristig«, solche für 2080 bis 2100 als »langfristig«. Manche Analysen erstreckten sich noch weiter in die Zukunft und machten Vorhersagen über den Anstieg des Meeresspiegels und des Kohlendioxidgehalts in der Atmosphäre bis zum Jahr 2500.[26]

Letztlich rettete damit eine Generation von Klimaexperten und Umwelt-Risikoforscherinnen die Szenarioplanung und andere Vorhersagemethoden aus den Fängen der Märkte, und gleichzeitig wurde die Fantasie der Öffentlichkeit weit in die Zukunft katapultiert.

Indem sie dafür sorgten, dass die Gesellschaft in einem erweiterten Zeitrahmen über die Zukunft des Planeten nachdachte, eröffneten sie auch den geistigen Spielraum zur Betrachtung der

Frage, welche Wege die Menschheit insgesamt langfristig einschlagen wird. Das Schicksal der Zivilisation wurde zum Thema von Filmen, Romanen und wissenschaftlichen Abhandlungen. Werden wir in der Lage sein, die Feuer- und Eisprobe der ökologischen Krise und die unzähligen technologischen Gefahren, die uns heute drohen, zu überstehen? Oder steuern wir auf einen gesellschaftlichen Zusammenbruch oder sogar auf das Aussterben zu? Ausgestattet mit den beiden Hilfsmitteln der S-Kurve und der Szenarioplanung werden wir uns jetzt diesen Fragen zuwenden.

Drei Wege für die Zivilisation der Menschen

Für die Kunst des langfristigen Denkens ist es von entscheidender Bedeutung, dass wir etwas über die wahrscheinlichen zukünftigen Wege der menschlichen Gesellschaft wissen. Unsere Annahmen über die Möglichkeiten von Fortschritt oder Zusammenbruch der Zivilisation haben Einfluss darauf, welche Pläne wir machen, welche Maßnahmen wir ergreifen, welchen Laufbahnen wir folgen und auch, ob wir uns dafür oder dagegen entscheiden, Kinder zu bekommen. Ein Bild möglicher langfristiger Wege ist ein wichtiges mentales Gerüst, wenn wir kollektiv und persönlich über unseren Weg in die Zukunft nachdenken. Andererseits lässt sich nur schwer feststellen, wo wir anfangen sollen, über solche Wege nachzudenken, denn sie betreffen im riesigen Maßstab eine komplexe globale Zivilisation, an der Milliarden Menschen beteiligt sind.

Ein nützlicher Ausgangspunkt sind unsere Kenntnisse über das Schicksal früherer Zivilisationen. Die grundlegende historische Erkenntnis lautet: In der Regel folgen sie der Logik der S-Kurve. Zivilisationen werden geboren, blühen auf und sterben schließlich. Nach Angaben des Risikoforschers Luke Kemp von der Universität Cambridge »dürfte der Zusammenbruch von Zivilisationen ein normales Phänomen sein, unabhängig von ihrer Größe und ihrem technologischen Entwicklungsstand«. Mit diesem Urteil stützt er sich auf eine einzigartige Studie an 87 früheren Kulturen aus einem Zeitraum von mehr als 3000 Jahren. Als Zivilisation definiert Kemp eine Gesellschaft mit Landwirtschaft, mehreren Städten, einer zusammenhängenden politischen Struktur und militärischer Beherrschung einer geografischen Region; als Kollaps bezeichnet er eine Phase, in der Bevölkerungszahl, Identität und sozioökonomische Komplexität schnell und dauerhaft zurückgehen. Nachdem er die verschiedensten Fälle von den Phöniziern bis zur chinesischen Shang-Dynastie, vom Römischen Reich bis zu den Olmeken untersucht hatte, gelangte er zu dem Schluss, dass die durchschnittliche Lebensdauer antiker Zivilisationen bei nur 336 Jahren lag (siehe unten).[27]

Warum genau brechen Zivilisationen eigentlich zusammen? Rund um diese Frage hat sich eine faszinierende wissenschaftliche Literatur entwickelt. Ein klassischer Fall ist die Kultur der Sumerer, die im heutigen Südirak um 3000 v. u. Z. entstand und hoch entwickelte Bewässerungssysteme vorzuweisen hatte, aber auch eindrucksvolle Städte wie Ur und Uruk. Bis 2000 v. u. Z. war sie mehr oder weniger verschwunden. Warum? Nach einer häufig genannten Erklärung führte die vorwiegend angewandte landwirtschaftliche Methode, ungeheure Wassermengen auf trockenes Land zu leiten, zur massenhaften Ablagerung von Salz im Boden. Archäologische Aufzeichnungen zeigen, dass die Getreideerträge – Weizen und später auch Gerste – nach einer Frühphase des Überflusses durch die Versalzung stark zurückgingen, aber die Herrscher der Dynastie davon kaum Notiz nahmen. Insbesondere zur Zeit des Akkaderreiches bauten sie weiterhin die Kanäle aus, intensivierten die landwirtschaftliche Produktion und nahmen aufwändige Bauprojekte in Angriff, wobei sie in Pracht und Luxus schwelgten. Damit beanspruchten sie ihre Ressourcen weit über die lokalen ökologischen Kapazitätsgrenzen hinaus. Am Ende kollabierte ihre Kultur – wie so viele andere auch, darunter die der Maya von Copán – durch die Zerstörung der natürlichen Umwelt, auf die sich der Fortschritt gegründet hatte.[28]

Wenngleich die Umweltzerstörung eine verbreitete Ursache für den Zusammenbruch von Zivilisationen war, deutet die Geschichte der Sumerer noch auf eine andere Erklärung hin: Eliteherrschaft und Ungleichheit. Auch wenn eine Herrscherelite sich von den Problemen abkapseln kann, die sie selbst geschaffen hat, werden sich die Probleme verstärken und sie am Ende einholen, sei es in Form des wirtschaftlichen Zusammenbruchs oder durch destabilisierende gesellschaftliche Unruhen. Manche Fachleute, unter ihnen Joseph Tainter, vertreten die Ansicht, Zivilisationen würden letztlich unter dem Gewicht ihrer eigenen Komplexität zusammenbrechen. Im Römischen Reich war beispielsweise irgendwann ein Punkt erreicht, an dem die Verwaltung und Kontrolle des riesigen Imperiums so aufwendig und bürokratisch wurde und eine solche militärische Stärke erforderte, dass es sich selbst nicht länger erhalten konnte. Andere weisen darauf hin, dass Zivilisationen sterben können, wenn größere klimatische Veränderungen wie beispielsweise eine längere Dürre eintreten, oder wenn äußere Erschütterungen hinzukommen, wie nach der spanischen Eroberung Mittel- und Südamerikas im Aztekenreich, die mit tödlicher Gewalt und ebenso tödlichen Epidemien einherging. Diskussionen gibt es in umstrittenen Fällen wie der Osterinsel: War ihr Niedergang auf die Umweltkatastrophe der Waldzerstörung zurückzuführen, wie Jared Diamond behauptet, oder gab es andere Gründe wie eine Rattenplage oder die Auswirkungen der Europäer, die im 18. Jahrhundert auf die Insel kamen?[29]

Bis wir eine umfassende Theorie für den Zusammenbruch einer Zivilisation entwickelt haben, wird sicherlich eine gewisse Zeit vergehen. Vorerst bleibt die brennende Frage, ob wir selbst darauf zusteuern. Indizien für den bevorstehenden Zusammenbruch

Antike Zivilisationen

Eine Zivilisation hat eine durchschnittliche Lebensdauer von 336 Jahren.

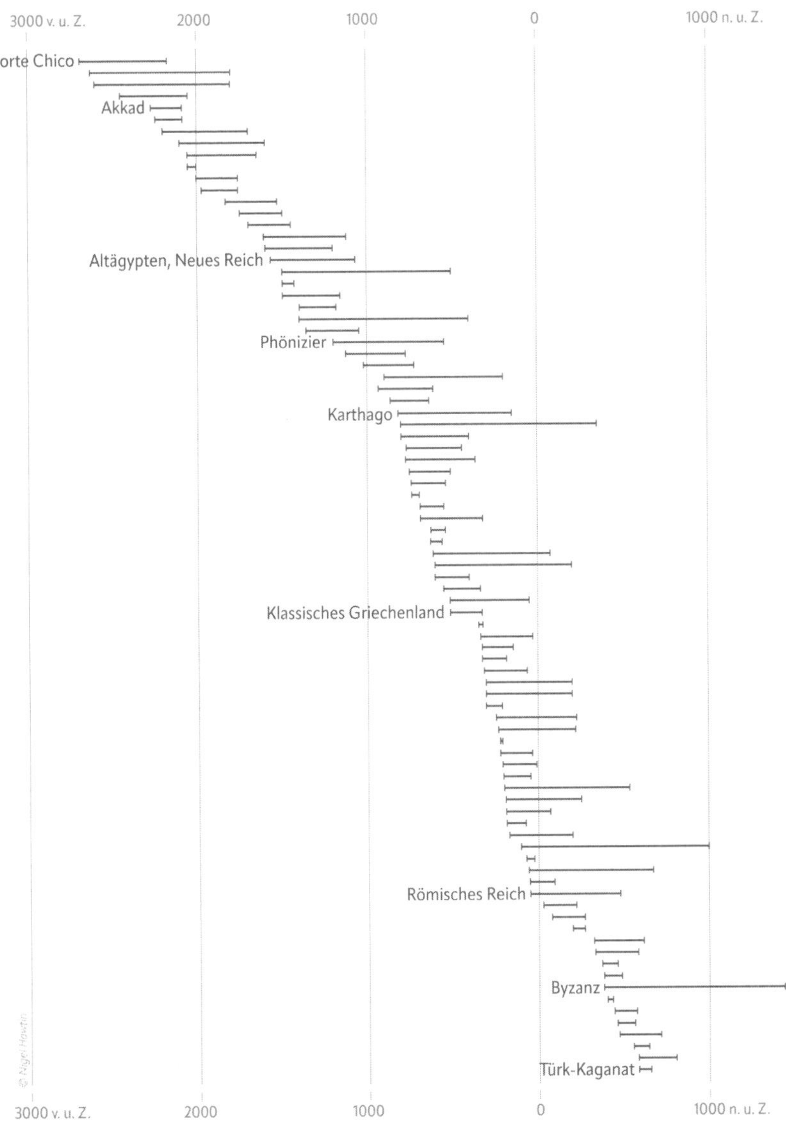

der stark verflochtenen globalisierten Zivilisation, die man auf den Aufstieg des europäischen Kapitalismus im 16. Jahrhundert zurückführen kann, mehren sich Tag für Tag.[30] Schmelzende Eiskappen, verheerende Waldbrände, Artensterben, Wasserknappheit. Der zeitliche Ablauf mag ungewiss sein, aber alle ökologischen Warnzeichen deuten darauf hin, dass wir entscheidende Grenzen für die Stabilität der weltweiten Systeme überschreiten und uns gefährlichen Kipppunkten nähern: Wir sind auf dem Weg in eine neue Epoche, die von den Wissenschaftlern Will Steffen und Johan Rockström als »Treibhaus Erde« bezeichnet wird.[31] Gleichzeitig warnen Risikoexperten vor immer größeren Gefahren durch außer Kontrolle geratene Technologien wie KI und synthetische Biologie, die möglicherweise noch in diesem Jahrhundert in gewaltigem Ausmaß zum Verlust von Menschenleben führen können.[32] Aber trotz aller Hinweise verharren wir im Zustand des Leugnens. Wir wissen, dass das Römische Reich untergegangen ist, aber wir können uns kaum vorstellen und erst recht nicht eingestehen, dass uns möglicherweise ein ähnliches Schicksal bevorsteht.

Aber auch wenn alle Zivilisationen höchstwahrscheinlich sterben müssen, bedeutet das nicht, dass unser derzeitiger Weg unveränderlich wäre. Menschheitsgeschichte ist kein linearer Ablauf, sondern ein unberechenbares Drama voller Akteure, Ideen und Ereignisse, die ihr Narrativ prägen und ihren Verlauf verschieben können. Es ist nützlich, für die Zukunft der Zivilisation drei mögliche Wege zu betrachten, die am Horizont stehen. Ich nenne sie Zusammenbruch, Reform und Transformation (siehe oben). Sie alle folgen zwar dem bekannten Verlauf der S-Kurve, zusammen geben sie aber ein Spektrum wahrscheinlicher Szenarien wieder, vor denen wir stehen könnten. Die drei Wege sind keine umfassende Beschreibung einer möglichen Zukunft, sondern stellen die beherrschenden Wege dar, die von Expertinnen auf dem Fachgebiet der globalen Risikoforschung benannt wurden.[33]

Drei Wege für die Zivilisation

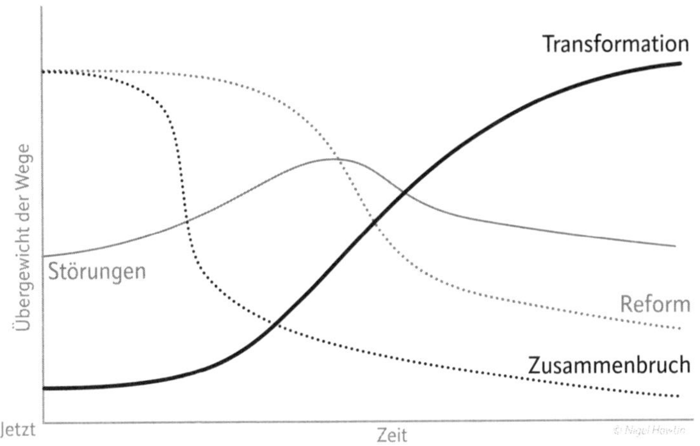

Ein Weg, den wir einschlagen könnten, führt in den Zusammenbruch. Es ist der Weg des »Weiter so«: Wir streben weiterhin nach materiellem Fortschritt, erreichen dabei aber schon in naher Zukunft einen Punkt des gesellschaftlichen Zusammenbruchs, weil wir auf die krassen ökologischen und technologischen Krisen nicht reagieren und deshalb gefährliche Kipppunkte überschreiten, sodass die Zivilisation über die Klippe stürzt.

Der Zusammenbruch kann verschiedene Formen annehmen. So könnte ein neues dunkles Zeitalter des gesellschaftlichen Chaos, der massenhaften Hungersnot und des Zusammenbruchs von Institutionen anbrechen (eine Möglichkeit, die im nächsten Kapitel genauer erörtert wird), oder er könnte uns in einen Zustand führen, den Paul Raskin, ein Analyst für globale Szenarien, als »Welt der Festungen« beschreibt: Darin ziehen sich die Reichen in geschützte Enklaven zurück und lassen die verarmte Mehrheit außerhalb ihrer Tore leiden (man denke an *Die Tribute von Panem*).

Der wahrscheinlichste Weg ist die Reform: Wir reagieren auf globale Krisen, das aber so unzureichend und bruchstückhaft, dass die Kurve sich nur mehr oder weniger stark in die Länge zieht. Es gelingt uns, den derzeitigen Weg unserer Zivilisation mit allen Problemen und Ungleichheiten noch einige Jahrzehnte oder vielleicht auch länger beizubehalten, am Ende kommt aber ein Wendepunkt, und von nun an geht die Kurve nach unten, wenn auch möglicherweise nicht so steil wie im Szenario des Zusammenbruchs. Es sieht vielleicht so aus, als würden wir in einem Zeitalter der relativen Stabilität leben, aber auf lange Sicht verlängern wir nur die Lebensdauer des alten Systems und schieben damit unseren Niedergang hinaus.

Diesen Weg verfolgen derzeit die meisten Regierungen insbesondere in Ländern der Organisation für wirtschaftliche Zusammenarbeit und Entwicklung (OECD, »Organization for Economic Co-operation and Development«). Als Antwort auf die Klimakrise setzen sie beispielsweise ihr Vertrauen in reformistische Ideen wie »grünes Wachstum«, »Neuerfindung des Kapitalismus« oder den Glauben, technische Lösungen stünden unmittelbar vor der Tür. Eifrig formulieren sie schrecklich unzureichende Ziele für die Verminderung der Kohlenstoffemissionen und engagieren sich in internationalen Verhandlungen, die zu schwachen Kompromisslösungen ohne Durchsetzungsmechanismen führen. Manche von ihnen setzen zwar umfangreichere Formen um als andere, ihnen allen gemein ist aber die mangelnde Bereitschaft, im wirtschaftlichen oder politischen System weitreichende Veränderungen vorzunehmen, mit denen sie sich auf die neue Realität einstellen könnten. Auf dem Weg der Reformen gilt das Ziel, die globale Erwärmung auf zwei Grad Celsius zu begrenzen, als wichtige Errungenschaft, obwohl wir aus Studien wissen, dass das Leben in einer Welt, die nicht um 1,5 Grad Celsius, sondern um zwei Grad Celsius wärmer ist, allein durch die Luftverschmutzung zu zusätzlichen 150 Millionen Todesopfern führen würde.

David Wallace-Wells stellt dazu fest: »Derart große Zahlen können schwer zu fassen sein, aber 150 Millionen entsprechen 25 Holocausts.«[34]

Der dritte Weg, die Transformation, stellt einen radikalen Wandel der Werte und Institutionen dar, die die Grundlage einer Gesellschaft bilden. Wie das Diagramm zeigt, sind die Ansätze für eine solche mögliche Zukunft in der Gegenwart bereits zu erkennen. Die Frage lautet: Können wir uns auf diese Kurve begeben und zu ihrem Aufwärtsverlauf beitragen, sodass ein neues System an die Stelle des alten tritt? Dies setzt voraus, dass wir die Geschichte aktiv in Richtung der gewünschten Ergebnisse lenken, ganz im Gegensatz zur Szenarioplanung, die oft nur darin besteht, uns auf eine sich abzeichnende Zukunft einzustellen, statt sie erschaffen zu wollen. Ein solcher vorausblickender Ansatz wird manchmal auch als »Backcasting« bezeichnet: Mache dir klar, welche Zukunft du willst, und finde dann heraus, welche Schritte notwendig sind, um dorthin zu gelangen.

Für den Weg der Transformation mag es einander widersprechende Sichtweisen geben. Nach manchen Vorstellungen ist es ein Weg der Technologie, auf dem größere technische Durchbrüche den Verlauf der Zivilisation verändern, beispielsweise wenn die Menschheit den Weltraum erobert, andere Himmelskörper besiedelt und den Fortbestand unserer Spezies auf diese Weise sichert. Paul Raskin setzt seine Hoffnung auf einen Weg des Wandels, den er als »Neues Paradigma« bezeichnet: In dem von ihm gezeichneten Szenario entsteht eine Bewegung von Weltbürgern, die dazu beiträgt, ein neues System der weltweiten Regierungsführung zu schaffen und damit die ökologische Krise zu bewältigen. In seinem Narrativ, das er aus dem Blickwinkel einer »Mandela City, 2084« beschreibt, folgt auf eine turbulente Phase des »allgemeinen Notstandes« zwischen 2023 und 2028 schließlich im Jahr 2048 die Gründung eines »Commonwealth des Erdenlandes«.[35] Das Buch strebt einen Weg der Transformation an, den ich als Zivilisation des langen Jetzt bezeichnet habe. Es hat den Ehrgeiz, die Bedingungen zu sichern und zu fördern, die es dem Leben auf der Erde erlauben, auch in zukünftigen Generationen zu gedeihen, und basiert auf einem tief verwurzelten Ethos des langfristigen Denkens. In einer solchen Welt verlieren die alten Institutionen der repräsentativen Demokratie und der wachstumsabhängigen Wirtschaft ihre dominante Stellung, und an ihre Stelle treten neue Formen von Politik, Wirtschaft und Kultur, die im dritten Teil des Buches genauer untersucht werden.

Welchen Verlauf unsere Zivilisation nimmt, wird auch von umwälzenden Neuerungen oder Ereignissen beeinflusst (im Diagramm als durchgezogene Linie dargestellt); sie bieten die Gelegenheit, von einer Kurve zur anderen zu wechseln. Dabei kann es sich um neue Technologien wie die Blockchain handeln, aber auch um Naturkatastrophen wie ein Erdbeben oder den Aufstieg neuer politischer Bewegungen. Ein Musterbeispiel für eine solche Umwälzung sind in neuerer Zeit die Klimastreiks von Schülerinnen und Studierenden auf der ganzen Welt. Solche Zeitrebellen, die für Generationengerechtigkeit kämpfen, werden möglicherweise von dem vorhandenen dominierenden System vereinnahmt, wobei Politiker junge Demonstrierende auf ihre Podien einladen, ihren Forderungen aber nur Lippenbekenntnisse folgen lassen. Damit würden sie nur den Weg der Reformen verlängern und den Augenblick, in dem der Niedergang einsetzt, hinauszögern. Die Streiks könnten aber auch von den Fürsprechern der Transformation genutzt werden und dazu beitragen, neue radikale Bestrebungen zum Wandel zu befeuern, wie wir es in vielen Ländern erlebt haben, als die Klimabewegung sich mit den Aktivistinnen von Extinction Rebellion verbündete.

In den kommenden Jahrzehnten werden wahrscheinlich alle drei Wege als chaotische Mischung nebeneinander existieren: Manche Städte und Organisationen setzen sich für Transformation ein, Staaten verfolgen Reformen, und Kommunen haben es mit den Auswirkungen des Zusammenbruchs zu tun. Wir haben die Wahl, welchem Weg wir mit unserer Zivilisation folgen wollen, ob wir in unserem persönlichen Leben, unserer Gemeinde, am Arbeitsplatz oder als Bürger und Bürgerinnen etwas unternehmen. Je länger wir abwarten, bevor wir uns auf den Weg der Transformation begeben, desto mehr Leid wird die Menschheit erdulden müssen, weil die Gesellschaft auf der S-Kurve unaufhaltsam abwärts rutscht. Ein guter Vorfahr erkennt ein sterbendes System, wenn er es sieht, und versucht dann nicht, die eigene funktionsunfähige Zivilisation an die nächste Generation weiterzugeben, sondern beteiligt sich an der historischen Tat, den Samen für eine neue Zivilisation zu legen, die heranwachsen und auch in ferner Zukunft die Voraussetzungen für das Leben aufrechterhalten kann.

Träume von Psychohistorik

In dem 1951 erstmals erschienenen Science-Fiction-Klassiker *Foundation* von Isaac Asimov erfindet der geniale Statistiker Hari Seldon eine neue, als »Psychohistorik« bezeichnete Wissenschaft. Durch die Analyse riesiger Datenbestände entdeckt Seldon eine Methode, um die allgemeine Zukunft der galaktischen Zivilisation vorherzusagen, von nahenden Kriegen bis zum Aufstieg oder Untergang von Imperien. Durch die Erkenntnisse der Psychohistorik wird ihm klar, dass das Galaktische Imperium, das derzeit über Millionen Welten herrscht, sich im Zustand des Niederganges befindet und den Abstieg in eine Periode der Barbarei mit sich bringen wird, die wahrscheinlich 30.000 Jahre dauert, bevor aus den Ruinen ein neues Imperium hervorgehen kann. Um den Eintritt dieses dunklen Zeitalters abzuwenden, ist es zwar zu spät, aber mit kluger Planung lässt sich seine Länge auf nur 1000 Jahre vermindern; also gründet Seldon an den entgegengesetzten Enden der Galaxis zwei als Foundations bezeichnete neue Kolonien, aus denen die Samen einer neuen galaktischen Zivilisation heranwachsen können.

Die Psychohistorik ist ein Mythos. Das heißt aber nicht, dass die Zukunft der Menschheit eine Blackbox voller Unsicherheiten wäre. Die ganzheitliche Vorhersage zeigt die Gesetzmäßigkeit immer wieder auftretender S-Kurven, die im Laufe der Zeit aufsteigen und fallen, worin sich die natürlichen Kreisläufe von Leben und Tod widerspiegeln. Die Behauptung, wir wüssten nichts über die Zukunft, wird nur allzu leicht zu einer Ausrede für Teilnahmslosigkeit und fast zu einer Ideologie der Untätigkeit. Unsere Kenntnisse über ihre voraussichtlichen Umrisse sind in Tausenden von wissenschaftlichen Studien über unseren Planeten und die Systeme des Lebendigen deutlich zu erkennen. Die Auswirkungen des ökologischen Notstandes sind bereits eingetreten: Sie haben die Form von Dürre, Extremwetterereignissen und einer zunehmend unsicheren Lebensmittel- und Wasserversorgung für Millionen Menschen insbesondere in armen und an den Rand gedrängten Gemeinschaften sowohl im wohlhabenden Norden als auch im Globalen Süden: Sie sind es, die am härtesten und schnellsten getroffen werden. Die Zukunft ist nur allzu gegenwärtig.

Während ich dieses Buch schrieb, musste ich in düsteren Augenblicken häufig an Asimovs Geschichte denken; es schien mir, als wäre es zu spät, um den Zusammenbruch unserer eigenen kurzsichtigen Zivilisation noch zu verhindern. Der Roman nährt die Hoffnung, dass es möglich sein könnte, auf den Weg der Transformation einzuschwenken, auf dem eine weniger kurzsichtige und weniger selbstzerstörerische Zivilisation an ihre Stelle tritt – eine Zivilisation, in der sich die langfristige Denkweise von Jonas Salks Epoche B widerspiegelt. Wir müssen Wege finden, um unsere eigenen Foundations zu schaffen, und das nicht an den fernen Rändern der Galaxis, sondern hier, mitten im Durcheinander unserer bestehenden Gesellschaften.

8

Das übergeordnete Ziel

Ein Leitstern für die Menschheit

Zu den größten Entdeckungen in der Philosophie der letzten 2000 Jahre gehörte der Gedanke, dass Menschen aufblühen, wenn sie für die Zukunft nach sinnvollen Zielen streben, die ihrem Leben einen Zweck und eine Richtung geben. Aristoteles war überzeugt, dass jeder von uns »ein Ziel für das gute Leben haben sollte, nach dem zu streben sich lohnt … denn sein Leben nicht unter dem Gesichtspunkt eines Ziels einzurichten, ist ein Zeichen großer Torheit«.

Der deutsche Philosoph Friedrich Nietzsche sagte sinngemäß: »Wer ein Warum zum Leben hat, erträgt fast jedes Wie.« Nach den Erkenntnissen von Viktor Frankl, Auschwitz-Überlebender und Begründer der Existenzanalyse, finden wir einen Sinn darin, uns einem konkreten Ziel zu verschreiben, wie er es nannte, einem Zukunftsprojekt oder Ideal, das über das eigene Ich hinausgeht.[1]

Dieses höchste Ziel, diesen Zweck bezeichneten die alten Griechen als *telos*. Es dient als Kompass für unsere Gedanken und Taten, indem es uns hilft, Entscheidungen angesichts einer Fülle von Möglichkeiten zu treffen. Für uns als Einzelne kann *telos* alles Mögliche sein: Wir können uns zum Ziel setzen, eine Heilungsmöglichkeit für Krebs zu finden, den Grundsätzen einer Religion zu folgen, einen kranken Elternteil zu pflegen oder Kon-

Übergeordnete Ziele für die Menschheit

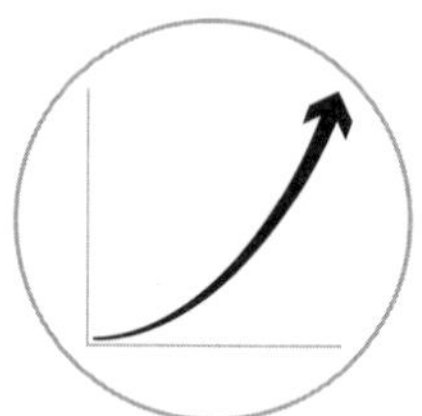

Ständiger Fortschritt
Strebe nach materieller Besserstellung und endlosem Wirtschaftswachstum.

Utopische Träume
Schaffe eine ideale Gesellschaft auf der Grundlage politischer, wirtschaftlicher oder religiöser Überzeugungen.

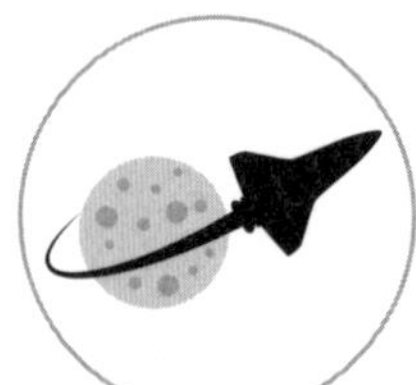

Techno-Befreiung
Besiedele andere Welten und überwinde mit technischen Mitteln die Grenzen des menschlichen Körpers.

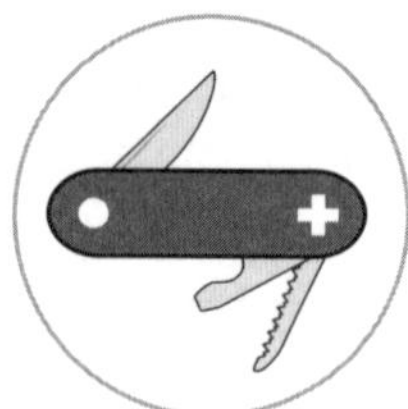

Überlebensmodus
Stelle dich auf den Zusammenbruch der Zivilisation ein und entwickle grundlegende Überlebensfähigkeiten.

Gedeihen auf dem einen Planeten
Befriedige die Bedürfnisse aller heutigen und zukünftigen Menschen mit den Mitteln eines blühenden Planeten.

zertpianistin zu werden. Der Astronom Carl Sagan vertrat die Ansicht, dass auch ganze Gesellschaften sich an einem *telos* orientieren können – er sprach von einem »langfristigen Ziel und einem Heilsplan«.[2]

Ein solches übergeordnetes Ziel für die Menschheit zu benennen und anzustreben ist die grundsätzlichste aller sechs Strategien zum langfristigen Denken; es bietet einen Leitstern, an dem wir unsere Handlungen im Hinblick auf die ferne Zukunft ausrichten können. Besonders wichtig ist das angesichts der Tatsache, dass langfristiges Denken auch vereinnahmt und in Richtung selbstbezogener Bestrebungen umgelenkt werden kann, beispielsweise in den Aufbau einer politischen Dynastie, in das Anhäufen endlosen Reichtums oder die Aufrechterhaltung von Macht und Privilegien.[3] Deshalb ist vielleicht nichts so lebenswichtig wie die Beantwortung der Frage: »Langfristiges Denken – zu welchem Zweck?«

Dieses Kapitel wirft ein Schlaglicht auf fünf mögliche übergeordnete Ziele für die Menschheit, die heute in den öffentlichen Diskussionen über unsere gemeinsame Zukunft an vorderster Front stehen (siehe oben). Sie sind in ihrer Vielfalt faszinierend: Jedes von ihnen basiert auf einer anderen Vorstellung davon, was für eine Welt wir letztlich anstreben – das Spektrum reicht vom stark Technisierten bis zum zutiefst Ökologischen. Alle sind wirksame Motive und haben ihre engagierten Fürsprecher, nach deren Ansicht ihr übergeordnetes Ziel sich am besten dafür eignet, langfristig das Wohlergehen der Menschheit zu sichern. Zwar besitzen alle fünf überzeugende Qualitäten, es lohnt sich aber, sie einzeln zu untersuchen und die Frage zu stellen, ob sie nicht nur weitsichtige, anregende Zielsetzungen eröffnen, sondern uns auch zu guten Vorfahren machen. Welche davon bieten die Voraussetzungen, um die Interessen zukünftiger Generationen so gut wie möglich zu wahren?

Ständiger Fortschritt: Die Kurve soll weiter nach oben zeigen

Die Sicherstellung materiellen Fortschritts ist in den westlichen Gesellschaften seit über zwei Jahrhunderten das beherrschende langfristige Ziel, und sein Einfluss hat sich nach und nach über die gesamte Welt ausgedehnt. Sie ist ein Erbe der Aufklärung und strebt an, für eine ständige wirtschaftliche Entwicklung und Modernisierung zu sorgen, durch die sich die Qualität unseres Alltagslebens immer weiter verbessert. Als *telos* für die Menschheit lässt sie sich am besten in Form einer Kurve des Wirtschaftswachstums darstellen, die auch in der Zukunft immer weiter nach oben zeigt. Dass materieller Fortschritt die Güter für große Teile der menschlichen Bevölkerung geliefert hat, steht außer Zweifel. Seit dem 18. Jahrhundert hat er uns eine längere Lebenserwartung, öffentliches Gesundheitswesen, eine Verminderung der Armut, allgemeine Bildung, schnellere Fortbewegung und Konsumkomfort ermöglicht, von Klimaanlagen bis zum Handy. Steven Pinker formuliert es so: »Die Aufklärung hat funktioniert« – und der Fortschritt war eines ihrer wichtigsten Ideale.[4] Allerdings wird diese Geschichte des Fortschritts durch ein in ihr angelegtes kurzfristiges Denken untergraben, das in einem Spannungsverhältnis zu ihren langfristigen Bestrebungen steht.

Die Ursprünge des Fortschritts der Menschheit reichen 50.000 Jahre weit zurück, nämlich bis zur Erfindung neuer Methoden und Mittel der Jagd während des Oberen Paläolithikums. Mit schärferen Waffen und klügeren Strategien konnten unsere steinzeitlichen Vorfahren jetzt nicht nur einen einzelnen Bison oder ein Mammut töten, sondern die Tiere in großer Zahl in einem geschlossenen Tal fangen und töten oder sie über eine Klippe in den Tod treiben. Ziemlich klug, wenn man heute ein Festmahl abhalten will, aber nicht, wenn man während der nächsten 100 Jahre genügend zu essen haben möchte. Heutige Jäger und Sammler, darunter die

San-Völker in der Kalahari und die Inuit, beherrschen das Leben im Einklang mit ihrer ökologischen Umwelt, bei den prähistorischen Völkern war es aber nicht immer so: Ihre Wanderungswellen über die Kontinente führten häufig zum Massensterben anderer biologischer Arten, die von ihnen durch die Jagd buchstäblich ausgerottet wurden. Die Archäologie kennt Stellen, an denen im industriellen Maßstab geschlachtet wurde – an einer waren es 1000 Mammuts, an einer anderen 100.000 Pferde.[5] Prächtige Tiere wie das Wollhaarnashorn und der Europäische Waldelefant verabschiedeten sich sehr schnell aus Europa (Überreste von Elefanten, Flusspferden und Löwen hat man tief unter dem Trafalgar Square gefunden), aus Australien verschwanden die Riesenwombats und Kängurus von der Bildfläche, in Nordamerika Riesenbisons und Biber. Zum Verschwinden mancher Arten dürften Klimaveränderungen beigetragen haben, heute herrscht aber allgemein die Überzeugung, dass Menschen – und der von ihnen geführte ökologische Blitzkrieg – dabei eine wichtige Rolle spielten. Der Historiker Ronald Wright erklärt: »Ein übler Geruch des Aussterbens folgt dem *Homo sapiens* rund um die Welt.« Noch krasser formuliert es der Paläontologe Tim Flannery: Er bezeichnet unsere raublustige Spezies als »Zukunftsfresser«.[6]

Mit der Entwicklung des industriellen Kapitalismus im 18. Jahrhundert gewann das Streben nach Fortschritt an Tempo.[7] Industrielle Revolution und Verstädterung fegten die Reste des Feudalismus hinweg und ließen ein Proletariat entstehen, das in Fabriken schwitzte und in Bergwerken schuftete. Im Laufe der Zeit wurden die Nutzeffekte des neuen Systems immer greifbarer: Trotz einer immer tieferen Einkommensungleichheit wurden Millionen Menschen aus der Armut befreit. Die Kosten waren allerdings gewaltig, denn angetrieben wurde alles durch das Verfeuern fossiler Brennstoffe, die seit Millionen Jahren in der Erde lagerten; damit war der materielle Fortschritt an ein Energiesystem gekoppelt, das zu erschöpften Ressourcen führte, das Klima destabilisierte und den Lebenserhaltungssystemen des Lebendigen unsäglichen Schaden zufügte. Der Wirtschaftshistoriker Tom Wrigley gelangt zu dem Schluss: »Die Kräfte, die durch die Industrielle Revolution entfesselt wurden, besitzen nachgewiesenermaßen die Fähigkeit, Nutzen zu bringen, zu dem es zuvor keine Parallele gab, und gleichzeitig Schaden in bisher unbekanntem Umfang anzurichten.«[8]

In der zweiten Hälfte des 20. Jahrhunderts kam zum Industriekapitalismus der Konsumkapitalismus hinzu, der sich weniger auf die Ausbeutung von Arbeitskraft als vielmehr auf das Erzeugen von Bedürfnissen konzentrierte – die Menschen sollten Dinge kaufen, die sie eigentlich nicht brauchten, vom Zweitwagen bis zu Serviettenringen. Dies begünstigte eine kurzfristige Kultur der sofortigen Konsumbefriedigung, die auf unser Marshmallowgehirn zurückgriff und sich in allem Möglichen zeigte, vom Aufschwung der Fast-Food-Branche bis zu der heutigen Erwartung, dass beim Online-Shopping noch am gleichen Tag geliefert wird. Gleichzeitig zeigte sich darin eine rücksichtslose Haltung gegenüber den langfristigen Folgen: Solange die Unternehmen ihre unmittelbaren Finanzziele erreichten, spielte es keine Rolle, ob sie die Luft verschmutzten, die Landschaft ihrer Wälder beraubten, Flüsse vergifteten, Nikotin- und Zuckersucht erzeugten oder die Haushalte in langfristige Schulden stürzten. Diese konsumgetriebene Form des Fortschritts wurde durch das Streben nach endlosem BIP-Wachstum angetrieben. Der Wirtschaftswissenschaftler Tim Jackson meint dazu: »Fast das ganze letzte Jahrhundert [war] das Wachstum des BIP überall auf der Welt das mit Abstand wichtigste Ziel ordnungspolitischer Maßnahmen.«[9] Regierungen aus allen Richtungen des politischen Spektrums waren versessen darauf, die Wachstumskurve Quartal für Quartal immer weiter nach oben zu treiben, als wäre sie das einzig bedeutsame Maß für Fortschritt und als würden die gesellschaftlichen und ökologischen Kosten keine Rolle spielen.

Die große Beschleunigung

Die Auswirkungen des Menschen auf die Welt des Lebendigen haben sich seit den 1950er-Jahren, die häufig als Beginn des Anthropozän-Zeitalters gelten, gewaltig verstärkt.

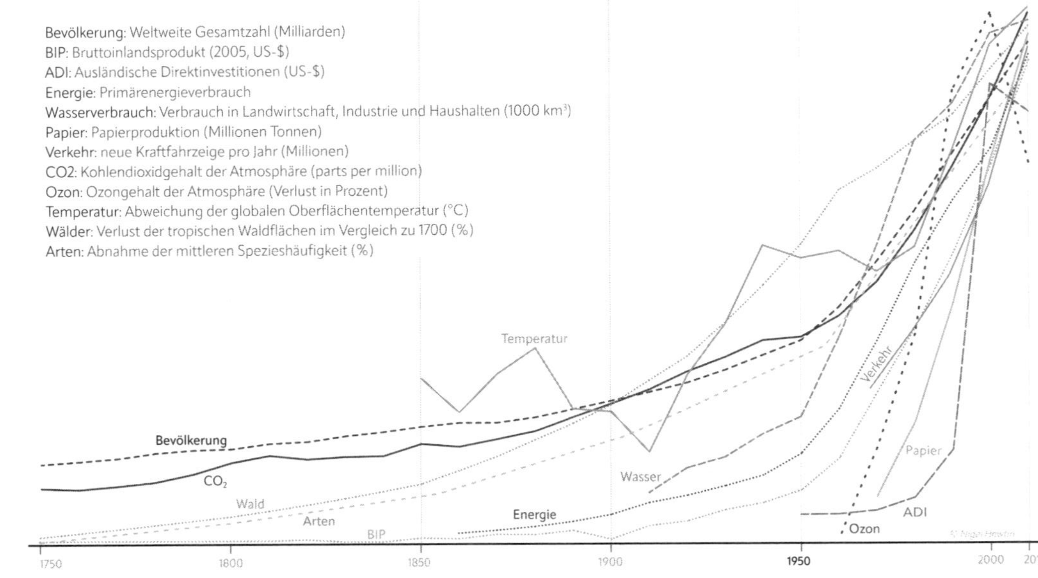

Der verbreitete Glaube an den Fortschritt als Menschheitsziel ist vollkommen verständlich. Im Vergleich zur quälenden Armut des Mittelalters sind die materiellen Nutzeffekte, die er in den letzten 200 Jahren hervorgebracht hat, eine außerordentlich große Leistung. Mittlerweile ist es aber allzu schwierig geworden, die Kollateralschäden außer Acht zu lassen. Systemforscher haben dafür einen Namen: die Große Beschleunigung. Insbesondere seit den 1950er-Jahren waren der Anstieg des Bruttoinlandsprodukts, die Zahl der Kraftfahrzeuge und andere Indikatoren des materiellen Fortschritts von einem schnell steigenden Kohlendioxidgehalt der Atmosphäre, dem Artensterben und anderen Formen der ökologischen Zerstörung begleitet (siehe oben).[10] Die vielen steil ansteigenden Kurven sind zum Sinnbild für die Gefahren geworden, die mit dem Streben nach Fortschritt einhergehen.

Dass unsere Nachkommen uns für dieses Erbe danken werden, ist kaum vorstellbar; wahrscheinlich werden sie uns dafür verdammen. Wenn wir danach streben, gute Vorfahren zu sein und eine Welt zu schaffen, die sich für kommende Generationen eignet, ist es an der Zeit, den ständigen Fortschritt als ein Ziel der Vergangenheit zu betrachten, das der Zukunft nicht mehr angemessen ist. Aber in welche Richtung sollten wir dann unsere langfristigen Bestrebungen lenken?

Utopische Träume: Visionen von einer idealen Gesellschaft

»Eine Weltkarte, die das Land Utopia nicht enthielte, wäre nicht wert, dass man einen Blick darauf wirft«, schrieb Oscar Wilde.[11] Utopias sind naturgemäß von langfristigem Denken durchtränkt: Sie bieten die Vision einer idealen Gesellschaft, nach der wir streben können, ohne uns die Illusion zu machen, dass sie über Nacht zu verwirklichen wäre. Karl Marx wusste, dass das Paradies eines Arbeiters angesichts eines tief verwurzelten kapitalistischen Systems nicht schnell hergestellt werden konnte, und die von ihm angeregten revolutionären Bewegungen führten in ihrem Bestreben, eine bessere Gesellschaft zu formen, einen jahrzehntelangen Klassenkampf. Ähnlich verhält es sich mit utopischen religiösen Bewegungen wie dem Mormonentum: Die Mormonen machen sich mit ihren Bemühungen eine langfristige Sicht zu eigen, um eine Vision des Himmels auf Erden zu schaffen, und bauen ihre Gemeinschaften der Gläubigen allmählich und oft angesichts von Verfolgung und Vorurteilen auf.

Eine besonders starke langfristige Verwurzelung hat der »utopische Sozialismus«, wie er manchmal genannt wird; der Schwerpunkt liegt bei ihm auf einer Umgestaltung der Gesellschaft rund um Ideale wie Gleichberechtigung, Freiheit und soziale Gerechtigkeit. In der Geschichte ist es ihm mit bemerkenswertem Erfolg gelungen, Bewegungen für Veränderungen zu motivieren und aufrechtzuerhalten, auch wenn alle Aussichten stark dagegensprachen. Weder Organisationen zur Abschaffung der Sklaverei noch Gewerkschaften, weder Suffragetten, gegen den Kolonialismus gerichtete Bewegungen oder Wohlfahrtsstaaten wären möglich gewesen ohne utopische Visionen, die zu ihrer Zeit die Annahmen und Überzeugungen infrage stellten und das Bild einer besseren Welt als langfristiges Ziel zeichneten, nach dem man streben sollte. Jeremy Rifkin meint dazu: »Zukunftsbilder sind der bei Weitem mächtigste Sozialisationsfaktor in der westlichen Kultur.«[12] Das ist der Grund, warum Martin Luther King Jr. ausrief: »Ich habe einen Traum.« Gesellschaftliche Utopien haben dazu beigetragen, die Geschichte der Menschen zu prägen – sie boten neue Wege, auf denen unsere Fantasie wandern und Leuchtfeuer der Hoffnung auf eine radikale Umgestaltung der Zukunft schaffen konnte.

Solche utopischen Visionen haben in der Regel eine kraftvolle Eigenschaft: In ihrem Mittelpunkt stehen gemeinsame Ziele und

Prinzipien, nach denen man leben soll, womit sie das Potenzial haben, diejenigen globalen Krisen unserer Zeit anzugehen, die eine gemeinsame koordinierte Antwort erfordern. Zukünftige gute Vorfahren sollten sich allerdings vor gesellschaftlichen Utopien hüten, die vor dem Ende des 20. Jahrhunderts und der Epoche des Anthropozäns mit ihrem ökologischen Zusammenbruch formuliert wurden. Frühe utopische Denker wie Karl Marx, Charles Fourier, William Morris oder Thomas Morus hatten das potenzielle Abschmelzen der Eiskappe in Grönland nicht auf dem Radar. Ihren langfristig angelegten Gedanken fehlte in der Regel ein Bewusstsein für die Zerbrechlichkeit der Lebenserhaltungssysteme unseres Planeten. Allerdings gibt es Ausnahmen, darunter im 19. Jahrhundert den Anarchisten Peter Kropotkin, der in seinen Schriften ein ausgeprägtes ökologisches Bewusstsein erkennen lässt.

Das utopische Denken unserer Zeit hat sich verändert und ist stärker auf die langfristigen Herausforderungen eingestellt, vor denen die Menschheit steht. Seit den 1970er-Jahren gab es eine Welle »ökotopischer« Literatur von Autoren wie Ursula K. Le Guin und Ernest Callenbach, die ihre Anregung häufig von früheren Autoren wie Aldous Huxley bezogen. Außerdem gibt es heute eine Vielzahl progressiver Rabbiner, Kardinäle und Imame, die das ökologische Denken in ihre religiösen Zukunftsvisionen einfließen lassen; danach ist unser Planet ein Geschenk Gottes, das es zu schützen und für zukünftige Generationen zu bewahren gilt.[13]

Ein Beispiel für die neue Art der Utopien, in dem sich anerkannte gesellschaftliche Themen mit modernen ökologischen Gedanken vermischen, ist das Buch *The World We Made* von Jonathan Porritt. Es ist aus der Sicht eines Lehrers der Zukunft verfasst und will »die Geschichte erzählen, wie wir die Welt vom Rand des Zusammenbruchs dahin zurückgeholt haben, wo wir heute, im Jahr 2050, stehen«. Diese Welt ist gekennzeichnet durch Arbeiterkooperativen, eine Wochenarbeitszeit von 25 Stunden, vertikale Felder in den Städten und elektrische Flugzeuge. Originell ist dabei, dass Porritt beschreibt, welch langwierige Kämpfe zu ihrer Schaffung notwendig sind, darunter der Aufstieg einer globalen gesellschaftlichen Bewegung mit dem Namen Enough!, die den Übergang in eine nachhaltigere Gesellschaft in Gang setzt.[14] Das Buch bietet eine utopische Vision sowohl mit ihren Zielen als auch den erforderlichen Mitteln und zeichnet damit einen klaren, glaubwürdigen, langfristigen Weg, dem gute Vorfahren folgen können.

Langfristiges Denken setzt immer utopische Ideale voraus, die anregende Ziele für die Menschheit formulieren und den Veränderungsbestrebungen Energie und Macht verleihen. Heutige Bewegungen wie Extinction Rebellion, die sich auf die Krisen unserer Zeit konzentrieren, sind Teil einer langen Geschichte der gesellschaftlichen Konflikte, die Motive und Entschlossenheit aus Träumen von einer besseren Welt bezogen haben. Der uruguayische Autor Eduardo Galeano bemerkt dazu: »Utopia steht am Horizont. Wenn ich ihm zwei Schritte näher komme, weicht es um zwei Schritte zurück. Gehe ich zehn Schritte vorwärts, ist es mir schnell zehn Schritte voraus. Ganz gleich, wie schnell ich gehe, erreichen kann ich es nie. Was ist dann der Sinn von Utopia? Es sorgt dafür, dass wir voranschreiten.«[15]

Wenn wir uns auf den Weg nach Utopia machen, sichern wir dann vielleicht die langfristigen Interessen zukünftiger Generationen nicht mit dem Versuch, diese Welt neu zu erfinden, sondern indem wir uns in eine andere flüchten?

Techno-Befreiung: Liegt unser Schicksal in den Sternen?

Wenn es um Technologie geht, ist der Scharfsinn unserer Spezies beispiellos. Vom ersten Faustkeil bis zu den neuesten Fortschritten der Genomsequenzierung ist es uns gelungen, die Wege der Menschheit radikal zu verändern. Trotz gut begründeter öffentlicher Skepsis gegenüber den Vorteilen der Technologie, darunter die Besorgnis, dass Technologiekonzerne unsere persönlichen Daten stehlen, oder die Problematik der Digitalsucht, glauben viele, die langfristig denken, noch immer daran, dass unser Ziel letztlich in einer technologischen Zukunft liegt. Dieses langfristige Ziel hat im Wesentlichen drei Formen: Techno-Flucht, Techno-Spaltung und Techno-Reparatur; sie alle bieten eine überzeugende Zielrichtung als Leitfaden für die Menschheit.

Eines der verlockendsten übergeordneten Ziele für unsere Spezies ist die Techno-Flucht: Unser Schicksal liegt in den Sternen, und wir müssen unseren Blick darauf richten, die Grenzen der Erde hinter uns zu lassen und andere Welten zu besiedeln. In der Regel steht dahinter ungefähr folgende Argumentation: Auf lange Sicht steht jede Gesellschaft auf einem Planeten vor der Gefahr der Vernichtung, sei es durch einen Asteroideneinschlag, durch erschöpfte Ressourcen oder vielleicht, indem sie sich selbst in die Luft sprengt. Jede Zivilisation, die langfristig überleben will, muss sich deshalb auf mehrere andere Planeten ausbreiten, und das nicht aus einem romantischen Eifer heraus, sondern aus dem praktischen Grund, dass sie am Leben bleiben will. Carl Sagan formuliert es mit seiner charakteristischen Beredsamkeit so:

> »Der Baum der Unsterblichkeit wuchs der alten chinesischen Mythologie zufolge auf dem Mond. Der Baum des langen Lebens oder gar der Unsterblichkeit scheint in der Tat auf anderen Welten zu wachsen. Wenn wir im Weltraum zu Hause wären, wenn es auf verschiedenen Welten autarke Kolonien gäbe, könnte die Menschheit Katastrophen vermeiden … Wenn wir kaum langfristige Überlebenschancen besitzen, dann sind wir es unserer eigenen Art schuldig, andere Welten zu erkunden.«[16]

Die gleiche Vision verfolgt auch der Technologieunternehmer und SpaceX-Gründer Elon Musk: Er hält die Besiedelung des Mars für den nächsten großen Schritt der Menschheit (wobei vermutlich sein Unternehmen die Raketen stellen soll). »Ich will auf dem Mars sterben, nur nicht gerade beim Aufschlag«, sagt Musk.[17]

Ein Problem, das sich für die Techno-Flüchtlinge stellt, ist der lange dafür erforderliche Zeitraum. Der Mars ist eine leblose, von Strahlung heimgesuchte und von Kohlendioxid eingehüllte Wüste mit Temperaturen von minus 100 Grad Celsius. Und er ist mehr als 50 Millionen Kilometer von der Erde entfernt. Bis auch nur ein einziger Mensch einen Fuß darauf setzt, müssen wir wahrscheinlich bis 2040 warten. Und selbst wenn wir Menschen gefahrlos auf den Mars bringen können, würde es nach Ansicht der meisten Fachleute wahrscheinlich Jahrhunderte oder sogar Jahrtausende dauern, bis wir ihn durch Schaffung einer neuen Atmosphäre (auch »Terraforming« genannt) für eine nennenswerte menschliche Bevölkerung bewohnbar machen können – am Ende könnte es sich sogar als unmöglich erweisen.[18] Dennoch behaupten die Fürsprecher der Weltraumbesiedelung, genau dies sei das langfristige Denken, das wir brauchen: Wenn wir wirklich gute Vorfahren sein wollen, müssen wir uns so bald wie möglich an die kosmische Aufgabe machen, den Mars und andere Planeten zu besiedeln. Es könnte, so sagen sie, zwar lange dauern, aber es ist der beste Weg, wenn wir unserer Spezies das Überleben sichern wollen.

Eine schwierigere Herausforderung liegt darin, dass das Ziel einer Techno-Flucht schwerwiegende Kollateralschäden verursachen könnte: Je mehr wir unsere Hoffnungen darauf setzen, auf andere Welten zu flüchten, desto geringer ist die Wahrscheinlichkeit, dass wir uns die notwendige Mühe geben, um unseren vorhandenen Heimatplaneten zu erhalten. Ein Problem, wie den Klimawandel anzugehen, mag eine schwierige Aufgabe sein, aber sie ist viel einfacher als die, den Mars zu besiedeln. Martin Rees formuliert es so: »In unserem Sonnensystem gibt es nicht einmal einen zweiten Ort, an dem so angenehme Umweltbedingungen wie in der Antarktis oder auf dem Gipfel des Mount Everest herrschen.«[19] Zu lernen, wie wir unter den biophysikalischen Bedingungen des einzigen Planeten leben können, von dem wir wissen, dass er Leben möglich macht, sollte für uns oberste Priorität haben. Haben wir diese Herausforderung gemeistert, können wir den Mars so viel terraformen, wie es uns beliebt. Das Prinzip kennt jeder Bergsteiger: Sorge dafür, dass dein Basislager in guter Verfassung ist und ausreichend Vorräte bietet, dann kannst du versuchen, einen gefährlichen Gipfel in Angriff zu nehmen. Wenn wir unser Basislager in Ordnung bringen wollen, haben wir noch einen langen Weg vor uns. Bis es so weit ist, sollten wir in Reisen zum Mars einen Sport für eine kleine Minderheit wie Elon Musk und andere superreiche Weltraumabenteurer sehen, aber kein letztes Ziel für das Menschengeschlecht.

Ein anderes langfristiges *telos,* das ich als Techno-Spaltung bezeichne, bietet die wachsende Bewegung des Transhumanismus. Damit meine ich den Gedanken, die Zukunft unserer Spezies liege darin, uns selbst mit technischen Mitteln so weit zu verbessern, dass wir durch einen evolutionären Sprung zu einer neuen Art von Menschen werden, womit wir uns von unseren biologischen Vorfahren abspalten.[20]

Bis wir den Sprung auf eine neue Evolutionsebene vollziehen, könnten zwar noch mehrere Jahrhunderte vergehen, die Befürworter der Techno-Spaltung weisen aber darauf hin, dass die Samen des Überganges bereits gelegt wurden. Manche verweisen auf aussichtsreiche medizinische Fortschritte wie die Transplantation von Körperteilen oder genetische Manipulationen, durch die unsere Zellen nicht mehr altern, sodass wir eines Tages die »Langlebigkeits-Fluchtgeschwindigkeit« (»longevity escape velocity«, LEV) erreichen, wie sie es nennen. Gemeint ist die Situation, dass der Fortschritt der medizinischen Forschung die durchschnittliche Lebenserwartung der Menschen jedes Jahr um mehr als ein Jahr verlängert, was theoretisch dazu führen könnte, dass wir dem Tod davonlaufen und Unsterblichkeit erlangen (es sei denn, wir werden von einem Bus überfahren). Andere Transhumanisten warten auf den Tag, an dem wir unser Gehirn mit Implantaten so aktualisieren können, dass unser Gedächtnis und andere kognitive Funktionen bis auf ein Niveau der »Superintelligenz« verbessert werden. Eine dritte Denkrichtung setzt auf die Möglichkeit der »Ganzhirn-Emulation«, bei der wir eine künstliche Version unseres Gehirns in die Cloud hochladen. Wenn wir auf diese Weise vollständig online sind, so behaupten ihre Anhänger, wird es einfach sein, unser digitales Ich in den Weltraum zu schicken, wo es die fernsten Winkel der Galaxis besiedeln und für alle Zeiten durch den Kosmos wandern kann.[21]

Die Techno-Spaltung ist ein aufregendes Thema, aber ist es Wissenschaft oder Science-Fiction? Dass künstlich verbesserte Menschen vor der Tür stehen, ist nicht zu bezweifeln – viele Menschen tragen bereits Herzschrittmacher, die mit dem Internet verbunden sind, und der farbenblinde Künstler Neil Harbisson trägt eine in seinen Kopf eingepflanzte Audioantenne. Aber die Vorstellung, wir könnten eine elektronische Kopie unserer selbst erschaffen, geht von einem falschen Vergleich aus: Danach sind Menschen im Wesentlichen Computer, wobei der Geist die Software ist, die man von der Hardware aus Fleisch und Blut trennen kann.[22] Jahrzehntelange neurologische Forschung hat aber gezeigt, dass Geist und Körper eng verflochten sind: Wir erlernen mit unserem gesamten sensorischen Apparat, eine Bildhauerin kann ihren Geist in die Fingerspitzen projizieren, wir spüren, wie unsere Gefühle durch unser ganzes körperliches Ich kreisen, seelischer Stress kann Diabetes verursachen, unser Herzschlag und der Schweiß auf unseren Handflächen sind Teile unseres Daseins.[23] Wir sind nicht nur Bits und Bytes an Information, die sich kopieren und auf einem großen Server im Himmel einfügen lassen. Und nach wie vor haben wir keine Ahnung, wie das Bewusstsein eigentlich funktioniert und ob es jemals die Form einer klugen Anordnung aus

Nullen und Einsen annehmen kann, die auf einen Mikrochip aufgebracht wurden. Wäre das da oben in der Cloud wirklich »ich«?

Stehen wir auf der Schwelle zur Techno-Spaltung? Der farbenblinde Künstler Neil Harbisson, auch »der erste Cyborg der Welt« genannt, trägt eine dauerhaft in den Schädel eingepflanzte Antenne, mit der er Farben als Schwingungen im Kopf fühlen und hören kann. Sie ist WLAN-fähig, sodass er auch Satellitendaten damit empfängt.

Immer mehr Bedenken richten sich auch auf den Aufstieg künstlich erschaffener Cyborg-Übermenschen. Insbesondere im Frühstadium werden sich nur Reiche die künstlichen Verbesserungen leisten können (derzeit kostet es rund 80.000 Dollar, ein Gehirn kryonisch einfrieren und in einem Lagerhaus in Arizona aufbewahren zu lassen – wobei niemand weiß, ob das Auftauen jemals möglich sein wird, und wenn ja, wann und wie). Es besteht die Gefahr, dass sich neue Formen der Ungleichheit entwickeln, eine echte Techno-Spaltung, durch die alle, die nicht verbessert wurden, eine Unterschicht von Dienern bilden. Wenn wir wirklich verstehen wollen, wie sich so etwas auswirken könnte, dann, so erklärt Yuval Noah Harari, sollten wir daran denken, wie Europäer im 19. Jahrhundert ihre Untertanen in den Kolonien behandelt haben oder wie wir heute mit Tieren umgehen.[24] Sind wir wirklich bereit, zukünftige Generationen zum Leben in einer Welt zu verurteilen, die auf einer technischen Version der Nazi-Ideologie des Untermenschen basiert? Das würde uns keine Lobeshymnen als gute Vorfahren einbringen, sondern wir würden es damit auf tragische Weise versäumen, nach den langfristigen Gefahren zu fragen, die durch unser Handeln ausgelöst werden.

Die letzte Form, die Techno-Befreiung, ist weitaus weniger spektakulär als Techno-Flucht oder Techno-Spaltung. Wir können sie auch als Techno-Reparatur bezeichnen; definiert ist sie als die Überzeugung, dass die Menschen immer neue technische Mittel entwickeln werden, um die Probleme, vor denen sie stehen, zu lösen. Als die Städte zu dicht besiedelt waren, haben wir Wolkenkratzer erfunden. Als mehr Lebensmittel notwendig waren, kam die Grüne Revolution. Auf diese Weise, so die Argumentation, werden wir auch Wege aus der selbst verschuldeten ökologischen Krise finden. Ganz oben auf der Liste stehen dabei technische Verfahren wie Kohlenstoffabscheidung und -speicherung (»carbon capture and storage«, CCS) oder die Schaffung einer sauberen, gesunden Atmosphäre durch Geoengineering. Die Techno-Reparatur mag sich nicht nach einem großartigen langfristigen Ziel für die Menschheit anhören, aber sie schmuggelt ein solches Ziel durch die Hintertür: dass es das Ziel unserer Spezies sein sollte, weiterhin das zu tun, was wir schon jetzt tun. Mit anderen Worten: Wir können die derzeitige, stark materialistische Konsumgesellschaft bis in die ferne Zukunft beibehalten, weil immer technische Lösungen auf der Bildfläche erscheinen werden, mit denen wir die damit geschaffenen Umweltprobleme lösen können.

Ist ein solcher Optimismus gerechtfertigt? Betrachten wir einmal das Geoengineering: Es könnte zum Beispiel so aussehen, dass wir Licht reflektierende Sulfat-Aerosole in der Stratosphäre versprühen und damit auf einen globalen Abkühlungseffekt hoffen, der ein Gegengewicht zu der Aufheizung durch das Verfeuern fossiler Brennstoffe bildet. Eine solche Lösung könnte man nie im weltweiten Maßstab ausprobieren, sie könnte also verheerende, nicht wiedergutzumachende Nebenwirkungen haben, die wir nicht vorhergesehen haben – unter anderem könnte sie die jahreszeitlichen Monsunregen durcheinanderbringen, auf die Milliarden Menschen mit ihrer Lebensmittelproduktion angewiesen sind. Außerdem könnte Geoengineering politisch kompliziert werden, denn es erfordert eine nie da gewesene, weltweite Koordination, damit der Thermostat auf einem allgemein anerkannten Niveau eingestellt wird und die Technik nicht nur ein paar Jahre funktioniert, sondern unbegrenzt auch über Kriege, Hungersnöte und alles andere hinweg, was die Zukunft vielleicht noch für uns bereithält.[25] Geoengineering könnte funktionieren, aber es ist ein Glücksspiel von ungeheuren Ausmaßen, mit dem wir eine Generation nach der anderen belasten würden.

Ein solches Glücksspiel steht im Widerspruch zum Vorsorgeprinzip, einem wichtigen Grundsatz der Umweltpolitik: »Wenn eine Tätigkeit droht, Schäden für die Gesundheit der Menschen oder die Umwelt anzurichten, sollten Vorsorgemaßnahmen auch dann ergriffen werden, wenn manche Ursache-Wirkung-Beziehungen wissenschaftlich nicht vollständig nachgewiesen sind.«[26] Eigentlich handelt es sich dabei um eine weiterentwickelte Formulierung des uralten medizinischen Prinzips »vor allem keinen Schaden anrichten«. Als Einzelne könnten wir das Risiko einer neuen Krebstherapie eingehen, die uns vielleicht schneller tötet als die Krankheit selbst, aber haben wir das Recht, eine ähnlich riskante Behandlung heute und in der Zukunft vielen Milliarden Menschen zu verordnen, um die Gesundheit unseres Planeten wiederherzustellen?[27]

Die Technologie bietet unserer Spezies visionäre Ziele, mit denen unsere Fantasie Jahrhunderte oder sogar Jahrtausende in die

Zukunft reisen kann. Wie die Wirtschaftshistorikerin Carlota Pérez jedoch betont, »bietet Technologie die Wahlmöglichkeiten, aber die Gesellschaft entscheidet über die Zukunft«. Unser oberstes Prinzip muss es sein, kluge Entscheidungen darüber zu treffen, welche Alternative dem Wohlergehen zukünftiger Generationen am besten dient und weder für ihr Leben noch für ihren Lebensunterhalt eine Bedrohung darstellt.

Überlebensmodus: Vorbereitung auf den Zusammenbruch der Zivilisation

Ideale wie ständiger Fortschritt, utopische Gesellschaften und die Befreiung durch Technologie sind nach Ansicht derer, die sich für ein viertes übergeordnetes Ziel der Menschheit einsetzen, kaum mehr als Fantasien. Dieses vierte Ziel bezeichnet man am besten als »Überlebensmodus«. Nach ihrer Ansicht haben wir das Schicksal der Erde viel zu lange geleugnet, und jetzt müssen wir uns mit der Realität auseinandersetzen, dass der Zusammenbruch der Zivilisation, wie wir sie kennen, unvermeidlich ist; unsere existenzielle Aufgabe muss darin bestehen, die Fähigkeiten für ein grundlegendes Überleben zu entwickeln und uns damit auf das Schlimmste vorzubereiten.

Hinter solchen Gedanken steht die Annahme, dass unser Planet sich in einer weitaus schwereren ökologischen Notlage befindet, als wir einzuräumen bereit sind: Demnach unterschätzen Gremien wie der Weltklimarat regelmäßig das Ausmaß der Krise, weil sie zu einem Konsens gelangen müssen; alle Indikatoren deuten darauf hin, dass wir in den nächsten Jahrzehnten vor einer schweren globalen Lebensmittel- und Wasserknappheit stehen; außerdem befinden wir uns an der Schwelle zum Zusammenbruch der Ökosysteme (der eigentlich schon begonnen hat, vom Ausbleichen der Korallen bis zum »Insektaggedon«). Seit Anfang der 1990er-Jahre kommen wir mit der Verminderung der Treibhausgasemissionen nicht ernsthaft voran, und es besteht kein Grund zu der Annahme, dass sich diese Entwicklung ändern wird. Deshalb werden wir nicht unter dem international festgelegten Ziel von einer Erwärmung von 1,5 Grad Celsius bleiben, sondern steuern in Wirklichkeit auf ein katastrophales Niveau von mindestens drei bis vier Grad Celsius zu. Nach Ansicht des Nachhaltigkeitsforschers Jem Bendell steht unsere Zivilisation vor dem »unvermeidlichen kurzfristigen Zusammenbruch aufgrund des Klimawandels«, und das vermutlich innerhalb der nächsten zehn bis 20 Jahre. Für ihn ist es »zu spät, um eine globale Umweltkatastrophe zu Lebzeiten der heutigen Menschen noch abzuwenden ... Wir sind auf ein zerstörerisches, unkontrollierbares Ausmaß des Klimawandels festgelegt, was Hunger, Zerstörung, Migration, Krankheiten und Kriege mit sich bringt«. Noch pointierter formuliert es der Klimaphilosoph Roy Scranton: »Wir sind im Arsch. Die Frage ist nur, wie schnell und wie schlimm.«[28]

Manche Anhänger des »Überlebensmodus« stellen sich eine Zukunft vor, die der gewalttätigen, erbarmungslosen postapokalyptischen Welt in dem Roman *Die Straße* von Cormac McCarthy ähnelt, einen Hobbesschen Naturzustand, in dem das Leben hässlich, brutal und kurz ist. Sie halten es für die beste Strategie, sich ein Gewehr zu greifen, auf einen Hügel zu ziehen und die Zugbrücke hochzuziehen. Eine weniger individualistische Reaktion wird von Bendell als »tiefe Anpassung« bezeichnet: Danach sollten wir sofort damit beginnen, uns in gemeinsamer Arbeit auf die weitreichenden Auswirkungen des bevorstehenden Zusammenbruchs vorzubereiten. Unter anderem schlägt er vor, die Bevölkerung von Küstenlinien zu evakuieren, die überschwemmt werden, Kernkraftwerke zu schließen, die durch technischen Zusammenbruch und gesellschaftliches Chaos vor der Kernschmelze stehen, die Lebensmittelproduktion auf der Ebene der Gemeinden zu steigern und uns psychologisch auf die »Klimatragödie« vorzubereiten, einschließlich der sehr realen Möglichkeit, dass »du fürchten wirst, gewaltsam ums Leben zu kommen, bevor du verhungerst«.[29]

Zwar wird die ökologische Krise wahrscheinlich schneller und härter zuschlagen, als die meisten Menschen glauben, aber heißt das, dass der Zusammenbruch der Zivilisation »unvermeidlich« ist? Die Gesellschaften der Menschen sind unberechenbare, komplexe, nichtlineare Systeme – unvermeidlich ist in ihnen gar nichts. Wer hätte den Aufstieg des Christentums vorhergesehen, die von Indien ausgehende Ausbreitung des Buddhismus, die wirtschaftliche Erholung Europas, das nur durch die Pest ein Drittel seiner Bevölkerung verloren hatte, die Geburt des Humanismus in der Renaissance, die gesellschaftlichen Auswirkungen der ersten Spinnmaschinen, die Verdoppelung der Lebenserwartung seit dem 19. Jahrhundert, das Ende der Apartheid und des osteuropäischen Staatssozialismus oder das Wachstum des Internets? Möglicherweise stehen wir wegen des Klimawandels vor der Aussicht, dass Hunderte von Millionen Menschen verhungern, der Welthandel sich auflöst, zahlreiche Staaten versagen, Bürgerkriege ausbrechen und sowohl das Vertrauen als auch andere gesellschaftliche Normen systematisch zusammenbrechen. Ebenso ist es aber möglich, dass dieser Zusammenbruch der Zivilisation nicht stattfindet oder zumindest nicht in dem Ausmaß, von dem die Anhänger des »Überlebensmodus« sprechen.[30] Vor einer ökologischen Krise, die den ganzen Planeten betrifft, haben wir noch nie gestanden, und deshalb wissen wir einfach nicht, welche Auswirkungen sie auf das riesige Geflecht der Organisationen haben wird, die sich unter den Menschen während der letzten 10.000 Jahre entwickelt haben.

Eines aber wissen wir: Menschen können äußerst effizient auf Krisen reagieren. Sogar Amerikanern und Russen gelang es, im Zweiten Weltkrieg ein Bündnis gegen Deutschland zu schließen, und eine ebenso außergewöhnliche gesellschaftliche Kooperation entwickelte sich in Gemeinschaften, die von Katastrophen wie dem Hurrikan »Katrina« oder dem 11. September betroffen waren. »Das Bild vom egoistischen, panischen oder zurückgezogenen wilden Menschen hat in Zeiten der Katastrophe nur einen geringen Wahrheitsgehalt«, schreibt Rebecca Solnit in ihrem Buch *A Paradise Built in Hell.* »Das vorherrschende Wesen des Menschen ist bei Katastrophen widerstandsfähig, fantasievoll, großzügig, mitfühlend und tapfer.«[31] Für die Behauptung, das Spiel sei vorüber, ist es zu früh. Was den Zusammenbruch der Zivilisation angeht, müssen wir skeptisch bleiben: Wir müssen uns realistischerweise darauf einstellen, dass er eintreten könnte, gleichzeitig aber auch aufgeschlossen gegenüber der Möglichkeit sein, dass er nicht eintritt. Solange diese Möglichkeit existiert, ist es moralisch unverzeihlich, zukünftigen Generationen durch Nichtstun den Rücken zuzuwenden. Sie würden uns nie verzeihen, wenn wir aufgeben, solange noch die Chance besteht, die Katastrophe abzuwenden und uns auf den Weg einer Transformation der Zivilisation zu begeben.

Die Vorstellung, der Zusammenbruch sei unvermeidlich, ist nicht nur empirisch nicht bewiesen, sondern leistet auch einer fatalistischen Untätigkeit und Teilnahmslosigkeit Vorschub. Der Kulturphilosoph Jeremy Lent meint dazu: »Wenn wir die Aufmerksamkeit der Menschen darauf lenken, dass sie sich auf den Untergang vorbereiten, statt sich auf einen strukturellen politischen und wirtschaftlichen Wandel zu konzentrieren, droht die tiefe Anpassung zu einer sich selbst erfüllenden Prophezeiung zu werden: Sie verstärkt das Risiko des Zusammenbruchs, weil sie Bemühungen um eine gesellschaftliche Transformation schwächt.«[32] Wenn man uns sagt, wir würden in einer Sache versagen, und wenn wir dies für uns selbst ständig wiederholen, wird ein solches Ergebnis in der Regel wahrscheinlicher. Den Zusammenbruch als »unvermeidlich« zu bezeichnen schafft Rückkopplungsschleifen der passiven Verzweiflung anstelle der radikalen Hoffnung, die zum Handeln anregt. »Wenn wir als gegeben hinnehmen, dass wir dem Untergang geweiht sind, dann sind wir es definitiv auch«, schreibt der Philosoph Rupert Read, einer der Vordenker von Extinction Rebellion. »Wir müssen zuversichtlich sein, dass eine Kursänderung wirklich im Bereich des *Möglichen* bleibt.«[33]

Der Überlebensmodus ersetzt die Leugnung der Klimakrise durch eine andere Form des Leugnens: Es wird geleugnet, dass Veränderungen sich abspielen können, dass Handeln auf das Schicksal der menschlichen Zivilisation beträchtliche Auswirkungen haben kann. Dies ist nicht der Augenblick für falschen Optimismus, sondern für die Erkenntnis, dass die Menschen mit gemeinsamer Anstrengung, entschlossenem Willen und anregenden Visionen langfristig denken, langfristig handeln und die Umrisse der Geschichte neu gestalten können.

Gedeihen auf dem einen Planeten: Leben innerhalb der natürlichen Grenzen

In den letzten 50 Jahren hat sich aus Fachgebieten wie Nachhaltigkeitsforschung, Systemdesign und ökologischem Denken ein fünftes langfristiges Ziel für die Menschheit herauskristallisiert. Es lässt sich mit dem Begriff »Gedeihen auf dem einen Planeten« zusammenfassen; gemeint ist der Gedanke, die Bedürfnisse aller derzeitigen und zukünftigen Menschen mit den ökologischen Mitteln eines blühenden Planeten zu befriedigen. In der Praxis setzt das voraus, dass man innerhalb der Lebenserhaltungssysteme der Natur lebt, sodass wir nicht mehr Ressourcen verbrauchen, als die Natur der Erde regenerieren kann (zum Beispiel indem man Bauholz nur so schnell erntet, wie es nachwächst), und nicht mehr Abfall erzeugen, als sie natürlicherweise aufnimmt (also dürfen wir fossile Brennstoffe nicht schneller verfeuern, als sie von den Ozeanen und anderen Kohlenstoffabflüssen absorbiert werden). Mit anderen Worten: Es geht darum, in den kommenden Jahrhunderten und Jahrtausenden im Gleichgewicht zu leben.

Das ist zweifellos ein ehrgeiziges *telos*, aber auch eines, das sich leicht messen lässt: Derzeit verbrauchen wir die natürlichen Ressourcen fast mit der doppelten Geschwindigkeit dessen, was die Erde jedes Jahr regenerieren und aufnehmen kann. Wenn wir den 29. Juli erreicht haben – also nach nur sieben Monaten –, überfordern wir die biologische Kapazität des Planeten, und zwar vor allem durch Abholzung, Verlust der Biodiversität, Bodenerosion und den Anstieg des Kohlendioxidgehalts in der Atmosphäre.[34] Letztlich müssen wir den Erdüberlastungstag, wie er mittlerweile genannt wird, von der Mitte des Jahres wieder auf den 31. Dezember verschieben – erst dann gedeihen wir wirklich mit den Mitteln dieses einen Planeten und wirtschaften nicht die Ökosysteme herunter, auf die zukünftige Generationen genau wie wir zum Überleben angewiesen sind.

Einen besonders tiefgreifenden Ausdruck findet dieses Ideal in den Arbeiten der Biologin und Biomimikrygestalterin Janine Benyus. Nach ihrer Ansicht sollten wir unsere Lehren für langfristiges Überleben aus den 3,8 Milliarden Jahren beziehen, in denen die Natur bereits Forschung und Entwicklung betrieben hat:

> »Die Antworten, die wir suchen, die Geheimnisse einer nachhaltigen Welt, liegen buchstäblich um uns herum. Wenn wir uns dafür entscheiden, die Genialität des Lebendigen wirklich nachzuahmen, sehe ich eine Zukunft voller Schönheit, voller Überfluss und sicher mit weniger Reue. In der Natur ist die Fortsetzung des Lebens die Definition für Erfolg. Du erhältst dich am Leben, und du hältst deine Nachkommen am Leben. Das ist Erfolg. Aber es sind nicht die Nachkommen in dieser Generation. Der Erfolg hält deine Nachkommen für 10.000 Generationen und mehr am Leben. Das stellt uns vor ein Dilemma, denn du wirst 10.000 Generationen später nicht da sein, um dich um

deine Nachkommen zu kümmern. Deshalb haben die Lebewesen gelernt, sich um den Ort zu kümmern, der sich um ihre Nachkommen kümmern wird. Das Leben hat gelernt, Bedingungen zu schaffen, die dem Leben zuträglich sind. Das ist eigentlich der magische Kern von allem. Und es ist jetzt für uns auch die Bauanleitung. Wir müssen lernen, wie man das macht.«[35]

Diese Passage bietet eine einzigartige Erkenntnis über das langfristige Denken: Man kann es vollziehen, wenn man *den Bereich der Zeit verlässt*, das heiß, indem man nicht nur neu über die *Zeit* nachdenkt, sondern auch den *Ort* einbezieht. Jede Spezies – auch unsere – sichert sich eine lange Lebensdauer am besten, wenn sie sich vollständig an das Ökosystem anpasst, in das sie eingebettet ist, und es bewahrt. Das heißt: Sie muss sich um die Flüsse kümmern, um den Boden, die Bäume, die Bestäuberinsekten, die Luft, die wir atmen. Es bedeutet, dass wir die komplizierten Beziehungen respektieren, die das Netz des Lebendigen aufrechterhalten und unsere Evolution ermöglicht haben. Wenn wir die biologische Kapazität der Natur überfordern, versagen wir bei der Aufgabe, für den Ort zu sorgen, der für unsere Nachkommen sorgen wird.[36]

Oder einfach ausgedrückt: Wenn wir über Tausende von Generationen überleben und gedeihen wollen, sollten wir unser Nest nicht beschmutzen.

Aber genau das tun die Menschen, seit sie die ersten Werkzeuge herstellten, seit sie auf Anhäufung aus waren und die Fähigkeit verloren, »genug« zu sagen, seit sie zu einer Spezies wurden, die süchtig danach war, im Streben nach materiellem Fortschritt die gefährlichen Kurven der Großen Beschleunigung immer weiter hinaufzuklettern.

Verstärkt wurde das Ziel, auf einem einzigen Planeten zu gedeihen, durch die wachsende Erkenntnis, dass Menschen sich nicht von der Natur trennen können, sondern als Teil in den ganzen lebenden Planeten eingebunden sind. Sehr deutlich wird dieses ganzheitliche Denken bei den indigenen Kulturen mit ihrer Verehrung der Mutter Erde und Praktiken wie dem Prinzip der siebten Generation. Es hat aber auch Eingang in die abendländische Mentalität gefunden. Ron Garan lebte 2011 ein halbes Jahr auf der Internationalen Raumstation. Inmitten seines anstrengenden Terminkalenders mit wissenschaftlichen Experimenten und technischen Reparaturen war es ihm manchmal möglich, hinunter auf die »zerbrechliche Oase« namens Erde zu blicken:

> »Es gehört zu den wirklich interessanten Aspekten eines Langzeit-Raumfluges, dass man beobachten kann, wie sich die Erde während der Wochen und Monate, in denen du da oben bist, verändert. Du kannst zusehen, wie das Eis zerbricht und die Jahreszeiten wechseln. Und aus dieser zeitlichen Sicht gewinnt man wirklich das Gefühl, dass wir da einen lebenden, atmenden Organismus vor uns haben, der in der Schwärze des Raumes hängt und einfach durch das Universum fliegt.«[37]

Ähnliche Offenbarungen erlebten auch andere, als sie die Erde vom Weltraum aus sahen – allgemein spricht man vom »Overview-Effekt«. Plötzlich erkennen sie ein einziges lebendiges System, ein zartes, zerbrechliches organisches Ganzes, das Ehrerbietung und Erhaltung verdient hat und auf dem die Menschen nur ein kleiner Teil in einem verflochtenen Netz des Lebendigen sind. Viele erlebten den Overview-Effekt 1968, als sie zum ersten Mal einen »Erdaufgang« sahen, ein Teilbild unseres Planeten, das von dem Raumschiff Apollo 8 aufgenommen wurde, und dann noch einmal 1972, als die Astronauten von Apollo 17 ein Bild zur Erde funkten, das als *Blue Marble* (»blaue Murmel«) bekannt wurde und sich wenig später zum Sinnbild der Umweltbewegung entwickelte. Die ganzheitliche Sichtweise zeigte sich auch in der Gaia-Hypothese, die James Lovelock und Lynn Margulis erstmals in den 1970er-Jahren entwickelten; sie besagt, dass unser ganzer Planet sich wie ein sich selbst regulierender lebender Organismus verhält. Im Laufe der letzten Jahrzehnte haben wir nach und nach ein Gespür für das »Große Hier« entwickelt, wie Brian Eno es nennt – ein Konzept, das er als Ergänzung zum »Langen Jetzt« entwickelt hat.[38] Das Große Hier erweitert den räumlichen Bereich, in dem unsere Verantwortung für die Zukunft liegt, sodass er nun ein Hier einschließt, das größer ist als unser Zuhause, unsere Nachbarschaft oder unser Land. Dieses Hier hat die Größe der ganzen Erde.

Das übergeordnete Ziel des Gedeihens auf dem einen Planeten fordert uns auf, unsere symbiontische Beziehung zur Erde als Ganzem anzuerkennen und ihre natürlichen Grenzen und Fähigkeiten zu respektieren. Es richtet unseren Blick nicht auf die Zeit, sondern auf den Ort als Schlüssel, mit dem wir unserer Spezies ein langes Leben sichern können. Von den zuvor beschriebenen Formen des *telos* unterscheidet sich das Gedeihen auf dem einen Planeten, weil es hier darum geht, die Möglichkeit des Lebens als solches Generation für Generation ganz grundsätzlich zu bewahren und dabei auf das Lernen und die Klugheit einer Evolution von fast vier Milliarden Jahren zurückzugreifen. Es geht darum, das »Basislager Erde« zu schützen und unseren Nachkommen auf dem einzigen Planeten, der sie aufgrund seiner Evolution erhalten kann, eine lebenswerte Zukunft zu sichern. Das ist der Grund, warum es für uns als langfristiges Ziel auf dem Weg des guten Vorfahren die beste Richtschnur ist.

Lassen wir die Welt des Lebendigen den Kompass für die Menschheit sein, wie es so wunderschön in dem Segen der Mohawk zum Ausdruck kommt: »Danke, Erde. Du weißt den Weg.«[39]

Hier stehen wir an einem Wendepunkt unseres Weges. Unser Eichelgehirn sollte mittlerweile eingeschaltet und gestärkt sein: Wir haben uns die kognitiven Fähigkeiten angeeignet, die wir zum langfristigen Denken brauchen. Im Streben nach einem Vermächtnis haben sie die Grenzen des Todes überquert. Ihre Grundlage haben sie in den Prinzipien der Generationengerechtigkeit. Sie beziehen ihre Anregung aus dem Kathedralendenken und haben die S-Kurven der ganzheitlichen Vorausschau entdeckt. Und als Richtschnur haben sie sich ein *telos* des Gedeihens auf dem einen Planeten zu eigen gemacht – das ist keine detaillierte Anweisung für bestimmte Regierungs- oder Wirtschaftsformen, sondern ein Leitstern, der dafür sorgt, dass unser langfristiges Denken sich auf die Interessen zukünftiger Generationen richtet. Jetzt sind wir darauf eingestellt und vorbereitet, den nächsten Schritt zu unternehmen und Ideen in Taten umzusetzen. Damit ist der Zeitpunkt gekommen, an dem wir die Zeitrebellen kennenlernen können, die unsere sechs Wege des langfristigen Denkens in die Praxis tragen. Sie unternehmen damit einen ehrgeizigen Versuch, die Menschheit auf einen neuen Zivilisationsweg zu lenken.

Teil III

Die Zeitrebellion in Gang bringen

Große Ideen haben die Macht, die Welt zu verändern, aber das tun sie nur dann, wenn sie in die Tat umgesetzt werden. Die folgenden Kapitel zeigen, wie ein Netzwerk engagierter Menschen aus Organisationen, Wissenschaft, Politik und Schulen den Samen für die sechs Wege des langfristigen Denkens in drei Bereichen legen: in Politik, Wirtschaft und Kultur. Diese Zeitrebellen stehen vor beträchtlichen Hindernissen, und ob sie den Sieg davontragen werden, ist alles andere als sicher; immerhin sind sie aber entschlossen, die Zukunft zu entkolonisieren und die Umrisse der Geschichte neu zu gestalten.

9

Tiefendemokratie

Gibt es ein Mittel gegen politische Kurzsichtigkeit?

Stellen wir uns einmal vor, die Generationen von morgen könnten sich in der heutigen politischen Debatte bereits Gehör verschaffen, und es gäbe einen Weg, ihre Interessen zu vertreten und dafür zu sorgen, dass das kurzfristige Denken, das im modernen politischen Alltagsbetrieb herrscht, nicht auf ihrer Zukunft herumtrampelt. Dann würden sich die Grenzen des *demos* (Altgriechisch für »das Volk«) so erweitern, dass sie nicht nur die jungen Menschen umfassen, die heute von Wahlen ausgeschlossen bleiben, sondern auch die vielen potenziellen Bürger und Bürgerinnen, die noch nicht geboren sind.

In den Medien hat man noch nicht viel darüber gelesen, aber in aller Stille findet eine Revolution statt, die genau diese Absicht verfolgt. Angeführt wird sie von einer Pioniergeneration von Zeitrebellen, die ein radikales Projekt verfolgen: Sie wollen ein neues politisches Modell schaffen, das ich als »tiefe Demokratie« oder auch »Tiefendemokratie« bezeichne. Es ist ihr Ehrgeiz, den Zeithorizont der demokratischen Regierungsführung zu erweitern und ihn vor den kurzsichtigen Politikschaffenden zu retten, die keine langfristige Sichtweise einnehmen, weil sie vom Sturmwind der Wahlen, Meinungsumfragen und Tagesnachrichten durcheinandergewirbelt werden.

Wie der Begriff der Tiefenzeit, der unser zeitliches Vorstellungsvermögen quer durch den Kosmos erweitert, so erweitert die Tiefendemokratie unsere politische Fantasie über die Kurzsichtigkeit hinaus, die das Kernstück der Regierungsführung bildet. Zu diesem Zweck greift sie auf die in Teil II erörterten langfristigen Ideale zurück, so auf Generationengerechtigkeit, Kathedralendenken, das Siebte-Generation-Prinzip und das übergeordnete Ziel des Gedeihens auf dem einen Planeten.

Die Vorhut der Rebellenbewegung zur Neuerfindung der Demokratie hat noch keinen offiziellen Namen und bleibt zerstückelt, aber sie gewinnt rund um die Erde schnell an Durchschlagskraft. Um ihre Aussichten in vollem Umfang einschätzen zu können, müssen wir mehrere Fragen beantworten. Welches sind die grundlegenden Triebkräfte der politischen Kurzsichtigkeit? Ist die Demokratie das beste System zum Umgang mit langfristigen Herausforderungen, oder sind autoritäre Regime vielleicht eine effizientere Alternative? Und wie setzen die Zeitrebellen die Tiefendemokratie angesichts einer mächtigen Opposition in die Praxis um?

Eine solche demokratische Revolution können sich nur die wenigsten vorstellen. Aber wie bei den Protesten, die 1989 zur Öffnung der Berliner Mauer führten, so besteht auch hier eine – zugegebenermaßen vage, aber zweifellos realistische – Chance, dass die fortschrittlichen Kräfte der Geschichte sich bündeln und die Schranken niederreißen, die ein neues Zeitalter der langfristigen Politik noch aufhalten.

Politischer Präsentismus: Wie zukünftige Generationen aus dem Demokratieprozess ausgeschlossen werden

»Hierin liegt also der Ursprung der bürgerlichen Regierung«, schrieb David Hume 1739. »Die Menschen sind nicht fähig, weder bei sich noch bei anderen jene Eingeschränktheit und Schwäche der Seele, nach der sie das Gegenwärtige dem Entfernten vorziehen, von Grund aus zu heilen.«[1] Der schottische Philosoph war überzeugt, dass die Institutionen der Staatsführung wie gewählte Vertreter und Parlamentsdebatten notwendig waren, um unsere impulsiven, egoistischen Wünsche zu dämpfen und die langfristigen Interessen sowie das Wohlergehen der Gesellschaft voranzubringen.

Wäre es doch nur so!

Heute hört sich Humes Ansicht nach Wunschdenken an, denn es ist verblüffend deutlich zu erkennen, dass Politiker und das politische System als solches zu einer Ursache für krass kurzfristiges Denken geworden sind, statt es zu heilen. In den repräsentativen Demokratien des Westens haben sich zwar dauerhafte Institutionen wie Beamtenapparat, Sicherheitskräfte und Justiz entwickelt, sie zeigen aber auch einen »politischen Präsentismus«, wie man ihn nennen könnte, eine einseitige Bevorzugung kurzfristiger politischer Interessen und Entscheidungen und eine Begünstigung der heutigen gegenüber zukünftigen Generationen.[2] Als der tschechische Premierminister Andrej Babiš im Juni 2019 gefragt wurde, warum er eine Vereinbarung blockiert hatte, mit der die EU-Mitgliedsstaaten sich auf eine Verminderung ihrer Kohlenstoffemissionen auf Null ab 2050 verpflichtet hätten, antwortete er: »Warum sollen wir 31 Jahre vorher entscheiden, was 2050 geschehen wird?«[3] Die herrschende politische Klasse ist in der Regel nicht bereit, die Zukunft als ihren Verantwortungsbereich zu sehen.

Das Elend des politischen Präsentismus hat seine Ursachen in fünf Faktoren, die sich durch das Wesen der Demokratie als solche ziehen. Der erste ist die zeitliche Falle der Wahlperioden, eine in ihrer Konstruktion angelegte Einschränkung demokratischer Regierungen, die einen kurzfristigen politischen Zeithorizont schafft.[4] Die Zeit selbst wurde in die Wahlurnen gestopft, sodass Politiker und ihre Parteien ihre Aufmerksamkeit wie mit Scheuklappen lediglich auf das richten, womit sie das Wahlvolk bei der nächsten Wahl ködern können. In den 1970er-Jahren bezeichnete der Wirtschaftswissenschaftler William Nordhaus dieses Problem als »Kreislauf des politischen Geschäfts«; ihm fiel auf, dass Regierungen ihre Ausgaben im Vorfeld von Wahlen immer wieder steigerten und dann, sobald sie im Amt waren, Sparmaßnahmen ergriffen, um die mittlerweile überhitzte Wirtschaft im Zaum zu halten. Er machte sich Sorgen, auf diese Weise könne eine »ausschließlich kurzsichtige Politik entstehen, in der zukünftige Generationen außer Acht gelassen werden«.[5] Das hat zur Folge, dass langfristige Themen, aus denen Politiker kaum unmittelbares politisches Kapital schlagen können, wie die Bewältigung des ökologischen Zusammenbruchs oder Rentenreformen, häufig dauerhaft auf die lange Bank geschoben werden.

Ein zweiter Faktor ist die Macht von Interessengruppen und insbesondere Unternehmen, die sich kurzfristige politische Vorteile sichern wollen, während sie die längerfristigen Kosten der Gesamtgesellschaft aufbürden.[6] Das Problem ist keineswegs neu. Schon 1913 erklärte der damalige US-Präsident Woodrow Wilson empört: »Die Regierung der Vereinigten Staaten ist das Ziehkind von Einzelinteressen … der großen Bankiers, der großen Hersteller, der großen Handelsunternehmen.«[7] In jüngerer Zeit erklärte Al Gore: »Die amerikanische Demokratie wurde gehackt … und der Hack ist die Wahlkampffinanzierung.«[8] Wenn Großunternehmen für fossile Brennstoffe durch erfolgreiche Lobbyarbeit bei Regierungen das Recht erhalten, auf staatlichen Flächen zu bohren und Fracking zu betreiben, oder wenn es ihnen gelingt, eine gesetzliche Einschränkung der Kohlendioxidemissionen zu blockieren, nehmen sie die Zukunft im Namen ihrer Aktionärsgewinne in Geiselhaft. Ähnlich war es auch 2008 im Gefolge der Finanzkrise: Britische und US-amerikanische Banken, die für den Zusammenbruch verantwortlich waren, sicherten sich durch ihren politischen Einfluss umfangreiche steuerfinanzierte Rettungspakete, die insgesamt keine langfristige Reform darstellten, sondern nur kurzfristige Reparaturen waren. Nach Ansicht von Jared Diamond liegt eine der wichtigsten Ursachen für den Zusammenbruch von Zivilisationen darin, dass »die Interessen der Entscheidungsträger und Machthaber im Gegensatz zu den Interessen der übrigen Gesellschaft stehen. Dies gilt vor allem dann, wenn die Elite sich von den Folgen ihrer Handlungen abschotten kann.«[9] Es wäre klug, das zur Kenntnis zu nehmen.

Die tiefste Ursache des politischen Präsentismus liegt darin, dass die repräsentative Demokratie die Interessen zukünftiger Menschen systematisch übergeht. Den Bürgern und Bürgerinnen von morgen werden keine Rechte zugestanden, und in der großen Mehrzahl der Staaten gibt es auch keine öffentlichen Körperschaften, die deren Interessen oder potenzielle Ansichten über heute getroffene Entscheidungen vertreten, die zweifellos ihr Leben betreffen werden.[10] Der blinde Fleck ist so riesig, dass wir ihn kaum bemerken: In den zehn Jahren, in denen ich als Politikwissenschaftler die demokratische Regierungsführung erforscht habe, kam mir nie der Gedanke, dass zukünftige Generationen ihrer Rechte genauso beraubt werden, wie es in früheren Zeiten bei Sklaven oder Frauen der Fall war. Aber es ist die Realität, und es ist der Grund, warum Hunderttausende von Schülerinnen und Schülern auf der ganzen Welt gestreikt haben, damit die reichen Staaten ihre Kohlenstoffemissionen vermindern: Sie hatten genug von demokratischen Systemen, in denen sie keine Stimme und keine Macht besaßen. Ebenso ist es der Grund, warum so viele junge Menschen in Großbritannien – insbesondere solche, die noch nicht im Wahlalter sind – sich durch das Ergebnis des Brexit-Referendums betrogen fühlten: Da in der Altersgruppe über 65 Jahren mehr als doppelt so viele Menschen für den Austritt aus der Europäischen Union stimmten als in der Gruppe der unter 25-Jährigen, hatten ältere Wähler große Auswirkungen auf eine Entscheidung, mit deren langfristigen Folgen sie selbst wahrscheinlich kaum mehr leben müssen.[11]

Verstärkt wurde das Problem des politischen Präsentismus durch digitale Triebkräfte wie die sozialen Medien und die rund um die Uhr laufenden Nachrichten. Das Wachstum des Fernsehens als Medium der Massenkommunikation trug seit den 1950er-Jahren dazu bei, ein neues Zeitalter der Sprachfetzen und politischer Meinungsmache aus der Taufe zu heben, aber heute leben wir in einer »Twitterokratie«, in der unsere politischen Vertreter einen großen Teil ihrer Zeit darauf verwenden, in sozialen Medien und Kabelfernsehkanälen ohne Umschweife ihre Meinung kundzutun, und sie befinden sich in ständiger Kriegsführung um ihren Ruf, um sicherzustellen, dass sie noch trenden.[12] Ein einziger Post eines Donald Trump kann schnell zur Lawine eines gewaltigen politischen Dramas werden, das Politiker und Medien tagelang beschäftigt. Dies hat zur Folge, dass die politischen Zeiträume sich weiter verkürzen, weil die Aufmerksamkeit der Öffentlichkeit von weniger Tweet-würdigen »langsamen Nachrichten« abgelenkt werden, sei es die zunehmende Dürre im mittleren und südlichen Afrika oder ein neuer zwischenstaatlicher Bericht über die wachsende Antibiotikaresistenz verbreiteter Krankheitserreger.

Eine letzte politische Schwierigkeit liegt nicht in der demokratischen Regierungsführung als solcher, sondern in dem größeren Gebilde, in dem sie stattfindet: dem Nationalstaat. Im 18. und 19. Jahrhundert, als die ersten Nationalstaaten entstanden und die alte Ordnung der Imperien und Fürstentümer verdrängten, waren sie keine besonders gefährliche Quelle des kurzfristigen Denkens. In Italien und Frankreich beispielsweise gab es langfristige Visionen zur Schaffung eines starken nationalen Identitätsgefühls und öffentlicher Institutionen wie Behörden und Bildungseinrichtungen.[13] Aber die Zeiten haben sich geändert. Viele heutige langfristige Sorgen, darunter die Klimakrise, sind von ihrem Wesen her global und erfordern globale Lösungen. Was gemeinschaftliches Handeln angeht, gibt es vielleicht kein größeres Problem als den Versuch, eine Fülle von Ländern, die sich in ihrer Kultur, Geschichte, Wirtschaftsordnung und ihren Prioritäten häufig gewaltig unterscheiden, zur Überwindung ihrer Differenzen zu veranlassen und Schnittmengen zu finden. In seltenen Fällen kommt es tatsächlich zur Kooperation, so beim Protokoll von Montreal, mit dem 1987 die Ozonschicht geschützt werden sollte, aber in der Regel konzentrieren sich die einzelnen Nationalstaaten auf ihre Sonderinteressen und nicht auf die gemeinsamen langfristigen Risiken. Länder wie die Vereinigten Staaten oder Australien weigern sich womöglich, globale Abkommen über eine Verminderung der Kohlenstoffemissionen zu unterzeichnen, weil sie ihre Bergbauindustrie gefährden oder ihre Wirtschaftsentwicklung verlangsamen könnten. Andere (man denke an Indien, Pakistan oder Israel) entscheiden sich vielleicht gegen einen Atomwaffensperrvertrag, wenn sie ihre eigenen Atomwaffen entwickeln wollen. Selbst relativ homogene Regionen wie die Europäische Union gelangen nur unter Schwierigkeiten zu einer Einigung, wenn es beispielsweise darum geht, wie viele Flüchtlinge jeder Mitgliedsstaat aufnehmen soll oder wie viele Fische gefangen werden dürfen.

Wie meine elfjährigen Zwillinge, so zanken auch Nationalstaaten ständig, weil jeder das größte Stück vom Kuchen will und keiner Lust hat, seinen Anteil der Hausarbeit zu übernehmen. Aber anders als meine Zwillinge lassen Nationalstaaten keinerlei Anzeichen erkennen, dass sie darüber hinauswachsen.

Ein Index der Generationensolidarität: Messung der langfristigen politischen Leistung von Demokratien und Autokratien

Mittlerweile ist das kurzfristige Denken in der demokratischen Politik zu einem so akuten Problem geworden, dass ein wachsender Chor verschiedener Stimmen eine »gutartige Diktatur« oder einen »aufgeklärten Despoten« für die Lösung unserer Probleme hält, insbesondere wenn es darum geht, die notwendigen harten Maßnahmen zur Bewältigung des Klimanotstandes zu ergreifen. Besonders verbreitet sind solche bereits in Kapitel 6 erwähnten Überlegungen nicht nur unter bekannten Gestalten wie dem Wissenschaftler James Lovelock, sondern auch in der allgemeinen Öffentlichkeit; Begriffe wie »öko-autoritär« tauchen in den sozialen Medien und Online-Foren immer häufiger auf, und aus dem Publikum meiner Vorträge über langfristiges Denken höre ich immer öfter, eine autokratische Regierung sei das Gegengift zu politischer Kurzsichtigkeit.[14] Die Standardaussage lautet: Wir müssen eher wie China werden, denn dort scheint man eine nachgewiesene Erfolgsbilanz in langfristiger Politik und insbesondere im Hinblick auf Investitionen in grüne Technologie zu haben. Oder wie Singapur, das manchen bürgerlichen und politischen Freiheiten zwar gewisse Grenzen auferlegen mag, es aber schafft, einen weitsichtigen Ansatz in allem Möglichen zu verfolgen, von der Bildungsreform bis zur Stadtplanung.

Allmählich klingt das alles sehr reizvoll: Schieben wir einfach diese zankenden demokratischen Politiker beiseite, die vor allem ihre eigene Karriere voranbringen wollen, und setzen wir unser Vertrauen lieber in autoritäre Machthaber, die fähig und bereit sind, gemeinsam langfristig etwas gegen die vielen Krisen zu tun, vor denen die Menschheit steht.

Problematisch an solchen Gedanken ist, dass sie Rosinenpickerei sind: Die besten politischen Entscheidungen von Ländern wie China oder Singapur wird angeführt, aber die Errungenschaften anderer Einparteienstaaten und autoritär eingestellter Regime auf der ganzen Welt wie Saudi-Arabien, Russland oder Kambodscha außer Acht gelassen. Entscheidend ist, dass man die Indizien betrachtet: Kann es wirklich stimmen, dass Autokratien bessere Leistungen erbringen als Demokratien, wenn es darum geht, mit einer langfristigen Politik zukünftigen Generationen einen Nutzen zu erweisen?

Seit ungefähr zehn Jahren entwickeln Forschende und Politikexperten quantitative Maßstäbe, mit denen sich die langfristige politische Orientierung von Regierungen messen lässt. Solche Indizes bewerten nicht Versprechungen auf dem Papier, sondern politische Ergebnisse, und sie wurden nicht nur von einzelnen Fachleuten, sondern auch von Organisationen wie dem Weltwirtschaftsforum und der Intergenerational Foundation erstellt.[15] Die nachfolgende Analyse stützt sich auf den nach meinem Dafürhalten begrifflich schlüssigsten, methodisch strengsten und geografisch umfassendsten derartigen Indikator: den Index der Generationensolidarität (»Intergenerational Solidarity Index«, ISI), der von dem interdisziplinär tätigen Wissenschaftler Jamie McQuilkin geschaffen wurde und erstmals in der fachlich begutachteten Zeitschrift *Intergenerational Justice Review* erschienen ist.[16]

Wie sieht der ISI aus, und was besagt er über die Vorteile der Demokratien gegenüber autoritären Regimen? Der Index liefert Bewertungen für 122 Länder und jedes einzelne Jahr zwischen 2015 und 2019; in seiner Summe führt er zehn Indikatoren der langfristigen politischen Praxis in den Bereichen Umwelt, Gesellschaftspolitik und Wirtschaft zusammen (Einzelheiten über seinen Aufbau werden im Anhang erläutert).[17] Der Umweltaspekt belohnt Länder, die ihre Wälder kaum zerstören, einen kleinen Kohlenstofffußabdruck haben und in ihrer Energieversorgung zu einem nennenswerten Teil erneuerbare Energien nutzen. Negativ wirkt sich eine hohe Produktion an fossilen Brennstoffen aus. In der gesellschaftlichen Dimension erhalten Länder eine höhere Bewertung für kleine Klassengrößen in Grundschulen, eine niedrige Kindersterblichkeit im Verhältnis zu einem bestimmten BIP und ein Bevölkerungswachstum, das knapp unter dem Ersatzniveau der Fertilität bleibt. Die drei wirtschaftlichen Faktoren belohnen eine geringe Wohlstandsungleichheit, eine hohe Netto-Sparquote und eine gesunde Leistungsbilanz. In dem endgültigen Indexwert, der zwischen 1 (geringe Generationensolidarität) und 100 (hohe Generationensolidarität) liegt, erhalten die Indikatoren gleiche Gewichtung und werden innerhalb der einzelnen Kategorien (Umwelt, Gesellschaft und Wirtschaft) arithmetisch zusammengeführt sowie anschließend geometrisch addiert. Diese Methode stellt sicher, dass kein einzelner Indikator und keine Kategorie innerhalb des Index eine beherrschende Stellung erlangt.

In einem ersten Schritt lohnt es sich, eine Momentaufnahme der Werte einzelner Staaten zu betrachten. Welche Nationen der Welt können zu Recht behaupten, sie würden in ihren Handlungen die zukünftigen Generationen berücksichtigen? Die Tabelle zeigt die 24 am besten eingestuften Länder im Index von 2019. Dabei fällt auf, dass die Nationen mit den besten Werten, darunter Island, Nepal, Costa Rica und Uruguay, zu ganz unterschiedlichen geografischen Regionen gehören und ein unterschiedliches Einkommensniveau haben. Zwar besetzen wohlhabende OECD-Länder viele vordere Plätze, manche liegen aber auch weit unten: Deutschland steht erst an 28. Stelle, Großbritannien auf Rang 45 und die Vereinigten Staaten auf Rang 62. Ebenso ist auffällig, dass China es nicht in die oberste Liga geschafft hat: Dass das Land nur an Stelle 25 steht, liegt im Wesentlichen an seiner schlechten Bewertung von Maßnahmen wie Kohlenstofffußabdruck und Nutzung erneuerbarer Energien (das Land verfeuert pro Kopf immer noch viele fossile Brennstoffe, auch wenn der Sektor der erneuerbaren Energien wächst). Singapur folgt in der Liga noch weiter unten auf Rang 41, was zum Teil an seiner schlechten Leistung bei der Erzeugung erneuerbarer Energien liegt.

Nachdem ich mich als Politikwissenschaftler seit mehreren Jahren auf die Messung von Regierungsleistungen spezialisiert habe, ist mir durchaus bewusst, dass man die Ergebnisse jedes Index mit einem gewissen Vorbehalt betrachten sollte.[18] Die Daten sind oft lückenhaft, und jeder Bestandteil eines Index steht immer nur stellvertretend für das grundlegende Konzept, das er widerspiegeln soll. Jeder Versuch, die Komplexität der Wirklichkeit quantitativ zu erfassen, führt zwangsläufig zu Schwierigkeiten; deshalb zeigt ein Index wie der ISI im besten Fall weit gefasste Gesetzmäßigkeiten, sagt aber wenig über Einzelfälle aus.[19]

DIE LIGATABELLE DER GENERATIONENSOLIDARITÄT

Rang	ISI-Wert	Land	Rang	ISI-Wert	Land
1	86	Island	13	72	Slowenien
2	81	Schweden	14	72	Spanien
3	78	Nepal	15	72	Sri Lanka
4	77	Schweiz	16	72	Finnland
5	76	Dänemark	17	72	Kroatien
6	76	Ungarn	18	71	Niederlande
7	76	Frankreich	19	71	Bulgarien
8	75	Costa Rica	20	71	Belarus
9	75	Belgien	21	70	Vietnam
10	75	Uruguay	22	70	Neuseeland
11	74	Irland	23	70	Italien
12	73	Österreich	24	70	Luxemburg

Anmerkung: Die Bewertung nach dem Intergenerational Solidarity Index (ISI) liegt zwischen 0 (niedrig) und 100 (hoch). Alle Daten aus dem Index für 2019.

Wie steht es nun um die große Frage, ob in autoritären Regierungen langfristiger gedacht wird als in Demokratien? Für diese Analyse, die ich zusammen mit McQuilkin vornahm, mussten wir unter den vielen Demokratieindizes auswählen, die in den letzten Jahren entstanden waren. Wir entschieden uns für einen, der unter Politikwissenschaftlern als Goldstandard gilt: den V-Dem Liberal Democracy Index, der an der Universität im schwedischen Göteborg erstellt wurde. Die Regierungen werden darin von Experten bewertet, die ihnen eine Zahl zwischen 0 und 1 zuordnen; Grundlagen sind dabei freie und faire Wahlen, Meinungs- und Informationsfreiheit, Gleichheit vor dem Gesetz, bürgerliche Freiheiten und ein Machtgleichgewicht zwischen Exekutive, Legislative und Justiz. Länder, die eine solche Bewertung nicht erhalten, werden als Autokratie eingestuft. Der Index bewertet »liberale« oder »repräsentative« Demokratien, nicht aber Alternativen wie die »mitbestimmende Demokratie«.[20]

Wir trugen den Demokratiewert der einzelnen Länder gegen den Wert der Generationensolidarität auf und schufen damit ein einzigartiges Bild der weltweiten politischen Systeme und ihrer langfristigen politischen Leistung auf nationaler Ebene (siehe unten). Jeder Index wurde außerdem in der Mitte aufgeteilt, sodass wir die Länder in die vier Kategorien »langfristig denkende Demokratien«, »kurzfristig denkende Demokratien«, »langfristig denkende Autokratien« und »kurzfristig denkende Autokratien« einteilen konnten.[21]

In den Daten zeigen sich einige eindeutige Gesetzmäßigkeiten:

Von den 25 Staaten mit den höchsten Werten im ISI waren 21 (84 Prozent) Demokratien. Von den 25 Staaten mit den niedrigsten ISI-Werten waren 21 Autokratien.

Von den insgesamt 60 Demokratien sind 75 Prozent langfristig denkende Demokratien, von den 62 Autokratien dagegen sind nur 37 Prozent langfristig eingestellt. Der durchschnittliche Wert der Generationensolidarität liegt für Demokratien bei 60, für Autokratien nur bei 42. Autokratien neigen also zu kurzfristigem Denken, Demokratien dagegen zu einer langfristigeren Einstellung.

Die am dichtesten besetzten Quadranten sind die Langfrist-Demokratien und die Kurzfrist-Autokratien. Würden autoritäre Regime langfristig eine nennenswert bessere politische Leistung liefern, hätten wir erwartet, dass Langfrist-Autokratien und Kurzfrist-Demokratien am stärksten besetzt sind, aber das ist eindeutig nicht der Fall.

Die Analyse zeigt eine grundlegende Schwäche aller Behauptungen zugunsten von Autokratien: Es gibt keine systematischen em-

Womit ist zukünftigen Generationen am besten gedient: mit Demokratie oder mit Autokratie?

Werte der Länder im Intergenerational Solidarity Index, aufgetragen gegen ihre Werte im V-Dem Liberal Democracy Index einschließlich der Trendlinie (gepunktet)

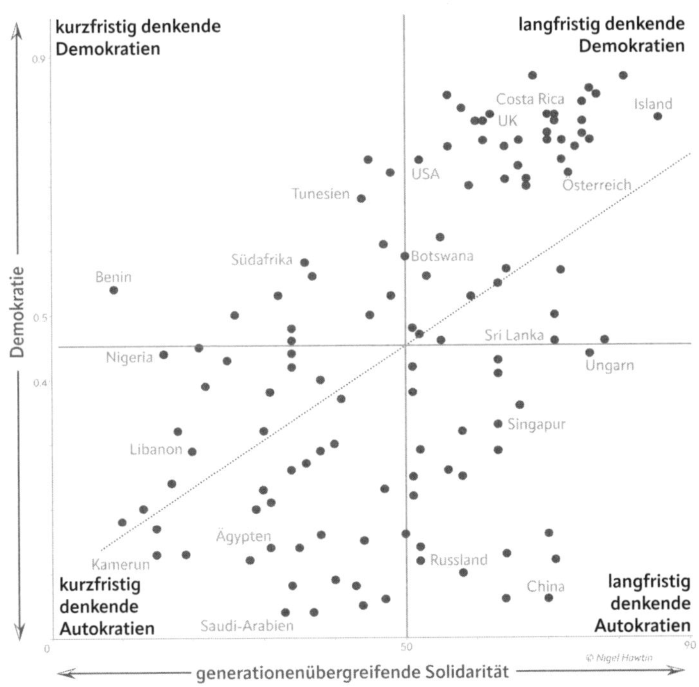

pirischen Belege, wonach autoritäre Regime bessere Leistungen erbringen als demokratische Regierungen, wenn es um langfristige politische Maßnahmen im Interesse zukünftiger Generationen geht. Die Daten lassen vielmehr auf das Gegenteil schließen: Für Demokratien liegt der durchschnittliche ISI-Wert viel höher als für Autokratien. Mit anderen Worten: Ein hohes Maß an generationenübergreifender Solidarität findet man in einer Demokratie mit viel höherer Wahrscheinlichkeit als unter einem autoritären Regime, egal ob es sich dabei nun um eine klassische Militärdiktatur oder um einen Einparteienstaat handelt. Die Trendlinie, die sich von unten links nach oben rechts durch die Daten zieht, legt außerdem die Vermutung nahe, dass mehr Demokratie von mehr langfristigem Denken begleitet ist. Außerdem sollten wir nicht die offenkundige Tatsache vergessen, dass autoritäre Regime mit großer Wahrscheinlichkeit auch im Hinblick auf politische Freiheit, Menschenrechte und andere Aspekte, die wir schätzen, keine hohen Leistungen erbringen.

Das alles bedeutet aber nicht, dass wir uns in einer Demokratie einfach zurücklehnen könnten. Jede demokratische Regierung auf der Welt könnte danach streben, auf dem ISI einen höheren Wert zu erreichen; das gilt sogar auf den Spitzenplätzen von Schweden, Frankreich und Österreich. Es besteht eine dringende Notwendigkeit, die Demokratie so umzugestalten, dass sie effizienter auf die langfristigen Herausforderungen unserer Zeit reagieren kann. Das ist leicht gesagt, aber wie sollte es im Einzelnen getan werden?

Konstruktionsprinzipien der tiefen Demokratie

In den letzten 20 Jahren haben politische Aktivisten und Verantwortliche sowie engagierte Forschende mehr als 70 Wege vorgeschlagen, um das langfristige Denken in demokratischen Institutio-

Konstruktionsprinzipien der tiefen Demokratie

Wächter der Zukunft
Politische Institutionen, die die Interessen der nicht wahlberechtigten Jugend und zukünftiger Generationen vertreten und wahren.

Bürgerversammlungen
Beteiligung der Zivilgesellschaft an beratenden Versammlungen auf der Grundlage von Losentscheiden zur Gestaltung der Politik in langfristigen Fragen.

Generationenübergreifende Rechte
Juristische Mechanismen zur Sicherung der Rechte und des Wohlergehens künftiger Generationen und zur Wahrung der Gleichberechtigung der Generationen.

Selbstverwaltete Stadtstaaten
Radikale Übertragung der Macht von der nationalen Ebene auf die Städte zur Begrenzung des Einflusses kurzfristig denkender politischer und wirtschaftlicher Eliten.

nen zu verankern.[22] Viele von ihnen haben Kampagnen gestartet, Organisationen gegründet und juristische Schritte unternommen, um ihre Ideen zu verwirklichen. Nimmt man alles zusammen, sieht das Ganze aus wie eine Bewegung zugunsten einer neuen Art der Politik: der tiefen Demokratie. Ihre einflussreichsten, innovativsten Vorschläge lassen sich in vier Hauptkategorien einteilen: Wächter der Zukunft, Bürgerversammlungen, generationenübergreifende Rechte und selbstverwaltete Stadtstaaten (siehe unten). Man sollte sich darunter keine Anleitung vorstellen, die vorhandenen politischen Systemen übergestülpt wird, sondern vielmehr eine Reihe von Konstruktionsprinzipien, die das Potenzial haben, demokratische Strukturen mit einem weiterreichenden Gefühl für die Zeit zu durchtränken. Gemeinsam ist allen diesen Prinzipien, dass es bereits engagierte Zeitrebellen gibt, die sie in die Praxis umsetzen. Die eigentliche Frage lautet: Können sie sich weit genug verbreiten und schnell genug an Größe zunehmen, um die Korrosionseffekte des politischen Präsentismus zu überwinden?

Aber besteht überhaupt eine Notwendigkeit zur Umgestaltung der Demokratie? Schließlich könnten die Wählerinnen und Wähler doch einfach für ein politisches Personal stimmen, das eine langfristige Politik unterstützt. Diese Vorstellung wirft nur das Problem auf, dass nichts eine neu ins Amt kommende Regierung daran hindert, die langfristig angelegten Initiativen einer vorherigen, weitsichtigen Administration rückgängig zu machen. Außerdem unterschätzt sie, in welchem Ausmaß das kurzfristige Denken in der DNA der repräsentativen Demokratie unter anderem durch die kurzfristige Konzentration auf die Wahlperioden angelegt ist. Die Daumen zu drücken und zu hoffen, dass unsere vorhandenen Demokratien spontan ihr kurzfristiges Denken aufgeben und zu Vorreitern der Generationengerechtigkeit werden, ist zu riskant. Der Wert der vier genannten Konstruktionsprinzipien liegt, wie wir noch genauer erfahren werden, gerade darin, dass sie die Kurzsichtigkeit aus dem Aufbau des politischen Systems beseitigen.

WÄCHTER DER ZUKUNFT

Zu den beliebtesten Möglichkeiten gehört die Schaffung von »Wächtern der Zukunft«. Solche staatlichen Beamten oder Institutionen hätten gezielt die Aufgabe, zukünftige Bürger und Bürgerinnen, die aus den traditionellen demokratischen Prozessen ausgeschlossen sind, zu vertreten – und zwar nicht nur Kinder, sondern auch ungeborene Generationen.

Viele derartige Körperschaften finden ihre Anregung in dem »Zukunftsausschuss« des finnischen Parlaments, der 1993 eingerichtet wurde. Das Gremium besteht aus 17 gewählten Parlamentsabgeordneten und begutachtet die Politik der Regierung im Hinblick auf ihre Auswirkungen auf zukünftige Generationen – insbesondere was Technologie, Arbeitsplätze und Umweltfragen angeht. Gleichzeitig beschäftigt es sich mit langfristiger Szenarioplanung. Das israelische Parlament ernannte 2001 in einer kühnen Initiative einen Kommissar für zukünftige Generationen, der die Befugnis hat, die Gesetzgebung über langfristige Fragen wie Luftverschmutzung und Gentechnik zu überprüfen und zu verzögern. Paradoxerweise war es nur ein kurzlebiger Posten: Der Kommissar wurde 2006 von der Knesset mit der Begründung abgeschafft, er habe zu viel Macht erlangt.[23] Aber dieser Rückschlag hielt andere Länder nicht davon ab, den Staffelstab der Generationengerechtigkeit zu übernehmen. Von 2008 bis 2011 gab es in Ungarn einen Ombudsmann für zukünftige Generationen, der beträchtlichen Einfluss auf die Umweltpolitik hatte, und Malta schuf 2012 einen ähnlichen Posten.[24] In der tunesischen Verfassung von 2014 wurde eine Kommission für nachhaltige Entwicklung und die Rechte zukünftiger Generationen eingesetzt, und Schweden gründete 2015 einen Zukunftsrat, dessen Leiterin Kristina Persson als weltweit erste »Zukunftsministerin« bekannt wurde. Kurz darauf folgten die Vereinigten Arabischen Emirate mit einem eigenen Ministerium für Kabinettsangelegenheiten und die Zukunft.

Vielleicht am bekanntesten unter dieser wachsenden Gruppe von Wächtern ist der Future Generations Commissioner in Wales, eine Stelle, die 2015 durch das Gesetz für das Wohlergehen zukünftiger Generationen (»Well-Being for Future Generations Act«) geschaffen wurde. Ihre derzeitige Inhaberin Sophie Howe ist eine führende Zeitrebellin aus der wachsenden globalen Bewegung für Generationengerechtigkeit. In ihrer Rolle als Kommissarin hat sie die Aufgabe, die Politik in verschiedenen Bereichen zu begutachten, von Wohnungsbau und Bildung bis zu Umwelt und Verkehr; sie soll dafür sorgen, dass sie der international anerkannten Definition für nachhaltige Entwicklung entspricht: dass sie den Notwendigkeiten der Gegenwart gerecht wird, ohne die Fähigkeiten zukünftiger Generationen, ihre eigenen Bedürfnisse zu erfüllen, einzuschränken. Howe formuliert es so: »Generationengerechtigkeit bedeutet, den langfristigen Notwendigkeiten die Priorität gegenüber kurzfristigen Gewinnen einzuräumen.« Als politische Realistin ist sie die Erste, die anerkennt, dass sie nur einen begrenzten Einfluss hat. »Ich kann niemanden zwingen, irgendetwas zu tun, und ich kann auch die Regierung nicht zwingen, irgendetwas zu tun«, sagte sie mir in einer Diskussion über die politischen Schwierigkeiten ihrer Funktion. »Aber durch die Gutachten steht es in meiner Macht, Dinge anzuprangern, also müssen sie zuhören und es zur Kenntnis nehmen. Ob ich gern mehr Macht hätte? Ja, klar, wer hätte sie nicht?«[25]

Trotz solcher Einschränkungen ist es ihr gelungen, zukünftige Generationen zu einem wichtigen Thema der öffentlichen Diskussion zu machen. Gegen den 1,6 Milliarden Pfund teuren Ausbau der britischen Autobahn M4 sprach sie sich mit der Begründung aus, er sei eine »Lösung aus dem 20. Jahrhundert« und diene nicht einer kohlenstoffarmen Gesellschaft; ihr Widerspruch wurde zu einem entscheidenden Faktor dafür, dass man das Projekt fallen ließ.[26] Ebenso setzte sie sich nachdrücklich für vorbeugende Gesundheitsversorgung ein und vertrat dabei die Ansicht, der nationale Gesundheitsdienst sei eigentlich ein »nationaler Krankheitsdienst«, obwohl er in Wirklichkeit ein »nationaler Dienst für das Wohlergehen« sein sollte. Die Wähler von heute davon zu überzeugen, dass sie ihre Steuern zum Nutzen der Bürgerinnen von morgen zahlen, ist zwar oftmals schwierig, aber Howe konzentrierte sich pragmatisch auf Fragen wie Gesundheitsversorgung und Umwelt, in denen die Nutzeffekte sowohl den heutigen als auch zukünftigen Generationen zugutekommen.

Ihren größten Erfolg erzielte sie aber vielleicht, indem sie andere dazu anregte, ihrem Beispiel zu folgen. John Bird, der britische Armutsbekämpfer und Gründer des Magazins *Big Issue,* setzte 2019 im Oberhaus eine Kampagne in Gang, mit der für das gesamte Vereinigte Königreich ein Kommissar oder eine Kommissarin für zukünftige Generationen nach dem walisischen Vorbild eingesetzt werden sollte. Von der Überzeugung getrieben, dass der Klimawandel die Ärmsten am härtesten treffen wird, plädierte Lord Bird mit nachdrücklichen und sehr persönlichen Worten vor seinen Adelskollegen für zukünftige Generationen:

> »Wir haben ein echtes Problem: Wir sind nicht diejenigen, die wegen der Zukunft Schnappatmung bekommen. Die Öffentlichkeit bekommt mehr Schnappatmung. Meine zwölfjährige Tochter, die Streiks zugunsten der Umwelt organisiert hat, bekommt Schnappatmung. Mein 14-jähriger Sohn, mein 43-jähriger Sohn, meine 53-jährige Tochter und meine 42-jährige Tochter – alle in meinem Umfeld haben Schnappatmung und sind begeistert von der Möglichkeit, die Zukunft zu verändern. Das bedeutet, dass wir die Zukunft näher heranholen müssen. Und die beste Methode dafür ist die Verabschiedung eines Gesetzes für zukünftige Generationen.«[27]

Die nachfolgende Diskussion verfolgte ich von der Besuchertribüne aus. Ich war überrascht, wie viele angesehene Persönlichkeiten des öffentlichen Lebens sich für die Initiative aussprachen, unter ihnen der Soziologe Anthony Giddens, der Wirtschaftswissenschaftler Richard Layard und der Astrophysiker Martin Rees. Es wurde erstaunlich deutlich, wie das Thema der Generationengerechtigkeit politisch erwachsen geworden ist: Das Kathedralendenken wurde ebenso erwähnt wie die langfristigen Lehren aus den viktorianischen Kanalisationsleitungen eines Joseph Bazalgette.

Dennoch, die Schwierigkeiten sind gewaltig: Selbst wenn das Vereinigte Königreich einen eigenen Kommissar oder eine eigene Kommissarin bekommt, wird die betreffende Person nur dann ernsthaft etwas bewirken können, wenn sie beträchtliche Befugnisse erhält: Unter anderem müsste sie staatliche Institutionen verklagen können, wenn diese ihren Verpflichtungen gegenüber der Öffentlichkeit nicht nachkommen und beispielsweise in Bereichen wie der Bekämpfung der Kinderarmut oder der Kohlenstoffreduktion keine langfristige Politik verfolgen. Um die Abgeordneten im Unterhaus davon zu überzeugen, dass sie solche Befugnisse erteilen, wird gewaltiger öffentlicher Druck notwendig sein – und vielleicht noch eine Krise wie der Große Gestank von 1858. Manche Kampagnen haben deshalb einen anderen Ansatz gewählt und konzentrieren sich auf die Einrichtung internationaler Wächterstellen wie die Ernennung eines UN-Hochkommissars für zukünftige Generationen oder eines hochrangigen Rates globaler Wächterinnen für zukünftige Generationen. Ihnen Befugnisse zu verleihen, die sie auch durchsetzen können, dürfte allerdings noch schwieriger sein als auf nationaler Ebene.[28]

Die größte Schwierigkeit liegt darin, dass schon der Gedanke, Zukunftswächter einzusetzen, kritisiert werden kann, weil ihm die demokratische Legitimation fehlt. Warum sollten verärgerte Klimastreikende im Teenageralter nicht selbst mitreden dürfen, statt als Ersatz auf erwachsene Vertreter setzen zu müssen? Und außerdem: Wer wird die Wächter zur Verantwortung ziehen und dafür sorgen, dass sie sich wirklich für die vielfältigen Perspektiven zukünftiger Bürger und Bürgerinnen mit ganz unterschiedlicher gesellschaftlicher Herkunft einsetzen?[29] Das ist der Grund, warum man das Modell der Wächter vielleicht nur als ersten Schritt in Richtung einer radikaleren und stärker auf Beteiligung angelegten Form der demokratischen Erneuerung betrachten sollte: den Bürgerversammlungen.

BÜRGERVERSAMMLUNGEN

In einem Interview sprach der Ökologe David Suzuki darüber, dass die kanadische Regierung immer noch die fossile Brennstoffbranche unterstützte, obwohl sie doch versprochen hatte, die Wirtschaft zu dekarbonisieren. Dabei brachte er seine Enttäuschung über ein politisches System zum Ausdruck, in dem »Prinzipien und Ideale keinen Pfifferling wert sind«. Als er gefragt wurde, was er tun würde, um das Problem der politischen Kurzsichtigkeit zu beheben, erwiderte er:

> »Wir brauchen ein System, in dem Politiker und Politikerinnen nach dem Zufallsprinzip ernannt werden, ganz ähnlich, wie wir unsere Geschworenengerichte besetzen. Die Leute sollten damit betraut werden, sechs Jahre tätig zu sein – sie gehören keiner politischen Partei an, sondern haben nur die Aufgabe, nach ihren Fähigkeiten bestmöglich zu regieren. Es besteht nicht die geringste Chance, dass so etwas jemals geschieht, aber wenn man genauer darüber nachdenkt, ist es das einzige System, das funktionieren würde.«[30]

Suzukis Traum ist gar nicht so weit von der politischen Realität entfernt. Das irische Parlament richtete 2016 eine Bürgerversammlung aus 100 zufällig ausgewählten Personen der allgemeinen Öffentlichkeit ein, und die berieten mehrere Monate über Themen wie Abtreibung, Klimawandel und die alternde Bevölkerung. Ihre Empfehlung, die Abtreibung zu legalisieren, wurde vom Parlament aufgegriffen, und das nachfolgende Referendum machte Verfassungsgeschichte, weil die Wählerinnen und Wähler das Verbot ablehnten. In manchen spanischen und belgischen Städten wird die Kommunalverwaltung heute von ständigen Bürgerversammlungen beraten, und in Kanada wurde ungefähr einer von 60 Einwohnern in Städten im ganzen Land schon einmal dazu eingeladen, an einer solchen Versammlung teilzunehmen.[31] Das britische Parlament einigte sich 2019 auf die Einrichtung der Climate Assembly UK, einer Körperschaft aus Bürgerinnen und Bürgern, die darüber diskutieren, wie Großbritannien auf den Klimanotstand reagieren soll und wie das Ziel der Regierung, bis 2050 mit den Kohlenstoffemissionen klimaneutral zu sein, verwirklicht werden kann.

Der Aufschwung der Bürgerversammlungen kennzeichnet eine bemerkenswerte Entwicklung in der Geschichte der modernen Demokratie: Das Vorbild der Beteiligungsdemokratie aus dem antiken Athen wird wiederbelebt. Aber im Gegensatz zu den Athener Körperschaften wie dem Rat der 500, der nur männlichen Bürgern offenstand, sind die heutigen Versammlungen auf eine wesentlich weiter gefasste demografische Beteiligung angelegt.[32]

Nach Ansicht von Experten für demokratische Beratung können Bürgerversammlungen sehr wirksam das kurzfristige Denken hinter sich lassen. Das hat vor allem drei Gründe. Erstens werden Mitglieder mit ganz unterschiedlicher Herkunft ausgewählt, was gewährleistet, dass sich in der Versammlung nicht einfach die Zukunftssorgen privilegierter gesellschaftlicher Gruppen widerspiegeln. Zweitens wird diese zufällige Auswahl gewöhnlicher Bürger mittels eines Losentscheids getroffen, womit die Vorherrschaft mächtiger politischer und wirtschaftlicher Akteure, die häufig von kurzfristigen egoistischen Interessen getrieben sind, eingeschränkt wird. Und drittens sind Bürgerversammlungen eine Übung im »langsamen Denken«: Sie geben den Teilnehmenden Raum und Zeit, um etwas über langfristige gesellschaftliche Probleme zu erfahren und darüber nachzudenken. Wie der Politikwissenschaftler Graham Smith betont, sind solche Faktoren eine Erklärung dafür, warum Bürgerversammlungen »bessere Leistungen erbringen als traditionelle demokratische Institutionen, wenn es darum geht, die Beteiligten zur Berücksichtigung langfristiger Folgen anzuhalten«.[33]

Aber können Bürgerinnen und Bürger von heute tatsächlich in die Haut zukünftiger Generationen schlüpfen und deren Interessen effizient vertreten? In Japan versucht Future Design, genau diese Frage zu beantworten. Unter Leitung des Wirtschaftswissenschaftlers Tatsuyoshi Saijo vom Research Institute for Humanity and Nature in Kyoto leistet die Bewegung, die sich von dem Prinzip der siebten Generation der amerikanischen Ureinwohner anregen ließ, in Kommunen im ganzen Land Pionierarbeit mit einer einzigartigen Form von Bürgerversammlungen. Eine Gruppe ihrer Mitglieder übernimmt die Rolle der heutigen Bewohner, die andere malt sich aus, sie seien »zukünftige Bewohnerinnen« aus dem Jahr 2060, wobei sie sogar feierliche Roben tragen, die den zeitlichen Fantasiesprung unterstützen sollen. Wie sich in mehreren Studien gezeigt hat, entwickeln die »zukünftigen« Bewohner im Vergleich zur heutigen Bevölkerung weitaus radikalere und progressivere Pläne für die Stadt, insbesondere wenn es um Umweltpolitik und Gesundheitsversorgung geht. Bei den Teilnehmenden handelt es sich zwar in der Regel um Erwachsene, in Tokio und anderen Städten experimentieren die Vertreter von Future Design mittlerweile aber auch mit der Beteiligung von Oberschülern. Einen wichtigen Sieg errang die Bewegung im April 2019, als die Stadt Hamada ihre Methode zur Grundlage für die langfristige Stadtplanung machte. Letztlich strebt Future Design an, ein Zukunftsministerium in der Zentralregierung einzurichten und alle

Kommunalbehörden um eine Zukunftsabteilung zu erweitern, die ihr Versammlungsmodell im Rahmen für ihre Politikgestaltung nutzt. »Wir müssen gesellschaftliche Strukturen gestalten, welche die in uns angelegte Zukunftsfähigkeit aktivieren«, sagt Saijo. »Wenn wir das nicht tun, steht unsere weitere Existenz auf dem Spiel.«[34]

Großstadtbewohner aus dem Jahr 2060 in ihren zeremoniellen Roben.

Wenn es nach mir ginge, würde die Zukunft in der gesamten demokratischen Welt ungefähr so aussehen: Alle paar Jahre werden Bürgerinnen und Bürger im Alter ab zwölf Jahren nach dem Zufallsprinzip ausgewählt und nehmen an einer Bürgerversammlung der »guten Vorfahren« teil, die im Wesentlichen auf der japanischen Future-Design-Bewegung und der irischen Bürgerversammlung basiert.[35] Solche »generationenübergreifenden Versammlungen« würden die jeweils anstehenden langfristigen Probleme erörtern – beispielsweise ob die staatlichen Zielvorgaben zum Erreichen der Klimaneutralität um zehn Jahre vorgezogen werden müssen oder ob im Zusammenhang mit der KI-Technik neue Vorschriften notwendig sind. Die Versammlungen könnten im ganzen Land stattfinden, auf Sachverständigenaussagen zurückgreifen und allen Beteiligten, auch jungen Menschen, eine gleichberechtigte Stimme geben. Sie hätten die Macht, in Konkurrenz zu gewählten Parlamenten oder Stadträten zu treten, und könnten politische Maßnahmen, die sich negativ auf die Grundrechte zukünftiger Menschen auswirken, hinauszögern oder verhindern; gleichzeitig wären sie in der Lage, in entscheidenden langfristigen Politikfeldern wie Energie, Wasser, Wohnungsbau und Kinderarmut neue Gesetzesvorhaben anzustoßen. Die Versammlungen würden die Funktion der Zukunftskommissare und anderer Institutionen ergänzen, wären aber viel weiter gefasst und demokratischer. In manchen Ländern könnten sie vielleicht eine Kammer des Parlaments ersetzen und zu einer Volkskammer der guten Vorfahren werden.[36]

Die Demokratie hat in den letzten 2500 Jahren viele Formen angenommen und sich viele Male neu erfunden. Die repräsentative Demokratie, die im 18. Jahrhundert entstand, ist heute so vom kurzfristigen Denken dominiert, dass sie ihr Haltbarkeitsdatum möglicherweise längst hinter sich gelassen hat und kaum mehr in der Lage ist, die langfristigen Herausforderungen, vor denen wir alle stehen, zu bewältigen. Dies könnte der richtige Augenblick sein, um die politische Schubkraft hinter den Bürgerversammlungen zu nutzen und einen neuen Strom der Beteiligungsdemokratie in das System einfließen zu lassen.

GENERATIONENÜBERGREIFENDE RECHTE

Als drittes Konstruktionsprinzip einer leistungsfähigen tiefen Demokratie kann man die Rechte zukünftiger Generationen im juristischen System und insbesondere in den Verfassungen verankern. Gesetze sind nicht nur deshalb wichtig, weil man mit ihnen die Interessen der Zukunftseigner wahren und vor dem kurzfristigen Denken der derzeitigen politischen Amtsinhaber schützen kann, sondern auch weil sie einen Bezugspunkt bilden, an dem die Zukunftskommissare und Bürgerversammlungen ihre Regierungen messen und zur Verantwortung ziehen können.

Kann man Menschen, die noch nicht einmal leben oder ihre Rechte noch nicht wahrnehmen können, diese Rechte zugestehen? Zwar schützen manche Gesetze bereits die Rechte eines ungeborenen Fötus oder einer Person, die im Koma liegt und nicht für sich selbst sprechen kann, aber ein juristischer Schutz für Menschen, die erst in Jahrzehnten geboren werden und bisher nur in unserer Fantasie existieren, hört sich erst einmal unrealistisch an. Dennoch machen Aktivistinnen auf der ganzen Welt sich daran, ihn in die Tat umzusetzen.

Der Umweltanwalt Antonio Opasa erstritt 1993 als Vertreter von 43 Kindern (darunter sein eigenes) vor dem Obersten Gerichtshof der Philippinen ein bahnbrechendes Grundsatzurteil: Die von der Regierung erteilten Lizenzen zur Holzgewinnung durch Abholzen alter Wälder wurden für nichtig erklärt, weil sie das Recht der derzeitigen und zukünftigen Generationen an einer gesunden Umwelt verletzten, die »den Rhythmus und die Harmonie der Natur« bewahrt. Ein jüngerer Fall war das Urgenda-Verfahren in den Niederlanden: Dort urteilten die Gerichte 2019 unter Bezugnahme auf die europäische Menschenrechtskonvention, die Regierung habe eine juristische Fürsorgepflicht und müsse ihre Bürger und Bürgerinnen vor den zukünftigen Auswirkungen des Klimawandels schützen, indem sie ihre eigenen erklärten Ziele zur Verminderung der Treibhausgasemissionen einhielt.[37] Auf dem Prüfstand steht der Gedanke der Generationengerechtigkeit heute in den Vereinigten Staaten, wo eine Gruppe von 21 jungen Leuten im Alter zwischen 12 und 23 Jahren den Versuch unternimmt, »sich das juristische Recht auf ein ungefährliches Klima und eine gesunde Atmosphäre für alle gegenwärtigen und zukünftigen Generationen zu sichern«; deshalb verklagen sie die Bundesregierung, die weiterhin fossile Brennstoffe subventioniert. Das Verfahren wurde von der Organisation Our Children's Trust angestrengt und wird von prominenten Gestalten wie dem Klimaforscher James Hansen und dem Wirtschaftswissenschaftler Joseph Stiglitz unterstützt, aber auch von Earth Guardians, einer Gruppe jugendlicher Aktivisten und Aktivistinnen, die vom Prinzip der siebten Generation beeinflusst ist.[38]

Zu den Klägern zählt auch der indigene Hip-Hop-Künstler Xiuhtezcatl Martinez, der schon seit seinem sechsten Lebensjahr in der Umweltbewegung aktiv ist und mit 15 Jahren erstmals vor der UN-Generalversammlung sprach. Mit seinem Sinn für Fürsorge und Vermächtnis machte er großen Eindruck. »Mein Vater hat mir beigebracht, dass der Schutz der Erde eine Verantwortung ist, genau wie unsere Vorfahren die Verantwortung dafür hatten«, sagt er. »Als junge Leute fragen wir: Was wollen wir aufbauen, was wollen wir hinter uns lassen?«[39] Auch wenn die 21 Zeitrebellen wie David gegen den Goliath der Trump-Regierung kämpfen, die verzweifelt die Verfahrenseröffnung zu verhindern versuchte, und sie damit keinen Erfolg hatten, so schufen sie mithilfe der großen Unterstützung der Öffentlichkeit und der Medienaufmerksamkeit doch ein Vermächtnis, auf dem Kampagnen zur Generationengerechtigkeit weltweit aufbauen können.[40]

Alle derartigen juristischen Kampagnen stehen vor der Schwierigkeit, dass es an Durchsetzungsmechanismen mangelt. Auf der ganzen Welt verletzen Regierungen weiterhin die Menschenrechte indigener Völker und ethnischer Minderheiten, aber auch der Frauen, Gewerkschafter, Journalistinnen und Journalisten, Kinder und vieler anderer, obwohl es nationale Gesetze und internationale Dokumente wie die Allgemeine Erklärung der Menschenrechte gibt. Warum sollten wir damit rechnen, dass Regierungen die Rechte zukünftiger Menschen schützen, wenn sie schon beim Schutz derer, die heute leben, so offenkundig versagen? Sollten wir uns nicht tatsächlich zuerst darauf konzentrieren, die Rechte der heutigen Generationen zu sichern, bevor wir uns um die der

Zukunft kümmern? Aber solche Konflikte schließen sich nicht gegenseitig aus. Die heutigen Kinder sind selbst eine Generation der Zukunft: Wenn wir daran arbeiten, ihre Rechte zu verwirklichen, beispielsweise indem wir in ihre Gesundheitsversorgung und Bildung investieren, setzen wir die Werte der Generationengerechtigkeit in die Praxis um. Aus diesem Grund führt der Intergenerational Solidarity Index auch Maßstäbe wie Kindersterblichkeit und Klassengröße in Grundschulen auf. Mit anderen Worten: Der Kampf für die Rechte der Kinder ist eine Zwischenstation, wenn wir die Rechte zukünftiger Bürger und Bürgerinnen umfassender sichern wollen. Auch das Urgenda-Verfahren wurde nicht gewonnen, weil die heute lebenden niederländischen Bürger und Bürgerinnen in Zukunft ein Recht auf ein ungefährliches Klima haben, sondern seine Grundlage waren die Rechte ungeborener Generationen, und der Nutzen wird sich auf viele kommende Generationen erstrecken. In den meisten Ländern sind wir wohl noch ein ganzes Stück davon entfernt, dass die Rechte zukünftiger Menschen in vollem Umfang anerkannt werden, aber wir sollten jede Gelegenheit ergreifen, um rechtmäßig in dieser Richtung tätig zu werden.

In einem anderen juristischen Ansatz konzentriert man sich nicht darauf, zukünftigen Generationen ihre Rechte zu sichern, sondern auf die Erde selbst. Einem nichtmenschlichen Gebilde wie einem Planeten eigene Rechte zuzugestehen mag sich abstrus anhören, aber man sollte nicht vergessen, dass auch Unternehmen sich seit 1886 des Status als juristische Personen erfreuen: Damals urteilte der Oberste Gerichtshof der Vereinigten Staaten, man solle ihnen eine »angemessene juristische Vertretung« gewähren, ein Recht, das man ursprünglich zum Schutz freigelassener Sklaven verabschiedet hatte.[41] Im Jahr 2010 ebnete Bolivien den gleichen Weg mit seinem Gesetz für die Rechte von Mutter Erde, das der Natur gleiche Rechte wie den Menschen zugesteht. Neuseeland folgte 2017 und verlieh dem Fluss Wanganui, der dem Volk der

Māori heilig ist, juristische Rechte wie einem Menschen und sorgte so dafür, dass er vor dem Bergbau und anderen Formen der ökologischen Schädigung besser geschützt war.[42]

In diesem Prozess wäre es der nächste logische Schritt, im Völkerrecht den Straftatbestand des »Ökozids« zu schaffen, der umfangreichen Zerstörung der natürlichen Lebenswelt. Eine führende Vertreterin solcher Bestrebungen, die britische Umweltanwältin Polly Higgins (die 2019 starb), bezeichnete den Ökozid als »den fehlenden völkerrechtlichen Tatbestand unserer Zeit«. Mit überzeugenden Argumenten vertrat sie die Ansicht, man solle ihn juristisch auf eine Stufe mit Genozid oder »ethnischer Säuberung« stellen, sodass die Hauptverantwortlichen, beispielsweise Vorstandsvorsitzende oder Minister von Regierungen, vor dem Internationalen Strafgerichtshof (ISG) in Den Haag angeklagt werden könnten. Ein solches Gesetz, so erklärte sie, wäre durchaus möglich: Dazu müssten nur zwei Drittel der ISG-Mitgliedsstaaten es unterzeichnen. In der juristischen Fachwelt besteht allgemein Einigkeit, dass Taten wie die Schädigung des Ökosystems im Amazonasregenwald durch Holzkonzerne oder die wissentliche Destabilisierung des Klimas durch Ölunternehmen die Definition des Ökozids erfüllen würden. Über einen solchen gedanklichen Wechsel, wonach die Erde nicht mehr als passives Privateigentum, sondern als Lebewesen behandelt wird, sagte Higgins: »Dadurch ändert sich unsere langfristige Betrachtungsweise drastisch, denn wenn wir uns selbst als Treuhänder und Wächter verstehen, übernehmen wir Verantwortung für zukünftige Generationen.«[43]

Kritiker solcher Pläne vertreten die Ansicht, der ISG sei wohl kaum eine Institution, die Vertrauen schaffe. Seit seiner Gründung im Jahr 2002 hat er noch nicht einmal 50 Personen wegen Kriegsverbrechen und Völkermord angeklagt, und nur eine Handvoll von ihnen wurde verurteilt. Man sollte aber daran denken, dass juristische Institutionen ebenso wie die Gesetze selbst nicht gegen Veränderungen gefeit sind; auch der IGS könnte im Laufe der Zeit leistungsfähiger werden. Die wachsenden Bestrebungen, den Ökozid zum Verbrechen zu erklären, ähneln, was Ehrgeiz und potenzielle Auswirkungen angeht, den Anfängen der Bewegung zur Abschaffung der Sklaverei in den 1780er-Jahren, besonders was die starke Opposition aus der Geschäftswelt betrifft. Vielleicht wird man sich an Polly Higgins eines Tages ebenso erinnern wie an die großen Sklavereigegner des 18. Jahrhunderts. Außerdem dürfte sie als gute Vorfahrin in Erinnerung bleiben.

SELBSTVERWALTETE STADTSTAATEN

In der griechischen Sage konnte Perseus das Ungeheuer Medusa töten, weil er ihrem Blick auswich und den klugen Trick anwandte, sich ihr Spiegelbild in seinem Schild anzusehen. Heute können wir die Medusa des kurzfristigen Denkens beseitigen, wenn wir eine ähnlich indirekte Strategie anwenden: eine radikale Dezentralisierung der Macht weg von den Nationalstaaten. Dieser letzte Weg zur Umgestaltung der Demokratie zielt nicht direkt darauf ab, zukünftigen Generationen eine Stimme oder mehr Rechte zu verschaffen, aber er würde ihren Interessen dienen, weil der Zentralregierung, die in der Regel durch Unternehmensinteressen und andere auf kurzfristige Gewinne abzielende Machtfaktoren vereinnahmt ist, die Entscheidungsgewalt genommen wird. Gestützt wird dieser Gedanke durch eine Analyse, die auf dem Intergenerational Solidarity Index basiert: Je stärker eine Regierung in ihren Entscheidungsprozessen dezentralisiert ist, desto bessere Leistungen erbringt sie im Hinblick auf langfristige politische Maßnahmen (sodass beispielsweise ein stark föderal organisiertes Land wie die Schweiz besonders gute Noten erhält).[44] Eine solche Veränderung käme der »polyzentrischen Regierungsführung« zugute, wie die Wirtschaftsnobelpreisträgerin Elinor Ostrom sie nannte: Die politische Entscheidungsgewalt verteilt sich auf zahlreiche verschachtelte Ebenen vom lokalen bis zum globalen Bereich.[45]

Einer nationalen Regierung die Macht zu nehmen ist nicht einfach. Wie also können wir eine solche Vision in die Tat umsetzen? Ein Ansatz lohnt es mehr als alle anderen, ihn weiterzuverfolgen: die Wiederbelebung des altgriechischen Ideals der »Polis«, des selbstverwalteten Stadtstaates. Der naheliegendste Grund dafür ist die Tatsache, dass es bereits geschieht. Überall auf der Welt ist die zunehmende Unzufriedenheit mit demokratischer Politik auf nationaler Ebene begleitet von einer wachsenden Bedeutung und Autonomie der Städte, wie man sie in diesem Ausmaß seit der Zeit von Renaissance-Stadtstaaten wie Florenz oder Venedig nicht mehr erlebt hat.

Die Zukunft der Menschheit liegt in den Städten. Ein immer größerer Anteil der Weltbevölkerung lebt nicht mehr nur in Ballungsräumen, sondern in »Megacities« mit mehr als 10 Millionen Einwohnern, vom Großraum São Paulo mit seinen 21 Millionen Einwohnern bis zum Ballungsraum Tokio-Nagoya-Osaka (auch »Tajheyo-Belt« genannt), in dem über 80 Millionen Menschen zu Hause sind. China organisiert sich derzeit rund um etwa zwei Dutzend Gruppen von Metropolen mit einer Bevölkerung von jeweils bis zu 100 Millionen neu. Nach einer Vorhersage der Vereinten Nationen werden im Jahr 2030 insgesamt 43 Megacity-Ballungsräume zwei Drittel der Weltbevölkerung beherbergen und den größten Teil des globalen Reichtums in sich vereinigen.[46]

Städte nehmen aber nicht nur immer mehr Menschen auf, sondern sie werden auch politisch immer mächtiger. Im Juni 2017, nur eine Woche, nachdem Donald Trump den Rückzug der Vereinigten Staaten aus dem Pariser Klimaabkommen angekündigt hatte, sprachen sich 279 US-Bürgermeister und -Bürgermeisterinnen, die ein Fünftel aller Amerikaner repräsentierten, trotzig dafür aus, das Abkommen in ihren eigenen Städten weiter zu befolgen, so in Boston und Miami. In England gab es zu Beginn des

Jahrtausends noch keine direkt gewählten Bürgermeister; jetzt sind es 23, darunter die wichtigen Städte wie London und Manchester, und das Verfahren der Kandidatenaufstellung lockt eine zunehmende Zahl hochkarätiger Bewerber an. Diese neue Generation autonomer Städte organisiert sich in Netzwerken wie den C40-Städten, die gegen den Klimawandel tätig werden wollen, dem Global Parliament of Mayors und Rockefellers 100 Resilient Cities. Derartige Netzwerke sind von entscheidender Bedeutung, wenn wir den Stillstand zwischen den Nationalstaaten angesichts kollektiver Herausforderungen wie der Schaffung bindender internationaler Abkommen über die Treibhausgasverminderung überwinden wollen. Nach Ansicht von Parag Khanna, eines Experten für internationale Beziehungen, erleben wir die Entstehung der »Diplomacity«: Städte schließen an den nationalen Regierungen vorbei untereinander eigenständige Abkommen über Handel und andere Themen, ganz ähnlich wie die fast 200 Hansestädte es in Nordeuropa im 15. und 16. Jahrhundert taten. »Wir treten in eine Ära ein, in der Städte wichtiger sein werden als Staaten«, erklärt Khanna.[47] Dezentralisierung wird zum politischen Schicksal. Man stelle sich nur einmal vor, wie Europa als Zusammenschluss von Stadtstaaten im 21. Jahrhundert aussehen würde (siehe unten).[48]

Zurückzuführen ist diese Renaissance der städtischen Macht zum Teil auf die wachsende Erkenntnis, dass Kommunen langfristige Probleme wie übermäßige ökologische Ausbeutung, Migrationsdruck und Vermögensungleichheit effizienter bewältigen können als Nationalstaaten. Mit ihrer Flexibilität und Anpassungsfähigkeit sind sie angesichts des Wandels widerstandsfähiger, während viele zentralisierte nationale Regierungen an verkrusteten Institutionen leiden und zu weit von der Lebenswelt ihrer Bürgerinnen und Bürger entfernt sind. Damit soll nicht gesagt werden, dass Städte eine unschuldige politische Form wären: In jeder Stadt gibt es korrupte Beamte und Unternehmen, die auf

Ein Fantasie-Europa der Stadtstaaten

Größe der Ballungsräume mit über einer Millionen Einwohnern. (Quelle: Eurostat 2018)

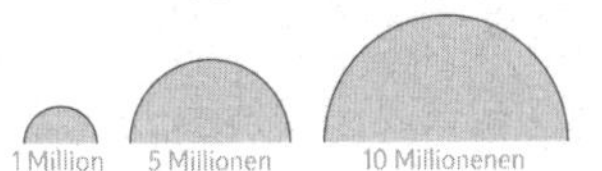

kurzfristigen Gewinn aus sind. Aber wenn man nach neuen, langfristigen Visionen sucht, findet man sie am ehesten auf der Ebene der Städte. Wir brauchen mehr Kommunen wie Freiburg, wo Privatfahrzeuge auf Parkplätze am Rand der Wohngebiete verbannt werden, wo 40 Prozent der Familien überhaupt kein Auto mehr besitzen und ein Drittel aller Wege mit dem Fahrrad zurückgelegt wird. Wir brauchen mehr Städte wie Paris, wo die Bürgermeisterin Anne Hidalgo zur Empörung der Autofahrer Hunderte von Kilometern Radwege bauen ließ und Straßen zu öffentlichen Parks umfunktionierte. Wir brauchen mehr Städte wie das südkoreanische Inje, das 93 Prozent seiner Energie aus erneuerbaren Quellen bezieht, fast die Hälfte davon aus Windkraft. Wir brauchen auch die Kreativität von Städten wie Bogotá in Kolumbien, wo der frühere Bürgermeister Antanas Mockus korrupte Verkehrspolizisten durch 400 Schauspielkünstler ersetzte, die den Autofahrern bei Übertretungen wie im Fußball gelbe und rote Karten zeigten. Es klappte: Die Zahl der Ordnungswidrigkeiten im Verkehr ging stark zurück, und innerhalb von zehn Jahren halbierte sich die Zahl der Verkehrstoten.[49]

Über das Potenzial der Städte sollten wir uns nicht wundern. Sie waren der Ort pragmatischer Problemlösungen und effizienter langfristiger Planung, seit im antiken Mesopotamien die ersten großen Ballungsräume entstanden und ihrer Bevölkerung Kanalisationssysteme, öffentliche Bäder und gitternetzartig angelegte Straßen zur Verfügung stellten. Vor den heutigen Städten liegt allerdings noch viel Arbeit. Sind sie reich, ist ihr ökologischer Fußabdruck – die zur Befriedigung ihrer Bedürfnisse und zur Entsorgung ihrer Abfälle notwendige Land- und Wasserfläche – mehrere Hundert Mal größer als ihre geografische Fläche. Nach Ansicht des Ökologen William Rees müssen wir unbedingt selbstgenügsame »bioregionale Stadtstaaten« schaffen, die in ihr lokales Ökosystem eingebettet sind und es nicht nutzen wie Parasiten.[50] Ergänzt werden sollten solche Initiativen durch die Möglichkeiten der digitalen Demokratie, das heißt, die Bewohner sollten durch elektronische Abstimmungen und andere Formen der Online-Beteiligung mitreden können. Ein Beispiel für solche Neuerungen ist die Technologieplattform Decide Madrid mit über 200.000 registrierten Benutzern, die an Haushaltsberatungen beteiligt werden und jedes Jahr städtische Mittel von über 100 Millionen Euro verteilen.[51] Jede Stadt sollte nach mehr Mitspracherecht für ihre Bürger und Bürgerinnen streben, sodass diese mit ihren Handys immer ein Werkzeug für die basisdemokratische Erneuerung in der Tasche haben.

Nationalstaaten sind in der Geschichte eine relativ neue Erfindung, die beherrschende politische Organisationsform stellen sie erst seit rund 200 Jahren dar. Städte dagegen sind die größte und beständigste soziale Einrichtung, die von den Menschen jemals erfunden wurde. Deshalb haben Metropolen wie Istanbul Jahrtausende überdauert, während Imperien und Nationen um sie herum aufgestiegen und gestürzt sind. Dennoch werden uns die Nationalstaaten noch für einige Zeit begleiten und uns in ihren Wirbel des kurzfristigen Denkens hineinziehen. Aber wenn die Menschheit langfristig eine Zukunft haben soll, müssen die alten politischen Grenzen verschwinden, und den zentralisierten staatlichen Organen muss die Macht genommen werden. Unsere große Hoffnung liegt darin, zu Bürgerinnen und Bürgern einer Polis des 21. Jahrhunderts zu werden.

Politische Macht und das Overton-Fenster

Diese vier Wege zur tiefen Demokratie sind nicht die einzigen Alternativen, wenn es darum geht, das langfristige Denken zu stärken und der Generationengerechtigkeit im politischen Leben mehr Gewicht zu verleihen. In einer Reihe von Staaten gibt es weitere Strategien, darunter:

Die Einführung von »Jugendquoten« in den Parlamenten, wie es sie in Tunesien seit 2014 gibt. Dabei muss mindestens einer der vier ersten Kandidaten in der Wahlliste einer Partei für die Parlamentswahlen unter 35 Jahre alt sein.

Senkung des Wahlalters von 18 auf 16 Jahre wie in Australien und Brasilien mit der Begründung, dass die Interessen älterer Wählerinnen und Wähler wegen der in vielen Staaten ansteigenden Lebenserwartung systematisch schwerer wiegen als die einer rechtlosen Jugend.

Überwachung und Bewertung der »generationenübergreifenden Auswirkungen« von Staatshaushalten, wie es in Kanada nach Kampagnen jugendlicher Interessengruppen seit 2019 üblich ist.

Schaffung von »Verpflichtungshilfsmitteln«: So verpflichtete sich die britische Regierung in einem Gesetz, bis 2050 die Klimaneutralität anzustreben, wie es vom staatlichen Ausschuss für den Klimawandel empfohlen wurde.

Abschottung wichtiger Politikbereiche gegen kurzfristige politische Einmischung wie beim geldpolitischen Ausschuss der Bank von England, der seit 1997 in Großbritannien die Leitzinssätze festlegt.

Entwicklung besserer Vorhersagefähigkeiten nach dem Beispiel des Centre for Strategic Futures in Singapur, das als hochkarätige Denkfabrik unmittelbar beim Büro des Premierministers angesiedelt ist.[52]

Viele dieser Strategien werfen allerdings das Problem auf, dass ihnen eine radikale Herangehensweise fehlt und dass sie wenig dazu beitragen, die eingefahrenen Machtstrukturen infrage zu stellen. Dienen unberechenbare Institutionen wie der geldpolitische Ausschuss in Großbritannien wirklich den Interessen zukünftiger Bürgerinnen und Bürger, wenn vier seiner neun derzeitigen Mitglieder früher bei großen Investmentbanken gearbeitet haben?

Wird die Einführung von Jugendquoten in den Parlamenten verhindern, dass Technologieunternehmen und Ölkonzerne ihre finanziellen Einflussmöglichkeiten nutzen, um sich Gesetze und politische Maßnahmen zu ihrem Vorteil zu sichern?

Die Antwort lautet in allen Fällen »vermutlich nicht«. Deshalb brauchen wir die vier Neuerungen der tiefen Demokratie, denn sie sind weitreichende strukturelle Veränderungen, die deutlich mehr dazu beitragen können, das im politischen System verwurzelte kurzfristige Denken abzubauen.

Die Schwierigkeit liegt allerdings darin, dass grundlegende politische Veränderungen nur selten vorkommen; in der Regel müssen dazu ganz unterschiedliche Faktoren zusammenfließen und zu einer tragfähigen Formel für den Übergang verschmelzen.[53] Machtvolle visionäre Ideen wie selbstverwaltete Stadtstaaten, generationenübergreifende Rechte, Bürgerversammlungen und Zukunftswächter sind entscheidend dafür, das alte System zu überwinden. Aber das ist nur der Anfang. Hinter solchen Ideen müssen hochmotivierte, leistungsfähige gesellschaftliche Bewegungen stehen, die von einer kritischen Masse der Bevölkerung unterstützt werden. Hilfreich ist dabei auch eine Krise, die herrschende Kräfte des Systems bedroht und ihre Macht und Autorität untergräbt, egal ob ein militärischer Konflikt oder ein Finanzcrash. Nimmt man dann noch technologische Veränderungen, wirtschaftliche Umgestaltung, kluge Strategien und ein wenig Glück hinzu, erhält man vielleicht den Wandel, auf den man gehofft hat.

Aber trotz solcher Hindernisse schafft der Kampf für die tiefe Demokratie schon heute einen neuen öffentlichen Dialog, durch den sich das Overton-Fenster – das Spektrum der Ansichten, die im Politikbetrieb zum jeweiligen Zeitpunkt akzeptabel sind – verschiebt. Man denke nur daran, unter welchem Druck Regierungen stehen, ihre Wirtschaft klimaneutral zu gestalten, seit oppositionelle Bewegungen wie der jugendliche Klimastreik ihren Aufschwung erlebten. Klimaneutralität bis 2050 hört sich mittlerweile nach einer schwächlichen, konservativen Zielvorstellung an, und Zeitpunkte wie die 2030er-Jahre, die früher extrem erschienen, sind das neue Normal geworden. Das Overton-Fenster hat sich über eine beträchtliche Entfernung verschoben. In vielen Ländern dürfte das noch nicht dazu beitragen, dass die Innenpolitik sich ändert, aber es könnte nationale Regierungen darin bestärken, an internationalen Verhandlungstischen mutigere Verpflichtungen einzugehen und damit die globalen Mechanismen zu sichern, die wir brauchen, um die weltweiten Krisen zu bewältigen.

In vielen Ländern werden die Zeitrebellen gegen politische Trägheit und mächtige Gruppeninteressen ankämpfen müssen, in anderen werden sie jedoch nach und nach einen Flickenteppich von Siegen erringen, durch den sich die demokratische Landschaft allmählich verändert. Lassen wir also den Mythos vom gutartigen Diktator, der uns wie ein weißer Ritter zu Hilfe kommt, beiseite, und setzen wir unser Vertrauen in den Pioniergeist der politischen Zeitrebellen.

10

Ökologische Zivilisation

In der Bergeinsamkeit drei Autostunden westlich von Tokio liegt ein einsames Kurhotel namens Nishiyama Onsen Keiunkan. Es ist das älteste Hotel der Welt: Seine mit Tatamimatten ausgelegten Zimmer heißen Gäste schon seit dem Jahr 705 willkommen. Japan ist bekannt für solche sehr alten Unternehmen, darunter Brauereien, Kleidermacher und Erbauer von Schreinen, die schon seit über 1000 Jahren tätig sind. Das Land beherbergt mehr als 3000 Betriebe, die es seit mindestens zwei Jahrhunderten gibt; zu einem großen Teil handelt es sich um Familienunternehmen, in denen nicht nur das Eigentum, sondern auch traditionelle Fertigkeiten von Generation zu Generation weitergegeben wurden und ihren langfristigen Bestand sicherten.[1]

Langfristige Visionen erkennt man auch bei manchen japanischen Großkonzernen, so bei dem Technologieriesen SoftBank. »Wir werden einen Konzern schaffen, der während der nächsten 300 Jahre wachsen kann«, sagt ihr Gründer Masayoshi Son. Sein Vorzeigeprojekt, der 100 Milliarden Dollar schwere Vision Fund, hat weitsichtige Investitionen in Sektoren wie Robotertechnik, autonomes Fahren, Satelliten- und Gentechnologie getätigt. Son ist ein großer Fan der KI: Nach seiner Ansicht wird »der Goldrausch in der künstlichen Intelligenz allmählich Wirklichkeit«, und das lange bevor »die Erde zu einem einzigen großen Computer wird«.[2]

Wie Warren Buffett und andere Investoren, so gilt auch Son als lebender Beweis für eine wachsende Denkrichtung in den Unternehmen: die Anerkennung der Vorteile einer nachhaltigen Sichtweise. Solchermaßen »aufgestellte Unternehmen zeigen im Laufe der Zeit eine stärkere finanzielle Performance«, heißt es in einem Bericht der Unternehmungsberatungsfirma McKinsey. Unternehmen, die sich auf langfristige Wachstumsziele konzentrieren und in Forschung und Entwicklung investieren, erbringen bessere Leistungen als solche, die auf das Erreichen von Quartalszielen versessen sind und ständig ihren Aktienkurs stützen wollen. Zwischen 2001 und 2014 hatten sie einen um 47 Prozent höheren Umsatz, um 81 Prozent höhere Gewinne und überlebten Finanzkrisen besser als ihre kurzsichtigen Konkurrenten. Offensichtlich ist langfristiges Denken auch gut für die Wirtschaft: Nach einer Schätzung von McKinsey würde das BIP der Vereinigten Staaten jedes Jahr um 0,8 Prozent höher ausfallen, wenn alle börsennotierten Unternehmen sich einen solchen strategischen Ansatz zu eigen machen würden.[3]

Jetzt ist es an der Zeit, einmal kurz auf den Pause-Knopf zu drücken.

Solche Statistiken werfen ein Problem auf: Sie gehen davon aus, dass das Ziel langfristigen wirtschaftlichen Denkens ausschließlich die Rendite und das Wirtschaftswachstum sind. Dieses Kapitel vertritt eine andere Sichtweise und nennt eine radikale Alternative: die Schaffung einer Weltwirtschaft, welche die Bedürfnisse der Menschen Generation für Generation innerhalb der biophysikalischen Möglichkeiten unseres Planeten befriedigt. Es geht darum, eine »ökologische Zivilisation« anzustreben, in einer Beschreibung des visionären Wirtschaftswissenschaftlers David Korten also eine Zivilisation, die »das materielle Auskommen und den spirituellen Reichtum für alle im Gleichgewicht mit den regenerativen Systemen einer lebendigen Erde sichert«.[4]

Ist es wirklich möglich, uns von unserer Sucht nach finanziellen Gewinnen, BIP-Wachstum und Konsumkultur zu entwöhnen und eine wirtschaftliche Vision zu verfolgen, mit der wir die Welt des

Lebendigen respektieren? Genau das versucht eine neue Gattung wirtschaftlicher Zeitrebellen. Sie sind keine hochkarätigen Investoren wie Son oder Buffett, sondern eine wachsende Gruppe ökologisch eingestellter Ökonomen, Stadtplanerinnen und sozialer Unternehmenspioniere von Brasilien über Bangladesch bis nach Belgien. Dass sie Erfolg haben, ist keineswegs gewährleistet: Sie führen eine empfindliche, im Entstehen begriffene Rebellion an, die angesichts der vorhandenen Systeme ohne Weiteres scheitern könnte. Sogar die historischen Chancen sprechen gegen sie. Aber ihr Kampf bietet all jenen Hoffnung, die sich nach einer für unsere Nachkommen geeigneten Welt sehnen. Vor welchen Herausforderungen stehen sie, wie denken sie, und was unternehmen sie, um den Weg in Richtung einer langfristigen regenerativen Wirtschaft zu ebnen?

Spekulative Finanzen und der große Leerverkauf

Kurz gefasst lautet das Problem: Kurzfristiges Denken gehört zum genetischen Code der neoliberalen Lehre, die das wirtschaftliche Denken beherrscht, seit sie in den 1980er-Jahren durch die Ideologie der freien Märkte von Margaret Thatcher und Ronald Reagan auf die Welt losgelassen wurde.

Ihren krassesten Ausdruck findet sie in der Geburt einer neuen Zeit des spekulativen Kapitalismus. Die Deregulierung der Finanzmärkte, die durch neoliberale Wirtschaftswissenschaftler wie Milton Friedman vorangetrieben wurde, bot viele Gelegenheiten, auf den Märkten schnelle Gewinne mitzunehmen, war aber auch von einer katastrophalen Reihe von Auf- und Abbewegungen begleitet, so vom Schwarzen Montag 1987, der asiatischen Finanzkrise von 1997, dem Platzen der Dotcom-Blase im Jahr 2000 und der globalen Finanzkrise von 2008, durch die Millionen Menschen ihren Lebensunterhalt und ihr Zuhause verloren. Von 1970 bis 2016 fiel die durchschnittliche Haltedauer von Aktien an der New Yorker Börse von fünf Jahren auf nur noch vier Monate.[5] Angetrieben wurde diese Schrumpfung der finanziellen Zeithorizonte durch die Digitaltechnik: Die Rothschilds benutzten 1815 Brieftauben, um ihre Geschäfte mit dem Ausgang der Schlacht von Waterloo zu machen, mit heutigen Glasfaserkabeln und Mikrowellen-Netzwerken dauert eine Aktientransaktion noch nicht einmal mehr eine Millisekunde (ein Dreihundertstel der Zeit für ein Augenzwinkern). Wir leben im Zeitalter des »Großen Leerverkaufs«, des schnellen Geldes und der Sekundenbruchteil-Algorithmen.[6]

Ebenso gut erkennbar war das kurzfristige Denken in den neoliberalen Bestrebungen, den Staat durch Privatisierung zurückzudrängen. Insbesondere seit den 1990er-Jahren wurden staatliche Vermögenswerte im Wert vieler Milliarden, darunter Eisenbahnnetze, Wasserleitungen und Kraftwerke, sowohl in reichen als auch in armen Ländern in private Hände verkauft, und das häufig unter Druck des Internationalen Währungsfonds. Das Ganze war vielleicht eine nützliche Sofortmaßnahme gegen Staatsschulden, langfristig stellte es aber den Verlust öffentlicher Vermögenswerte dar, die aufgebaut worden waren, um zukünftigen Generationen ein gemeinsames Erbe zu sichern.

Auch der wachsende Einfluss der Finanzindustrie trieb den Trend zum kurzfristigen Denken voran. Im Jahr 2011 handelte es sich bei 45 der 50 weltgrößten multinationalen Konzerne um Banken oder Versicherungsunternehmen. Als sie nach und nach die Hauptaktionäre wichtiger Konzerne aus Produktion, Bergbau und Dienstleistung wurden, waren sie bemüht, auf dem Weg über die beiden goldenen Hilfsmittel der Geldgewinnung Druck auszuüben: durch Shareholder Value und Rendite. Große Investoren setzten die Renditeziele für die von ihnen beherrschten Firmen immer höher und sorgten dafür, dass diese sich auf finanzielle Ziele konzentrierten, die nur wenige Monate oder sogar Wochen in der Zukunft lagen.[7]

Der Neoliberalismus bot der Welt ein Wirtschaftssystem an, das die Realität der Zukunft leugnete. Allerdings wäre es unfair, die Schuld für diese Kurzsichtigkeit ausschließlich bei den Verfechtern der freien Märkte und den gierigen Aktienhändlern an der Wall Street zu suchen. Die drei wichtigsten Modelle der wirtschaftlichen Entwicklung, die seit dem Ende des Zweiten Weltkrieges vorherrschten – Neoliberalismus, sein Vorgänger, der Keynesianismus, und der Marxismus –, haben den Glauben an endloses wirtschaftliches Wachstum als Mittel zum Fortschritt der Menschen gemeinsam.[8] Diese grundlegende Wachstumsgläubigkeit ist die größte Schwierigkeit, wenn wir der Menschheit langfristig eine Zukunft sichern wollen. Der Wirtschaftswissenschaftler Kenneth Boulding formulierte es Anfang der 1970er-Jahre so: »Wer glaubt, exponentielles Wachstum könne sich in einer endlichen Welt endlos fortsetzen, ist entweder verrückt oder Wirtschaftswissenschaftler.«[9]

Bouldings Bonmot dürfte zwar die Vertreter der gängigen Wirtschaftswissenschaft geärgert haben, es kennzeichnete aber den Aufstieg einer neuen wirtschaftlichen Denkweise, deren Kernstück die langfristigen Interessen der Menschen und unseres Planeten sind.

Der Lorax, der Donut und der Aufstieg der Ökologischen Ökonomie

Die beste Erklärung für Bouldings Wachstumskritik lieferte kein Wirtschaftswissenschaftler, sondern der Kinderbuchautor Dr. Seuss mit seinem 1971 erstmals erschienenen Klassiker *Der Lorax*. Das Buch, das vom Wissenschaftsjournal *Nature* als »eine Art *Stummer Frühling* für den Spielplatz« bezeichnet wurde, erzählt die Geschichte des Once-ler, eines Wesens, das in ein wunderschönes Land des Überflusses kommt.[10] Der Once-ler gründet ein Unternehmen und verkauft Thneed, eine Art merkwürdiger, aber beliebter Kleidungsstücke, die aus den seidenartigen Blättern der einheimischen Truffula-Bäume hergestellt werden. Der Wächter der Bäume, der Lorax, will ihn am Abholzen hindern, aber vergeblich. Der Once-ler ist darauf aus, seine rauchende Thneed-Fabrik zu »vergrößern«, seine Wagen zu vergrößern und sein Geld zu vergrößern – »ich musste größer werden, also bin ich größer geworden«, berichtet er. Bald sind alle Bäume verschwunden, die wilden Tiere sind tot, das Wasser ist vergiftet und der Once-ler pleite. Der einzige Trost erscheint in dieser Fabel über die Umwelt ganz am Ende, als ein Junge den letzten erhaltenen Truffula-Samen bekommt und das verwüstete Land aufforsten kann.

Die Geschichte enthält eine eindringliche Warnung für die heutige Konsumwirtschaft, die trotz der zerstörerischen langfristigen Folgen auf ständige Vergrößerung ausgerichtet ist: Das Ziel des ständigen Wirtschaftswachstums wird am Ende der Logik von *Der Lorax* folgen.

Dr. Seuss war vielleicht einer der ersten wirtschaftlichen Zeitrebellen, aber der einzige war er nicht. Gerade als *Der Lorax* überall in Nordamerika und Europa zur Bettlektüre wurde, kristallisierte sich auch ein neuer Zweig der Wirtschaftswissenschaft mit einer ebenso radikalen Zielsetzung heraus. Das Fachgebiet ist heute als Ökologische Ökonomie bekannt. Jahrelang stagnierte sie im Halbdunkel. Anfang der 1990er-Jahre, als ich Wirtschaftswissenschaft studierte und dann für kurze Zeit eine Berufslaufbahn als Finanzjournalist einschlug, hatte ich nie davon gehört. Heute dagegen fließt es nach und nach in den Mainstream ein, und das ist eine gute Nachricht, denn es bietet den Kern einer langfristigen wirtschaftlichen Vision für angehende gute Vorfahren.

Ein Schlüsselereignis in der Entstehungsgeschichte der ökologischen Ökonomie war die Veröffentlichung der *Grenzen des Wachstums* im Jahr 1972; in diesem Buch gelangte eine Gruppe von

Forschenden am Massachusetts Institute of Technology unter Leitung von Donella und Dennis Meadows mithilfe von Computermodellen zu folgender Schlussfolgerung: »Wenn die gegenwärtige Zunahme der Weltbevölkerung, der Industrialisierung, der Umweltverschmutzung, der Nahrungsmittelproduktion und der Ausbeutung von natürlichen Rohstoffen unverändert anhält, werden die absoluten Wachstumsgrenzen auf der Erde im Laufe der nächsten hundert Jahre erreicht.« Die wahrscheinlichste Folge, so der Bericht, wäre ein Zusammenbruch der Zivilisation und ein weitreichender Rückgang des Wohlergehens der Menschheit; größere politische Veränderungen könnten allerdings einen reibungslosen Übergang in eine Wirtschaft ohne Wachstum ermöglichen.[11]

Die Studie wurde von der Mehrzahl der Wirtschaftswissenschaftler mit Unglauben und Spott aufgenommen, heute halten sie viele allerdings geradezu für prophetisch. Einer ihrer führenden Fürsprecher war der ökologische Ökonom Herman Daly. Seine entscheidende Erkenntnis ist täuschend einfach und stellt für unsere Sichtweise doch eine völlige Umwälzung dar: Danach ist Wirtschaft ein Teilsystem der größeren Biosphäre, die endlich ist und deren Größe nicht zunimmt; deshalb kann der materielle Durchsatz in der Wirtschaft nicht ewig weiter wachsen. »Die Menschheit«, so erklärt Daly, »muss den Übergang zu einer nachhaltigen Wirtschaft vollziehen, einer Wirtschaft, die die dem globalen Ökosystem innewohnenden biophysikalischen Grenzen anerkennt, sodass sie auch in die ferne Zukunft hinein weiter tätig sein kann«.[12] Letztlich bedeutet das, dass wir die Ressourcen der Erde nicht schneller nutzen, als sie sich von Natur aus regenerieren können, und dass wir Abfall nicht schneller produzieren, als er von der Natur aufgenommen wird.

Das alles hört sich nach gesundem Menschenverstand an und spiegelt die Vision des Gedeihens auf dem einen Planeten wider, die in Kapitel 8 erörtert wurde. Der Denkansatz wird aber in den Standardlehrbüchern der Wirtschaftswissenschaft kaum einmal erwähnt: Dort gelten die ökologischen Auswirkungen der Ressourcennutzung in der Regel als »Externalitäten« – als eine Art Kollateralschaden, der außerhalb der Preissignale der Märkte steht. Die entscheidenden Diagramme, beispielsweise für den Geldkreislauf, zeigen eine Wirtschaft, die nicht in die Biosphäre eingebettet ist, sondern vor einem weißen Hintergrund steht.[13] Daly erzählt eine aufschlussreiche Geschichte darüber, wie er bei der Weltbank an dem einflussreichen, 1992 erschienenen Weltentwicklungsbericht arbeitete, der den Titel *Entwicklung und die Umwelt* trug. In einem frühen Entwurf des Berichts kam ein Diagramm vor, in dem ein Quadrat mit der Aufschrift »Wirtschaft« vor dem vertrauten leeren Hintergrund stand. In seinen Anmerkungen schlug Daly vor, um den Kasten herum ein weiteres Quadrat mit der Aufschrift »Umwelt« zu zeichnen und damit zu zeigen, dass das eine eine Teilmenge des anderen ist und dessen Begrenzungen unterliegt. Als er den nächsten Entwurf erhielt, war das neue Quadrat rund um die Wirtschaft eingezeichnet wie ein Bilderrahmen, aber die Beschriftung fehlte. In der letzten Version schließlich hatte man die Umwelt völlig entfernt. Alles zurück auf Los.[14]

Glücklicherweise haben sich die Zeiten geändert, und auch in der Wirtschaftswissenschaft ist ein Aufstand in vollem Gang. Neu entwickelte Modelle stellen den alten, ökologisch blinden Grundsatz und den »Wachstumswahn« infrage, wie Daly ihn nennt. Das Spektrum reicht dabei von der Kreislaufwirtschaft und einer pluralistischen Ökonomie bis zur Ökonomie der Gemeingüter und der Wachstumskritik. Besonders bekannt ist unter diesen Alternativen die Donut-Ökonomie, die von der Wirtschaftswissenschaftlerin Kate Raworth geschaffen wurde (Disclaimer: Wir sind verheiratet). Raworths Donut-Modell (siehe unten), das von ehrgeizigen Städten, Regierungen, progressiven Unternehmen und Aktivistinnen auf der ganzen Welt übernommen wurde, besteht aus zwei Ringen.[15] Der äußere Ring des Donuts ist eine »ökologische Obergrenze« und besteht aus den neun planetaren Begrenzungen, die von Systemwissenschaftlern wie Johan Rockström und Will Steffen entwickelt wurden: Die Überschreitung wichtiger Grenzen, beispielsweise beim Klimawandel oder dem Verlust der biologischen Vielfalt, droht das fein ausbalancierte, Leben spendende System unseres Planeten aus dem Tritt zu bringen. Innerhalb des inneren Ringes, der als »gesellschaftliche Grundlage« bezeichnet wird, liegt ein Defizit bei grundlegenden Aspekten des Wohlbefindens, weil den Menschen lebensnotwendige Dinge wie Nahrung, Wohnung und Bildung fehlen.[16]

Raworth vertritt die Ansicht, das grundlegende Ziel ökonomischer Systeme solle nicht in dem endlosen Wachstum des BIP bestehen, das die meisten Regierungen anstreben, sondern es sollte uns in einen »sicheren, gerechten Raum für die Menschheit« bringen, der zwischen den beiden Ringen liegt. Mit anderen Worten: Die Bedürfnisse der Menschen sollen erfüllt werden, indem sie über die gesellschaftliche Grundlage gehoben werden (sodass niemand im Loch des Donuts verbleibt), ohne dass aber die entscheidende ökologische Obergrenze überschritten wird. Wo stehen wir also heute? Global betrachtet, versagen wir in beiden Aspekten – Defizite bestehen in allen zwölf gesellschaftlichen Dimensionen, und wir überschreiten vier der globalen Grenzen, für die es Daten gibt. Das ist ein verheerendes Bild der Menschheit im 21. Jahrhundert, ein schockierendes kollektives Selfie unserer Zeit.

Wie gute Vorfahren leicht erkennen werden, verkörpert sich in dem Ehrgeiz, in den Donut zu gelangen, das übergeordnete Ziel des Gedeihens auf dem einen Planeten, auf dem wir die Bedürfnisse der heutigen und zukünftigen Generationen mit den Mitteln der entscheidenden, lebenserhaltenden Systeme unserer Erde befriedigen. Dieses Ziel steht völlig im Einklang mit einem weiteren Gedanken: Wenn wir die Lebensdauer unserer Spezies über Tausende von Generationen in die Zukunft verlängern wollen, müs-

Können wir im Donut leben?

jenseits der Grenze Grenze nicht quantitativ definiert

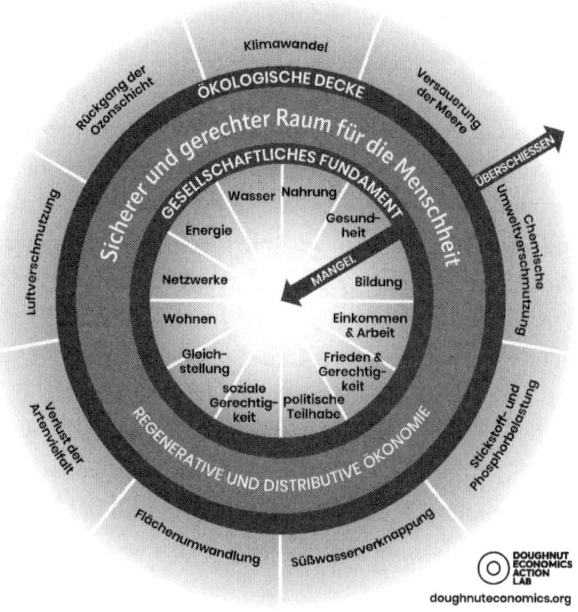

Der Donut der gesellschaftlichen und globalen Grenzen nach Kate Raworth. Der Bereich zwischen der gesellschaftlichen Grundlage und der ökologischen Obergrenze ist der „sichere und gerechte Raum für die Menschheit". Die hellgrauen Bereiche zeigen das derzeitige Ausmaß der menschengemachten Defizite und Überbeanspruchung.

sen wir als Erstes von der Natur lernen und uns um die Lebenswelt kümmern, die sich um unsere Nachkommen kümmern wird. Der Donut bietet einen Weg, das Tauziehen gegen das kurzfristige Denken zu gewinnen, indem wir uns um einen Ort – unseren einen und einzigen Heimatplaneten – kümmern, statt uns einfach nur auf eine Erweiterung unseres Zeitgefühls zu konzentrieren. Damit bietet er einen leistungsfähigen Kompass, mit dem wir das Wohlbefinden der Menschen in den kommenden Jahrhunderten sichern können. Raworth bemerkt dazu: »Wie sich herausstellt, ist es der einzige Donut, der langfristig unserer Gesundheit nützt.«

Damit sind wir von dem nicht nachhaltigen Ziel eines endlosen BIP-Wachstums zu einem gedeihlichen Leben im Gleichgewicht zwischen den Grenzen unserer Gesellschaft unseres Planeten gelangt; was aber tun die Zeitrebellen, um ihn in die Praxis umzusetzen?

Erweiterung des Zeithorizonts in der Unternehmenskultur

Eigentlich wollte er Priester werden. Am Ende war er CEO des englisch-niederländischen Konzerns Unilever, der Haushaltsartikel von Dove-Seife bis zu Hellmann's Mayonnaise herstellt. An dem Tag im Jahr 2009, an dem er die Stellung antrat, verblüffte Paul Polman seine Aktionäre mit der Abschaffung der Quartalsberichte; die Maßnahme sollte den ständigen Druck beseitigen, alle drei Monate beweisen zu müssen, dass das Unternehmen die heilige Dreiheit von Umsatzwachstum, Gewinnwachstum und wachsendem Marktanteil erreicht hatte. »Ich habe mir gedacht, dass sie mich nicht am ersten Tag feuern können«, sagte er. Bis zu seinem Rücktritt 2019 stand Polman an vorderster Front in einem Nachhaltigkeitskreuzzug, der ganz Unilever einschloss: Er trieb die nachhaltige Gewinnung von Rohstoffen wie Palmöl und Sojabohnen von 10 auf 56 Prozent. Das alles gehörte zu seinem Plan, ein Unternehmen zu schaffen, in dem Werte und Ziele ebenso viel zählten wie die Bilanz. Er formulierte es so: »Ethik, das heißt, auf lange Sicht das Richtige zu tun und dich um deine Gemeinschaft zu kümmern, ist eigentlich der Weg, um ein Unternehmen verantwortungsvoll zu leiten.«[17]

Polmans Nachhaltigkeitsbestrebungen wurden zwar manchmal für ihren mangelnden Ehrgeiz und ihre geringe Konsequenz kritisiert, aber er engagierte sich ehrlicher für die Lebensgrundlagen zukünftiger Generationen als die meisten anderen Vorstandsvorsitzenden.[18] Eine wachsende Zahl von Spitzenmanagern sind heute nicht nur Experten für »Greenwashing« (das heißt für unbegründete ökologische Behauptungen ihrer Unternehmen), sondern auch für »Longwashing«, wie ich es nenne, also für langfristige Strategien, die vorwiegend der finanziellen Leistungsfähigkeit des Unternehmens dienen, nicht aber dem Wohlergehen der Welt von morgen.

Wenn wir in der Wirtschaft insgesamt in Richtung des langfristigeren Denkens umsteuern und damit in den Donut gelangen wollen, können wir uns nicht auf freiwillige Maßnahmen progressiver Geschäftsleute wie Polman verlassen. Es sind einfach zu wenige, die Abstände zwischen ihnen sind zu groß, und sie sind weiterhin in Großunternehmen verankert, die (wie auch Unilever) in der Zwangsjacke einer Maximierung von Aktienrenditen stecken. Eine erste Lösung würde darin bestehen, dass Regierungen die Spielregeln durch Vorschriften verändern, die den Zeithorizont in der Unternehmenswirtschaft verlängern.

So gäbe es zum Beispiel die Möglichkeit, das erbarmungslos kurzfristige Denken des Spekulationskapitalismus einzudämmen, indem man Aktiengeschäfte auf der Grundlage ihrer Haltedauer besteuert. Jeremy Lent, ein Kulturtheoretiker und früherer Tech-CEO aus dem Silicon Valley, schlägt dafür folgende Steuersätze vor: 10 Prozent, wenn die Aktie weniger als einen Tag gehalten wird, 5 Prozent bei einer Haltedauer von weniger als einem Jahr, 3 Prozent bei weniger als zehn Jahren, 1 Prozent bei weniger als 20 Jahren und 0 Prozent bei mehr als 20 Jahren. »Damit würde die Branche der Finanzdienstleistungen über Nacht umgestaltet«, sagt er. »Der Hochfrequenz-Aktienhandel und die Daytrader würden verschwinden, und an die Stelle eines kurzfristig orientierten Aktienmarktes würden sorgfältig durchdachte, langfristige Investitionsentscheidungen treten.« Insbesondere würden dann mehr Investitionen in Sektoren mit langfristigeren Renditeaussichten fließen, darunter die erneuerbaren Energien.[19] Die französische Regierung nimmt bei dieser Form der »Zeitregulation« eine Führungsrolle ein: Sie hat eine Steuer für den von Algorithmen gesteuerten Hochfrequenzhandel in Zeiträumen von weniger als einer halben Sekunde eingeführt.[20]

Als zweite Möglichkeit könnte man die De-facto-Pflicht der Unternehmen, den Shareholder Value zu maximieren, infrage stellen. Konzerne behaupten ständig, sie könnten langfristigen ökologischen Zielen keine Priorität einräumen, selbst wenn sie es wollten, weil sie unter dem Druck der Aktionäre stehen, deren Gewinne zu maximieren, und weil ihnen ansonsten Prozesse drohen. Das alles würde sich aber ändern, wenn Gesellschaftssatzungen gesetzlich etwas anderes enthalten müssten. Kurzfristig werden wahrscheinlich nur die wenigsten nationalen Regierungen eine solche Veränderung der Vorschriften in Betracht ziehen, aber die Bewegung der »B Corps« zeigt, dass es möglich ist. Eine zertifizierte »Benefit Corporation« hat ein innovatives Geschäftsmodell, das so gestaltet ist, dass es ein Gleichgewicht zwischen Zweck und Profit findet; dabei sind die Unternehmen juristisch verpflichtet, die Auswirkungen ihrer Entscheidungen auf Arbeitskräfte, Kunden, Lieferanten, Gesellschaft und Umwelt zu berücksichtigen. Bisher haben mehr als 2500 Firmen aus über 50 Staaten freiwillig eine solche Vereinbarung unterschrieben und die Anforderungen in ihre Gesellschaftsverträge aufgenommen. Meist handelt es sich dabei um kleine Unternehmen, aber auch einige große sind darunter, so Patagonia, Ben & Jerry's, Kickstarter, der brasilianische Kosmetikkonzern Natura und Seventh Generation, ein Hersteller umweltfreundlicher Reinigungsmittel.[21]

Würden solche veränderten Vorschriften und auch andere wie die Abschaffung der Quartalsberichte oder eine Entkopplung der CEO-Bezahlung von der kurzfristigen finanziellen Performance uns wirklich in den Donut führen?[22] Leider nicht. Sie könnten dazu beitragen, den wirtschaftlichen Zeithorizont zu erweitern, aber sie werden die Materialverschwendung, die ökologischen Schäden und den Luxuskonsum, derentwegen wir die natürlichen Ressourcen weit über die biologische Kapazität der Erde hinaus ausbeuten, nicht verhindern.[23] »Das sind nur kleine Anpassungen in einem System, das letztlich vollkommen umgekrempelt werden muss«, räumt Jeremy Lent ein. »Aber wie ein bescheidenes Trimmruder, das einen Ozeandampfer auf einen neuen Kurs bringen kann, schränken sie vielleicht die zerstörerische Macht der multinationalen Konzerne ein und lenken deren gewaltige Kraft auf einen nachhaltigeren Weg.«[24]

Aber wie würde ein tiefer reichender wirtschaftlicher Wandel – ein Wandel, der über einfache Vorschriften für das kapitalistische Modell hinausgeht – eigentlich aussehen? Hier können wir die Zeitrebellen fragen, die an der Spitze der Bewegung für regeneratives Design stehen.

Wie man eine regenerative Rebellion beginnt

In der Vergangenheit sind die meisten Versuche, die herrschenden Wirtschaftsordnungen infrage zu stellen, gescheitert. Die Planwirtschaft des Staatssozialismus überlebte ein halbes Jahrhundert, ist heute aber fast nirgendwo mehr zu sehen. Die großen Hoffnungen der kooperativen Bewegung des 19. Jahrhunderts lösten sich allmählich auf und überlebten nur an einzelnen Stellen wie Mondragón in Spanien. Heute werden wir Zeugen eines weiteren kühnen Versuchs, die Vorherrschaft des Marktsystems anzufechten: des regenerativen Designs. Es handelt sich um eine entstehende Bewegung in ihren allerersten Stadien, und ihre Erfolgsaussichten sind zugegebenermaßen gering. Aber wenn wir jemals ein Wirtschaftsmodell finden wollen, das eine nachhaltigere Vision an die Stelle der Wachstumssucht stellt, werden regenerative Prinzipien sein Kernstück sein.

Regeneratives Design ist ein ganzheitlicher Ansatz: Er verlangt von uns, dass wir genau überlegen, wie wir so einkaufen, essen, arbeiten und leben, dass alles innerhalb der biophysikalischen Grenzen unseres Planeten stattfinden kann, ohne dass die ökologischen Systeme verschlissen werden, auf die alles Leben angewiesen ist, und ohne dass wir über die Klippe der globalen Erwärmung stürzen. Es geht dabei um Prozesse, die ihre eigenen Energie- und Materialquellen wiederherstellen, erneuern und wiederbeleben können, sodass sie nachhaltig und auf sehr lange Zeit flexibel sind – nicht nur auf Monate oder Jahre, sondern auf Jahrzehnte und Jahrhunderte.[25] Die regenerativen Rebellen unserer Zeit haben den Kampf in vier entscheidenden Bereichen aufgenommen: Kreislaufwirtschaft, kosmolokale Produktion, demokratische Energie und Renaturierung.

Gehen wir einmal in unser örtliches Einkaufszentrum. Die meisten Produkte, die wir dort sehen – von Socken über Smartphones bis zu Wattebäuschen und Deodorants –, werden nach einem altmodischen linearen Modell der Industrieproduktion hergestellt, das Kate Raworth mit den Worten »nehmen, machen, nutzen, abstoßen« charakterisiert. Wir nehmen das Material aus der Erde, machen daraus die Dinge, die wir haben wollen, nutzen sie eine Zeit lang – in manchen Fällen nur einmal – und werfen sie dann weg. Genau das ist das lineare, degenerative Wirtschaftsmodell, das uns über die Grenzen des Planeten schiebt.[26]

Mittlerweile gewinnt ein anderes Modell des regenerativen Designs an Schubkraft, die »Kreislaufwirtschaft«, wie man sie nennt. Hier werden Produkte durch Kreislaufprozesse, die möglichst wenig Abfall erzeugen, in neue Produkte umgewandelt. Ein biologisches Material wie gemahlener Kaffee dient vielleicht zunächst dazu, uns unser Frühstücksgetränk zu liefern, wird dann zu Kompost, auf dem Champignons wachsen, wandert anschließend auf einen Bauernhof, wo es zu Rinderfutter wird, und kehrt schließlich als Dung in den Boden zurück. Mit Industriematerialien wie Stahl oder Kunststoff läuft ein ähnlicher Prozess ab: Das Material wird durch Reparatur, Aufbereitung, Zweckentfremdung und Recycling immer und immer wieder genutzt. So etwas wie Abfall gibt es in einem Kreislaufsystem nicht – er ist nur eine Ressource am falschen Platz.

Dies ist in der Industrieproduktion die Entsprechung zum Übergang von einem linearen zu einem zyklischen Zeitbegriff und sorgt langfristig für die »ewige Wiederkehr« der Ressourcen unseres Planeten.

Mittlerweile machen sich Tausende von Unternehmen und gesellschaftlichen Einrichtungen eine solche zyklische Denkweise zu eigen. Das kanadische Entsorgungsunternehmen Enerkem gewinnt Kohlenstoff aus Haushaltsabfällen, die sich nicht wiederverwerten lassen, und macht daraus ein Gas zur Herstellung von Biotreibstoffen; durch das Verfahren konnte die Stadt Edmonton 90 Prozent ihres Abfalls wiederverwenden und die Belastung der Müllkippen jedes Jahr um 100.000 Tonnen senken.[27] Um sich Verdienste in der Kreislaufwirtschaft zu verschaffen, eröffnete der schwedische Sportartikelhersteller Houdini 2018 die weltweit erste Einrichtung zur Kompostierung von Kleidung: Dort können Kunden ihre gebrauchten Kleidungsstücke aus Biowolle in Komposttonnen werfen und die so erzeugte Erde zum Anbau von Gemüse verwenden; auf diese Weise wird aus einem alten Wanderanorak eine schmackhafte Mahlzeit.

Das klingt hervorragend, aber wo liegt der Haken? Den Kreis zu schließen und Abfall in der Umwelt zu beseitigen kann in einer Kreislaufwirtschaft kostspielig sein. Dies hat unter anderem zur Folge, dass Houdini-Sportkleidung teuer ist. Das muss so sein, sagt das Unternehmen – es liegt daran, dass wir im Gegensatz zur Konkurrenz die gesamten ökologischen Kosten einkalkulieren. In Wirklichkeit werden aber die meisten Menschen ihr Verhalten nicht grundlegend ändern, sondern sich weiterhin auf die Schnäppchen bei Primark oder H&M stürzen, und Houdini wird ein Nischenanbieter bleiben. In Wirklichkeit ist es notwendig, das Kreislaufmodell auf die gesamte Wirtschaft auszuweiten.

Genau auf diese Aufgabe konzentriert sich die Fab-City-Bewegung. Ihre Ursprünge gehen auf das Jahr 2014 zurück: Damals forderte der Bürgermeister von Barcelona die Städte der Welt auf, bis 2054 »alles, was sie verbrauchen, selbst zu produzieren«.[28] Seither haben sich über 40 Städte von Santiago über Hamburg bis Shenzen der Bewegung angeschlossen und fördern nicht nur die Schaffung einer emissionsfreien Kreislaufwirtschaft, sondern setzen auch eine neuartige Herstellungsphilosophie in die Praxis um, die als »kosmolokale Produktion« bezeichnet wird.

Hinter diesem zweiten Ansatz des regenerativen Designs steht der Grundgedanke, dass »Atome schwer und Bits leicht sind«: Es ist also sinnvoll, Produkte (die aus Atomen bestehen) lokal herzustellen, um Transportkosten und Energieverbrauch zu vermindern, und sie gleichzeitig auf ein Design (das aus Informationsbits besteht) zu stützen, dass global über Open-Source-Digitalplattformen zur Verfügung steht. Wir hören oft von Open-Source-Software wie Linux, Drupal oder Firefox, aber die Fab-City-Bewegung sucht auch nach Open-Source-Hardware. Der polnisch-amerikanische Erfinder Marcin Jakubowski hat beispielsweise das Global Village Construction Set geschaffen, wie er es nennt, einen Baukasten aus kostenlosen, gemeinschaftlich entwickelten Konstruktionen, die man herunterladen und daraus zu einem Bruchteil der normalen, kommerziellen Kosten 50 wichtige Maschinen zusammensetzen kann, von Traktoren bis zu 3-D-Druckern. »Unser Ziel«, sagt er, »ist ein Bestand an veröffentlichten Designs, die so leicht nachvollziehbar und vollständig sind, dass eine einzige gebrannte DVD eigentlich ein Einsteigerpaket für eine ganze Zivilisation darstellt.«[29] Seine Arbeiten wurden zur Anregung für andere, wie das Open Building Institute und WikiHouse: Sie bieten Baupläne für modulare, kostengünstige Öko-Häuser, die lokal hergestellt und aufgebaut werden können. Viele derartige Organisationen findet man heute in den offenen Werkstätten oder »Makerspaces«, die überall in Afrika, von Benin bis nach Nigeria, aus dem Boden schießen.[30]

Wie viele umwälzende Ideen, so kämpft auch der Kosmolokalismus gegen eine vorhandene Wirtschaftsordnung, die ihm leicht die Luft abschnüren könnte. In einem kostengünstigen Haus mit niedrigen Kohlenstoffemissionen zu wohnen, das wie ein Ikea-Flachkarton angeliefert und in wenigen Monaten aufgebaut wird, wäre großartig, aber wie soll man sich angesichts der hohen Grundstückspreise in städtischen Gebieten die Fläche für seinen Aufbau leisten, ohne viele Kilometer von jeder Infrastruktur entfernt zu leben? Was die Aussichten angeht, sollten wir also realistisch bleiben, aber nach Ansicht des Belgiers Michel Bauwens, eines Pioniers der Peer-to-Peer-Wirtschaft, besitzt die kosmolokale Produktion das bahnbrechende Potenzial, »den Fußabdruck der Menschen auf die natürlichen Ressourcen, die für zukünftige Generationen und alle Lebewesen auf dem Planeten erhalten bleiben müssen, radikal zu verringern«.[31] Außerdem besitzt sie eine innere Anpassungsfähigkeit und Flexibilität, sodass Wirtschaftssysteme geschaffen werden können, die auf lokale Bedürfnisse reagieren und Veränderungen gegenüber flexibel sind: Jede Stadt, die sich auf kosmolokale Produktion stützt, wird anders aussehen und auf die Innovationen ihrer technologieorientierten lokalen Produzenten zurückgreifen.

Dass eine vollständig regenerative Wirtschaft zu 100 Prozent durch Sonnenlicht, Wind, Wellen und andere erneuerbare Energiequellen angetrieben wird, muss nicht besonders betont werden. Wenn wir die globale Erwärmung unter 1,5 Grad Celsius halten wollen, haben wir keine andere Wahl, als unsere Energieversorgung spätestens im Laufe der nächsten 20 Jahre vollständig zu dekarbonisieren. In diesem Bereich gibt es enorme Fortschritte: Mehr als 100 Städte beziehen mittlerweile über 70 Prozent ihres elektrischen Stroms aus erneuerbaren Quellen, von Dar es Salaam in Tansania bis zu Curitiba in Brasilien.[32] Wirklich spannend ist aber eine Entwicklung, die der Gesellschaftstheoretiker Jeremy Rifkin als »Demokratisierung der Energie« bezeichnet.[33] Damit meint er das Wachstum kleiner Netze mit erneuerbarer Energie, mit denen Haushalte nicht nur ihren eigenen Solarstrom produzieren können, sondern Überschüsse auch über horizontale Peer-to-Peer-Netzwerke an Nachbarn verkaufen. Das geschieht nicht nur in wohlhabenden Ländern wie Deutschland. In Bangladesch wurden Zehntausende Menschen – in der Mehrzahl arme Frauen aus ländlichen Gebieten – als Solaringenieurinnen ausgebildet und haben in ihren Dörfern im Rahmen eines staatlichen »Schwarm-Elektrifizierungsprogramms« Solaranlagen in mehr als vier Millionen Haushalten installiert. Bis 2030 sollen mehr als 10.000 »Microgrid«-Systeme die Haushalte, die Solarstrom produzieren, im ganzen Land verbinden und so für eine der weltweit schnellsten Solarrevolutionen sorgen.[34]

Das Modell hat den Vorteil, dass es nicht nur regenerativ, sondern auch dezentral funktioniert: Es hebt die Menschen über die gesellschaftliche Grundlage des Donuts, weil es die Fähigkeit zur Stromproduktion weitaus gleichmäßiger verteilt, als wenn die Haushalte auf große private Energieunternehmen angewiesen wären, die auf Profite aus sind.[35] Diese Demokratisierung der Energie dürfte auch weitreichende politische Folgen haben. Microgrid-Netzwerke stärken in einer Gemeinde den Zusammenhalt. Wenn

Energieproduktion, Eigentum und Energieverteilung auf lokaler Ebene bleiben, werden die Menschen häufig auch andere Dinge, darunter politische Entscheidungen, auf die lokale Ebene verlagern wollen. Energiesysteme haben in der Menschheitsgeschichte immer die politischen Systeme geprägt. Wie die Entwicklung der Bergbauindustrie, die im 19. Jahrhundert die Gewerkschaftsbe-

In Dörfern wie Buri Goalini im ländlichen Bangladesch stehen Frauen an vorderster Front der Energierevolution: Sie installieren und warten die Solarkollektoren.

wegung und die Forderungen nach Arbeiterrechten stärkte, so könnte die von den Gemeinden ausgehende Solarrevolution im 21. Jahrhundert auch zu einer Kraft für die radikale Dezentralisierung der Macht werden und damit das langfristige Denken fördern.[36] Wenn Haushalte sich andererseits für private Batteriespeicher entscheiden und ihre Energie horten, statt sie zu teilen, oder wenn Großunternehmen auch in der Produktion erneuerbarer Energien die Vorherrschaft erlangen – was in vielen Ländern bereits beginnt –, wird sich dieses Demokratisierungspotenzial jedoch nie vollständig verwirklichen.

Eine vierte Form des regenerativen Designs wird von der Renaturierungsbewegung vorangetrieben, die sich in den letzten zehn Jahren an vielen Orten von Schottland über Rumänien bis nach Südafrika entwickelt hat. Ihre Entstehung ist zum Teil eine Reaktion auf das Scheitern der traditionellen Naturschutzorganisationen. Seit über 100 Jahren bezeichnen Naturschützer es als unsere große Aufgabe, die Erde so zu erhalten, dass wir sie an zukünftige Generationen in unberührtem Zustand weitergeben können. Das mag sich nach einem bewundernswerten Ziel anhören, das in Einklang mit dem übergeordneten Bestreben des guten Vorfahren steht, innerhalb der Grenzen der Natur zu gedeihen. Kritiker weisen aber darauf hin, dass viele Naturschutzorganisationen unabsichtlich dem »Syndrom der verschobenen Grundlinie« zum Opfer gefallen sind, wie es genannt wird.

Der Ökologe George Monbiot erklärt es so: »Die Menschen jeder Generation halten den Zustand der Ökosysteme, der ihnen in ihrer Kindheit begegnet ist, für normal.« Deshalb fordern Naturschützerinnen häufig die Wiederherstellung von Fisch-, Wildtier- oder Pflanzenbeständen auf die ökologische Grundlinie ihrer Jugend, ohne sich bewusst zu sein, dass dies vielleicht bereits ein Zustand der extremen Ausbeutung war. In Großbritannien setzen sich beispielsweise viele Menschen dafür ein, die offenen Moorlandschaften des Landes zu erhalten, in Wirklichkeit handelt es sich dabei aber um ehemalige dichte Wälder, in denen es von wilden Tieren wimmelte, bevor sie durch jahrhundertelange Schafzucht verwüstet wurden. »Die Naturschutzbewegung hat zwar gute Absichten, sie ist aber bestrebt, lebende Systeme in der Zeit einzufrieren«, erklärt Monbiot. Deshalb bevorzugen er und viele andere die »Renaturierung« anstelle der »Erhaltung«; ihnen geht es nicht darum, die Natur in einen früheren Zustand zu versetzen, an den wir uns erinnern, sondern man will ökologische Prozesse in Gang setzen, indem Pflanzen und Tiere wieder eingeführt werden, die die Erholung von Wildlandschaften ankurbeln. Ein klassisches Beispiel ist der Yellowstone-Nationalpark, wo die Wiederansiedlung der Wölfe seit 1995 zu einer »trophischen Kaskade« der ökologischen Regeneration führte: Die Wölfe sorgten dafür, dass die gefräßigen Hirsche keine Baumschösslinge mehr fraßen, sodass die Bäume nachwachsen konnten, und das wiederum holte Singvögel, Biber und andere Arten zurück, die in der Nahrungskette weiter unten standen.[37]

Mit der Renaturierung verfolgt man nicht nur das Ziel, Landschaften wiederherzustellen und den Verlust biologischer Vielfalt zu verhindern, sondern man will eine »natürliche Kohlenstofflösung« für den weltweiten Klimanotstand finden. Die hier angebotene Lösung ist keine Hightech-Methode wie die Kohlenstoffabscheidung und -lagerung, sondern ein weitaus älteres, effizientes Verfahren der Kohlenstoffaufnahme: Bäume. Die Renaturierung birgt für die Aufnahme von Kohlenstoff ein gewaltiges Potenzial. Zusammen mit anderen natürlichen Ansätzen wie der regenerativen Landwirtschaft könnte beispielsweise die Renaturierung von Torf- und Heideflächen mehr als ein Drittel der globalen Treibhausgasminderung bewirken, die bis 2030 notwendig ist, damit die Erwärmung unter einem gefährlichen Niveau bleibt – bisher sind aber nur 2,5 Prozent der Finanzmittel für die Kohlenstoffverminderung in diesem Bereich geflossen. Wie sich in einer Studie der Aktionsgruppe Rewilding Britain gezeigt hat, könnte man durch eine Umwidmung von zwei Dritteln der derzeitigen landwirtschaftlichen Subventionen für Renaturierungsprojekte insgesamt 47 Millionen Tonnen Kohlendioxid im Jahr binden, mehr als ein Zehntel der gesamten Emissionen Großbritanniens.[38] Natürlich ist die Renaturierung nicht die einzige Lösung – der Wechsel zu pflanzlicher Ernährung, Verkehr ohne fossile Brennstoffe und Gebäudeisolierung werden ebenfalls einen großen Beitrag leisten –, aber das regenerative Potenzial der Bäume erinnert uns daran, dass sich eine lange Zukunft für die Menschheit herauskristallisieren könnte, wenn wir die großen Wunder der »Baumzeit« wiederentdecken.

Diese vier regenerativen Vorgehensweisen sind innovativ und anregend. Aber sehen wir der ernüchternden Realität ins Auge: Die Zeitrebellen stellen sich gegen beträchtliche Kräfte der wirtschaftlichen und politischen Macht. Sie kämpfen gegen das kurzfristige Denken in den tief verwurzelten Verhaltensweisen von Unternehmen und Finanzspekulanten, uneinsichtigen Regierungen, die an vierteljährlichen Wachstumszielen hängen, und einer Wegwerf-Konsumkultur. Angesichts solcher Widerstände stellt sich die Frage: Werden die Menschen in 100 Jahren wirklich zurückblicken und die Entstehung einer auf Regeneration basierenden wirtschaftlichen Revolution ebenso deutlich erkennen, wie wir heute die Industrielle Revolution sehen?

Vermutlich nicht. Möglicherweise aber doch. Die im Entstehen begriffenen regenerativen Ansätze, die rund um die Welt auf der Bildfläche erscheinen, sind nichts anderes als ein wirtschaftlicher Wandel im Frühstadium. Er ist noch zerbrechlich, bruchstückhaft und ungewiss. Ganz ähnlich sah es auch in der Frühzeit der Industrialisierung im 18. Jahrhundert aus. Koryphäen wie Adam Smith war noch nicht einmal klar, dass sich unmittelbar vor ihren Augen eine Industrielle Revolution abspielte.[39]

Gestützt werden die Hoffnungen auf eine regenerative Revolution heute durch Regierungen, die allmählich etwas anders denken. In den Niederlanden hat man ein bahnbrechendes Programm in Angriff genommen, mit dem bis 2050 eine Kreislaufwirtschaft geschaffen werden soll; dazu gehört unter anderem eine 50-prozentige Verminderung des Rohstoffverbrauchs bis 2030.[40] Schweden will mit einem ehrgeizigen »Generationenziel« innerhalb einer einzigen Generation die wichtigsten Umweltprobleme des Landes lösen. Finnland hat sich dazu verpflichtet, bis 2035 CO_2-neutral zu werden. Mehrere Regierungen, darunter die von Neuseeland, Schottland und Island, haben das Wohl ihrer Bürger und Bürgerinnen in den Mittelpunkt der Wirtschaft gestellt und wollen neue Maßstäbe für die Entwicklung anlegen, die nicht auf dem Wirtschaftswachstum basieren, sondern auf dem kollektiven Wohlbefinden. Manche Staaten, darunter Bhutan, messen mittlerweile das Bruttoglücksprodukt, und andere sind auf dem Weg zu »Green New Deals«.

Die größte Herausforderung liegt aber in der Auflösung des zentralen Spannungsverhältnisses, das im 21. Jahrhundert im Mittelpunkt der Wirtschaft steht: Ist es möglich, gleichzeitig Wirtschaftswachstum zu generieren und innerhalb der ökologischen Grenzen des Planeten zu bleiben? Vor diesem unausweichlichen Dilemma stehen die Regierungen der ganzen Welt. Zu den Ländern, die entschlossen sind, es zu lösen, gehört China, ein Staat, der oft wegen seiner langfristigen Visionen genannt wird und seinen Fokus darauf richtet, die erste ökologische Zivilisation der Welt zu schaffen. Was können wir daraus lernen?

Kann China eine ökologische Zivilisation schaffen?

Ein traditionelles chinesisches Volksmärchen, das der Vorsitzende Mao sehr liebte, heißt »Der törichte alte Mann entfernt die Berge«. Ein 90-jähriger Mann ärgerte sich so über zwei Berge, die einer Reise aus seiner Heimat entgegenstanden, dass er sich entschloss, sie einzuebnen und lediglich mit seiner Hacke die Erde und das Gestein zu entfernen. Als man sich darüber lustig machte, dass er sich an diese scheinbar unmögliche Aufgabe begab, erwiderte er, durch seine eigene harte Arbeit und die der vielen Generationen seiner Nachkommen würden die Berge eines Tages verschwinden. Die Götter waren von seiner Hartnäckigkeit so beeindruckt, dass sie den Befehl erteilten, die Berge zu spalten.[41]

Die chinesische Kultur ist voller ähnlicher Märchen und Sprichwörter, in denen es um die Vorteile einer langfristigen Sichtweise geht. Sie zeichnen ein Bild von China als uralter Zivilisation, deren Zeithorizont sich über Jahrhunderte oder sogar Jahrtausende zurück in die Vergangenheit als auch vorwärts in die Zukunft erstreckt, ganz im Gegensatz zu der westlichen Versessenheit auf das Jetzt. Als der chinesische Premierminister Zhou Enlai 1972 nach den Auswirkungen der Französischen Revolution gefragt wurde, lautete seine legendäre Antwort: Es sei noch »zu früh, etwas darüber zu sagen«. Später stellte sich heraus, dass er glaubte, man habe ihn nach den Pariser Studentenunruhen von 1968 gefragt, aber auch dessen ungeachtet trägt diese Anekdote zu dem Gedanken bei, dass Chinesen in Jahrhunderten denken, während die restliche Welt auf den Sekundenzeiger starrt. In dem hektischen Tempo der Stadtentwicklung im heutigen China spiegelt sich allerdings kaum etwas von dieser langfristig angelegten Mentalität wider: Viele neue Gebäude überdauern kaum 20 Jahre, bevor sie abgerissen und ersetzt werden, und Stadtplaner haben historische Viertel wie die Altstadt von Kaschgar oder das Quartier Laoximen in Shanghai völlig dem Erdboden gleichgemacht.

Dennoch besteht kein Zweifel, dass das Land seinen Ruf, insbesondere in den Bereichen von Infrastruktur und Industriepolitik langfristig zu denken und zu planen, verdient hat. Nach Überzeugung seiner Führung ist Chinas Erfolg vorwiegend darauf zurückzuführen, dass das politische System seine Kräfte auf langfristige Entwicklungsprojekte und Prioritäten konzentrieren kann, während in Demokratien ständig Wahlen stattfinden und die Regierung wechselt.[42] Laut Präsident Xi Jinping »liegt unser größter Vorteil darin, dass das sozialistische System unseres Landes sich darauf konzentrieren kann, große Dinge zu tun«.[43]

Das Spektrum solcher langfristiger Projekte reicht vom Drei-Schluchten-Staudamm bis zu dem gewaltigen Süd-Nord-Wassertransferprojekt, einem seit 2002 im Bau befindlichen Kanalsystem, mit dem Wasser aus dem feuchten Süden in den trockenen Norden des Landes transportiert werden soll; die Fertigstellung ist für 2050 vorgesehen. Dazu gehört auch eine Reihe von Infrastruktur-

und Kraftwerksprojekten im Rahmen der »Neuen Seidenstraße«, mit deren Hilfe China seinen wirtschaftlichen Einfluss auf Zentralasien, Afrika und Europa ausweiten will. Dem neuesten Fünfjahresplan der Regierung für Wissenschaft und Technologie ist zu entnehmen, dass zu traditionellen ingenieurtechnischen Megaprojekten heute auch digitale Megaprojekte hinzukommen: Bis 2030 will China weltweit eine beherrschende Macht im Bereich von Big Data, Cybersicherheit, künstlicher Intelligenz, intelligenten Städten und darüber hinaus werden.[44]

Zusätzlich zu solchen Initiativen hat Präsident Xi erklärt, China wolle sich im Laufe der nächsten drei Jahrzehnte zu einer »ökologischen Zivilisation« entwickeln, in der die »Harmonie zwischen Menschen und Natur« und der »Nutzen für kommende Generationen« gesichert seien.[45] Eine solche ehrgeizige Vision können nur die wenigsten Regierungen der westlichen Welt für sich in Anspruch nehmen. In der Praxis bedeutet das unter anderem größere Investitionen in erneuerbare Energien, die Bekämpfung der Luft- und Wasserverschmutzung und eine Wiederaufforstung im großen Stil. Ein Projekt der jüngsten Zeit ist die weltgrößte schwimmende Solarfarm: Sie befindet sich im Osten des Landes, in der Stadt Huainan, auf einem See über einer alten Kohlemine, und kann Strom für fast 100.000 Haushalte liefern.[46] Der Wandel verläuft in bemerkenswertem Tempo: Nach Angaben von Greenpeace installiert China stündlich Sonnenkollektoren von der Fläche eines Fußballfeldes sowie mehr als eine Windturbine.[47] In China weiß man aber auch, dass man schnell handeln muss: Die eigenen Klimaforschenden warnen, das Land werde es in den kommenden Jahren mit einem überdurchschnittlich hohen Anstieg des Meeresspiegels, Überschwemmungen, Dürre und unsicherer Lebensmittelversorgung zu tun bekommen.[48]

Das Ziel einer ökologischen Zivilisation kennzeichnet einen Wandel in Richtung einer stärker regenerativen Wirtschaft, die im Einklang mit den natürlichen Systemen der Lebenswelt steht. Sie hat aber eine heikle Stellung im Verhältnis zur weiteren Entschlossenheit der Regierung, dem Wirtschaftswachstum oberste Priorität einzuräumen.[49] Ein Leuchtturmprojekt des Präsidenten Xi ist unter dem Namen der beiden »Hundert-Jahres-Ziele« bekannt. Das erste war der Aufbau einer mäßig wohlhabenden Gesellschaft bis 2021 (dem 100. Jahrestag der Chinesischen Kommunistischen Partei), das zweite ist die Schaffung eines hoch entwickelten wirtschaftlichen Kraftzentrums bis 2049 (dem 100. Jahrestag der Gründung der Volksrepublik China). Dieses zweite Ziel ist ein bewundernswertes Beispiel für langfristiges Kathedralendenken. Es ist aber vollkommen davon abhängig, dass China bis zur Mitte des Jahrhunderts eine hohe Wachstumsrate von ungefähr 6 Prozent im Jahr beibehält.[50]

Hier liegt allerdings ein Problem, denn es deutet kaum etwas darauf hin, dass solch ein kräftiges exponentielles Wachstum zu erreichen ist, ohne dass man die ganze Vision einer ökologischen Zivilisation aufs Spiel setzt. China mag schwimmende Solarfarmen besitzen, aber das Land verbraucht immer noch weltweit die Hälfte der Kohle, ein Drittel des Öls und 60 Prozent des Zements.[51] Außerdem produziert es mehr Stahl und verbraucht mehr Pestizide, Kunstdünger und Bauholz als jedes andere Land der Welt. Das liegt nicht nur an der Größe Chinas, sondern auch am Aufbau seiner Industrie, die immer noch im Wesentlichen auf fossile Brennstoffe und giftige Chemikalien angewiesen ist. Selbst in optimistischen Szenarien wird Kohle noch 2040 rund 47 Prozent des Stroms in dem Land erzeugen (heute sind es 70 Prozent).[52] Gleichzeitig hat China einen großen Teil seiner Abhängigkeit von fossilen Brennstoffen ausgelagert: Zwischen 2001 und 2016 war es im Rahmen seiner Neuen Seidenstraße an der Entwicklung von 240 Kohlekraftwerken in 25 Ländern beteiligt. Wenn die Bevölkerung immer wohlhabender wird, wünschen sich die Menschen mehr Autos, mehr Heizung, mehr Fleisch, mehr Haushaltsgeräte – das alles ist mit mehr Energieverbrauch und einer stärkeren Umweltzerstörung verbunden.[53] Der Wirtschaftswissenschaftler Richard Smith formuliert es so: »Xi kann entweder eine ökologische Zivilisation schaffen oder eine reiche Supermacht aufbauen. Beides zusammen geht nicht.«[54]

Die Anhänger des »grünen Wachstums« sind der Meinung, die beiden Ziele ließen sich vereinbaren. Bisher ist es aber noch keinem Staat der Welt gelungen, Wachstum zu erzeugen und gleichzeitig seine Treibhausgasemissionen auch nur annähernd so stark zu verringern, wie es notwendig wäre, um einen gefährlichen Klimawandel zu vermeiden. Bei allem technischen Erfindungsreichtum haben wir noch keinen Weg gefunden, um das Wirtschaftswachstum von dem Ausmaß einer Ressourcennutzung, das uns weit über die Kapazitätsgrenzen des Planeten hinausführt, zu »entkoppeln«. Die geringfügige »absolute Entkopplung«, die in manchen Ländern erreicht wurde, ist kaum der Rede wert und kommt nicht einmal in die Nähe dessen, was notwendig wäre, um die globalen Kohlendioxidemissionen innerhalb von zehn Jahren zu halbieren.[55] »Die Wirtschaftswissenschaftler wollen uns erzählen, wir könnten das Wachstum vom Materialverbrauch abkoppeln«, sagt der Energieexperte Václav Smil, »aber das ist völliger Unsinn.«[56]

Mit diesem Dilemma steht China nicht allein: Alle Staaten mit hohem und mittlerem Einkommen müssen sich mit ihm auseinandersetzen. Allmählich kristallisiert sich heraus, vor welchen Tatsachen die chinesische Führung steht: Die beiden Ziele des Wirtschaftswachstums und der ökologischen Zivilisation dürften zutiefst unvereinbar sein. Offensichtlich strafen sie die alte taoistische Philosophie des Yin und Yang, wonach scheinbar widersprüchliche Kräfte als Teile eines zusammengehörigen Ganzen nebeneinander in Harmonie und Gleichgewicht existieren können, Lügen. Vielleicht wird China die Ausnahme von der Regel, und man wird sich an den Präsidenten Xi als Politiker erinnern, der die beiden Ziele in Einklang gebracht hat. Aber trotz aller

Macht, die dem chinesischen Staat zur Verfügung steht, dürfte er dafür die Hilfe der Götter brauchen, die Berge versetzen.

Jenseits der Klima-Apartheid

Die Zeitrebellen, die hinter der Kreislaufwirtschaft und anderen regenerativen Wirtschaftsordnungen stehen, retten uns vielleicht vor dem Dilemma unserer Zivilisation, indem sie einen Übergang möglich machen: von einer Wirtschaft, die vom Ziel des endlosen BIP-Wachstums angetrieben wird, zu einem System, das – um noch einmal auf die Worte von David Korten zurückzukommen – »materielles Auskommen und spirituellen Reichtum für alle im Gleichgewicht mit den regenerativen Systemen einer lebenden Erde sichert«. Dabei sind sie allerdings in einen klassischen Kampf von David gegen Goliath verstrickt, der leicht mit dem Sieg des vorhandenen wachstumssüchtigen Systems enden könnte.

Wenn das geschieht und wenn wir weitermachen wie bisher, müssen wir uns auf die Folgen einstellen. Wie sie aussehen könnten, wissen wir bereits. Als der Hurrikan »Sandy« 2012 New York heimsuchte, hatten Hunderttausende von einkommensschwachen, verletzlichen Familien keinen Zugang zu Elektrizität und Gesundheitsversorgung, während die Firmenzentrale von Goldman Sachs durch Zehntausende unternehmenseigene Sandsäcke und Strom aus einem eigenen Generator geschützt war. Nach Ansicht von Philip Alston, Sonderberichterstatter der Vereinten Nationen für extreme Armut und Menschenrechte, kennzeichnete dies die Gefahren der »Klima-Apartheid«, bei denen »die Reichen dafür bezahlen, der übermäßigen Erwärmung, dem Hunger und Konflikten zu entkommen, während die übrige Welt dem Leiden überlassen wird«.[57] Man denke nur an *Jahr 2022 ... die überleben wollen*, *Elysium*, *The Wall* oder beliebig viele weitere dystopische Science-Fiction-Filme.

Während das reichste eine Prozent, dem die Hälfte des Reichtums auf der Welt gehört, sich von den verheerenden Folgen des globalen ökologischen Notstandes abschotten kann, werden die meisten anderen Menschen dazu nicht in der Lage sein, insbesondere nicht jene, die in reichen und armen Ländern in Armut leben.[58] Deshalb ist es so entscheidend wichtig, dass wir eine regenerative Wirtschaft anstreben, die uns nicht nur im Ring der Grenzen unseres Planeten festhält, sondern die Menschen auch über die gesellschaftliche Grundlage des Donuts hinaus erhebt. Das ist nicht nur eine Frage der heutigen wirtschaftlichen und sozialen Gerechtigkeit, sondern auch der Generationengerechtigkeit von morgen: Sie muss dafür sorgen, dass sowohl die heutige als auch die zukünftige Bevölkerung über Mittel und Flexibilität verfügt, um sich mit möglichen Klimafolgen auseinanderzusetzen.

Manche einkommensschwache Länder vertreten die Ansicht, sie könnten es sich nicht leisten, eine regenerative Wirtschaft zu schaffen, und sie seien auf Wirtschaftswachstum angewiesen, um ihre Bürger und Bürgerinnen aus der akuten Armut zu befreien. Und warum sollten sie sich nicht ihres gerechten Anteils an den Emissionen fossiler Brennstoffe erfreuen, wo die höher entwickelten Länder sie doch bereits seit 200 Jahren genießen?

Es stimmt: Die Last, Emissionen zu vermindern, sollte zum größten Teil den Ländern zufallen, die auch historisch am stärksten dafür verantwortlich sind; nicht weniger verlangt eine langfristige Sichtweise. Aber der Wechsel zu einer regenerativen Wirtschaft ist kein Luxus, der ausschließlich dem Vergnügen der wohlhabenden Staaten dient. Wie der Erfolg der dezentralisierten Solarindustrie in Bangladesch zeigt, bietet sie auch für Länder mit niedrigem Einkommen einen Weg, um das wirtschaftliche Wohlergehen innerhalb der ökologischen Grenzen der Lebenswelt voranzubringen. Regeneratives Design könnte sie in die Lage versetzen, das alte Modell des Industriekapitalismus zu überspringen und eine andere Form der Wirtschaft zu schaffen: eine Wirtschaft, die sauberer, gerechter und auf einer Vision von einem längeren Jetzt gegründet ist. Diese Wirtschaft gibt es bereits, und sie versucht, in Spalten und Winkeln zu gedeihen. Vielleicht wird sie niedergetrampelt. Aber wenn wir uns die Mühe machen, sie zu nähren, könnte sie auch aufblühen.

11

Kulturelle Evolution

Geschichtenerzählen, Design und der Aufstieg der virtuellen Zukunft

Damit unsere Spezies überleben kann, ist sie auf die Biosphäre in ihrer Umgebung angewiesen, die ihr Sauerstoff und andere Lebensnotwendigkeiten liefert. Nach Ansicht des Anthropologen Wade Davis sind wir aber auch von einer »Ethnosphäre« umgeben, die uns die kulturelle Luft zum Atmen liefert. Sie enthält einen Wirbel aus Ideen, Überzeugungen, Mythen und Haltungen, die in einer Gesellschaft vorherrschen, und genau diese Faktoren machen die Weltanschauung aus, die unser Denken und Handeln prägt.[1]

Die Ethnosphäre ist ständig im Fluss und wandelt sich durch einen Prozess der »kulturellen Evolution«, auch dies ein nützlicher Begriff für unser Lexikon des langfristigen Denkens. Zu einem bestimmten Zeitpunkt sind bestimmte Denkweisen in der Ethnosphäre vielleicht beherrschend, aber dann kommen neue dazu und verdrängen die alten. Gegen Ende des 20. Jahrhunderts machte beispielsweise der Glaube an kollektive Werte (wie soziale Gerechtigkeit) allmählich einer Ideologie des Individualismus Platz, die nun durch den Aufstieg von Neoliberalismus und Konsumkapitalismus die Ethnosphäre der westlichen Welt durchtränkte. Auf ganz ähnliche Weise traten säkulare Werte in Konkurrenz zu den dominierenden religiösen Glaubensüberzeugungen.

Kulturelle Evolution unterscheidet sich in drei wichtigen Aspekten von der biologischen Evolution. Erstens ist sie unter Umständen eine Frage der bewussten Entscheidungen: Wir sind in der Lage, darüber zu bestimmen, in welche Richtung sich die Ethnosphäre entwickelt. Zweitens kann sie sich viel schneller abspielen als ihr biologisches Gegenstück, sodass wir uns an eine sich wandelnde Umwelt, beispielsweise an die Herausforderungen der Klimakrise oder die wachsende Einkommensungleichheit, anpassen können. Und drittens muss die kulturelle Evolution im Gegensatz zur biologischen Evolution, in der natürliche Selektion neue Merkmale in unserer DNA verankert, sodass sie über Generationen hinweg vererbt werden können, in jeder neuen Generation immer und immer wieder reproduziert werden. Das geschieht durch Bildungssysteme und andere Institutionen und Bewegungen, die Werte und Ideen verbreiten.[2]

Was hat das alles mit dem Tauziehen zwischen kurz- und langfristigem Denken zu tun? Wir befinden uns mitten in einer folgenreichen Phase der kulturellen Evolution: Zeitrebellen säen in der Ethnosphäre und in einer Reihe kultureller Lebensräume von den bildenden Künsten bis zur organisierten Religion neue Ideen und Praktiken aus. Würde jemand auf einer Zeitreise von 1820 in die Welt von 2020 kommen, er oder sie wäre zweifellos erschrocken über das schnelle Tempo des Alltagslebens und unseren Zustand der ständigen digitalen Ablenkung, gleichzeitig würde aber auch Verblüffung darüber herrschen, wie viel Zeit wir darauf verwenden, uns die Zukunft, eine Zeit in Jahrzehnten oder auch Jahrhunderten, auszumalen und darüber nachzudenken. Hinweise darauf würden sich in Kinos, Klassenzimmern, Zeitungsartikeln, Kirchenpredigten, Videospielen und den geistigen Landschaften der virtuellen Realität finden. Und dafür haben wir den kulturellen Zeitrebellen zu danken.

Das alles hat zur Folge, dass sich parallel zu der Mentalität des kurzen Jetzt, die in unseren Köpfen vorherrscht, allmählich ein längeres Jetzt herauskristallisiert: Nie zuvor in der Menschheitsgeschichte haben wir uns über die Welt der Zukunft so viele Gedanken gemacht. Ob aus Hoffnung oder aus Angst, in jedem Fall findet in unserer geistigen Landschaft eine tiefgreifende Verschiebung statt. Nach und nach atmen wir die Luft des langfristigen Denkens.

Wer sind die rebellischen Gestalten, die hinter diesem kulturellen Wandel stehen? Was sind ihre Strategien? Und welche Hoffnung hegen sie, das nicht realisierte Potenzial unseres Eichelgehirns anzapfen zu können? Dieses Kapitel nimmt uns mit auf eine Reise in die kreativsten und revolutionärsten kulturellen Bereiche des heutigen langfristigen Denkens. Wir beginnen mit einer der ältesten Tätigkeiten der Menschen: dem Geschichtenerzählen.

Science-Fiction und die Macht der Geschichten

In Politik und Wirtschaft hat sich die Zeitrebellion erst seit den 1970er-Jahren entwickelt, Romanautoren und Filmemacherinnen erweitern unsere Fantasie aber schon seit über 100 Jahren in die Zukunft. Einer der ersten Vertreter war Charles Dickens: In *A Christmas Carol* – auf Deutsch unter dem Titel *Eine Weihnachtsgeschichte* erschienen – zeigt der Geist eines Weihnachtsfestes, das erst noch kommt, dem mürrischen Ebenezer Scrooge den Tod des Tiny Tim und sein eigenes vernachlässigtes Grab. Der eigentliche Sprung in die Zukunft folgte aber erst gegen Ende des 19. Jahrhunderts mit den Schriften von Jules Verne und H. G. Wells, den Begründern der Science-Fiction – das Genre wird heute häufig auch als »spekulative Fiktion« bezeichnet. Zeitmaschinen, Menschen auf dem Mond und »lost in space zu sein« wurden schon bald zu Teilen unseres Alltagswortschatzes.

Heute überkommt uns fast das Gefühl einer Überdosis: Hollywood stößt immer neue apokalyptische Science-Fiction-Kassenschlager aus, darunter *The Day After Tomorrow*, in dem der Klimawandel einen riesigen Supersturm erzeugt und damit eine neue Eiszeit einläutet. Diese »Apoco-tainment«-Branche zu verunglimpfen fällt nicht schwer: Sie liefert uns eine Fülle an emotionalem und technisch ausgereiftem Nervenkitzel, schafft jedoch häufig kein tiefes Gefühl der Verbindung mit dem Schicksal zukünftiger Menschen. Es gibt aber durchaus auch viele ernsthafte, nachdenkliche Versuche, eine mögliche Zukunft zu erkunden, von Romanen wie *Der Report der Magd* von Margaret Atwood und seine Fortsetzung *Die Zeuginnen* bis zu Filmen wie *Children of Men* nach dem Roman von P. D. James, der in einer Welt spielt, in der die Gesellschaft nach 20-jähriger Unfruchtbarkeit der Menschen am Rand des Zusammenbruchs steht und unsere Spezies vom Aussterben bedroht ist.

Einen der ersten systematischen Versuche, das Genre zu studieren, unternahmen Forschende an der Universität Lissabon: Sie analysierten die beherrschenden Themen in 64 besonders einflussreichen Science-Fiction-Filmen und -Romanen aus den letzten 150 Jahren, von *Wir* von Jewgeni Samjatin über Fritz Langs *Metropolis* und *Die Geißel des Himmels* von Ursula K. Le Guin bis zu *Avatar* von James Cameron. Als sie den Inhalt in über 200 Themenkategorien einordneten, kristallisierten sich eindeutige Gesetzmäßigkeiten heraus. In 27 Prozent der untersuchten Werke war die Technologie zu einem Hilfsmittel für Manipulation und gesellschaftliche Kontrolle geworden. Die Zerstörung der Lebenswelt spielte in 39 Prozent der Bücher und Filme eine Rolle, akute Nahrungsmittelknappheit war in 28 Prozent ein Thema, und in 31 Prozent kämpften Widerstandsbewegungen gegen unterdrückerische politische Systeme und extreme Ungleichheit. Die Studie gelangte unter anderem zu dem wichtigen Schluss, dass spekulative Fiktion und Filme uns nicht nur helfen, uns den abstrakten Begriff der »Zukunft« bildhaft vorzustellen und eine Verbindung mit ihr einzugehen, sondern sie dienen auch als Frühwarnsystem, das uns aktiv und weit effizienter auf die Risiken von Technologie oder Ressourcenausbeutung hinweist als die leidenschaftslosen Analysen von Forschenden oder langatmige Regierungsberichte. Sie kann uns politisieren, sozialisieren und verändern. Nach Angaben der Autoren hat Science-Fiction die Fähigkeit, »uns durch die Wahrheit anzutreiben«, zudem fördert sie »eine Ethik von Vorsicht und Verantwortungsgefühl«.[3]

Es mag also Fiktion sein, es mag Unterhaltung sein, es könnte aber auch eine Botschaft enthalten. Kim Stanley Robinson hat in einer Reihe politisch kluger Romanbestseller wie *New York 2140* und *Aurora* die Auswirkungen der globalen Erwärmung und die Schwierigkeiten bei der Besiedlung anderer Welten thematisiert; er verfolgt mit seinen Werken nach eigenen Aussagen das Ziel, »die Geschichte des nächsten Jahrhunderts zu erzählen«. Seine Science-Fiction ist solide in den neuesten Ergebnissen von Klimaforschung und Technologie verankert, und auch wenn er die menschlichen Schwächen nach Art aller literarischen Romane ausnutzt, verfolgt er das weiter gesteckte Ziel, uns die Krisen besser verstehen zu lassen, die uns begegnen werden; gleichzeitig will er uns dazu anregen, jetzt tätig zu werden, um sie zu verhüten oder so gering wie möglich zu halten. Robinsons Bücher sind ein Weckruf. Er selbst bezeichnet sie als »Realismus im Hinblick auf unsere Zeit«.[4]

Sollten wir die »Frühwarnfähigkeiten« der Science-Fiction an einem einzigen Beispiel deutlich machen, wäre das prophetische, 1937 erschienene Meisterwerk *Star Maker* von Olaf Stapledon – auf Deutsch 1966 unter dem Titel *Der Sternenmacher* veröffentlicht – am besten geeignet. Der Roman beschreibt die »Andere Erde«, einen weit entfernten Planeten, der dem unseren ähnelt und ebenfalls von Menschen bevölkert ist. Eines Tages entdeckt dort ein Geologe eine zehn Millionen Jahre alte Lithografieplatte mit der eingeätzten Zeichnung eines Radios, das den Geräten in seiner eigenen Gesellschaft ähnelt.

Die Bewohner dieses Planeten können nicht glauben, dass es einst eine Zivilisation von Menschen gab, die technologisch ebenso hoch entwickelt war wie sie selbst, dann aber zusammengebrochen und verschwunden ist; sie trösten sich mit dem Gedanken, die Zeichnung müsse von irgendeiner anderen intelligenten, aber weniger widerstandsfähigen Spezies zurückgelassen worden sein, die nur ein kurzes Aufflackern der Zivilisation erlebt hatte. Oder, wie Stapledon schreibt: »Man war sich einig, dass Menschen, die einmal eine solche kulturelle Höhe erreicht hatten, nie wieder davon herabgestürzt wären.«

Wie sah das Schicksal der Menschen von der Anderen Erde am Ende aus? Es war eine neugierige Gesellschaft, und die Radiotechnik war irgendwann so hoch entwickelt, dass die meisten Bewohner einen Radioempfänger in der Tasche trugen, der ihr Gehirn schon bei einer Berührung anregte. Durch diese »Radio-Gehirn-Stimulation« konnten Menschen die sinnlichen Freuden eines Festessens erleben, ohne selbst zu essen, konnten ohne jede Gefahr an einem spannenden Motorradrennen teilnehmen, konnten reisen, wohin sie wollten, und sich sogar mit Radio-induziertem Sex vergnügen. »Diese Art der Unterhaltung hatte eine solche Macht, dass man sowohl Männer als auch Frauen fast immer mit einer Hand in der Tasche sah«, erzählt Stapledon. Schließlich »wurde ein System erfunden, mit dem Menschen sich für ihr ganzes Leben ins Bett zurückziehen und ihre ganze Zeit mit dem Empfang von Radiosendungen verbringen konnten«.

Die Regierungen auf der Anderen Erde erkannten schon bald, dass sie diese virtuelle Welt der »Radioseligkeit« manipulieren konnten, indem sie über die Empfänger nationalistische Propagandanachrichten verbreiteten, in denen ihre Feinde verteufelt wurden. Die Folge war, dass verheerende Kriege ausbrachen. Wenig später entdeckten Forschende, dass der kostbare Sauerstoff, der das Leben aufrechterhielt, durch das schwache Schwerkraftfeld des Planeten allmählich verloren ging. Zwar hatten die

Menschen immer die selbstbewusste Überzeugung gehabt, dass ihre Zivilisation jede Herausforderung »mit den Mitteln ihrer einzigartigen wissenschaftlichen Kenntnisse« überwinden könne, aber die vom Radio verursachten Kriege hatten unter anderem die unbeabsichtigte Folge, dass die wissenschaftliche Forschung um mindestens ein Jahrhundert zurückgeworfen wurde, sodass die Menschen der Anderen Erde nicht mehr genügend Zeit hatten, das Problem der schwindenden Atmosphäre zu lösen. Ihr Schicksal war besiegelt. Sie waren zum Aussterben verurteilt.[5]

Das alles hat Stapledon vor über 80 Jahren geschrieben, aber eine bessere Parabel für unsere Zeit könnte es kaum geben. Werden wir vielleicht, während wir abgelenkt mit unserer eigenen, digitalen Version der Radioseligkeit in unseren Taschen herumspielen, zu einer weiteren verlorenen Zivilisation, die von den Geologen von morgen in Gesteinsschichtungen wiederentdeckt wird?

Das kreative Tor zur mentalen Zeitreise: Kunst, Musik und Design

Geht man durch die Renaissancesäle des Louvre oder der Uffizien, so findet man nur sehr wenige Versuche, Fantasiewelten der Zukunft darzustellen. Wandert man dagegen durch ein Museum moderner Konzeptkunst, lässt sich ein ganzes Genre von Werken entdecken, die mit der Zeit zu tun haben, unsere vielen möglichen Beziehungen zur Zukunft erkunden und unseren Zeithorizont weit über das Hier und Jetzt hinaus erweitern. Eine Zeitrebellion erschüttert die Grundfesten der Kunstwelt und repräsentiert eine Hinwendung zum zeitlichen Expressionismus. Einige Beispiele:

Arthur Ganson hat die Machine with Concrete gebaut: Darin rotiert am einen Ende ein Zahnrad mit 200 Umdrehungen in der Minute; es ist mit elf weiteren Zahnrädern verbunden, von denen sich jedes mit einem Fünfzigstel der Geschwindigkeit des vorhergehenden Zahnrades bewegt. Das letzte Zahnrad ist in festen Beton gehüllt und vollendet alle zwei Billionen Jahre eine Umdrehung.

Von Cathy Haynes stammt Stereochron Island, eine Kampagne zur Gründung eines neuen Staats ohne Uhren in einem Londoner Park, der das Ziel hat, dass seine Bürger und Bürgerinnen zu einer zyklischen Beziehung zur Sonnenzeit zurückkehren.

Die generationenübergreifende Komposition *As Slow as Possible* von John Cage wird derzeit auf einer Orgel in der deutschen Stadt Halberstadt über einen Zeitraum von 639 Jahren gespielt. Ein Akkord erklang erstmals im Januar 2006 und blieb zweieinhalb Jahre bestehen, bevor der nächste Ton gespielt wurde. Der Schlusston wird im Jahr 2640 gespielt.

Yoshiyuki Mikami machte im Zusammenhang mit dem World Wildlife Fund Aufnahmen von aussterbenden Arten, wobei jedes einzelne Pixel ein noch in freier Wildbahn verbliebenes Tier darstellt: Das Bild des Panda besteht nur aus 1600 Pixeln.

Im April 2019 brachten Forschende in Island die erste Gedenktafel für einen verlorenen Gletscher an, den Ok-Gletscher. Sie wollten darauf hinweisen, dass innerhalb der nächsten 200 Jahre wahrscheinlich alle Gletscher des Landes verschwinden werden.

Zu den bekanntesten Vertretern dieses zeitlichen Expressionismus gehört die schottische Künstlerin Katie Paterson. Sie hat in einer Reihe von atemberaubenden Werken die Zeit selbst als Rohstoff verwendet.[6] In *Vatnajökull (the sound of)* kann das Publikum eine Telefonnummer anrufen und über ein Unterwassermikrofon live zuhören, wie ein Gletscher in Island schmilzt. Die Perlen des *Fossil Necklace* wurden aus Fossilien quer durch die Weiten der Tiefenzeit gefertigt: ein Seestern aus der Sahara, der Zahn einer Riesenechse aus dem Atlasgebirge, ein Zehenknochen eines längst ausgestorbenen englischen Wollhaarnashorns. Aber kein Werk von Paterson hat die Fantasie der Öffentlichkeit stärker gefesselt als das auf 100 Jahre angelegte Kunstprojekt *Future Library*. Seit 2014 wird 100 Jahre lang jedes Jahr ein bekannter Autor oder eine Autorin als Geschenk für zukünftige Generationen ein neues Werk stiften, das vertraulich behandelt und nicht gelesen wird. Im Jahr 2114 werden die 100 Bücher auf Papier aus einem Wald von 1000 Bäumen gedruckt, die zu diesem Zweck außerhalb Oslos angepflanzt wurden. »Es hat etwas Magisches«, sagt Margaret Atwood, eine Autorin, die dazu beigetragen hat. »Es ist wie Dornröschen. Die Texte sollen 100 Jahre schlafen, bevor sie aufwachen und wieder lebendig werden.«[7]

Future Library verkörpert auf ideale Weise den Gedanken des übergeordneten Erbes, über das sich die Lesenden des 22. Jahrhunderts freuen werden, wenn die meisten an dem Projekt beteiligten Autorinnen und Autoren längst tot sind. Es wirft Fragen auf, die uns helfen, einen Sinn für generationenübergreifende Verbindungen zu schaffen. Wer werden diese Lesenden sein? In was für einer Welt werden sie leben – wird es dann überhaupt noch physische Bücher geben? Und wie werden sie uns und das Erbe, das wir ihnen hinterlassen haben, beurteilen? Wie die 10.000-Jahre-Uhr in der texanischen Wüste, so soll auch der Wald der *Future Library* eine Pilgerstätte werden. Als ich gegenüber Paterson den Gedanken äußerte, sie sei eine Zeitrebellin und stehe an der Spitze eines globalen Kampfes für Generationengerechtigkeit und gegen die Kolonisierung der Zukunft, wirkte sie ein wenig verblüfft. Aber schon wenige Augenblicke später sprach sie leidenschaftlich über die weltweiten Klimaproteste und über die Einblicke in die Tiefenzeit, die uns helfen können, uns die notwendige Perspektive zu verschaffen und alles zu erkennen, was wir durch unser ökologisch destruktives Handeln in Gefahr bringen. Bei aller zeitlichen Raffinesse und Originalität enthält ihre Kunst auch eine tiefgreifende politische Botschaft für unsere Zeit.[8]

Eine ganz andere kreative Herangehensweise an das langfristige Denken finden wir in den Werken von Brian Eno. Sein einflussreiches Werk 77 *Million Paintings*, das unter anderem auf Bauwerke wie das Opernhaus von Sydney projiziert wurde, kombiniert nach dem Zufallsprinzip 296 Originalkunstwerke in Vierergruppen auf einem Bildschirm und überlagert sie mit zufällig erzeugter Musik, sodass sich eine nahezu unendliche Zahl von Variationen ergibt. Darin spiegelt sich sein langjähriges Interesse an »generativer Musik« wider; der von ihm geprägte Begriff beschreibt Kompositionen wie seine klassischen, in den 1970er-Jahren erschienenen Alben *Discreet Music* und *Music for Airports*, die nach einer Reihe von Grundregeln Zufallselemente einfließen lassen und damit eine Art endloser Musik schaffen, die sich nicht ewig wiederholt, sondern ewig verändert. Für Eno erweitern solche generativen Werke unseren Geist auf die gleiche Weise in Richtung eines längeren Jetzt wie die regenerative Ökonomie, denn diese basiert ebenfalls auf der Idee, sich selbst erhaltende »komplexe adaptive Systeme« zu schaffen, die sich eine lange Lebensdauer sichern, indem sie sich im Laufe der Zeit im Rahmen einer Reihe grundlegender Parameter anpassen und wandeln. Anregung bezog er aus der 1964 erschienenen Komposition *In C* von Terry Riley, einem Stück ohne festgelegte Dauer und für eine beliebige Zahl von Mitwirkenden, wobei die jeweils Beteiligten 53 kurze Melodiephrasen nacheinander spielen und beliebig oft wiederholen, bevor der nächste Satz an die Reihe kommt. »In meiner Vorstellung«, sagte mir Eno, »ist *In C* von Riley die dynamische Komplexität für Bachs sehr mechanische Fugen.«[9]

Kunst und Musik können uns auf Fantasiereisen durch die Zeit mitnehmen, eine neue Designergeneration schafft aber mittlerweile auch eine umfassende »Erlebniszukunft«, in der wir uns die Zukunft nicht nur ausmalen, sondern auch fühlen, hören und sogar schmecken können. Anab Jain, Mitbegründerin des englisch-indischen Designstudios Superflux, richtete für die Regierung der

Vereinigten Arabischen Emirate das Future Energy Lab ein. Zu den Ausstellungsstücken gehörte auch eine »Verschmutzungsmaschine«: Mit ihr konnten Minister eine giftige Mischung aus Kohlenmonoxid, Schwefeldioxid und Stickstoffdioxid einatmen, die der voraussichtlichen Luftqualität in den VAR im Jahr 2034 entsprach, wenn die Verschmutzung sich im derzeitigen Tempo fortsetzt. Ihre Nasen in die giftigen Dämpfe zu stecken war nach Jains Angaben einer der Faktoren, durch die die Regierungsbeamten von der Notwendigkeit überzeugt wurden, in großem Umfang in erneuerbare Energien zu investieren.[10]

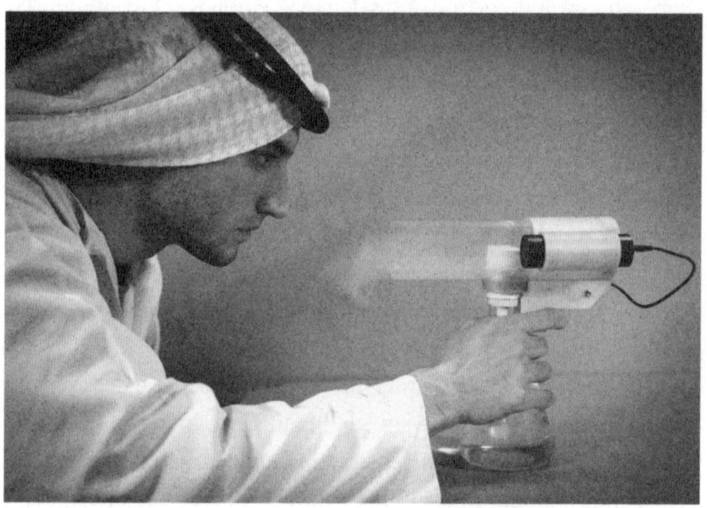

Ein Regierungsbeamter aus den Vereinigten Arabischen Emiraten atmet die giftige Luft von 2034 ein.
(Mit freundlicher Genehmigung der Designagentur Superflux.)

Könnten wir doch alle die Luft einatmen, die unsere Kinder und Enkel in Zukunft mit Mühe werden einatmen müssen. Könnten wir doch nur die Wärme spüren, den Hunger spüren, die Unsicherheit spüren, vor denen sie vielleicht stehen.

Möglich werden könnte das alles mithilfe der virtuellen und augmentierten Realität, denn die hat das Potenzial, dieses Erlebnis mit Jains Verschmutzungsmaschine und anderen neuartigen Konstruktionen einem breiteren Publikum zugänglich zu machen. Stellen wir uns vor, wir würden unser Oculus-Headset aufsetzen (das noch teuer ist, dessen Preis aber gerade stark sinkt) und würden mit dem ganzen Körper in eine Welt eintauchen, die zwei, vier oder sechs Grad wärmer ist als unsere. Im Human Interaction Lab der Stanford University können wir einen virtuellen Tauchgang zu einem Korallenriff unternehmen, an dem es von Leben wimmelt, und dann zusehen, wie es durch die Versauerung der Ozeane bis 2100 zu einer biologisch toten Zone verkommt. »Wir können nicht alle dazu bringen, wissenschaftliche Fachartikel über den Klimawandel zu lesen, also ist das hier eine Abkürzung«, sagt ihr Schöpfer Jeremy Bailenson. »Wir wollen, dass die Leute, die sich darauf eingelassen haben, voller Empathie sind und etwas tun wollen.« Die Besucher des Labors können auch ein mechanisches Gerät in die Hand nehmen, das die Bewegungen einer Motorsäge nachahmt, und damit einen virtuellen Baum fällen. Wie sich in Studien gezeigt hat, verbrauchen Personen, die dieses virtuelle Erlebnis hatten, in der nachfolgenden Woche 20 Prozent weniger Papier als solche, die nur etwas darüber gelesen haben oder aus Videos wissen, dass man die Bäume erhalten kann, wenn man Papier spart.[11]

Leider ist diese virtuelle Technologie zu großen Teilen noch in einem sehr frühen Entwicklungsstadium und hat die Labors noch nicht verlassen. Haben wir wirklich Zeit und können wir abwarten, bis sie eine Qualität auf der Ebene von *Matrix* erreicht? Und wie viel Vertrauen sollten wir in sie als Zaubermittel für langfristiges Denken überhaupt setzen? Statt einen virtuellen Baum zu fällen, könnten die Studierenden von Stanford in der gleichen Zeit auch einen 20-minütigen Spaziergang zum Palo Alto machen, einem 1000 Jahre alten Mammutbaum, der am Rand des Universitätsgeländes steht, oder sie könnten in den kalifornischen White Mountains wandern und dort nach einer Langlebigen Kiefer suchen, die noch älter ist. Wenn sie dann um das Lagerfeuer sitzen, spielen sie vielleicht The Thing from the Future, ein visionäres (und oftmals höchst vergnügliches) Kartenspiel, das von den Designern Stuart Candy und Jeff Watson erfunden wurde. Es gibt dreierlei Karten: Die einen beschreiben eine mögliche zukünftige Welt, die anderen einen kulturellen Gegenstand daraus und die dritten ein Thema, mit dem der Gegenstand in Zusammenhang steht. Wenn man drei Karten zieht, steht darauf beispielsweise: »In einer feministischen Zukunft – gibt es ein Gesetz – das mit Geld zu tun hat« oder »In einer reaktionären Zukunft – gibt es eine Maschine – die mit Liebe zu tun hat«. Das Ziel besteht darin, den Gegenstand zu erfinden und zu beschreiben, ohne dazu etwas anderes zu verwenden als die Hilfsmittel von Fantasie und Gespräch. In ihren unterschiedlichen Kombinationen machen die Karten Zehntausende von Stichworten möglich. Candy bezeichnet das Spiel als eine Form von »vorausschauender Anthropologie«.[12]

Doch auch wenn wir das Verlangen nach einer virtuellen Zukunft haben, sollten wir die Vorteile solcher analogen Erlebnisse nicht vergessen. Ebenso wenig sollten wir vergessen, wie machtvoll Kunst, Musik und Design weitreichende kulturelle Umwälzungen in Gang setzen können. In Großbritannien veröffentlichten Sklavereigegner 1787 ein Plakat mit der Überschrift »Das Brookes-Sklavenschiff«: Es zeigte, wie man 482 Sklaven unter völlig unmenschlichen Bedingungen an Bord eines Schiffes zusammenquetschen kann. Das Bild fand weite Verbreitung. Wenig später hingen Zehntausende von Kopien in Pubs, Kirchen, Kaffeehäusern und Wohnungen des ganzen Landes. Es war eines der einflussreichsten Werke des Grafikdesign in der Geschichte und trug dazu bei, die Bewegung zur Abschaffung von Sklaverei und Sklavenhandel an die Öffentlichkeit zu bringen und voranzutreiben.

Auch die kreativen Köpfe von heute müssen unbedingt Werke schaffen, die dem Kampf für Generationengerechtigkeit und ein längeres Jetzt mehr Schubkraft verleihen.

Wachstum imaginärer Gemeinschaften durch Bildung und Religion

Im 19. Jahrhundert nahmen politische Führungsgestalten in Frankreich eines der ehrgeizigsten kulturellen Projekte der europäischen Geschichte in Angriff: Sie erfanden den Gedanken, Franzose zu sein. Zur Zeit der Französischen Revolution war das offiziell zusammengehörige Land in Wirklichkeit durch Religion, Sitten, Entfernungen und – entscheidend – die Sprache tief gespalten: 50 Prozent der Bevölkerung sprachen überhaupt kein Französisch, und weniger als 10 Prozent beherrschten die Sprache gut.[13] Ihr Zugehörigkeitsgefühl war lokal und regional, aber nicht national geprägt. Das änderte sich allmählich durch eine Reihe von Reformen: In einem neuen Schulsystem wurden die gemeinsame Sprache und Geschichte gelehrt, man feierte Nationalfeiertage und sang die Nationalhymne. Es war ein klassisches Beispiel für die Entstehung einer »imaginären Gemeinschaft«, wie der Historiker Benedict Anderson es nannte – ein Gefühl der gemeinsamen Identität unter Menschen, die sich aller Wahrscheinlichkeit nach nie kennenlernen würden. Auf diese Weise entwickelte sich der europäische Nationalismus zu einer so wirksamen Kraft: Im 20. Jahrhundert waren Millionen Menschen bereit, ihr Leben im Krieg für ihre Landsleute zu opfern.[14]

Vor einer ähnlichen – oder vielleicht sogar noch größeren – Herausforderung stehen wir heute. Wie schaffen wir ein Gefühl der gemeinsamen Identität mit den ungeborenen Generationen der Welt von morgen, den Menschen der Zukunft, die wir nie kennenlernen können und doch als unsere Verwandten betrachten müssen? Dabei werden kreative Künste, Film und Literatur eine entscheidende Rolle spielen. Nur für sich genommen werden sie aber nie so kraftvoll sein, dass sie eine neue, imaginäre, auf Generationengerechtigkeit gegründete Gemeinschaft schaffen und aufrechterhalten könnten. Entscheidend ist, dass wir zwei wirksame Kräfte einsetzen, die das Potenzial haben, die Werte des guten Vorfahren zu stärken und zu verbreiten: Bildung und Religion.

Die Bildung leidet ganz offensichtlich an einer inneren zeitlichen Spannung. Einerseits verkörpert sie das langfristige Denken: Sie stellt eine Investition dar, deren Früchte sich frühestens ein Jahrzehnt später zeigen, wenn die in sie investierten jungen Menschen zu Arbeitskräften oder aktiven Bürgerinnen und Bürgern werden. Andererseits ist das, was sie lernen müssen, in ständigem Wandel begriffen, und das gilt heute wegen der Automatisierung und anderer schneller technischer Veränderungen vielleicht stärker als je zuvor. Yuval Noah Harari erklärt dazu: »Da wir nicht wissen, wie der Arbeitsmarkt 2030 oder 2040 aussehen wird, haben wir heute keine Ahnung, was wir unseren Kindern beibringen sollen. Das meiste, was sie heute in der Schule lernen, wird wahrscheinlich zu der Zeit, wenn sie 40 sind, unwichtig sein.«[15]

Mindestens zwei Grundfertigkeiten, die jeder lernen sollte, werden sich langfristig bewähren. Erstens sind das Empathie und andere soziale Fähigkeiten, denn bei ihnen haben Menschen einen großen Vorteil gegenüber den KI-Maschinen, die ihnen ihre Arbeitsplätze wegzunehmen drohen. Die zweite ist die Fähigkeit zum langfristigen Denken als solche. Sie werden wir in einer Welt, die einen schnellen Wandel durchmacht und vor langfristigen Gefahren steht, immer brauchen. Unsere Bildungssysteme müssen eine Bindung zu den zukünftigen Generationen herstellen, denen wir die Folgen unserer Handlungen hinterlassen. Auf allen Ebenen, von Vorschulkindern bis zum lebenslangen Lernen, sollte Bildung zur Schaffung einer neuen imaginären Gemeinschaft beitragen, die sich über die Weiten der Zeit erstreckt, genau wie die Bildungssysteme des 19. Jahrhunderts im Raum eine nationalistische Gemeinschaft schufen.

Wie sollte eine solche Gemeinschaft aussehen? Wenden wir uns einfach den Bildungs-Zeitrebellen zu. Auf der ganzen Welt gibt es Projekte und Bewegungen für eine Bildungsreform, die auf der in vielen Ländern bereits gut etablierten Umwelterziehung aufbauen und ausdrücklich eine langfristigere Sichtweise bieten. Die folgende Kostprobe zeigt, was sie für Jung und Alt zu bieten haben:

Das Bildungsprogramm Roots of Empathy (»Wurzeln der Empathie«) hat in Ländern von Costa Rica bis nach Südkorea bereits fast eine Million Kinder erreicht und nutzt echte Babys, um im Schulunterricht generationenübergreifende Empathie zu lehren. Im Rahmen des Lehrplans für die Altersstufen von neun bis elf Jahren sollen die Schülerinnen und Schüler sich das Baby in der Zukunft vorstellen und der Frage nachgehen, welche Verbindung und Verantwortung sie im Hinblick auf das Kind haben.[16]

FutureLab hat für Schulen in Schottland ein Paket mit Lehrmaterial herausgegeben. Es enthält Aktivitäten und Spiele, mit denen mögliche, wahrscheinliche und bevorzugte Zukunftsszenarien für die nächsten 30 Jahre erkundet werden, und macht mit den Methoden der Szenarioplanung vertraut, die dann im Geografie-, Englisch- und Gemeinschaftskundeunterricht verwendet werden.[17]

In Kanada hat die David Suzuki Foundation für Oberschulen neues Lehrmaterial über generationenübergreifende Rechte entwickelt und greift dabei auf die Vorstellungen der indigenen Völker über das Siebte-Generation-Denken zurück. Eine Aufgabe besteht darin, für die Allgemeine Erklärung der Menschenrechte der Vereinten Nationen neue Artikel zu schreiben, die sich auf zukünftige Generationen beziehen.[18]

Der angesehene Zukunftsforscher Jim Dator ließ seine Studierenden an der Universität in Hawaii ein ideales Regierungssystem für eine Bevölkerung von 50.000 Menschen entwerfen, die Mitte des 21. Jahrhunderts auf dem Mars leben. Mit Videoaufnahmen, Bildern und Worten mussten die Studierenden sich mit Fragen wie den grundlegenden Werten der Gesellschaft, ihrer Verfassung, ihrer Ressourcenverteilung und den Verpflichtungen gegenüber zukünftigen Generationen befassen.[19]

Die University of California in Berkeley bot einen Designkurs mit dem Titel »Denken wie ein guter Vorfahr: In der von uns gebauten Technologie einen Sinn finden« an. Sein Initiator Alan Cooper hält die Studierenden dazu an, sich nicht mehr zu fragen, wie sie jetzt ihren persönlichen Nutzen maximieren können, sondern eine andere Frage zu stellen: »Wie kann ich den Nutzen für alle und auf Dauer maximieren?«[20]

Das wachsende Fachgebiet der Systemforschung, auf dem Forschende wie Donella Meadows Pionierarbeit geleistet haben, wird heute in Schulen und Universitäten auf der ganzen Welt gelehrt. Ihre Erkenntnisse, die zutiefst vom langfristigen Denken geprägt sind, kann man durch kostenlose, umfangreiche öffentliche Online-Kurse kennenlernen, darunter der Kurs Planetary Boundaries and Human Opportunities, der vom Stockholm Resilience Centre angeboten wird.[21]

Lehrkräfte können Ideen aus den verschiedensten kreativen Online-Quellen beziehen und damit ihr langfristiges Denken stärken. Auf der Website Dear Tomorrow kann man einen Brief an jemanden im Jahr 2050 schreiben, beispielsweise an ein Kind aus dem eigenen Leben oder das eigene zukünftige Ich, und darin versprechen, in der Klimakrise tätig zu werden.

Noch stehen wir am Anfang, und ein solches Mosaik bruchstückhafter Ansätze stellt kaum eine umfassende Bildungsrevolution dar (außerdem konzentriert es sich bisher auf wohlhabende Länder). Aber zusammen haben sie das Potenzial, die Grundlage für

Lehrpläne guter Vorfahren verschiedener Altersgruppen und Kulturen rund um die Welt zu werden. Progressive Bildungsbewegungen wie das International Baccalaureate – das jeden Tag über eine Million Kinder in 157 Ländern erreicht – könnten in Erwägung ziehen, das langfristige Denken in den Mittelpunkt ihrer Programme zu stellen. Manche Eltern machen sich vielleicht Sorgen, es könne gefährlich sein, potenziell traumatische Fragen wie den ökologischen Zusammenbruch insbesondere bei jüngeren Kindern auf die Tagesordnung zu setzen. Das sind legitime Bedenken, mit denen man sensibel umgehen sollte. Aber wie die globale Bewegung der Klimastreiks zeigt, sieht es so aus, als seien Schulkinder den meisten Erwachsenen weit voraus, wenn es darum geht, die Bedrohungen zu erkennen. Sie wollen etwas darüber erfahren – und nach dem, was sie erfahren haben, handeln.

Wenn wir zukünftige Generationen in unsere imaginäre Gemeinschaft einbeziehen wollen, wäre es unklug, den wirksamsten Mechanismus zu übergehen, den die Menschheit zur Schaffung einer kollektiven Identität erfunden hat: die Religion. Muslime, Juden oder Christen können nahezu überall auf der Welt in eine Moschee, eine Synagoge oder eine Kirche gehen und werden dort als Teil der gläubigen Gemeinde aufgenommen. Aber was wissen wir über das Verdienst der Weltreligionen im Hinblick auf langfristiges Denken? Hier ergibt sich ein gemischtes Bild. Im Buddhismus stellen beispielsweise Begriffe wie die Verbundenheit aller Lebewesen, die universale Liebe und Freundlichkeit, Karma und Wiedergeburt eine Verbindung zwischen derzeitigen und zukünftigen Generationen her, wie man sie im Christentum, Islam oder Judentum nicht ohne Weiteres findet; gleichzeitig schaffen sie die Grundlage für ein starkes Naturschutzethos.

Das Christentum bietet seinen Gläubigen das bestmögliche langfristige Geschenk des ewigen Lebens im Himmel, wurde aber auch der ökologischen Kurzsichtigkeit beschuldigt. Seit dem Mittelalter vertreten christliche Denker die Vorstellung von der Herrschaft des Menschen über die Natur, wobei den Auswirkungen für die Umwelt (trotz einiger Ausnahmen, darunter die Lehren des Heiligen Franziskus) kaum Aufmerksamkeit geschenkt wird. In den 1960er-Jahren vertrat der Umwelthistoriker Lynn White eine berühmte Ansicht: Durch die Zerstörung des heidnischen Animismus (in dem jeder Baum, jeder Fluss und jedes Tier einen Schutzgeist hat) »hat es das Christentum möglich gemacht, die Natur in einer Stimmung der Gleichgültigkeit gegenüber den Gefühlen natürlicher Objekte auszubeuten«, und damit sei es »die anthropozentrischste Religion, welche die Welt jemals gesehen hat« und ein bereitwilliger Komplize der Industriellen Revolution. [22]

Seither haben sich christliche Ökologen immer gegen solche Anschuldigungen verteidigt und darauf hingewiesen, die Menschen seien Verwalter und hätten die Pflicht, Gottes heilige Schöpfung zu respektieren und zu erhalten. An herausgehobener Stelle tauchen solche Gedanken in der 2015 erschienenen Enzyklika *Laudato si* von Papst Franziskus auf: Sie betont die große Bedeutung der »generationsübergreifenden Gerechtigkeit« und der »Solidarität zwischen den Generationen« und fragt: »Welche Art von Welt wollen wir denen überlassen, die nach uns kommen?« Ihre Kritik richtet sich auf »die Konsum-Kultur, die der Kurzfristigkeit und dem Privatinteresse den Vorrang gibt«, und fordert eine »Politik, deren Denken einen weiten Horizont umfasst«.[23] Der Papst, so scheint es, hat sich der Riege der Zeitrebellen angeschlossen. Als ich in Rom einen Vertreter des Vatikans befragte, betonte er nicht nur die internationale Sichtweise von *Laudato si*, sondern er wies auch auf die langfristigen Verdienste katholischer Institutionen wie der Abtei von Einsiedeln hin: Das Benediktinerkloster in der Schweiz hält seine Wälder seit über 1000 Jahren sorgfältig instand.[24] Ob die zeitrebellischen Absichten des Papstes sich in der Realität auswirken werden, ist eine andere Frage: Trotz öffentlichen Drucks hat die Vatikanbank sich immer noch nicht aus Investitionen in fossile Brennstoffe zurückgezogen.[25]

Die katholische Kirche beschreibt offensichtlich ganz neu, was es bedeutet, im 21. Jahrhundert Christ zu sein. Auch bei den Protestanten wachsen nach und nach das ökologische Bewusstsein und das Gespür für generationenübergreifende Verpflichtungen (auch wenn es unter ihnen noch viele Klimawandelleugner gibt).[26] Mit ihrem umfangreichen weltumspannenden Netzwerk aus Kirchen und Gemeindeorganisationen haben die zwei Milliarden Christen ein größeres Potenzial, die Werte des langfristigen Denkens in der Ethnosphäre zu verankern, als nahezu jede andere gesellschaftliche Bewegung.

Wie steht es mit den rund 16 Prozent der Weltbevölkerung (darunter auch ich), die sich mit keiner Religion identifizieren?[27] Früher hatte ich geglaubt, es sei nahezu notwendig, dass jemand für solche Menschen eine neue Religion erfindet, die ihnen langfristige Werte vermittelt. Aber nachdem ich *Wir sind der Wandel* von Paul Hawken gelesen hatte, wurde mir klar, dass die vielen Hunderttausend Umweltorganisationen auf der ganzen Welt sehr wirksam als große, dezentrale Religion tätig sind. Sie alle beten die gleiche Gottheit an, die auch von indigenen Völkern schon lange verehrt wurde: Mutter Erde. Es steht vielleicht nicht in ihren Leitlinien, aber alle werden auf unterschiedliche Weise von der quasi-religiösen Überzeugung angetrieben, dass alles Leben heilig ist. Es besteht keine Notwendigkeit, eine neue Religion zu erfinden, denn sie ist bereits da, ein Produkt des lebenssprühenden ökologischen Aktivismus, der sich im Laufe der letzten 50 Jahre herausgebildet hat.[28] Und mit ihrer dezentralen Form vermeidet sie vielleicht manche Machtgelüste der traditionellen Religionen.

Diesen Gedanken trug ich dem Evolutionsbiologen Richard Dawkins vor, dem vielleicht berühmtesten Atheisten der Welt. Ist die Verehrung irgendeiner Form der Mutter Erde, so fragte ich ihn, in unserem Zeitalter der ökologischen Notlage nicht die einzige Religion, die unsere Gefolgschaft verdient? Seine Antwort überraschte mich:

»Es würde mir leidtun, wenn man Mutter Erde als Religion betrachtet – ich ziehe es vor, mit wissenschaftlichen Argumenten zu vertreten, warum wir etwas gegen den Klimawandel tun sollten. Ich erkenne aber auch, dass es ein politisches Argument gibt, die Erde als Göttin wie Gaia zu behandeln, um so die Menschen zu faszinieren und aufzurütteln, damit sie etwas für ihren Schutz tun.«[29]

Selbst für die wissenschaftlich-rationalsten Menschen könnte es also Gründe geben – und seien sie auch nur Mittel zum Zweck –, um sich für eine spirituelle Verbindung zum lebenden Planeten einzusetzen und ein System von Überzeugungen und Ritualen zu entwickeln, die uns die langfristigen Werte von Erhaltung und Regeneration anerziehen. Ob wir uns nun entschließen, die Sommersonnenwende in Stonehenge zu feiern, ob wir dafür kämpfen, bedrohte Arten zu schützen, ob wir uns dafür einsetzen, verwüstete Landschaften zu regenerieren oder Windturbinen auf dem Meer zu errichten – alle derartigen Handlungen bringen uns in Verbindung mit den Idealen des guten Vorfahren. Sie erinnern uns daran, die Sichtweise der Tiefenzeit einzunehmen. Sie fordern uns auf, unser Vermächtnis für zukünftige Generationen zu betrachten. Und sie leiten uns in Richtung des übergeordneten Ziels, mit den Mitteln unseres Planeten zu gedeihen.

Das Weiße Pferd:
1000 Jahre mit langfristigen Ritualen

Letzten Sommer befand ich mich auf einem einsamen Hügel gut 30 Kilometer südlich meiner Heimatstadt Oxford und trieb Kalkbrocken mit einem Hammer in den Boden. Ich war nicht der Einzige: Rund ein Dutzend Menschen schlugen auf das weiche weiße Gestein ein, pulverisierten es und nahmen damit an einem uralten Ritual teil, das als »das Pferd kalken« bezeichnet und schon seit über 1000 Jahren abgehalten wird.

Das Pferd, um das es ging, ist das Uffington White Horse, ein symbolträchtiges minimalistisches Kunstwerk, das in der Bronzezeit in den Kalkberg geschlagen wurde. Es ist über 100 Meter lang, und seine tänzelnde Gestalt ist über viele Kilometer zu sehen. Wer es gefertigt hat oder warum es hier ist, weiß niemand. Einer Tradition folgend, die mindestens bis ins Mittelalter zurückreicht und bis ins 19. Jahrhundert gepflegt wurde, kletterten die Dorfbewohner aus der Gegend alle sieben Jahre auf den Hügel, um die Gestalt von Unkraut zu befreien, den weggespülten Kalk zu ersetzen und das Pferd damit für zukünftige Generationen zu erhalten. Nach getaner Arbeit begaben sie sich wieder ins Tal und feierten zu Ehren des Pferdes ein Fest.

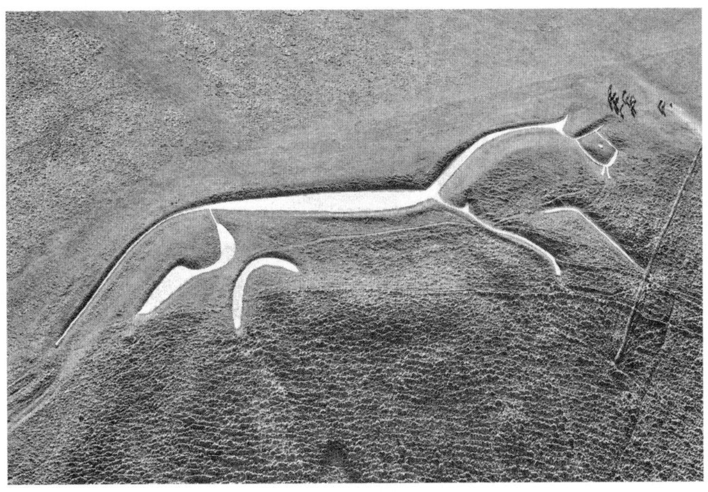

Das Uffington White Horse, eingegraben
in einen Kalkhügel der Berkshire Downs.

Das Fest findet zwar nicht mehr statt, an seine Stelle ist aber eine alljährliche Pilgerreise von engagierten Freiwilligen getreten, die das Pferd immer wieder neu kalken. Es steht heute unter den wachsamen Blicken des National Trust, einer Denkmalschutzbehörde, die sich um die Stätte kümmert. Das war der Grund, warum ich zusammen mit Kollegen vom Londoner Ableger der Long Now Foundation hier war. Für uns alle – eine buntscheckige Mannschaft mit einem Softwareingenieur, einem Grafikdesigner, einem Marketingexperten, einem Öko-Künstler und ein paar Kindern, die an diesem Tag die Schule geschwänzt und ihren Papa begleitet hatten – ergab sich hier die Chance, in Verbindung zu einem tieferen Zeitgefühl zu treten. Wir hatten unsere Handys abgeschaltet, und das Einzige, was die Zeit maß, waren die rhythmischen Schläge der Hämmer und die Sonne, die langsam über den Himmel wanderte.

Das Ritual, den Kalk neu aufzubringen, besagt etwas über den Wert der Erhaltung. Es erinnert uns daran, dass die Bewahrung von Dingen, die uns etwas bedeuten – von unserem kulturellen Erbe über Verwandtschaftsbeziehungen bis zum lebendigen Planeten als Ganzem – Engagement, Mühe und immer wiederkehrende Fürsorge erfordert. Ansonsten fallen Dinge auseinander, Systeme versagen, Risse tauchen auf.

Als wir den Stein in immer kleinere Stücke schlugen und damit unseren bescheidenen Beitrag zu einem zeitlosen Werk der Gemeinschaftskunst leisteten, malte ich mir die lange Kette von Menschen aus, die in der Vergangenheit über Jahrhunderte genau das Gleiche getan hatten und es vielleicht auch über Jahrhunderte in der Zukunft tun würden. Eine zusammenhängende Kette der menschlichen Fürsorge, die das Weiße Pferd am Leben erhielt.

12

Der Weg des guten Vorfahren

November 02019. Während ich diese Zeilen schreibe, steht das Land, in dem ich aufgewachsen bin, in Flammen: In Australien brennt die Ostküste. Mein 86-jähriger Vater musste flüchten, weil die Flammen sein Haus in Sydney zu verschlingen drohten. Jetzt verschluckt er sich an der Asche, die in der Luft hängt und die Sonne mit dunstigem Rauch verdunkelt, während Zehntausende von Menschen sich im Stadtzentrum versammeln und von einer uneinsichtigen, trägen Regierung sofortiges Handeln in Sachen Klima verlangen.

In seinem Buch *Die unbewohnbare Erde* sagte David Wallace-Wells voraus, das 22. Jahrhundert werde zu einem »Höllenjahrhundert« werden.[1] Vielleicht hat es schon begonnen.

Es ist eine Welt, in der sich die Ungleichheiten der Gegenwart verstärken werden. Schon heute haben eine Milliarde Menschen nicht genug zu essen und führen ein prekäres Leben, aber jetzt sind sie auch noch mit einer ökologischen Zukunft konfrontiert, die mit mehr Dürre, mehr Überschwemmungen, mehr Wirbelstürmen und mehr Konflikten über sie hereinbricht. Das Zeitalter der Klima-Apartheid, in dem die Besitzenden sich hinter hohen Mauern schützen können, während die Habenichtse außerhalb davon ums Überleben kämpfen müssen, rückt schnell näher.

In 50 Jahren, in 100 Jahren, in 500 Jahren wird es quer durch die Kontinente des Planeten Erde wahrscheinlich immer noch Menschen geben, die leben, arbeiten, lieben und träumen. Was für ein Leben sie führen, wird auf dem Weg über die Folgen der Geschichte, die sie erben, zutiefst von unserem heutigen Handeln beeinflusst werden. Wir sind ihre Vorfahren, und unsere politischen, ökologischen, kulturellen und technischen Entscheidungen werden zwangsläufig ihre Aussichten prägen.

Was auf dem Spiel steht, wissen wir. Was also hält uns davon ab, unseren Blick auf die Zukunft zu richten? Die einfache Antwort lautet: das Wesen des Menschen – die eingebaute Kurzsichtigkeit unseres Marshmallowgehirns. Das kann aber nicht alles sein, denn unsere Spezies hat bei all ihren Schwächen immer wieder die Neigung erkennen lassen, für die Nachwelt zu denken und zu planen, und dabei hat sie auf die kognitiven Fähigkeiten unseres Eichelgehirns zurückgegriffen. Eigentlich stehen dem Wandel vier weitere grundsätzlichere Hindernisse entgegen, die als Themen in diesem Buch immer wieder aufgetaucht sind:

VERALTETE KONSTRUKTION VON INSTITUTIONEN

Unsere politischen Systeme sind nur in geringem Umfang in der Lage, eine langfristige Sichtweise einzunehmen: Die repräsentative Demokratie wie auch die Nationalstaaten sind auf kurze Zeithorizonte eingestellt und reagieren nicht auf langfristige Risiken, sondern auf kurzfristige Interessen. Es fehlen institutionalisierte Mechanismen, die den Interessen der Generationen von morgen, die aus dem System sehr wirksam ausgeschlossen bleiben, eine Stimme geben. Die Politik macht die Kolonisierung der Zukunft möglich.

DIE MACHT DER KAPITALINTERESSEN

Die Zukunft ist die Geisel eines ganzen wirtschaftlichen Ökosystems, das auf kurzfristige Gewinne und sofortige Befriedigung abzielt, von den Mineralölkonzernen und Finanzspekulanten bis zu den Online-Einkaufsgiganten. Sie sind das Lebenselixier einer auf Wachstum basierenden globalen Wirtschaft, die uns in der Kurzsichtigkeit festhält. Diese Interessen üben ihre Macht zunehmend über die Kanäle der sozialen Medien aus, wobei sie intelligente Algorithmen und andere technische Hilfsmittel nutzen, um Desinformation zu verbreiten und politische Ergebnisse zu ihren Gunsten zu beeinflussen.[2]

UNSICHERHEIT IM HIER UND JETZT

Langfristiges Denken wird immer für jene schwierig sein, die aufgrund von Faktoren wie unsicheren Arbeitsplätzen, Hunger und der Androhung von Gewalt nur mit Mühe in der Gegenwart ihre unmittelbaren Bedürfnisse befriedigen können. Ganz besonders gilt das für die 230 Millionen Migranten und Geflüchteten auf der Welt – eine Zahl, die voraussichtlich bis 2050 auf über 400 Millionen ansteigen wird. Die meisten von ihnen planen verständlicherweise nicht für eine ferne Zukunft, sondern konzentrieren sich darauf, mit ihrem gegenwärtigen Umfeld aus Unsicherheit und Vertreibung fertigzuwerden.[3]

UNZUREICHENDES GESPÜR FÜR KRISEN

Bei allen ökologischen Katastrophen und technischen Bedrohungen, vor denen wir stehen, haben die meisten Menschen – insbesondere solche in Machtpositionen – kein echtes Gefühl einer Krise, einer Dringlichkeit oder Angst, die sie zu radikalem Handeln veranlassen könnte. Wir sind eine Spezies, die gern langsam im Topf vor sich hin kocht und einen plötzlichen Schock braucht, um herauszuspringen. Oder, wie Milton Friedman, einer der Architekten des Neoliberalismus, es formulierte: »Nur eine Krise – ob tatsächlich oder empfunden – bringt echten Wandel hervor.«[4]

Welche Hoffnung besteht angesichts derart großer Hindernisse für das langfristige Denken? Mit der Antwort kommen wir wieder auf die Macht der Ideen zurück. Ideen bieten den mentalen Spielplatz, auf dem die Handlungen der Menschen stattfinden. Sie sind die geheime Zutat der Prinzipien, die unser Leben prägen. Friedman erkannte mit Sicherheit ihr Veränderungspotenzial. Nachdem er und seine gleich gesinnten Kollegen nahezu ein halbes Jahrhundert lang in Universitäten, Thinktanks, Zeitungen und politischen Parteien das Gedankengut der freien Märkte verbreitet hatten, überflügelte der Neoliberalismus in den 1980er-Jahren seinen Erzrivalen, den Keynesianismus, und noch heute, Jahrzehnte später, ist er eine der beherrschenden Weltanschauungen. Mit unseren Hoffnungen auf langfristiges Denken müssen wir ebenso ehrgeizig sein, aber das Tauziehen gegen die Kurzfristigkeit müssen wir viel schneller gewinnen. Es ist ein Kampf um den Geist der Menschen. Entkolonisieren wir unseren Geist, dann entkolonisieren wir damit auch die Zukunft und befreien sie von der Herrschaft der Gegenwart. Alle Hilfsmittel dafür stehen uns mit den sechs Wegen des langfristigen Denkens zur Verfügung.

Daraus geistige Gewohnheiten und eine neue Sichtweise für die Welt zu machen erfordert Zeit zum Nachdenken, Erkunden und Reden; deshalb habe ich im Zusammenhang mit den sechs Wegen nachdenkliche Fragen formuliert. Sie können als Anregung für abenteuerlustige Diskussionen mit Freunden, Angehörigen, Kolleginnen oder Fremden dienen. Wie der Historiker Theodore Zeldin sagte: »Ein befriedigendes Gespräch veranlasst uns, zu sagen, was wir nie zuvor gesagt haben.«[5]

Hinter dieser Reihe von Fragen verbirgt sich eine größere. Wir stehen in der Geschichte an einem Zeitpunkt, an dem wir eine existenzielle Entscheidung treffen müssen; Jonas Salk hielt sie für die wichtigste unserer Zeit: Wollen wir eine Gesellschaft bleiben, die von kurzfristigem Denken und individualistischen Werten angetrieben wird, oder wollen wir uns in die Richtung des langfristigen Denkens zum Wohle aller wenden?

Auch wenn wir die Entscheidung treffen, gute Vorfahren zu werden, stehen wir immer noch vor der scheinbar unüberwindlichen Herausforderung, die vielen Schranken für das langfristige Denken zu durchbrechen. Wir sind vom kurzen Jetzt der modernen Zeit, das unser Marshmallowgehirn anzapft, umgeben und werden von ihm erstickt: vom täglichen Auf und Ab des Aktienmarktes, den Schlangen an den Flughäfen vor den Wochenendflügen, dem hektischen Durcheinander beim Ausverkauf, den Wahlversprechungen der Politiker und dem Zucken der Menschen, die ständig auf ihre Handys blicken.

Vor uns liegt aber auch eine Realität mit mehr Hoffnungen. Treten wir einmal einen Schritt zurück und betrachten wir die Zeitrebellion, die quer durch die kulturelle, wirtschaftliche und politische Landschaft des 21. Jahrhunderts stattfindet. Sie ist eine bemerkenswerte Verbindung von Engagement und Handeln, und damit verbreitet sie langfristige Werte in der Ethnosphäre. Im Ganzen betrachtet, ist eine wachsende globale Bewegung bestrebt, unsere Zeithorizonte zu erweitern und eine neue imaginäre Gemeinschaft mit Menschen der Zukunft zu bilden. Vielleicht stehen wir auf der Schwelle zu einer Zivilisation des langen Jetzt. Wie können wir das Anliegen am besten vorantreiben und an dem Kampf mitwirken?

Wenn es darum geht, ein guter Vorfahr zu sein, lautet die entscheidende Frage nicht »Wie kann ich etwas bewirken?«, sondern »Wie können *wir* es bewirken?«. Ein schlichter Wechsel des Pronomens hat die Macht, die Welt zu verändern. Unsere derzeitigen drängenden Krisen verlangen weniger persönliche Einzelmaßnahmen als

Gespräche guter Vorfahren

Demut vor der Tiefenzeit

Was waren deine eindrücklichsten Erlebnisse mit der Tiefenzeit, und was haben sie bei dir bewirkt?

Generationengerechtigkeit

Was sind für dich die überzeugendsten Gründe, dich um zukünftige Generationen zu kümmern?

Vermächtnisgedanken

Welches Vermächtnis möchtest du deiner Familie, deiner Gemeinschaft und der Welt des Lebendigen hinterlassen?

Übergeordnetes Ziel

Was sollte nach deiner Ansicht das höchste Ziel der menschlichen Spezies sein?

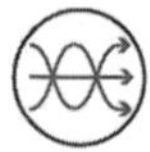

Ganzheitliche Vorhersage

Rechnest du für die Zukunft mit einem Zusammenbruch der Zivilisation, mit einem radikalen Wandel oder einem anderen Weg?

Kathedralendenken

Welche langfristigen Projekte, die über deine eigene Lebenszeit hinausreichen, würdest du zusammen mit anderen in Angriff nehmen?

vielmehr Strategien für den Wandel auf der Grundlage gemeinschaftlicher Handlungen, die auf die Machthaber abzielen. Oder, wie David Wallace-Wells es formuliert: »Einzelne Lebensstilentscheidungen bringen insgesamt gesehen kaum etwas, wenn sie nicht in die Politik eingehen.«[6]

Wenn wir das langfristige Denken in langfristiges Handeln ummünzen wollen, muss die Priorität auf dem liegen, was wir gemeinsam tun können. Das kann bedeuten, dass man sich den bereits laufenden Zeitrebellionen anschließt, den juristischen Kampf für Generationenrechte unterstützt, an Bürgerversammlungen teilnimmt oder Politikerinnen dazu drängt, die Subventionen für fossile Brennstoffe zu beenden und in den Donut einzutreten. Es kann bedeuten, dass wir uns die Organisationen – beispielsweise Schulen, Kirchen oder Arbeitsplätze – ansehen, in die wir bereits eingebunden sind, und dann fragen, was wir dort tun können, um die langfristige Sichtweise zu unterstützen, das könnte eine Kampagne sein, um den Betrieb kohlenstoffneutral zu machen, einen strategischen Plan für das Jahr 2100 zu schreiben oder das B-Corp-Zertifikat zu erwerben. Es könnte auch bedeuten, auf die Straße zu gehen und eine neue Landebahn mit einer Sambaband zu blockieren, ein Sit-in zu inszenieren und damit langfristige Investitionen in das öffentliche Gesundheitssystem zu fordern oder sich den eigenen Kindern beim Klimastreik anzuschließen. Denken wir an die Worte des Anthropologen James Scott: »Die großen emanzipatorischen Gewinne für die Freiheit der Menschen waren nicht das Ergebnis geordneter institutionalisierter Abläufe, sondern die Folge ungeordneter, unberechenbarer, spontaner Aktionen, mit denen die Gesellschaftsordnung von unten her aufgebrochen wurde.«[7]

Die Uhr tickt. Wir stecken in dem Widerspruch, dass wir nicht geduldig abwarten können, bis das langfristige Denken sich allmählich entwickelt und bemerkbar macht: Vielmehr brauchen wir es dringend und sofort, um die vielen Krisen zu bewältigen, die in hohem Tempo auf uns zukommen. Martin Luther King Jr. schrieb einmal: »Wir sind mit der grimmigen Dringlichkeit des Jetzt konfrontiert.«[8] Das Morgen ist zum Heute geworden.

Die Geschichte lehrt uns, dass gemeinsames Handeln etwas bewirkt. Aber eine strenge Grenzlinie zwischen individuellen und gemeinschaftlichen Projekten zu ziehen wäre eine falsche Zweiteilung. Unsere persönlichen Handlungen sind kein sinnloser Tropfen im Ozean, und das schon aus dem einfachen Grund, dass seine kräuselnde Wirkung zu Wellen werden kann. Soziale Ansteckung ist eine gewaltige Macht: Wie sich in einer Studie gezeigt hat, fliegt die Hälfte der Menschen, die jemanden kennen, der das Fliegen wegen des Klimawandels aufgegeben hat, auch selbst aufgrund des Vorbilds weniger. Andere Forschungsergebnisse zeigen, dass Solarkollektoren auf dem Dach nicht nur dazu beitragen, den Marktpreis für erneuerbare Energien zu senken, sondern oft auch Freunde und Nachbarn dazu anregen, das Gleiche zu tun. Die schlaue Strategie besteht darin, Taten in Erwägung zu ziehen, die ein Verstärkungspotenzial besitzen.[9]

Wir müssen aber auch Raum für das zutiefst Persönliche schaffen.

Wenn wir uns in einen Ort – einen Berg, eine Waldlandschaft, einen Fluss – verlieben, werden wir unter Umständen zu Wächtern der Zukunft, denn es weckt in uns den Wunsch, seine Leben spendenden Wunder auch für kommende Generationen zu bewahren. Solche Landschaften schaffen in einem Zeitalter der Vertreibung und der zerbrochenen Gemeinschaften einen Anker, an den wir unsere zeitlichen Sehnsüchte binden können. Sie verbinden uns mit dem übergeordneten Ziel des Gedeihens auf dem einen Planeten, also kümmern wir uns um die Lebenswelt, die sich um unsere Nachkommen kümmern wird.

Auch wenn wir uns das Leben unserer jüngeren Angehörigen ausmalen, das sich über unser eigenes hinaus in die Ferne erstreckt, können wir damit eine Brücke zu einem längeren Jetzt bauen. Was werden sie für Menschen sein, wenn sie alt sind? In was für einer Welt werden sie leben? Wie werden sie auf uns zurückblicken, auf uns und das, was wir getan oder gelassen haben, als wir dazu die Gelegenheit hatten? Die Macht des *whakapapa* kann zu einem Teil unserer Fantasie werden, kann uns helfen, Licht auf die große Kette der Lebenden, der Toten und der Ungeborenen zu werfen, die sich ununterbrochen durch die Zeit erstreckt.

Uns selbst als Glied dieser Kette zu sehen kann ein unerwartetes Geschenk mit sich bringen: ein Gespür für einen Sinn in unserem Leben. Indem wir über die Zeit hinweg eine mitfühlende Bindung zu zukünftigen Generationen aufbauen, können wir unser Bedürfnis nach Verbundenheit und Beziehungen nähren. Wir können einen Zweck in unseren Bestrebungen sehen, das Gedeihen des Lebens Generation für Generation zu sichern. Wir können uns allmählich von der Angst vor dem Tod befreien, weil wir uns als Teil eines größeren Bildes begreifen. Das Bestreben, langfristig zu denken, ist voll existenziellem Nährwert.

Wenn wir über unsere wechselnde Beziehung zur Zeit nachdenken und unser eigenes Vermächtnis betrachten, wenn wir überlegen, was es für unser Leben bedeutet, dass wir nur ein Augenblick in der riesigen, 13,8 Milliarden Jahre langen Geschichte des Universums sind, begeben wir uns auf unsere Reise über das Hier und Jetzt hinaus. Wir hauchen der Evolution der menschlichen Kultur neues Leben ein. Wir machen uns auf den Weg des guten Vorfahren.

Anhang

Der Intergenerational Solidarity Index

Der Intergenerational Solidarity Index (»Index der generationenübergreifenden Solidarität«) wurde von dem interdisziplinären Wissenschaftler Jamie McQuilkin entwickelt. Veröffentlicht wurde er ursprünglich in der Fachzeitschrift *Intergenerational Justice Review*, wo seine begrifflichen und methodischen Hintergründe ausführlich erörtert werden.[1] Die Analyse in diesem Buch stützt sich auf eine aktualisierte Version des Index, der die Daten aus Zeitreihen für 122 Länder und alle Jahre von 2015 bis 2019 (das letzte Jahr, für das Daten zur Verfügung stehen) enthält. Darin wurden einige verwendete Maßstäbe nachjustiert. Die meisten Indikatoren (mit Ausnahme der mortalitätsbereinigten Geburtenrate) basieren nicht auf Zielwerten, sondern auf der Datenverteilung und wurden auf der Grundlage von Fünf-Jahres-Durchschnittswerten berechnet. Der gesamte Datenbestand und genaue Informationen über den Aufbau des Index finden sich unter www.goodancestor-project.org. Der Index umfasst zehn Indikatoren, die sich in drei weit gefasste Dimensionen gliedern: Ökologie, Gesellschaft und Wirtschaft. Sie sind in der nachfolgenden Tabelle zusammengefasst:

Die Indexwerte reichen von 0 (geringe generationenübergreifende Solidarität) bis 100 (hohe generationenübergreifende Solidarität). Zur Berechnung des endgültigen Indexwertes wurden die ökologischen, gesellschaftlichen und wirtschaftlichen Indikatoren nach der Methode, die vom gleichen Entwicklungsprogramm der Vereinten Nationen für den Index der menschlichen Entwicklung entwickelt wurde, gleich gewichtet und innerhalb der Dimensionen arithmetisch sowie zwischen ihnen geometrisch gemittelt. Ein letzter Indikator, die Produktion fossiler Brennstoffe, floss wegen seiner Auswirkungen auf das generationenübergreifende Wohlergehen negativ in die Berechnung ein.

	Indikator	Maß	Quelle
Ökologie	Waldvernichtung	Jährliche Veränderung der Waldfläche (%)	FAO
	Kohlenstofffußabdruck	Intensität des Kohlenstofffußabdrucks ($ BIP (PPP) je GHa)	Ecological Footprint Network
	Erneuerbare Energie	Erneuerbare und Kernenergie (% des Energieverbrauchs)	US EIA
Gesellschaft	Grundschulbildung	Schüler-Lehrer-Verhältnis an Grundschulen	UNESCO, nationale Statistikbehörden
	Kindersterblichkeit	Unterschied zwischen erwarteter und tatsächlicher Kindersterblichkeit auf Grundlage der Regression BIP/Kopf	UNICEF, WHO, Weltbank, UN DESA
	Bevölkerungswachstum	Vorhersage der Geburtenrate je Frau, korrigiert um die Kindersterblichkeit	UNICEF, WHO, Weltbank, UN DESA
Wirtschaft	Einkommensungleichheit	Einkommensungleichheit (Gini-Koeffizient)	Crédit Suisse
	Leistungsbilanz	Leistungsbilanz (% des BIP)	IWF
	Sparergebnis	Korrigiertes Sparergebnis (% des BNE)	Weltbank
Abzug	Produktion fossiler Brennstoffe	Produktion fossiler Kohlenwasserstoff-Brennstoffe (Gigajoule/Kopf)	US EIA

Die Landkarte zeigt die geografische Verteilung der Länderwerte für die Version des Index von 2019.

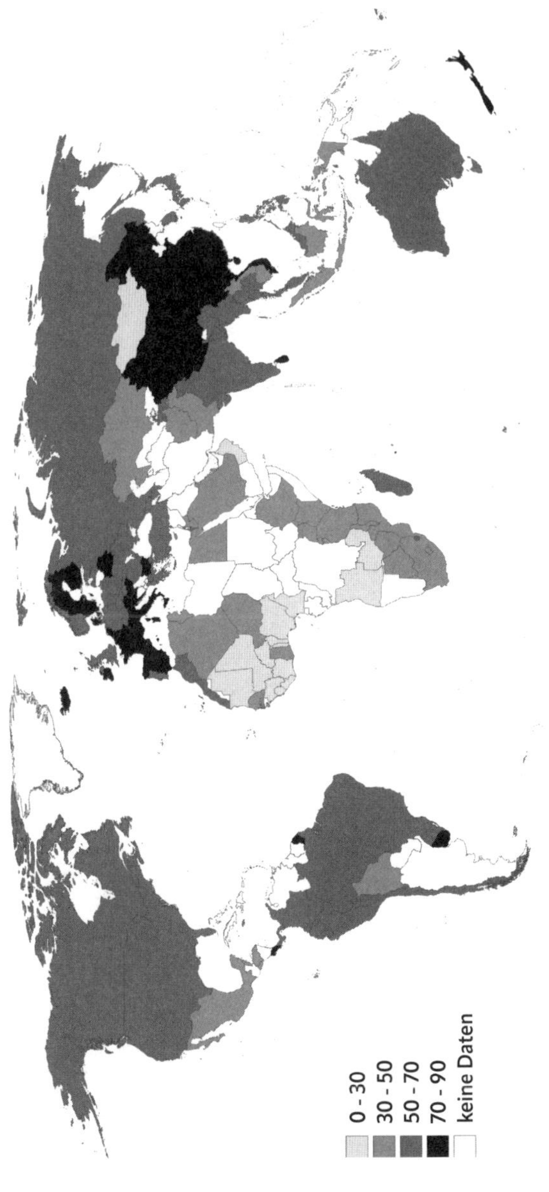

Werte für 122 Länder im Index der generationenübergreifenden Solidarität (2019). Dunklere Farbtöne zeigen eine höhere generationenübergreifende Solidarität.

Dank

An meine großartige Partnerin Kate Raworth, die mir nicht nur half, mich auf Gebieten wie Systemforschung und Erdsystemwissenschaft zurechtzufinden – und mir auch die Feinheiten der Donut-Ökonomie erklärte –, sondern mir in den Jahren, in denen ich am *Guten Vorfahr* schrieb, auch ständige Orientierung, Anregung und Unterstützung bot.

An die wunderbaren Drummond Moir und Suzanne Connelly im Lektorat mit ihrem Engagement, ihren Kenntnissen und ihrer klugen Beratung; und an Patsy O'Neill, Jo Bennett, Andrew Goodfellow und alle anderen bei Ebury, die dem Buch ihre Unterstützung zuteilwerden ließen.

An meine Agentin Maggie Hanbury, die mit ihrem unerschütterlichen Glauben an meine schriftstellerischen Fähigkeiten meine Stimmung hob und meine Entschlossenheit stärkte; ohne beides gäbe es dieses Buch nicht.

An Louisa Mann, Jen Hooke und Nikki Clegg von der Thirty Percy Foundation für ihre unverzichtbare, großzügige Unterstützung des Good Ancestor Project.

An Jamie McQuilkin für seine großartige Arbeit am Index der generationenübergreifenden Solidarität, seine scharfsinnige Textkritik und ein zwölfstündiges Gespräch über die Möglichkeiten und Probleme des langfristigen Denkens.

An Brian Eno für seine intellektuelle Hilfsbereitschaft, seine Kommentare zum Manuskript und seinen bahnbrechenden Aufsatz

»The Big Here and Long Now«, auf den ich immer wieder zurückgekommen bin.

An Nigel Hawtin, der mit seinem meisterhaften Grafikdesign den Gedanken in diesem Buch eine visuelle Form gegeben hat.

An Sophia Blackwell, die mit poetischem Blick und redaktionellem Scharfsinn viel zur Verbesserung des Textes beigetragen hat, und an Ben Murphy für den hervorragenden Index.

An Alicia Carey und das Hawkwood College, die mir einen Changemaker-Aufenthalt anboten. Dort schrieb ich das Kapitel über Generationengerechtigkeit.

An Drew Dellinger für die Zeilen aus seinem schönen Gedicht »Hieroglyphic Stairway«.

An Tom Lee für seine großartige fantasievolle Arbeit an den Videoanimationen.

An die hochgeschätzte Gruppe von Experten und Bekannten, die das Manuskript kommentierten: Kevin Watkins, Lisa Gormley, Morten Kringelbach, Andrew Ray, Daan Roovers, Marc Jumelet, Kaj Lofgren, Christopher Daniel und Caspar Henderson.

An alle, die mich mit Gesprächen und Ideen unterstützt haben: Caterina Ruggeri Laderchi, George Monbiot, Jonathan Salk, Mary Bennett, Samwel Nangiria, die Long Now Foundation und Mitglieder von Long Now London, Stuart Candy, Svante Thunberg, Greta Thunberg, Richard Fisher, Jeremy Lent, Ari Wallach, Camilla Bustani, James Hill, Sophie Howe, Gijs van Hensbergen, Ella Saltmarshe und Beatrice Pembroke vom Long Time Project, Jonathan Smith, John Steele und das Team von Sturmark, alle am Empathy Museum, Rebecca Wrigley, Michael Bhaskar, Juliet Davenport, Mark Shorrock, David Kelly, Philippa Kelly, Luke Kemp, Toby Ord, Max Harris, Katie Paterson, Carlo Giardinetti, Nanaia Mahuta, Jane Riddiford und Rod Sugden von Global Generation, Anab Jain und Jon Ardern von Superflux, Sophie Howarth, Anthony Barnett, Judith Herrin, Tony Langtry, Jennifer Thorp, Tebaldo Vinciguerra, Pablo Suarez und Chris Jardine.

Und schließlich an meine Kinder Siri und Cas, zwei Zukunftseigner, die dies mit ihren Ideen, ihren Ratschlägen und ihrer Toleranz zu einem besseren Buch gemacht haben und dafür sorgen, dass ich stolz darauf bin, ihr Vater zu sein.

Anmerkungen

1 Wie wird man ein guter Vorfahr?

1 Salk erwähnte den Begriff des »guten Vorfahren« erstmals 1977 (Jonas Salk, »Are We Being Good Ancestors?«, Dankesrede zur Verleihung des Jawaharlal Nehru Award for International Understanding, New Delhi, 10. Januar 1977. Nachgedruckt in *World Affairs: The Journal of International Issues*, Bd. 1, Nr. 2 (Dezember 1992). Andere, die sich von dem Begriff – der seine Wurzeln wahrscheinlich in indigenen Kulturen hat – anregen ließen, waren unter anderem der Öko-Aktivist David Suzuki, der Kulturkritiker Lewis Hyde, die Dakota-Aktivistin Winona LaDuke, die Zukunftsforscher Bina Venkataraman und Ari Wallach, die Anti-Rassismus-Aktivistin Layla Saad, der Designtheoretiker Alan Cooper, der Politologe James Kerr, der Naturbuchautor Robert Macfarlane und der Technologiestratege Tyler Emerson. Näheres über Salks Philosophie des langfristigen Denkens findet sich in Jonas Salk, *Anatomy of Reality: Merging of Intuition and Reason* (Columbia University Press, 1983), S. 8, S. 12, S. 105, S. 109, S. 114–118, S. 122–123), Jonathan Salk, »Planetary Health: A New Perspective«, *Challenges*, Bd. 10, Nr. 7 (2019), S. 5, und in Jonas Salk und Jonathan Salk, *A New Reality: Human Evolution for a Sustainable Future* (City Point Press, 2018).

2 Mary Catherine Bateson, *Composing a Further Life: The Age of Active Wisdom* (Vintage, 2011), S. 22.

3 Zum Begriff der »gefährlichen Kurzfristigkeit« siehe Simon Caney, »Democratic Reform, Intergenerational Justice and the Challenges of the Long-Term«, Centre for the Understanding of Sustainability Prosperity, University of Surrey (2019), S. 4. Eine umfassende Analyse des kurzfristigen Denkens in der Politik findet sich in Jonathan Boston, *Governing the Future: Designing Democratic Institutions for a Better Tomorrow* (Emerald, 2017).

4 Der Risikoforscher und Philosoph Toby Ord von der Universität Oxford setzt die Zahl mit 1 zu 6 an (wobei die größte Gefahr durch KI droht), eine Übersichtsuntersuchung des Future of Humanity Institute der Universität gelangte zu einem geringfügig höheren Wert von 19 Prozent (Toby Ord, *The Precipice* (Bloomsbury, 2020), S. 167); https://thebulletin.org/2016/09/

how-likely-is-an-existential-catastrophe/). Als ich den Risikoforscher Anders Sandberg nach seiner Schätzung fragte, antwortete er: »Die Chance, dass wir zum Untergang verdammt sind, liegt nur bei 12 Prozent« (Vortrag bei The Hub, Oxford, 21. Mai 2018). Die Messung der Komponenten existenzieller Risiken ist zweifellos eine unexakte und manchmal ein wenig spekulative Wissenschaft. Zu Nick Bostroms Befürchtungen hinsichtlich der Nanotechnologie siehe https://www.nickbostrom.com/existential/risks.html.

5 https://www.theguardian.com/society/2005/jan/13/environment.science; Jared Diamond, *Collapse: How Societies Choose to Fail or Survive* (Penguin, 2011), S. 522 [dt. *Kollaps: Warum Gesellschaften überleben oder untergehen*, S. 644]. Siehe auch Will Steffen und Johan Rockström et al., »Trajectories of the Earth System in the Anthropocene«, *PNAS*, Bd. 115, Nr. 33 (2019).

6 Zitate aus Attenboroughs Rede bei der UN-COP24-Klimakonferenz in Polen, 3. Dezember 2019, und seiner BBC-Fernsehsendung *Climate Change: The Facts*, ausgestrahlt am 18. Mai 2019.

7 Meine Verwendung des Begriffes »*terra nullius*« greift auf die Arbeiten des Historikers Henry Reynolds zurück, der sich mit den Landrechten der indigenen Gruppen in Australien beschäftigt hat: https://www.themonthly.com.au/books-henry-reynolds-new-historical-landscape-responce-michael-connor039s-039the-invention-terra-nul. Der Gedanke von der Zukunft als kolonisiertem Land taucht nach meiner Kenntnis erstmals in den Schriften des österreichischen Zukunftsforschers Robert Jungk auf: *Die Zukunft hat schon begonnen*; Stuttgart: Heyne 1952. Ausführlicher kommt die Metapher in den Arbeiten des weitsichtigen Wissenschaftlers Jim Dator vor (»Decolonizing the Future«, in Andrew Spekke (Hg.), *The Next 25 Years: Challenges and Opportunities* (World Future Society, 1975), außerdem bei der Soziologin Barbara Adam (*Time,* Polity Press, 2004), S. 136–143).

8 Martin Rees, *On the Future: Prospects for Humanity* (Princeton University Press, 2018), S. 226–227 [dt. *Unsere Zukunft: Perspektiven für die Menschheit*, S. 171]. Seine Ansichten über China äußerte er in einem Vortrag über sein neuestes Buch *On the Future* in der Buchhandlung Blackwell's Bookshop, Oxford, am 5. November 2018.

9 »The Short Long«, Vortrag von Andy Haldane, Brüssel, Mai 2011. https://www.bankofengland.co.uk/-/media/boe/files/speech/2011/the-short-long-speech-byandrew-haldane.pdf.

10 »Global Guardians: A Voice for the Future«, Mary Robinson Foundation – Climate Justice Position Paper (April, 2017, S. 6); Papst Franziskus, *Laudato si*, Enzyklika des Heiligen Vaters Franziskus, Vatikan, Rom (2015) [deutscher Text: https://www.vatican.va/content/francesco/de/encyclicals/documents/papa-francesco_20150524_enciclica-laudato-si.html].

11 Eine der wenigen Ausnahmen in dem intellektuellen Vakuum ist Ari Wallachs Konzept des »longpath«: https://www.longpath.org. Ich danke Graham Leices-

ter für den Gedanken des »begrifflichen Notstandes«: http://www.internationalfuturesforum.com/s/223.

12 H. G. Wells, An Outline of History (Macmillan, 1920), Chapter XL, Section 15.

13 Ein Überblick über diese Theorien des gesellschaftlichen Wandels findet sich in meinem Oxfam-Bericht »How Change Happens: Interdisciplinary Perspectives for Human Development« (Oxfam, 2007).

14 Brian Eno, »The Big Here and Long Now«, Long Now Foundation, San Francisco (2000).

15 Charles D. Ellis, *The Partnership: The Making of Goldman Sachs* (Penguin, 2009), S. 177–180.

16 John Dryzek, »Institutions for the Anthropocene: Governance in a Changing Earth System«, *British Journal of Political Studies*, Bd. 46, Nr. 4 (2014), S. 937–941.

17 Ein Überblick über verschiedene Zeitrahmen für Zukunftsvorstellungen findet sich in Richard Slaughter, »Long-Term Thinking and the Politics of Reconceptualization«, *Futures*, Bd. 28, Nr. 1 (1996), S. 75–86.

18 Stewart Brand, *The Clock of the Long Now: Time And Responsibility* (Phoenix, 1999), S. 4–5 [dt. *Das Ticken des langen Jetzt: Zeit und Verantwortung am Beginn des neuen Jahrtausends*].

19 Terry Eagleton, *Hope Without Optimism* (Yale University Press, 2015), S. 1–38 [dt. *Hoffnungsvoll, aber nicht optimistisch*].

2 Das Marshmallow und die Eichel

1 https://www.nytimes.com/interactive/2018/08/01/magazine/climate-change-losing-earth.html. Eine flammende Entgegnung auf Richs Ansichten von Naomi Klein unter https://theintercept.com/2018/08/03/climate-change-new-york-times-magazine/.

2 Morten Kringelbach, *The Pleasure Centre: Trust Your Animal Instincts* (Oxford University Press, 2009), S. 55–56; Kent Berridge und Morten Kringelbach, »Affective Neuroscience of Pleasure: Reward in Humans and Animals«, *Psychopharmacology*, Bd. 199, Nr. 3 (2008); Morten Kringelbach und Helen Phillips, *Emotion: Pleasure and Pain in the Brain* (Oxford University Press, 2014), S. 124–131.

3 Maureen O'Leary et al., »The Placental Mammal Ancestor and the Post-K-Pg Radiation of Placentals«, *Science*, Bd. 339, Nr. 6, 120 (2013); https://www.nytimes.com/2013/02/08/science/%20common-ancestor-of-mammals-plucked-from-obscurity.html?_r=1&.

4 John Ratey, *A User's Guide to the Brain* (Abacus, 2013), S. 115 [dt. *Das menschliche Gehirn: Eine Gebrauchsanweisung*].

5 Peter Whybrow, *The Well-Tuned Brain: A Remedy for a Manic Society* (Norton, 2016), S. 6; https://www.zocalopublicsquare.org/2015/09/18/low-interest-rates-are-bad-for-your-brain/ideas/nexus/.

6 Whybrow, S. 112–113.

7 Walter Mischel, Yuichi Shoda und Monica Rodriguez, »Delay of Gratification in Children«, *Science*, Bd. 244, Nr. 4, 907 (1989), S. 933–998; http://behavioralscientist.org/try-to-resist-misinterpreting-the-marshmallow-test/; Kringelbach und Phillips, S. 164–165; http://theconversation.com/its-not-a-lack-of-self-control-that-keeps-people-poor-47734.

8 Martin Seligman, Peter Railton, Roy Baumeister und Chandra Sripada, *Homo Prospectus* (Oxford University Press, 2016), S. ix.

9 Daniel Gilbert, *Stumbling on Happiness* (Harper Perennial, 2007), S. 9 [dt. *Ins Glück stolpern: Über die Unvorhersehbarkeit dessen, was wir uns am meisten wünschen*, S. xi].

10 W. A. Roberts, »Are Animals Stuck in Time?«, *Psychological Bulletin*, Bd. 128, Nr. 3 (2002), S. 481–486; Roland Ennos, »Aping Our Ancestor«, *Physics World* (Mai 2014).

11 https://www.nytimes.com/2017/05/19/opinion/sunday/why-the-future-is-always-on-your-mind.html.

12 Thomas Princen, »Long-Term Decision-Making: Biological and Psychological Evidence«, *Global Environmental Politics*, Bd. 9, Nr. 3 (2009), S. 12; David Passig, »Future Time-Span as a Cognitive Skill in Future Studies«, *Futures Research Quarterly* (Winter 2004), S. 31–32; Jane Busby Grant und Thomas Suddendort, »Recalling Yesterday and Predicting Tomorrow«, *Cognitive Development*, Bd. 20 (2005).

13 Roy Baumeister et al., »Everyday Thoughts in Time: Experience Sampling Studies of Mental Time Travel«, *PsyArXiv* (2018), S. 22, S. 45.

14 Gilbert, S. 10–15; Ricarda Schubotz, »Long-Term Planning and Prediction: Visiting a Construction Site in the Human Brain«, in W. Welsch et al. (Hg.), *Interdisciplinary Anthropology* (Springer, 2011), S. 79.

15 Baumeister et al., S. 20.

16 http://www.randomhouse.com/kvpa/gilbert/blog/200607.html.

17 https://www.npr.org/templates/story/story.php?storyId=5530483.

18 Peter Railton, »Introduction«, in M. Seligman, P. Railton, R. Baumeister und Chandra Sripada, *Homo Prospectus* (Oxford University Press, 2016), S. 4.

19 Princen, »Long-Term Decision-Making«, S. 13.

20 https://www.nytimes.com/2016/03/20/magazine/the-secrets-of-the-wave-pilots.html; Sander van der Leeuw, David Lane und Dwight Read, »The Long-Term Evolution of Social Organization«, in David Lane et al. (Hg.), *Complexity Perspectives in Innovation and Social Change* (Springer, 2009), S. 96; Jerome Barkow, Leda Cosmides und John Tooby, *The Adapted Mind: Evolutionary Psychology and the Generation of Culture* (Oxford University Press, 1996), S. 584–585.

21 Princen, »Long-Term Decision-Making«, S. 14–15; Kristen Hawkes, »The Grandmother Effect«, *Nature*, Bd. 428, Nr. 128 (2004), S. 128–129.

22 http://longnow.org/seminars/02011/feb/09/live-longer-think-longer/; Bateson, S. 14–15.

23 Roman Krznaric, *Empathy: Why It Matters, and How to Get It* (Rider Books, 2015), S. 4–5.

24 Charles Darwin, *The Descent of Man* (Appleton and Company, 1889), S. 132 [dt. *Die Abstammung des Menschen*, S. 146].

25 https://www.romankrznaric.com/outrospection/2009/11/14/152; siehe auch Kapitel 1 meines Buches *Empathy* (2015), dort geht es um die Erforschung unseres empathischen Wesens in Evolutionsbiologie, Neurowissenschaft und Entwicklungspsychologie.

26 Seligman et al., S. 5. Siehe auch Railton, S. 25–26, und Roy Baumeister, »Collective Prospection: The Social Construction of the Future«, in Seligman et al., S. 143.

27 Van der Leeuw, Lane und Read, S. 88–92; Sander van der Leeuw, »The Archaeology of Innovation: Lessons for Our Times«, in Carlson Curtis und Frank Moss (Hg.), *Innovation: Perspectives for the 21st Century* (BBVA, 2010), S. 38; David Christian, *Maps of Time: An Introduction to Big History* (University of California Press, 2005), S. 160.

28 Van der Leeuw, Lane und Read, S. 91.

29 Van der Leeuw, Lane und Read, S. 96.

30 Bruce E. Tonn, Angela Hemrick und Fred Conrad, »Cognitive Representations of the Future: Survey Results«, *Futures*, Bd. 38 (2006), S. 818.

3 Demut vor der Tiefenzeit

1 John G. Neihardt, *Black Elk Speaks* (Excelsior, 2008), S. 155–156 [dt. *Ich rufe mein Volk*].

2 Jacques Le Goff, »Church Time and Merchant Time in the Middle Ages«, *Social Science Information*, Bd. 9, Nr. 4 (1970), https://doi.org/10.1177/05bn3901847000900411.

3 Jacques Le Goff, *Time, Work, and Culture in the Middle Ages* (Chicago University Press, 1980), S. 29–42; Jacques Le Goff, *Medieval Civilization 400–1500* (Folio Society, 2011), S. 171, S. 175, S. 180–181, S. 181–182; Jeremy Rifkin, *Time Wars: The Primary Conflict in Human History* (Touchstone, 1987), S. 158–159 [dt. *Uhrwerk Universum: Die Zeit als Grundkonflikt des Menschen*]; Barbara Adam und Chris Groves, *Future Matters: Marking, Making and Minding Futures for the 21st Century* (Brill, 2007), S. 7.

4 E. P. Thompson, »Time, Work Discipline and Industrial Capitalism«, *Past & Present*, Bd. 38, Nr. 1 (1967), S. 64–65.

5 Lewis Mumford, *The Human Prospect* (Beacon Press, 1955), S. 4.

6 https://www.theguardian.com/commentisfree/2018/may/27/world-distraction-demands-new-focus.

7 https://www.theguardian.com/technology/2018/mar/04/has-dopamine-got-us-hooked-on-tech-facebook-apps-addiction.
8 Rifkin, *Time Wars*, S. 12–13, S. 226.
9 John McPhee, *Basin and Range* (Farrar, Straus and Giroux, 1980), S. 91–108; Stephen Jay Gould, *Time's Arrow, Time's Cycle: Myth and Metaphor in the Discovery of Geological Time* (Harvard University Press, 1987), S. 61–65 [dt. *Die Entdeckung der Tiefenzeit*]. Bill Bryson, *A Short History of Nearly Everything* (Black Swan, 2004), S. 90–108 [dt. *Eine kurze Geschichte von fast allem*].
10 Gould, S. 62 [dt. S. 92].
11 Bryson, S. 104–105.
12 H. G. Wells, *The Discovery of the Future* (B. W. Huebsch, 1913), S. 18, S. 29, S. 32.
13 H. G. Wells, *The Conquest of Time* (Watts, 1942), S. 12.
14 James Gleick, *Time Travel: A History* (Fourth Estate, 2016), S. 23–24.
15 Brand, *The Clock of the Long Now*, S. 2 [dt. *Das Ticken des langen Jetzt*].
16 http://longnow.org/clock/.
17 https://us.sagepub.com/sites/default/files/upm-assets/99407_book_item_99407.pdf.
18 Solche Kritik äußerten unter anderem der Philosoph Stefan Skrimshire, »Deep Time and Secular Time: A Critique of the Environmental ›Long View‹«, *Theory, Culture and Society*, Bd. 36, Nr. 1 (2018), S. 6–8, und die Wirtschaftswissenschaftlerin Mariana Mazzucato (in Kommentaren zu »Planning for a Longer Now«, Seminar, British Library, London, 24. September 2018).
19 Zitiert in Gould, S. 3; siehe auch McPhee, S. 126.
20 https://www.theguardian.com/science/2005/apr/07/science.highereducation.
21 http://www.rachelsussman.com/portfolio/#/oltw/; https://www.treehugger.com/the-worlds-oldest-living-trees-4869356.
22 Valentin Bellassen und Sebastiaan Luyssaert, »Carbon Sequestration: Managing Forests in Uncertain Times«, *Nature*, Bd. 13, Nr. 506 (2014).
22 https://www.theguardian.com/books/2019/may/11/richard-powers-interview-the-overstory-radicalised.
24 Thich Nhat Hanh, *Being Peace* (London, 1989), S. 109 [dt. *Innerer Friede, äußerer Friede*].

4 Vermächtnisdenken

1 Die beiden hier zitierten Sätze stehen auf S. 3 und 4 des Vortrags von Jonas Salk: »Are We Being Good Ancestors?«.
2 Der Wunsch, ein Erbe zu hinterlassen, das zukünftige Generationen nährt und prägt, wird »Generativität« genannt und geht auf die Arbeiten des Psychologen Erik Erikson in den 1950er-Jahren zurück (John Kotre, *Make It Count: How to Generate a Legacy That Gives Meaning to Your Life* (The Free Press, 1995), S. 5, S. 11, S. 15 [dt. *Lebenslauf und Lebenskunst: Über den Umgang*

mit der eigenen Biographie]; John Kotre, »Generative Outcome«, *Journal of Aging Studies*, Bd. 9, Nr. 1 (1995), S. 36; http://www.johnkotre.com).

3 Michael Sanders, Sarah Smith, Bibi Groot und David Nolan, »Legacy Giving and Behavioural Insights«, Behavioural Insights Team, University of Bristol (2016), S. 2, S. 6; https://givingusa.org/giving-usa-2019-americans-gave- 427-71-billion-to-charity-in-2018-amid-complex-year-for-charitable-giving/.

4 Kimberley Wade-Benzoni et al., »It's Only a Matter of Time: Death, Legacies, and Intergenerational Decisions«, *Psychological Science*, Bd. 23, Nr. 7 (2012), S. 705–706; Kimberley Wade-Benzoni, »Legacy Motivations and the Psychology of Intergenerational Decisions«, *Current Opinion in Psychology*, Bd. 26 (April 2019), S. 21.

5 Lisa Zaval, Ezra M. Markowitz und Elke U. Weber, »How Will I Be Remembered? Conserving the Environment for the Sake of One's Legacy«, *Psychological Science*, Bd. 26, Nr. 2 (2015), S. 235.

6 Michael Sanders und Sarah Smith, »Can Simple Prompts Increase Bequest Giving? Field Evidence from a Legal Call Centre«, *Journal of Economic Behaviour and Organization*, Bd. 125(C) (2016), S. 184.

7 Siehe Kapitel 2 meines Buches *Carpe Diem Regained* (Unbound, 2017).

8 Hal Hershfield et al., »Increasing Saving Behavior Through Age-Progressed Renders of the Future Self«, *Journal of Marketing Research*, Bd. 48 (2011); Hal Hershfield, »The Self Over Time«, *Current Opinion in Psychology*, Bd. 26 (2019), S. 73; Bina Venkataraman, *The Optimist's Telescope: Thinking Ahead in a Reckless Age* (Riverhead, 2019), S. 20–21.

9 https://twitter.com/stewartbrand/status/1106102872372985856.

10 Lewis Hyde, *The Gift: How the Creative Spirit Transforms the World* (Canongate, 2006), S. 11–16 [dt. *Die Gabe: Wie Kreativität die Welt bereichert*].

11 https://theanarchistlibrary.org/library/petr-kropotkin-the-conquest-of-bread.

12 Hunger Lovins, Stewart Wallis, Anders Wijkman, John Fullerton, *A Finer Future: Creating an Economy in Service to Life* (New Society Publishers, 2018), S. xiv.

13 Kris Jeter, »Ancestor Worship as an Intergenerational Linkage in Perpetuity«, *Marriage & Family Review*, Bd. 16, Nr. 1–2 (1991), S. 196, S. 199.

14 In einer Ansprache bei der Politics of Love Conference, All Souls College, Oxford University, 15. Dezember 2018, und in Interviews.

15 Lesley Kay Rameka, »Kia whakatomuri te haere whakamua: I walk backwards into the future with my eyes fixed on my past«, *Contemporary Issues in Early Childhood*, Bd. 17, Nr. 4 (2017), S. 387–389; Margaret Nicholls, »What Motivates Intergenerational Practices in Aotearoa/New Zealand«, *Journal of Intergenerational Relationships*, Bd. 1, Nr. 1 (2003), S. 180; https://teara.govt.nz/en/whakapapa-genealogy/print.

16 https://www.vice.com/en_us/article/9k95ey/its-transformative-maori-women-talkabout-their-sacred-chin-tattoos.

17 James Kerrs Gedanken dazu, was es bedeutet, ein guter Vorfahr zu sein, finden Sie in seinem Buch *Legacy: 15 Lessons in Leadership* (Constable, 2013), Kapitel XIV.

18 Jeter, S. 215–216.

5 Generationengerechtigkeit

1 https://quoteinvestigator.com/2018/05/09/posterity-ever/.

2 https://www.lifegate.com/people/news/greta-thunberg-speech-cop24 [deutsche Übersetzung: https://www.hagerhof.de/wp-content/uploads/2019/02/greta-thunberg-rede-cop-24-kattowitz-2018.pdf].

3 Offizielle staatliche Diskontierungssätze sind manchmal so aufgebaut, dass sie im Laufe der Zeit abnehmen, und unterscheiden sich je nach dem voraussichtlichen Risiko eines Projekts (Mark Freeman, Ben Groom und Michael Spackman, »Social Discount Rates for Cost-Benefit Analysis: A Report for HM Treasury«, HM Treasury, UK Government (2018), S. 5, S. 12, S. 15).

4 Das »Green Book« des britischen Finanzministeriums, das als Grundlage für Kosten-Nutzen-Analysen und Diskontierung dient, nennt 3,5 Prozent als Standard-Diskontsatz. Er besteht aus zwei Komponenten: einer »zeitlichen Vorliebe« von 1,5 Prozent, in der sich die Vorliebe für jetzigen im Gegensatz zu späterem Wert widerspiegelt, und einem »Wohlstandseffekt«, der ein jährliches Wirtschaftswachstum von 2 Prozent zugrunde legt. Nutzen, die sich nach 60 Jahren ansammeln, werden in der Projektbewertung im Allgemeinen nicht berücksichtig, der Diskontsatz steigt also effektiv zu diesem Zeitpunkt auf 100 Prozent (HM Treasury, *The Green Book: Central Government Guidance on Appraisal and Evaluation* (HM Treasury, UK Government, 2018), S. 101–103). Einzelheiten über die Entscheidung zur Swansea Lagoon unter https://www.gov.uk/government/speeches/proposed-swansea-bay-tidal-lagoon; https://blackfishengineering.com/2018/07/27/analysis-swansea-bay-tidal-lagoon/; https:// researchbriefings.parliament.uk/ResearchBriefing/Summary/CBP-7940.

5 Persönliches Gespräch, 26. Mai 2019.

6 Stern legte die zeitliche Präferenzkomponente des Diskontsatzes auf 0,1 Prozent fest, beträchtlich weniger als die üblichen 1,5 Prozent des Finanzministeriums. Als Wachstumskomponente nahm er 1,3 Prozent an: Nicholas Stern, *The Economics of Climate Change: The Stern Review* (Cambridge University Press, 2014), S. i, S. ix, S. xii, S. 304, S. 629; Frank Ackerman, »Debating Climate Economics: The Stern Review vs Its Critics«, Report to Friends of the Earth UK (Juli 2007), S. 5.

7 United Nations Development Programme, Human Development Report 2007/8: Fighting Climate Change – Human Solidarity in a Divided World

(UNDP, 2007), S. 29 [Deutsche Fassung: Bericht über die menschliche Entwicklung 2007/2008, S. 37. https://hdr.undp.org/system/files/documents/20078-hdr-german.8-hdr-german].

8 United Nations Development Programme, S. 63 [dt. S. 77].

9 Die Architekten der Allgemeinen Erklärung der Menschenrechte wollten vielleicht nach dem Motto »Nie wieder« verhindern, dass sich die Gräueltaten des Zweiten Weltkriegs in Zukunft wiederholen, aber sie ließen keine offene Besorgnis wegen der Möglichkeit erkennen, dass die Menschen der Gegenwart die Rechte zukünftiger Menschen verletzen.

10 Gro Harlen Brundtland, *Report of the World Commission on Environment and Development: Our Common Future*, United Nations General Assembly document A/42/427 (1987) [dt. Volker Hauff (Hg.): *Unsere gemeinsame Zukunft: Der Brundtland-Bericht der Weltkommission für Umwelt und Entwicklung*]. Die Formulierung »zukünftige Generationen« tauchte schon früher auf, nämlich in der 1972 erschienenen »Erklärung der Konferenz der Vereinten Nationen über die Umwelt des Menschen«, aber bis zum Brundtland-Bericht war sie nicht allgemein gebräuchlich.

11 »A Case for Guardians of the Future«, Mary Robinson Foundation – Climate Justice Position Paper (Februar 2017), S. 1, S. 6; Joerg Chet Tremmel (Hg.), *Handbook of Intergenerational Justice* (Edward Elgar, 2006), S. 192–196; Jamie McQuilkin, »Doing Justice to the Future: A Global Index of Intergenerational Solidarity Derived from National Statistics«, *Intergenerational Justice Review*, Bd. 4, Nr. 1 (2018), S. 5.

12 http://www.italiaclima.org/wp-content/uploads/2015/01/ITA_SFPM_Italian-Youth-Declaration-on-Intergenerational-Equity_Eng_Definitive.pdf.

13 https://www.medact.org/2019/blogs/fighting-for-intergenerational-justice-midwives-can-be-climate-champions/.

14 Mark O'Brien und Thomas Ryan, »Rights and Representation of Future Generations in United Kingdom Policy«, Centre for the Study of Existential Risk, University of Cambridge (2017), S. 13–18.

15 Papst Franziskus.

16 https://globalnutritionreport.org/reports/global-nutrition-report-2018/burden-malnutrition/.

17 Siehe beispielsweise einen Bericht des Centre for the Study of Existential Risk der Universiät Cambridge, der sich für die Einrichtung einer parteiübergreifenden Parlamentarierkommission für zukünftige Generationen in Großbritannien einsetzt (O'Brien und Ryan, S. 13).

18 Derek Parfit, *Reasons and Persons* (Clarendon Press, 1987), S. 357.

19 Nicholas Vroussalis, »Intergenerational Justice: A Primer«, in Iñigo González-Ricoy und Axel Grosseries (Hg.), *Institutions for Future Generations* (Oxford University Press, 2016), S. 59.

20 Barry S. Gower, »What Do We Owe Future Generations?«, in David E.

Cooper und Joy A. Palmer (Hg.), *Environment in Question: Ethics and Global Issues* (Routledge, 1992), S. 1.

21 Die Grafik ist eine überarbeitete, umgestaltete Version einer Grafik von BBC Future, die ursprünglich von Richard Fisher konzipiert und von Nigel Hawtin gestaltet wurde: https://www.bbc.com/future/article/20190109-the-perils-of-short-termism-civilisations-greatest-threat. Die Daten für die Zukunftsprojektion basieren auf der üblichen UN-Schätzung, wonach sich die jährliche Geburtenzahl im 21. Jahrhundert bei rund 135 Millionen stabilisieren wird. Siehe https://ourworldindata.org/future-population-growth.

22 Nach dem bekanntesten davon, dem Differenzprinzip, sollten gesellschaftliche und wirtschaftliche Ungleichheiten so organisiert sein, dass sie den am wenigsten begünstigten Mitgliedern der Gesellschaft den größten Nutzen bringen (John Rawls, *Political Liberalism* (Columbia University Press, 1993), S. 83).

23 Rawls bezieht sich in seiner Diskussion des Themas auf die Notwendigkeit eines »Prinzips der gerechten Ersparnisse« (Rawls, *Political Liberalism*, S. 284–293; Bruce E. Tonn, »Philosophical, Institutional, and Decision Making Frameworks for Meeting Obligations to Future Generations«, *Futures*, Bd. 95 (2017), S. 46; O'Brien und Ryan, S. 14).

24 Rawls berücksichtigte nicht, dass ein gesundes Ökosystem für eine zukünftige gerechte Gesellschaft von entscheidender Bedeutung ist. Er war ein Philosoph des Holozän, aber nicht des Anthropozän. Nützliche Diskussionen finden sich in O'Brien und Ryan, S. 14; Tonn, »Philosophical, Institutional, and Decision Making Frameworks«, S. 44; und Mary Robinson Foundation, »A Case for Guardians of the Future«, S. 2.

25 Tonn, »Philosophical, Institutional, and Decision Making Frameworks«, S. 47; Rawls, *Political Liberalism*, S. 274.

26 https://www.sefaria.org/Taanit.23a?lang=bi.

27 Zitiert in Princen, »Long-Term Decision-Making«, S. 11.

28 John Borrows, »Earth-Bound: Indigenous Resurgence and Environmental Reconciliation«, in Michael Asch, John Borrows und James Tully (Hg.), *Resurgence and Reconciliation: Indigenous–Settler Relations and Earth Teachings* (University of Toronto Press, 2018), S. 62.

29 Persönliches Gespräch mit dem Autor, Oxford, 14. November 2017.

30 Papst Franziskus, S. 118; Roman Krznaric, »For God's Sake, Do Something! How Religions Can Find Unexpected Unity Around Climate Change«, Human Development Occasional Papers, Human Development Report Office, United Nations Development Programme (2007).

31 https://therealnews.com/stories/dlascariso504susuki.

32 David Suzuki, *The Legacy: An Elder's Vision for Our Sustainable Future* (Greystone Books, 2010), S. 55, S. 71–75.

33 https://www.nas.org/articles/Seventh_Generation_Sustainability_-_A_New_Myth.
34 https://www.bbc.co.uk/ideas/videos/do-we-need-to-re-think-our-ideas-of-time/p0818lnv.
35 https://www.earthguardians.org/.
36 http://www.souken.kochi-tech.ac.jp/seido/wp/SDES-2015-14.pdf; http://www.ceids.osaka-u.ac.jp/img/CEIDS_NL_NO.3(English).pdf.
37 https://workthatreconnects.org/resources/seventh-generation/.
38 Die Holding Plantagon International ging 2019 pleite. Wie es mit ihrer CityFarm im schwedischen Kungsholmen und ihren vielen Patenten weitergehen soll, war zu der Zeit, als diese Zeilen entstanden, nicht bekannt.
39 https://www.aapss.org/news/crafting-rules-to-sustain-resources/.

6 Kathedralendenken

1 http://www.gutenberg.org/files/35898/35898-h/35898-h.htm [dt. *Die sieben Leuchter der Baukunst*. Üb. v. W. Schoelermann; Leipzig: Diederichs 1900. Faksimileausgabe Gütersloh: Bertelsmann 1999].
2 Persönliche Korrespondenz, 14. Mai 2018. Siehe auch Jennifer Thorp, »New College's Hall and Chapel Roofs«, Manuskript, New College, Oxford (2009).
3 Diamond, *Collapse*, S. 523 [dt. S. 644f.].
4 Gijs van Hensbergen, *The Sagrada Família: Gaudí's Heaven on Earth* (Bloomsbury, 2017), S. 4, S. 16, S. 28, S. 72.
5 Als ich Thunberg im April 2019, einige Tage nach dem Brand von Notre-Dame in Paris, in Rom traf, war sie empört, dass es für den Wiederaufbau der Kathedrale bereits Finanzierungszusagen von mehreren 100 Millionen Euro gab, während die Regierungen bei der Finanzierung des Klimanotstandes so kläglich versagten. https://www.theguardian.com/environment/2019/apr/16/greta-thunberg-urges-eu-leaders-wake-up-climate-change-school-strike-movement.
6 https://www.theguardian.com/science/2011/apr/06/templeton-prize-2011-martin-rees-speech.
7 Projekte wie der Samenbunker von Svalbard wurden auch als »Tiefenzeit-Organisationen« bezeichnet (Frederic Hanusch und Frank Biermann, »Deep-Time Organizations: Learning Institutional Longevity from History«, *The Anthropocene Review* (2019), S. 1–3.
8 Robert Macfarlane, *Underland: A Deep Time Journey* (Hamish Hamilton, 2019), S. 398–410 [dt. *Im Unterland: Eine Entdeckungsreise in die Welt unter der Erde*].
9 Im Laufe der Zeit entwickelte die Führung der Suffragettenbewegung aus Frustration über das langsame Tempo der Reformen immer militantere Taktiken. Diane Atkinson, *Rise Up, Women! The Remarkable Lives of the Suffragettes* (Bloomsbury, 2018), S. 362.

10 https://www.nytimes.com/1982/01/15/world/soviet-food-shortages-grumbling-and-excuses.html.

11 https://theconversation.com/introducing-the-terrifying-mathematics-of-the-anthropocene-70749; https://web.archive.org/web/20070714085318/ http://www.wbcsd.org/DocRoot/1IBetslPgkEie83rTaoJ/cement-action-plan.pdf.

12 James Scott, *Seeing Like a State: How Certain Schemes to Improve the Human Condition Have Failed* (Yale University Press, 1998), S. 111.

13 Conrad Totman, *The Green Archipelago: Forestry in Pre-Industrial Japan* (Ohio University Press, 1989), S. 171.

14 Totman, *The Green Archipelago*, S. 79; Conrad Totman, *A History of Japan* (Blackwell, 2005), S. 255; Diamond, *Collapse*, S. 299.

15 Totman, *The Green Archipelago*, S. 166–167.

16 Diamond, *Collapse*, S. 304–305. Eine detailliertere Analyse des Wiederaufforstungsprogramms der Tokugawa-Zeit findet sich in dem Bericht, den ich über das Thema für das Entwicklungsprogramm der Vereinten Nationen schrieb (Roman Krznaric, »Food Coupons and Bald Mountains: What the History of Resource Scarcity Can Teach Us About Tackling Climate Change«, Human Development Occasional Papers, Human Development Report Office, United Nations Development Programme (2007)). Im Rahmen der von oben angeordneten Planung gab es auch eine Reihe von Graswurzelaktionen, beispielsweise wenn Dorfgemeinschaften auf ihrem Gemeindeland Wälder pflanzten, um ein Erbe für zukünftige Generationen zu sichern.

17 https://www.prospectmagazine.co.uk/magazine/if-i-ruled-the-world-martin-rees; https://www.theguardian.com/science/2010/mar/29/james-lovelock-climate-change.

18 Unser Gespräch fand statt, als Martin Rees sein neues Buch *On the Future* am 5. November 2018 in Blackwell's Bookshop in Oxford präsentierte.

19 https://yearbook.enerdata.net/renewables/renewable-in-electricity-production-share.html; https://www.tandfonline.com/doi/abs/10.1080/13569775.2013.773204.

20 Stephen Halliday, *The Great Stink of London: Sir Joseph Bazalgette and the Cleansing of the Victorian Metropolis* (Sutton Publishing, 2001), S. 42–61, S. 124.

21 Zitiert in Halliday, S. 74.

22 Zitiert in Halliday, S. 3.

23 Natasha McCarthy, *Engineering: A Beginner's Guide* (Oneworld, 2009), S. 115.

24 Stewart Brand, *How Buildings Learn: What Happens After They're Built* (Phoenix, 1997), S. 181.

25 Siehe die Diskussion über die Bedeutung von Resilienz und Selbstorganisation für eine effektive Funktion von Systemen in Donella Meadows, *Thin-*

king in Systems: A Primer (Earthscan, 2009), S. 75–81 [dt. *Die Grenzen des Denkens: Wie wir sie mit System erkennen und überwinden können*].

26 Meine Analyse der Rationierungspolitik in Großbritannien und den Vereinigten Staaten während des Zweiten Weltkriegs findet sich in Krznaric, »Food Coupons and Bald Mountains«.

27 https://www.weforum.org/agenda/2019/01/our-house-is-on-fire-16-year-old-greta-thunberg-speaks-truth-to-power/ [deutsche Fassung auf https://www.deutschlandfunk.de/weltwirtschaftsforum-davos-klimaaktivistin-greta-thunberg-100.html].

28 Milton Friedman, *Capitalism and Freedom* (Chicago University Press, 2002), S. xiv [dt. *Kapitalismus und Freiheit*].

29 John Ruskin, *The Seven Lamps of Architecture*, The Complete Works of John Ruskin, Bd. VIII (George Allen, 1903), S. 233.

30 Diamond, *Collapse*, S. 519; Frank van Schoubroeck und Harm Kool, »The Remarkable History of Polder Systems in the Netherlands«, FAO, Rom (2010). Eine faszinierende Studie über die kommunale Wasserwirtschaft in Bali liefert Stephen Lansing, *Perfect Order: Recognizing Complexity in Bali* (Princeton University Press, 2006).

7 Ganzheitliche Vorhersage

1 Diese Geschichte über die Priester am Nil wurde häufig von Pierre Wack erzählt, einem Pionier der Szenarioplanung. Die Vorhersagen stützten sich auch auf Pegelmessungen mit den sogenannten Nilometern, wobei die verschiedenen Pegelstände zur Berechnung der Steuern dienten. Peter Schwartz, *The Art of the Long View: Planning the Future in an Uncertain World* (Currency, 1991), S. 100–101, S. 109; Thomas Chermack, *The Foundations of Scenario Planning: The Story of Pierre Wack* (Routledge, 2017); https://news.nationalgeographic.com/2016/05/160517-nilometer-discovered-ancient-egypt-nile-river-archaeology/.

2 Jennifer M. Gidley, *The Future: A Very Short Introduction* (Oxford University Press, 2017), S. 2; Adam und Groves, S. 2–3, S. 13; Bertrand de Jouvenel, *The Art of Conjecture* (Weidenfeld & Nicolson, 1967), S. 89 [dt. *Die Kunst der Vorausschau*]. Eine klassische Beschreibung der Vorhersage als wissenschaftliche Methode ist Alvin Toffler, *Future Shock* (Pan, 1971) [dt. *Der Zukunftsschock*]. Toffler war ein Pionier der »wissenschaftlichen Zukunftsforschung«.

3 Manchmal ist auch vom »Kegel der Möglichkeiten« die Rede (Paul Saffo, »Six Rules for Effective Forecasting«, *Harvard Business Review* (Juli–August 2007)).

4 Nassim Nicholas Taleb, *The Black Swan: The Impact of the Highly Improbable* (Penguin, 2007), S. xii [dt. *Der schwarze Schwan: Die Macht höchst unwahrscheinlicher Ereignisse*].

5 Ich habe Hararis Beispiel aktualisiert und 2020 statt 2016 als Ausgangsjahr zugrunde gelegt (Yuval Noah Harari, *Homo Deus: A Brief History of Tomorrow* (Vintage, 2017), S. 67) [dt. *Homo Deus: Eine Geschichte von morgen*].

6 Steven Johnson, *Farsighted: How We Make the Decisions That Matter Most* (Riverhead, 2018), S. 82–83.

7 Charles Handy, *The Second Curve: Thoughts on Reinventing Society* (Random House Books, 2015), S. 22–25.

8 Saffo. Technologiepropheten nennen häufig das Moore-Gesetz, wonach sich die Zahl der Transistoren, die auf einen Siliziumwafer passen, ungefähr alle zwei Jahre verdoppelt, und stellen es als ständig exponentiell aufwärts verlaufende J-Kurve dar. Aber selbst der Singularitäts-Guru Ray Kurzweil räumt ein, dass sie irgendwann in die S-Form übergehen wird (Theodore Modis, »Why the Singularity Cannot Happen«, in A.H. Eden et al. (Hg.), *The Singularity Hypotheses, The Frontiers Collection* (Springer, 2012), S. 314–317).

9 Fritjof Capra, *The Turning Point: Science, Society and the Rising Culture* (Flamingo, 1983), S. 8, S. 12 [dt. *Wendezeit: Bausteine für ein neues Weltbild*].

10 Sigmoide Kurven sind ein zentraler Bestandteil der Analysen in dem ursprünglichen Bericht *Die Grenzen des Wachstums* (Donella Meadows, Dennis Meadows, Jorgen Randers und William Behrens, *The Limits to Growth* (Universe Books, 1972), S. 91–92, S. 124–126) [dt. *Die Grenzen des Wachstums*]. Ausführlicher erörtert werden sie in *Limits to Growth: The 30-Year Update* (Donella Meadows, Jorgen Randers and Dennis Meadows (Chelsea Green, 2004), S. 137–138) [dt. *Grenzen des Wachstums, das 30-Jahre-Update: Signal zum Kurswechsel*].

11 Kate Raworth, *Doughnut Economics: Seven Ways to Think Like a 21st-Century Economist* (Random House Books, 2017), S. 251 [dt. *Die Donut-Ökonomie: Endlich ein Wirtschaftsmodell, das den Planeten nicht zerstört*].

12 Ugo Bardi, *The Seneca Effect: Why Growth is Slow but Collapse is Rapid* (Springer, 2017) [dt. *Der Seneca-Effekt: Warum Systeme kollabieren und wie wir damit umgehen können*].

13 Salk und Salk, S. 31.

14 Jonathan Salk.

15 Jonas Salk, *Anatomy of Reality*, S. 24–25; Salk und Salk, S. 68–73, S. 90; Jonathan Salk.

16 Steven Pinker, *Enlightenment Now: The Case for Reason, Science, Humanism and Progress* (Viking, 2018), S. 32, S. 153, S. 154, S. 306, S. 327 [dt. *Aufklärung Jetzt: Für Vernunft, Wissenschaft, Humanismus und Fortschritt*]. Eine eindringliche Kritik an seinen Behauptungen – insbesondere über den ökologischen Fortschritt – findet sich in dem Aufsatz von Jeremy Lent bei Open Democracy (https://www.opendemocracy.net/en/transformation/steven-pinker-s-ideas-are-fatally-flawed-these-eight-graphs-show-why/), in dem

offenen Brief des Anthropologen Jason Hickell (https://www.jasonhickel.org/blog/2019/2/3/pinker-and-global-poverty) und in der Zerlegung seiner ökologischen Argumente durch George Monbiot (https://www.theguardian.com/commentisfree/2018/mar/07/environmental-calamity-facts-steven-pinker).

17 Pinker, S. 327–328 [dt. S. 415].

18 https://quoteinvestigator.com/2013/10/20/no-predict/.

19 Gidley, S. 42–45; Hyeonju Son, »The History of Western Futures Studies: An Exploration of the Intellectual Traditions and Three-Phase Periodization«, *Futures*, Bd. 66 (Februar 2015), S. 123–124; Jenny Andersson, »The Great Future Debate and the Struggle for the World«, *The American Historical Review*, Bd. 117, Nr. 5 (2012), S. 1413–1415.

20 Herman Kahn, *On Thermonuclear War* (Princeton University Press, 1960), S. 20–21, S. 98. Als Beleg für seinen rationalen Pragmatismus schlug Kahn sogar vor, man solle älteren Menschen kontaminierte Lebensmittel zu essen geben, da ihre Lebenserwartung ohnehin nicht länger sei als die Zeit, bis sie daran sterben.

21 https://www.newyorker.com/magazine/2005/06/27/fat-man; https://www.nytimes.com/2004/10/10/movies/truth-stranger-than-strangelove.html.

22 Pierre Wack, »Scenarios: Unchartered Waters Ahead«, *Harvard Business Review* (September 1985), S. 73.

23 Wack, »Scenarios: Unchartered Waters Ahead«, S. 76; Pierre Wack, »Scenarios: Shooting the Rapids«, *Harvard Business Review* (November 1985), S. 146; Schwartz, S. 7–9; https://www.strategy-business.com/article/8220?gko=4447f.

24 Son, S. 127.

25 Son, S. 128; Gidley, S. 56–57; Wack, »Scenarios: Shooting the Rapids«, S. 15.

26 Steffen und Rockström et al., S. 4; Intergovernmental Panel on Climate Change [Weltklimarat], *Climate Change 2014: Synthesis Report* (IPCC, 2014), S. 70, S. 74.

27 Die Grafik ist eine überarbeitete, umgestaltete Version einer Grafik von BBC Future, die ursprünglich von Nigel Hawtin gestaltet wurde. Sie basiert auf Daten von Luke Kemp, zu finden unter https://www.bbc.com/future/article/20190218-are-we-on-the-road-to-civilisation-collapse.

28 Ronald Wright, *A Short History of Progress* (Canongate, 2004), S. 78–99 [dt. *Eine kurze Geschichte des Fortschritts*]; Joseph Tainter, »Problem Solving: Complexity, History, Sustainability«, *Population and Environment: A Journal of Interdisciplinary Studies*, Bd. 22, Nr. 1 (2000), S. 12; Jeremy Lent, *The Patterning Instinct: A Cultural History of Humanity's Search for Meaning* (Prometheus, 2017), S. 411; Diamond, *Collapse*, S. 168–170.

29 Diamond, *Collapse*, S. 420–440; Jared Diamond, »Easter Island Revisited«, *Science*, Bd. 317, Nr. 5,845 (2007), S. 1692–1694; Tainter, S. 6–9, S. 20–23; Graeme Cumming und Garry Peterson, »Unifying Research on Social-Ecological Resilience and Collapse«, *Trends in Ecology and Evolution*, Vol.

32, Nr. 9 (2017), S. 699–706; http://www.marklynas.org/2011/09/the-myths-of-easter-island-jared-diamond-responds/.

30 Yuval Noah Harari gehört zu denen, nach deren Ansicht die globale Gesellschaft so untereinander abhängig ist, dass es eigentlich auf der ganzen Welt nur eine Zivilisation gibt (Noah Yuval Harari, *21 Lessons for the 21st Century* (Jonathan Cape, 2018), S. 93) [dt. *21 Lektionen für das 21. Jahrhundert*].

31 Steffen und Rockström et al.

32 https://thebulletin.org/2016/09/how-likely-is-an-existential-catastrophe/.

33 Das Diagramm greift auf den Rahmen der drei Horizonte zurück, der von dem Zukunftsforscher Bill Sharpe entwickelt wurde (nicht zu verwechseln mit dem Wachstumsmodell gleichen Namens von McKinsey). Darin beschreibt er ein Hilfsmittel zur Entwicklung eines »Zukunftsbewusstseins« (Graham Leicester, *Transformative Innovation: A Guide to Practice and Policy* (Triarchy Press, 2016), S. 44–52). Die verschiedenen Verläufe basieren im Wesentlichen auf den Forschungsergebnissen von Paul Raskin (»Journey to Earthland: The Great Transition to Planetary Civilization«, Tellus Institute, Boston (2016), S. 26), Cumming und Peterson, Rupert Read und Samuel Alexander (*This Civilization Is Finished: Conversations on the End of Empire – and What Lies Beyond* (Simplicity Institute, 2019), S. 7) und Seth Baum et al. (»Long- Term Trajectories of Human Civilization«, *Foresight*, Bd. 21, Nr. 1 (2019), S. 53–83). Eine gute Zusammenfassung der derzeitigen Debatte über Wege in den Zusammenbruch findet sich in der Analyse des Systemtheoretikers Nafeez Ahmed.

34 David Wallace-Wells, *The Unhabitable Earth: A Story of the Future* (Allen Lane, 2019), S. 28 [dt. *Die unbewohnbare Erde: Leben nach der Erderwärmung*].

35 Raskin, S. 71–91.

8 Das übergeordnete Ziel

1 Princen, »Long-Term Decision-Making, S. vii; Viktor Frankl, *Man's Search for Meaning: An Introduction to Logotherapy* (Hodder & Stoughton, 1987), S. 20 [dt. *Trotzdem Ja zum Leben sagen: Ein Psychologe erlebt das Konzentrationslager*].

2 Carl Sagan, *Pale Blue Dot: A Vision of the Human Future in Space* (Ballantine Books, 1997), S. 51, S. 333 [dt. *Blauer Punkt im All: Unsere Zukunft im Kosmos*, S. 419]. Wie wichtig es ist, einen *telos* zu haben, wurde auch von anderen erörtert, die sich mit dem langfristigen Denken beschäftigt haben, wie Ari Wallach. Ich selbst wurde in meinen Gedanken über ein Ziel oder *telos* von Systemforschenden wie Donella Meadows beeinflusst: Nach ihrer Ansicht besteht einer der effektivsten Wege zur Veränderung eines komplexen Systems darin, ihm ein anderes letztes Ziel zu geben (Meadows, S. 161, S. 194).

3 Der Gedanke, Privilegien auf lange Sicht aufrechtzuerhalten, ist vor allem

im konservativen Denken und insbesondere in den Schriften des Philosophen Edmund Burke zu erkennen. Er schrieb 1790, die Gesellschaft sei »eine Partnerschaft nicht nur zwischen den Lebenden, sondern zwischen denen, die leben, die tot sind und die noch geboren werden«. Nach seiner Ansicht sollten wir die »ungeheure Weisheit« der Vergangenheit respektieren, die wir von einer langen Reihe von Vorfahren« geerbt haben. Das alles hört sich nach einer bewundernswerten Form von langfristigem Denken an und basiert auf einer generationenübergreifenden Kontinuität. Burkes eigentliche Zielscheibe waren aber die französischen Revolutionäre, weil sie die Monarchie und Aristokratie stürzen wollten, die er als Bollwerk gegen den Mob zutiefst bewunderte. Burke wollte ihre Macht und ihre Privilegien angesichts des Windes der Veränderung bewahren. Er schätzte die Tradition, weil sie ein Weg war, um das vorhandene System beizubehalten (Burke, *Reflections on the Revolution in France* (J. Dodsley, 1790), Absätze 55, 56, 165).

4 Pinker, S. 6 [dt. S. 17].

5 Wright, S. 37–39; Lawrence Guy Straus, »Upper Paleolithic Hunting Tactics and Weapons in Western Europe«, *Archeological Papers of the American Anthropological Association*, Bd. 4, Nr. 1 (1993), S. 89–93; George Frison, »Paleoindian large mammal hunters on the plains of North America«, *PNAS*, Bd. 95, Nr. 24 (1998): S. 14.576–14.583.

6 Diamond, *Collapse*, S. 427–429; George Monbiot, *Feral: Searching for Enchantment on the Frontiers of Rewilding* (Allen Lane, 2013), S. 90–91, S. 137–138 [dt. *Verwildert: Die Wiederherstellung unserer Ökosysteme und die Zukunft der Natur*]; Wright, S. 37; Tim Flannery, *The Future Eaters: An Ecological History of the Australian Lands and People* (Secker & Warburg, 1996), S. 143, S. 155, S. 180–186, S. 307–308.

7 Mit Kapitalismus meine ich eine Wirtschaftsordnung, die auf dem Eigeninteresse an Gewinnen, den Marktmechanismen und dem Privateigentum basiert und in der auch die Arbeitskraft von Menschen eine Ware ist, die man verkaufen kann (Ellen Meiksins Wood, *The Origin of Capitalism: A Longer View* (Verso, 2017), S. 2) [dt. *Der Ursprung des Kapitalismus: Eine Spurensuche*].

8 E.A. Wrigley, *Energy and the English Industrial Revolution* (Cambridge University Press, 2010), S. 2, S. 242–249.

9 https://timjackson.org.uk/if-the-rich-world-aimed-for-minimal-growth-would-it-be-a-disaster-or-a-blessing/; Tim Jackson, *Prosperity Without Growth: Foundations for the Economy of Tomorrow* (Routledge, 2016), S. 1–23 [dt. *Wohlstand ohne Wachstum: Leben und Wirtschaften in einer endlichen Welt*, S. 3]; Raworth, *Doughnut Economics*, S. 246.

10 Die Grafik basiert auf Daten von Will Steffen et al. »The Trajectory of the Anthropocene: The Great Acceleration«, *The Anthropocene Review*, Bd. 2, Nr. 1 (2015).

11 https://www.marxists.org/reference/archive/wilde-oscar/soul-man/.
12 Rifkin, *Time Wars*, S. 154 [dt. *Uhrwerk Universum*, S. 171].
13 Krznaric, »For God's Sake, Do Something!«, S. 5–11.
14 Jonathan Porritt, *The World We Made* (Phaidon, 2013), S. 1.
15 Zitiert in Maria Alex Lopez, *Invisible Women* (Palibrio, 2013), S. 36.
16 Sagan, S. 309–312 [dt. S. 391–393].
17 https://www.vox.com/the-goods/2018/11/2/18053824/elon-musk-death-mars-spacex-kara-swisher-interview; https://www.theguardian.com/technology/2018/mar/11/elon-musk-colonise-mars-third-world-war.
18 https://www.newscientist.com/article/2175414-terraforming-mars-might-be-impossible-due-to-a-lack-of-carbon-dioxide/.
19 Rees, S. 150 [dt. S. 116]. Eine ähnliche Haltung vertritt die Geologin Marcia Bjornerud: http://longnow.org/seminars/02019/jul/22/timefulness/.
20 Das Konzept der Techno-Spaltung habe ich übernommen von dem Kulturhistoriker Jeremy Lent, S. 432.
21 Mark O'Connell, *To Be a Machine: Adventures Among Cyborgs, Utopians, Hackers, and the Futurists Solving the Modest Problem of Death* (Granta, 2017), S. 6, S. 29, S. 51 [dt. *Unsterblich sein: Reise in die Zukunft des Menschen*].
22 O'Connell, S. 54–55.
23 https://aeon.co/essays/we-are-more-than-our-brains-on-neuroscience-and-being-human.
24 Harari, *Homo Deus*, S. 408 [dt. *Homo Deus*. Der hier zitierte Satz fehlt in der deutschen Ausgabe].
25 Rees, S. 58; Lent, S. 418.
26 https://www.ncbi.nlm.nih.gov/pubmed/15968832.
27 Read und Alexander, S. 20.
28 Jem Bendell, »Deep Adaptation: A Map for Navigating Climate Tragedy«, IFLAS Occasional Paper 2, University of Cumbria (2018), S. 2, 6, 12; Roy Scranton, *Learning to Die in the Anthropocene* (City Light Books, 2015), S. 16.
29 Bendell, S. 13, S. 23. Nach Bendells Ansicht brauchen wir für die tiefe Anpassung einen dreifachen Ansatz mit Resilienz, Verzicht und Wiederherstellung.
30 Auch Bendell selbst räumt diese Möglichkeit ein und bezeichnet den Zusammenbruch manchmal nicht als »unvermeidlich«, sondern als »wahrscheinlich« oder »möglich« (Bendell, S. 13, S. 19).
31 Rebecca Solnit, *A Paradise Built in Hell: The Extraordinary Communities that Arise in Disasters* (Penguin, 2010), S. 2, S. 8.
32 https://www.opendemocracy.net/en/transformation/what-will-you-say-your-grandchildren/.
33 Read und Alexander, S. 12 [dt. S. 46].
34 https://www.overshootday.org/newsroom/press-release-july-2019-english/.
35 https://www.youtube.com/watch?v=sf4oW8OtaPY&t=778s.

36 In solchen Gedanken klingt die »Landethik« an, wie der Naturforscher Aldo Leopold sie nennt, das heißt, der Gedanke, dass etwas richtig ist, wenn es die Unversehrtheit, die Stabilität und die Schönheit der Lebensgemeinschaft bewahrt (Aldo Leopold, *A Sand County Almanac* (Oxford University Press, 1968), S. 224–225) [dt. *Am Anfang war die Erde: Plädoyer zur Umwelt-Ethik*].
37 Aus dem Film *Planetary* (http://weareplanetary.com/).
38 Eno, »The Big Here and Long Now«.
39 Janine Benyus, *Biomimcry: Innovation Inspired by Nature* (Perennial, 2002), S. 297; Rifkin, *Time Wars*, S. 277–281.

9 Tiefe Demokratie

1 David Hume, *A Treatise of Human Nature* (John Noon, 1739), Buch 3, Abschnitt 7 [dt. *Über die menschliche Natur*, Bd. 3, S. 153].
2 Dennis Thompson, »Representing Future Generations: Political Presentism and Democratic Trusteeship«, *Critical Review of International Social and Political Philosophy*, Bd. 13, Nr. 1 (2010), S. 17; Boston, S. xxvii.
3 https://www.independent.co.uk/news/world/europe/climate-change-2050-eu-eastern-europe-carbon-neutral-summit-countries-a8968141.html.
4 Michael K. MacKenzie, »Institutional Design and Sources of Short-Termism«, in Iñigo González- Ricoy und Axel Grosseries (Hg.), *Institutions for Future Generations* (Oxford University Press, 2016), S. 27.
5 William Nordhaus, »The Political Business Cycle«, *Review of Economic Studies*, Bd. 42, Nr. 2 (1975): S. 177, S. 179, S. 184.
6 MacKenzie, S. 28–29.
7 Zitiert in Mark Green (Hg.), *The Big Business Reader on Corporate America* (Pilgrim Press, 1983), S. 179.
8 https://www.oxfordmartin.ox.ac.uk/videos/view/317.
9 Diamond, *Collapse*, S. 430 [dt. S. 531].
10 MacKenzie, S. 29–30; Barbara Adam, *Time* (Polity Press, 2004), S. 136–143; Sabine Pahl, Stephen Sheppard, Christine Boomsma und Christopher Groves, »Perceptions of Time in Relation to Climate Change«, *WIREs Climate Change*, Bd. 5 (Mai/Juni 2014), S. 378; Ivor Crewe und Anthony King, *The Blunders of our Government* (Oneworld, 2014), S. 356; Simon Caney, »Political Institutions and the Future«, in Iñigo González-Ricoy und Axel Grosseries (Hg.), *Institutions for Future Generations* (Oxford University Press, 2016), S. 137–138.
11 https://yougov.co.uk/topics/politics/articles- reports/2016/06/27/how-britain-voted.
12 Oxford Martin Commission, »Now for the Long-Term: The Report of the Oxford Martin Commission for Future Generations«, Oxford Martin School, Oxford University (2013), S. 45–46.

13 Eric Hobsbawm, *The Age of Capital, 1848–1875* (Weidenfeld & Nicolson, 1995), S. 82–97 [dt. *Die Blütezeit des Kapitals 1848-1875*].

14 https://www.theguardian.com/world/commentisfree/2019/mar/20/eco-fascism-is-undergoing-a-revival-in-the-fetid-culture-of-the-extreme-right. Dieser wachsende, gegen die Demokratie gerichtete Trend ist auch verstärkt in der westlichen Welt an der abnehmenden Legitimierung der politischen Parteien, sinkendem Vertrauen in Regierungen und dem Aufstieg des rechtsgerichteten Populismus zu erkennen. Daten zeigen diesen Trend sogar bei jüngeren Generationen: Einer Studie zufolge glauben in Europa und Nordamerika 60 Prozent der in den 1950er-Jahren geborenen Menschen, dass das Leben in einer Demokratie alternativlos ist, unter den in den 1980er-Jahren Geborenen teilen aber nur 45 Prozent in Europa und knapp über 30 Prozent in Amerika diese Ansicht (Robert Stefan Foa und Yascha Mounk, »The Signs of Deconsolidation«, *Journal of Democracy*, Bd. 28, Nr. 1 (2017)).

15 Beispiele sind unter anderem der European Intergenerational Fairness Index, der von der Intergenerational Foundation herausgegeben wird, das Maß der »generationenübergreifenden Gleichberechtigung« im Inclusive Development Index des Weltwirtschaftsforums, Pieter Vanhuysses Intergenerational Justice Index, das Hoftstede-Model der langfristigen Orientierung und Stefan Wursters Maß für ökologische Nachhaltigkeit (»Comparing Ecological Sustainability in Autocracies and Democracies«, *Contemporary Politics*, Bd. 19, Nr. 1 (2013)).

16 McQuilkin, »Doing Justice to the Future«.

17 Für die Zwecke dieses Buches hat McQuilkin eine aktualisierte Version des ISI zusammengestellt; sie basiert auf den neuesten verfügbaren Daten und nimmt an einigen Bestandteilen geringfügige Anpassungen vor.

18 Siehe zum Beispiel Joe Foweraker und Roman Krznaric, »Measuring Liberal Democratic Performance: An Empirical and Conceptual Critique«, *Political Studies*, Bd. 48, Nr. 4 (2000).

19 Was einige Daten angeht, hätte ein Land wie Kuba im ISI gut abschneiden können, musste aber ausgelassen werden, weil für vier der zehn Maßstäbe keine Daten zur Verfügung standen. In dem Index für nachhaltige Entwicklung nimmt Kuba den Spitzenplatz ein (Jason Hickel, »The Sustainable Development Index: Measuring the Ecological Efficiency of Human Development in the Anthropocene«, *Ecological Economics*, Bd. 167 (2020)); https://www.sustainabledevelopmentindex.org/.

20 V-Dem Institut, »Democracy Facing Global Challenges: V-Dem Annual Democracy Report 2019«, V-Dem Institut, University of Gothenburg (2019), S. 53. Andere Demokratieindizes, die betrachtet, aber nicht für die Analyse herangezogen wurden, waren unter anderem Polity IV, Freedom House und der EIU-Demokratieindex. Auch andere Demokratiemaßstäbe wie die Polyarchie wurden berücksichtigt.

21 Die Kategorie der »Autokratien« umfasst eine Reihe verschiedener Regierungsformen, von Militärdiktaturen und Einparteienstaaten bis zu Erbmonarchien und gewählten Regimen mit starken autoritären Tendenzen. Ein Land wird als Autokratie eingestuft, wenn es im V-Dem Liberal Democracy Index einen Wert von 0,45 oder weniger erreicht. Wo man diesen Schwellenwert ansetzen soll, ist in der Wissenschaft umstritten. Manche befürworten einen niedrigeren Wert von 0,42, andere bevorzugen 0,50 (Yuko Kasuya und Kota Mori, »Better Regime Cutoffs for Continuous Democracy Measures«, *Users Working Paper Series 2019:25*, The Varieties of Democracy Institute, University of Gothenburg, (2019)). In der vorliegenden Analyse wurde 0,45 als fairer Mittelwert gewählt. Brunei wurde als Autokratie und Belize als Demokratie eingestuft, obwohl beide mangels Daten nicht im V-Dem Liberal Democracy enthalten sind und deshalb im Punktdiagramm nicht auftauchen, wohl aber in der nachfolgenden Analyse. Ein »kurzfristig denkendes« Regime hat auf dem Index der generationenübergreifenden Solidarität einen Wert von unter 50, dem Mittelwert aller Länder.

22 Boston, S. 170.

23 O'Brien und Ryan, S. 27; Schlomo Shoham und Nira Lamay, »Commission for Future Generations in the Knesset: Lessons Learnt«, in Joerg Chet Tremmel (Hg.), *Handbook of Intergenerational Justice* (Edward Elgar, 2006), S. 254; Graham Smith, »Enhancing the Legitimacy of Offices for Future Generations«, *Political Studies* (2019), S. 5.

24 Die Befugnisse des ungarischen Ombudsmannes wurden 2011 im Rahmen einer Verfassungsänderung eingeschränkt (Graham Smith, S. 4).

25 https://www.bbc.co.uk/iplayer/episode/m0006bjz/longtermism-how-to-think-in-deep-time-bbc-future-at-hay-festival; www.futuregenerations.wales/wp-content/uploads/2017/02/150623-guide-to-the-fg-act-en.pdf ; http://www.if.org.uk/2019/07/11/how-can-wales-invest-in-climate-action-today-for-future-generations/.

26 https://futuregenerations.wales/news/future-generations-commissioner-for-wales-welcomes-brave-decision-by-first-minister-on-the-m4-relief-road/; https://www.ft.com/content/86d32314-86ca-11e9-a028-86cea8523dc2; http://www.assembly.wales/laid%20documents/gen- ld11694/gen-ld11694-e.pdf.

27 https://hansard.parliament.uk/lords/2019-06-20/debates/E11B7D05-3E68-4D7F-BF09-81E9312918C0/Policy-MakingFutureGenerations%E2%80%99Interests.

28 https://www.theguardian.com/commentisfree/2019/mar/15/capitalism-destroying-earth-human-right-climate-strike-children; https://www.worldfuturecouncil.org/wp-content/uploads/2016/02/CIEL_WFC_High_Commissioner_for_Future_Generations.pdf /; https://www.mrfcj.org/wp-content/uploads/2018/02/Global-Guardians-A-Voice-for-Future-Generations-Position-Paper-2018.pdf.

29 Graham Smith, S. 4–9.
30 https://www.nationalobserver.com/2018/03/05/news/david-suzuki-fires-death-zone-trudeau-weaver-and-broken-system.
31 https://www.oecd.org/gov/open-government/innovative-citizen-participation-new-democratic-institutions-catching-the-deliberative-wave-highlights.pdf.
32 David Owen und Graham Smith, »Sortition, Rotation and Mandate: Conditions for Political Equality and Deliberative Reasoning«, *Politics and Society*, Bd. 46, Nr. 3 (2018).
33 Graham Smith, S. 13. Siehe auch Rupert Read, »The Philosophical and Democratic Case for a Citizens' Super-Jury to Represent and Defend Future People«, *Journal of International Relations Research*, Nr. 3 (Dezember 2013) S. 15–19); Simon Caney, »Democratic Reform, Intergenerational Justice and the Challenges of the Long-Term«, Centre for the Understanding of Sustainability Prosperity, University of Surrey (2019), S. 12; Marit Hammond und Graham Smith, »Sustainable Prosperity and Democracy – A Research Agenda«, Centre for the Understanding of Sustainability Prosperity, Working Paper Nr. 8, University of Surrey (2017), S. 15; Stuart White, »Parliaments, Constitutional Conventions, and Popular Sovereignty«, *British Journal of Politics and International Relations*, Bd. 19, Nr. 2 (2017).
34 https://www.japanpolicyforum.jp/backnumber/no51/pt20190109210522.html.
35 Der Politikwissenschaftler David Runciman vertrat »ein wenig augenzwinkernd« die Ansicht, man solle schon Sechsjährigen eine Stimme geben. Ich halte 12 Jahre für ein angemessenes Mindestalter für die Teilnahme an Bürgerversammlungen, denn dies ist in vielen Kulturkreisen der Zeitpunkt des »Erwachsenwerdens«, der im Reifeprozess einen Wendepunkt darstellt. Außerdem hätten die jungen Teilnehmer schon die Möglichkeit gehabt, in der Schule einige Jahre am Gemeinschaftskundeunterricht teilzunehmen. https://www.talkingpoliticspodcast.com/blog/2018/129-democracy-for-young-people?rq=age%206.
36 Ähnliche Befugnisse schlägt der Philosoph und Extinction-Rebellion-Aktivist Rupert Read in seinen Gedanken über die Einrichtung einer dritten Parlamentskammer mit Wächtern zum Schutz zukünftiger Generationen vor (Rupert Read, *Guardians of the Future: A Constitutional Case for Representing and Protecting Future People* (Green House, 2011), S. 9–14).
37 https://phys.org/news/2019-12-climate-activists-victory-dutch-court.html.
38 https://www.earthguardians.org/.
39 https://www.teenvogue.com/story/xiuhtezcatl-martinez-explains-why-hes-fighting-climate-change.
40 https://www.ourchildrenstrust.org/juliana-v-us.
41 Joel Bakan, *The Corporation: The Pathological Pursuit of Profit and Power* (Free Press, 2004), S. 16 [dt. *Das Ende der Konzerne: Die selbstzerstörerische Kraft der Unternehmen*].

42 O'Brien und Ryan, S. 36; Read, »Guardians of the Future«, S. 11; https://www.parliament.nz/en/get-involved/features/innovative-bill-protects-whanganui-river-with-legal-personhood/.

43 https://www.youtube.com/watch?v=8EuxYzQ65H4; https://eradicatingecocide.com/; https://www.stopecocide.earth/; http://www.earthisland.org/journal/index.php/magazine/entry/ecocide_the_fi_h_war_crime/.

44 Dezentralisierung und generationenübergreifende Solidarität sind anscheinend eng verwandt: Der ISI hat 42 Prozent seiner Variationsreihe mit einem Index der politischen, fiskalischen und administrativen Dezentralisierung gemeinsam, der von der Weltbank herausgegeben wurde (Maksym Ivanya und Anwar Shah, »How Close Is Your Government to its People? Worldwide Indicators on Localization and Decentralization«, World Bank Policy Research Working Paper 6138, East Asia and Pacific Region (2012)).

45 Elinor Ostrom, *A Polycentric Approach for Coping with Climate Change*, World Bank Policy Research Working Paper 5095 (2009); Keith Carlisle und Rebecca L. Gruby, »Polycentric Systems of Governance: A Theoretical Model for the Commons«, *Policy Studies Journal*, Bd. 47, Nr. 4 (2017): S. 927–952. Ostrom hielt die polyzentrische Regierungsführung für eine besonders effiziente Methode zur Bewirtschaftung knapper ökologischer Ressourcen. Darin spiegelt sich eines ihrer acht grundlegenden Konstruktionsprinzipen für Bewirtschaftung der Gemeingüter wider: »Baue Verantwortung für die Steuerung der gemeinsamen Ressource in verschachtelten Schichten auf, von der untersten Ebene bis zum ganzen verflochtenen System«; https://www.onthecommons.org/8-keys-successful-commons/index.html.

46 Parag Khanna, *Connectography: Mapping the Future of Global Civilization* (Random House, 2016), S. 49; https://www.un.org/en/desa/2018-revision-world-urbanization-prospects#:~:text=The%20urban%20population%20of%20the,and%20Africa%20with%2013%25%20each.

47 Khanna, S. 6, S. 58–60.

48 Diese Darstellung Europas als Stadtstaaten wurde angeregt durch eine Grafik von John Donald.

49 https://www.nytimes.com/2015/07/17/opinion/the-art-of-changing-a-city.html; https://www.power-technology.com/features/100-club-cities-going-renewables/; http://www.cycling-embassy.dk/2017/07/04/copenhagen-city-cyclists-factsfigures-2017/.

50 https://www.scientificamerican.com/article/building-more-sustainable-cities/.

51 https://media.nesta.org.uk/documents/digital_democracy.pdf; https://www.thersa.org/discover/publications-and-articles/rsa-blogs/2017/09/the-digital-city-the-next-wave-of-open-democracy; https://datasmart.hks.harvard.edu/news/article/how-smart-city-barcelona-brought-the-internet-of-things-to-life-789.

52 Jana Belschner, »The Adoption of Youth Quotas after the Arab Uprisings«,

Politics, Groups, and Identities (2018); https://www.budget.canada.ca/2023/report-rapport/gdql-egdqv-02-en.html.

53 Meine Herangehensweise an historischen Wandel und Theorien der Macht wurde stakt beeinflusst von dem Buch von Tzvetan Todorov, *The Fragility of Goodness* (Weidenfeld & Nicolson, 2001). Siehe auch meine Analyse über den Ablauf des Wandels in Krznaric, »How Change Happens: Interdisciplinary Perspectives for Human Development«.

10 Ökologische Zivilisation

1 https://slate.com/business/2014/10/worlds-oldest-companies-why-are-so-many-of-them-in-japan.html; https://en.wikipedia.org/wiki/List_of_oldest_companies.

2 https://journal.accj.or.jp/masayoshi-sons-300-year-plan/.

3 Dominic Barton et al., »Measuring the Economic Impact of Short-Termism«, McKinsey Global Institute Discussion Paper (2017), S. 1–2.

4 Korten prägte den Begriff »ökologische Zivilisation« zwar nicht als Erster, aber er gehörte zu denen, die ihn im Westen populär machten. Geboren wurde er passenderweise in der Ortschaft Longview in Washington. https://davidkorten.org/living-earth-econ-for-eco-civ/.

5 https://www.politifact.com/virginia/statements/2016/jul/06/mark-warner/mark-warner-says-average-holding-time-stocks-has-f/.

6 IPPR, »Prosperity and Justice: A Plan for the New Economic – The Report of the IPPR Commission on Economic Justice«, Institute for Public Policy Research, London (2018), S. 37; https://www.ft.com/content/d81f96ea-d43c-11e7-a303-9060cb1e5f44; Oxford Martin Commission, S. 46.

7 Ernst Ulrich von Weizsäcker und Anders Wijkman, *Come On! Capitalism, Short-termism, Population and the Destruction of the Planet – A Report to the Club of Rome* (Springer, 2018), S. 71.

8 https://timjackson.org.uk/if-the-rich-world-aimed-for-minimal-growth-would-it-be-a-disaster-or-a-blessing/.

9 https://science.sciencemag.org/content/366/6468/950.full.

10 https://www.nature.com/articles/476148a.

11 Meadows, Randers und Meadows, S. i, S. xi [dt. S. 17].

12 Herman Daly, *Ecological Economics and Sustainable Development: Selected Essays of Herman Daly* (Edward Elgar, 2007), S. 12.

13 Raworth, *Doughnut Economics*, S. 66, S. 143.

14 Herman Daly, *Beyond Growth: The Economics of Sustainable Development* (Beacon Press, 1996), S. 6 [dt. *Wirtschaft jenseits von Wachstum: Die Volkswirtschaftslehre nachhaltiger Entwicklung*].

15 Der Donut wurde beispielsweise zum Rahmen der Stadtplanung in Amsterdam und anderen Städten, die zur C40-Städteallianz gehören und entschlossen sind, gegen den Klimawandel vorzugehen. https://medium.com/

circleeconomy/the-amsterdam-city-doughnut-how-to-create-a-thriving-city-for-a- thriving-planet-423afd6b2892.

16 Die neueste Version des Donut und alle Einzelheiten zu Dimensionen und Daten finden sich in Kate Raworth, »A Doughnut for the Anthropocene: Humanity's Compass in the 21st Century«, *The Lancet Planetary Health*, Bd. 1, Nr. 2 (2017). Siehe auch Raworth, *Doughnut Economics*, S. 43–53; Will Steffen et al., »The Anthropocene: From Global Change to Planetary Stewardship«, *Ambio*, Bd. 40, Nr. 7 (2011), S. 753–754.

17 https://hbr.org/2012/06/captain-planet; https://www.unilever.co.uk/sustainable-living/; https://www-nytimes-com.cdn.ampproject.org/c/s/www.nytimes.com/2019/08/29/business/paul-polman-unilever-corner-office.amp.html.

18 https://newint.org/features/web-exclusive/2017/04/13/inside-unilever-sustainability-myth.

19 https://www.opendemocracy.net/en/transformation/five-ways-to-curb-power-of-corporations/. Ein solcher Vorschlag ist eine Variante der Finanztransaktionssteuer, für die sich Persönlichkeiten wie der US-Senator Bernie Sanders einsetzen.

20 Ob die französische Regierung mit ihrer Maßnahme Erfolg hatte, ist allerdings umstritten. https://www.epi.org/blog/lessons-french-time-tax-high-frequency-trading/; https://www.theguardian.com/business/economics-blog/2014/apr/04/high-frequency-trading-markets-tobin-tax-financial-transactions-algorithms.

21 https://bcorporation.net/; https://www.forbes.com/sites/billeehoward/2017/10/01/joey- bergstein-cause-brand-purpose/#81aa5d345939.

22 John Kay, »The Kay Review of UK Equity Markets and Long-Term Decision Making«, Department for Innovation, Business and Skills, UK Government (2012), S. 13.

23 https://www.overshootday.org/newsroom/press-release-july-2019-english/.

24 https://www.opendemocracy.net/en/transformation/five-ways-to-curb-power-of-corporations/.

25 Daniel Christian Wahl, *Designing Regenerative Cultures* (Triarchy Press, 2016) [dt. *Regenerative Kulturen gestalten.* Palma de Mallorca: Phänomen Verlag 2022]; Von Weizsäcker und Wijkman, S. 101–144.

26 Raworth, *Doughnut Economics*, S. 212.

27 https://www.weforum.org/agenda/2019/02/companies-leading-way-to-circular-economy/.

28 https://fab.city; Michael Blowfield und Leo Johnson, *The Turnaround Challenge: Business and the City of the Future* (Oxford University Press, 2013), S. 193–195.

29 https://www.ted.com/talks/marcin_jakubowski?language=en.

30 https://theconversation.com/how-fab-labs-help-meet-digital-challenges-in-africa-99202.

31 Michel Bauwens und Vasilis Niaros, »Changing Society Through Urban Com-

mons Transitions«, P2P Foundation, Amsterdam (2017), S. 21–22; http://commonsfilm.com/2019/09/18/futures-of-production-through-cosmo-local-and-commons-based-design/; https://blog.p2pfoundation.net/cosmo-localism-futures-material-production/2016/06/01; https://environmentjournal.online/articles/plymouth-pledge-to-produce-everything-they-consume-by-2054/.

32 https://www.cdp.net/en/cities/world-renewable-energy-cities.

33 Jeremy Rifkin, *The Third Industrial Revolution: How Lateral Power is Transforming Energy, the Economy and the World* (Palgrave Macmillan, 2013), S. 62 [dt. *Die dritte industrielle Revolution: Die Zukunft der Wirtschaft nach dem Atomzeitalter*].

34 http://microgridmedia.com/bangladesh-emerges-hotbed-solar-microgrids-p2penergy-trading/; https://unfccc.int/climate-action/momentum-for-change/ict-solutions/solshare; https://www.worldbank.org/en/results/2013/04/15/bangladesh-lighting-up-rural-communities.

35 Raworth, *Doughnut Economics*, S. 176–178, S. 226.

36 Timothy Mitchell, *Carbon Democracy: Political Power in the Age of Oil* (Verso, 2011), S. 19–21.

37 Monbiot, S. 8, S. 69–70, S. 84–85. Siehe auch Diamond, *Collapse*, S. 425.

38 Rewilding Britain, »Rewilding and Climate Breakdown: How Restoring Nature Can Help Decarbonise the UK«, Rewilding Britain, Steyning, UK, 2019, S. 4, S. 6; Bronson W. Griscom et al., »Natural Climate Solutions«, *PNAS*, Bd. 114, Nr. 44 (2017).

39 Wrigley, S. 3.

40 https://www.government.nl/topics/circular-economy.

41 Ryu Jaeyun, *5 Keys to Understanding China: A Samsung Veteran Shares How to Succeed in China* (Seoul Selection, 2016), S. x.

42 Sebastian Heilmann (Hg.), *China's Political System* (Rowman & Littlefield, 2016), S. 302.

43 https://www.airuniversity.af.edu/Portals/10/CASI/documents/Translations/2023-10-30%20ITOW%20Xi%20Jinping%20Thought%20on%20Socialism%20with%20Chinese%20Characteristics%20for%20a%20New%20Era.pdf, p.82.

44 https://thediplomat.com/2018/02/chinas-ai-agenda-advances/; Fei Xu, *The Belt and Road: The Global Strategy of China High-Speed Railway* (Truth and Wisdom Press/Springer, 2018), S. 189.

45 Rede des Präsidenten Xi vor dem 19. Nationalen Volkskongress der Kommunistischen Partei Chinas: http://www.chinadaily.com.cn/china/19thcpcnationalcongress/2017-11/04/content_34115212.htm; https://www.ecowatch.com/china-ecological-civilization-2532760301.html.

46 https://www.ecowatch.com/china-floating-solar-farm-2516880461.html.

47 https://www.nytimes.com/2017/01/05/world/asia/china-renewable-energy-investment.html.

48 Barbara Finamore, *Will China Save the Planet?* (Polity Press, 2018), S. 1.

49 Heilmann, S. 361.

50 Lu Ding, »China's ›Two Century Goals‹: Progress and Challenges«, *EAI Background Brief Nr. 1072*, National University of Singapore (2015); https://www.ecowatch.com/china-ecological-civilization-2532760301.html.

51 https://patternsofmeaning.com/2018/02/08/what-does-chinas-ecological-civilization-mean-for-humanitys-future/; https://www.independent.co.uk/news/world/asia/how-did-china-use-more-cement-between-2011-and-2013-than-the-us-used-in-the-entire-20th-century-10134079.html.

52 https://www.eia.gov/todayinenergy/detail.php?id=33092.

53 Global Environmental Institute, »China's Involvement in Coal-Fired Projects Along the Belt and Road«, Global Environmental Institute, Beijing (2017), S. 1; Diamond, *Collapse*, S. 372–373.

54 Richard Smith, »China's Drivers and Planetary Ecological Collapse«, *Real World Economics Review*, Nr. 82 (2017), S. 27; Björn Conrad, »Environmental Policy: Curtailing Urban Pollution«, in Sebastian Heilmann (Hg.), *China's Political System* (Rowman & Littlefield, 2016), S. 356–357; https://cleantechnica.com/2014/10/06/chinas-21st-century-dilemma-development-carbon-emissions/.

55 Dies bezeichnet Raworth *(Doughnut Economics*, S. 259–260) als »ausreichende absolute Entkopplung«. Siehe auch Tim Jackson und Peter Victor, »Unraveling the Claims for (and Against) Green Growth«, *Science*, Bd. 366, Nr. 6468 (2019).

56 https://www.theguardian.com/books/2019/sep/21/vaclav-smil-interview-growth-must-end-economists.

57 Philip Alston, »Climate Change and Poverty: Report of the Special Rapporteur on Extreme Poverty and Human Rights«, A/HRC/41/39, UN-Menschenrechtsrat, Genf (2018).

11 Kulturelle Evolution

1 Davis bezeichnet die Ethnosphäre als »kulturelles Netz der Lebendigen« und definiert sie als »Gesamtheit aller Gedanken und Träume, Mythen, Ideen, Anregungen und Intuitionen, die seit Anbeginn des Bewusstseins durch die menschliche Fantasie hervorgebracht wurden«: https://www.ted.com/talks/wade_davis_on_endangered_cultures/transcript?language=en. Der Begriff der Ethnosphäre hat eine gewisse Ähnlichkeit mit der »Noosphäre« von Pierre Teilhard de Chardin (Teilhard de Chardin, *The Phenomenon of Man* (Collins, 1970), S. 200–204 [dt. *Der Mensch im Kosmos*]) und dem Gedanken des »kollektiven Bewusstseins«, wie er ursprünglich von Émile Durkheim verwendet wurde. Ich will damit hier aber kein Gebilde mit eigenständiger Existenz vergegenständlichen. Es ist einfach ein Begriff zur Beschreibung von Ideen, die von zahlreichen Menschen geteilt werden und ihre Weltanschauung prägen.

2 David Sloan Wilson, *This View of Life: Completing the Darwinian Revolution* (Pantheon, 2019), S. xiv. Siehe auch Salk (*Anatomy of Reality*, S. 32, S. 114); er bezeichnete die kulturelle Evolution als »metabiologische Evolution« und glaubte, die Evolution selbst habe eine Evolution durchgemacht und sei jetzt teilweise Gegenstand der Entscheidungen von Menschen.

3 Olivia Bina, Sandra Mateus, Lavinia Pereira und Annalisa Caffa, »The Future Imagined: Exploring Fiction as a Means of Reflecting on Today's Grand Societal Challenges and Tomorrow's Options«, *Futures* (Juni 2016), S. 170, S. 178, S. 180.

4 http://www.bbc.com/culture/story/20190110-how-science-fiction-helps-readers-understand-climate-change; https://www.theguardian.com/books/2015/aug/07/science-fiction-realism-kim-stanley-robinson-alistair-reynolds-ann-leckie-interview.

5 Olaf Stapledon, *Star Maker* (Methuen, 1937) [dt. *Sternenschöpfer*].

6 James Attlee, »A Place That Exists Only in Moonlight: Katie Paterson & JMW Turner«, Turner Contemporary, Margate, UK (2019).

7 *Guardian* (27. Mai 2015).

8 Öffentliches Gespräch zwischen Katie Paterson, Elif Shafak und dem Autor in der British Library, 8. Oktober 2019.

9 Persönliche Korrespondenz, 6. September 2018; https://www.wired.com/2007/07/interview-brian-eno-on-full-transcript/.

10 Persönliches Gespräch, 15. Januar 2019; http://superflux.in/index.php/work/futureenergylab/; https://www.thenational.ae/arts-culture/uturis-symposium-weimar-2019-international-cultural-event-opens-with-praise-for-the-uae-1.877009.

11 https://www.popsci.com/virtual-reality-coral-reef-environment/; https://www.popsci.com/virtual-reality-coral-reef-environment/.

12 https://futuryst.blogspot.com/2015/10/the-thing-from-future.html; https://jfsdigital.org/wp-content/uploads/2019/04/02-Candy-Turning-Foresight-Inside-Out.pdf.

13 Eric Hobsbawm, *Nations and Nationalism Since 1780: Programme, Myth, Reality* (Cambridge University Press, 1990), S. 80–81 [dt. *Die Blütezeit des Kapitals 1848-1875*].

14 Benedict Anderson, *Imagined Communities: Reflections on the Origin and Spread of Nationalism* (Verso, 1991), S. 5–7 [dt. *Die Erfindung der Nation: Zur Karriere eines folgenreichen Konzepts*].

15 Harari, *Homo Deus*, S. 380.

16 Persönliche Korrespondenz mit Mary Gordon, Gründerin von Roots of Empathy, 11. Oktober 2019; www.rootsofempathy.org.

17 https://research-information.bris.ac.uk/en/projects/futurelab.

18 http://www.bullfrogfilms.com/guides/foninternhiroshhrnextgenguide.pdf.

19 Jake Dunagan et al., »Strategic Foresight Studio: A First-Hand Account of an Experiential Futures Course«, *Journal of Futures Studies*, Bd. 23, Nr. 3 (2019), S. 62.

20 https://mralancooper.medium.com/ancestry-thinking-52fd3ff8da17.

21 https://sdgacademy.org/course/planetary-boundaries-human-opportunities/.

22 Lynn White, »The Historical Roots of Our Ecologic Crisis«, *Science*, Bd. 155, Nr. 3,767 (1967), S. 1205; Krznaric, »How Change Happens: Interdisciplinary Perspectives for Human Development«.

23 Papst Franziskus.

24 Interview mit Dr. Tebaldo Vinciguerra, Pontifical Council for Justice and Peace, Rom, 20. April 2018.

25 https://www.theguardian.com/commentisfree/2018/dec/16/divestment-fossil-fuel-industry-trillions-dollars-investments-carbon.

26 https://thehumanist.com/magazine/may-june-2019/features/whats-really-behind-evangelicals-climate-denial.

27 https://www.pewforum.org/2012/12/18/global-religious-landscape-exec/.

28 Hawken selbst hält die Umweltbewegung weniger für eine dezentralisierte Religion als vielmehr für eine biologische Immunantwort auf die Bedrohung der Gesundheit unseres Planeten (Paul Hawken, *Blessed Unrest: How the Largest Social Movement in History is Restoring Grace, Justice and Beauty to the World* (Penguin, 2008), Kapitel 1) [dt. *Wir sind der Wandel: Warum die Rettung der Erde bereits voll im Gang ist – und kaum einer es bemerkt*].

29 Die Frage stellte ich ihm bei einer öffentlichen Veranstaltung im Sheldonian Theatre, Oxford, 2. Oktober 2019.

12 Der Weg des guten Vorfahren

1 Wallace-Wells, S. 12 [dt. S. 22].

2 https://www.ted.com/talks/carole_cadwalladr_facebook_s_role_in_brexit_and_the_threat_to_democracy?language=en.

3 https://publications.iom.int/system/files/pdf/wmr_2018_en.pdf.

4 Friedman, S. xiv.

5 Theodore Zeldin, *Conversation* (Harvill Press, 1998), S. 14 [dt. *Der Rede wert: Wie ein gutes Gespräch Ihr Leben bereichert*. Das Zitat steht nicht wörtlich in der deutschen Ausgabe].

6 Wallace-Wells, S. 34 [dt. S. 48].

7 James Scott, *Two Cheers for Anarchism: Six Easy Pieces on Autonomy, Dignity, and Meaningful Work and Play* (Princeton University Press, 2012), S. 141 [dt. *Applaus dem Anarchismus: Über Autonomie, Würde, gute Arbeit und Spiel*].

8 http://inside.sfuhs.org/dept/history/US_History_reader/Chapter14/MLKriverside.htm.

9 https://theconversation.com/climate-change-yes-your-individual-action-doesmake-a-difference-115169; https://www.vox.com/2016/5/4/11590396/solar-power-contagious-maps.

Anhang Der Intergenerational Solidarity Index

1 McQuilkin, »Doing Justice to the Future«; siehe auch Jamie McQuilkin, »Intergenerational Solidarity, Human Values and Consideration of the Future«, Dissertation zur Erlangung des Titels eines Magister Scientiarum, Fakultät für Psychologie, University of Iceland (2015).

Literaturverzeichnis

Ackerman, Frank, »Debating Climate Economics: The Stern Review vs Its Critics«, Report to Friends of the Earth UK (Juli 2007).

Adam, Barbara, *Time* (Polity Press, 2004).

Adam, Barbara und Chris Groves, *Future Matters: Marking, Making and Minding Futures for the 21st Century*. Auch veröffentlicht als *Future Matters: Action, Knowledge, Ethics* (Brill, 2007).

Alston, Philip, »Climate Change and Poverty: Report of the Special Rapporteur on Extreme Poverty and Human Rights«, A/HRC/41/39, UN-Menschenrechtsrat, Genf (2018).

Anderson, Benedict, *Imagined Communities: Reflections on the Origin and Spread of Nationalism* (Verso, 1991). Deutsch: *Die Erfindung der Nation: Zur Karriere eines folgenreichen Konzepts*. Übersetzt von B. Burkard und C. Münz; Frankfurt am Main: Campus, 2005.

Andersson, Jenny, »The Great Future Debate and the Struggle for the World«, *The American Historical Review*, Bd. 117, Nr. 5 (2012), S. 1402–1410.

Asimov, Isaac, *Foundation* (Panther, 1960).

Atkinson, Diane, Rise Up, *Women! The Remarkable Lives of the Suffragettes* (Bloomsbury, 2018).

Attlee, James, »A Place That Exists Only in Moonlight: Katie Paterson & JMW Turner«, Turner Contemporary, Margate, UK (2019).

Bakan, Joel, *The Corporation: The Pathological Pursuit of Profit and Power* (Free Press, 2004). Deutsch: *Das Ende der Konzerne: Die selbstzerstörerische Kraft der Unternehmen*. Hamburg: Europa Verlag, 2005.

Bardi, Ugo, *The Seneca Effect: Why Growth is Slow but Collapse is Rapid* (Springer, 2017). Deutsch: *Der Seneca-Effekt: Warum Systeme kollabieren und wie wir damit umgehen können*. Übersetzt von G. Gockel und S. Schumacher; München: oekom, 2017.

Barkow, Jerome, Leda Cosmides und John Tooby, *The Adapted Mind: Evolutionary Psychology and the Generation of Culture* (Oxford University Press, 1996).

Barton, Dominic et al., »Measuring the Economic Impact of Short-Termism«, McKinsey Global Institute Discussion Paper (2017).

Bateson, Mary Catherine, *Composing a Further Life: The Age of Active Wisdom* (Vintage, 2011).

Baum, Seth et al., »Long-Term Trajectories of Human Civilization«, *Foresight*, Bd. 21, Nr. 1 (2019), S. 53–83.

Baumeister, Roy, »Collective Prospection: The Social Construction of the Future«, in Seligman, Martin, Peter Railton, Roy Baumeister und Chandra Sripada, *Homo Prospectus* (Oxford University Press, 2016).

Baumeister, Roy et al., »Everyday Thoughts in Time: Experience Sampling Studies of Mental Time Travel«, *PsyArXiv* (2018).

Bauwens, Michel und Vasilis Niaros, »Changing Society Through Urban Commons Transitions«, P2P Foundation, Amsterdam (2017).

Bellassen, Valentin und Sebastiaan Luyssaert, »Carbon Sequestration: Managing Forests in Uncertain Times«, *Nature*, Bd. 13, Nr. 506 (2014), S. 153–155.

Belschner, Jana, »The Adoption of Youth Quotas after the Arab Uprisings«, *Politics, Groups, and Identities* (2018).

Bendell, Jem, »Deep Adaptation: A Map for Navigating Climate Tragedy«, IFLAS Occasional Paper 2, University of Cumbria (2018).

Benyus, Janine, *Biomimcry: Innovation Inspired by Nature* (Perennial, 2002).

Berridge, Kent und Morten Kringelbach, »Affective Neuroscience of Pleasure: Reward in Humans and Animals«, *Psychopharmacology (Berl)*, Bd. 199, Nr. 3 (2008), S. 457–480.

Bidadanure, Juliana, »Youth Quotas, Diversity, and Long-Termism: Can Young People Act as Proxies for Future Generations« in Iñigo González-Ricoy und Axel Grosseries (Hg.), *Institutions for Future Generations* (Oxford University Press, 2016).

Bina, Olivia, Sandra Mateus, Lavinia Pereira und Annalisa Caffa, »The Future Imagined: Exploring Fiction as a Means of Reflecting on Today's Grand Societal Challenges and Tomorrow's Options«, *Futures* (Juni 2016), S. 166–184.

Blowfield, Michael und Leo Johnson, *The Turnaround Challenge: Business and the City of the Future* (Oxford University Press, 2013).

Borrows, John, »Earth-Bound: Indigenous Resurgence and Environmental Reconciliation«, in Michael Asch, John Borrows und James Tully (Hg.), *Resurgence and Reconciliation: Indigenous–Settler Relations and Earth Teachings* (University of Toronto Press, 2018).

Boston, Jonathan, *Governing the Future: Designing Democratic Institutions for a Better Tomorrow* (Emerald, 2017).

Brand, Stewart, *How Buildings Learn: What Happens After They're Built* (Phoenix, 1997).

Brand, Stewart, *The Clock of the Long Now: Time And Responsibility* (Phoenix, 1999). Deutsch: *Das Ticken des langen Jetzt: Zeit und Verantwortung am Beginn des neuen Jahrtausends*. Übersetzt von M. Baltes; Frankfurt am Main: Suhrkamp, 2000.

Brundtland, Gro Harlen, *Report of the World Commission on Environment and Development: Our Common Future*, United Nations General Assembly document A/42/427 (1987).

Burke, Edmund, *Reflections on the Revolution in France* (J. Dodsley, 1790).

Bryson, Bill, *A Short History of Nearly Everything* (Black Swan, 2004). Deutsch: *Eine kurze Geschichte von fast allem*. Übersetzt von S. Vogel; München: Goldmann, 2004.

Busby Grant, Jane und Thomas Suddendorf, »Recalling Yesterday and Predicting Tomorrow«, *Cognitive Development*, Bd. 20 (2005), S. 362–372.

Caney, Simon, »Political Institutions and the Future«, in Iñigo González-Ricoy und Axel Grosseries (Hg.), *Institutions for Future Generations* (Oxford University Press, 2016), S. 135–155.

Caney, Simon, »Democratic Reform, Intergenerational Justice and the Challenges of the Long-Term«, Centre for the Understanding of Sustainability Prosperity, University of Surrey (2019).

Capra, Fritjof, *The Turning Point: Science, Society and the Rising Culture* (Flamingo, 1983). Deutsch: *Wendezeit: Bausteine für ein neues Weltbild*. Übersetzt von E. Schumacher; Bern: Scherz, 1983.

Carlisle, Keith und Rebecca L. Gruby, »Polycentric Systems of Governance: A Theoretical Model for the Commons«, *Policy Studies Journal*, Bd. 47, Nr. 4 (2017), S. 927–952.

Carse, James, *Finite and Infinite Games: A Vision of Life as Play and Possibility* (Free Press, 1986).

Chermack, Thomas, *The Foundations of Scenario Planning: The Story of Pierre Wack* (Routledge, 2017).

Christian, David, *Maps of Time: An Introduction to Big History* (University of California Press, 2005).

Conrad, Björn, »Environmental Policy: Curtailing Urban Pollution«, in Sebastian Heilmann (Hg.), *China's Political System* (Rowman & Littlefield, 2016).

Crewe, Ivor und Anthony King, *The Blunders of Our Government* (Oneworld, 2014).

Cumming, Graeme und Garry Peterson, »Unifying Research on Social-Ecological Resilience and Collapse«, *Trends in Ecology and Evolution*, Bd. 32, Nr. 9 (2017), S. 695–713.

Daly, Herman, *Beyond Growth: The Economics of Sustainable Development* (Beacon Press, 1996). Deutsch: *Wirtschaft jenseits von Wachstum: Die Volkswirtschaftslehre nachhaltiger Entwicklung*. Übersetzt von T. Blume; Salzburg: Pustet, 1999.

Daly, Herman, *Ecological Economics and Sustainable Development: Selected Essays of Herman Daly* (Edward Elgar, 2007).

Darwin, Charles, *The Descent of Man* (Appleton and Company, 1889). Deutsch: *Die Abstammung des Menschen.* Übersetzt von V. Carus. Nachdruck Wiesbaden: Fourier, 1966.

Dator, Jim, »Decolonizing the Future«, in Andrew Spekke (Hg.), *The Next 25 Years: Challenges and Opportunities* (World Future Society, 1975).

de Jouvenel, Bertrand, *The Art of Conjecture* (Weidenfeld & Nicolson, 1967). Deutsch: *Die Kunst der Vorausschau.* Übersetzt von H. R. Ganslandt; Neuwied: Luchterhand, 1967.

Diamond, Jared, »Easter Island Revisited«, *Science*, Bd. 317, Nr. 5,845 (2007), S. 1692–1694.

Diamond, Jared, *Collapse: How Societies Choose to Fail or Survive* (Penguin, 2011). Deutsch: *Kollaps: Warum Gesellschaften überleben oder untergehen.* Übersetzt von S. Vogel; Frankfurt am Main: S. Fischer, 2005.

Ding, Lu, »China's ‚Two Century Goals': Progress and Challenges«, *EAI Background Brief Nr. 1072*, National University of Singapore (2015).

Donella Meadows, Jorgen Randers und Dennis Meadows, *Limits to Growth: The 30-Year Update* (Chelsea Green Publishing, 2005). Deutsch: *Grenzen des Wachstums, das 30-Jahre-Update: Signal zum Kurswechsel.* Übersetzt von A. Held; Stuttgart: Hirzel, 2006.

Dryzek, John, »Institutions for the Anthropocene: Governance in a Changing Earth System«, *British Journal of Political Studies*, Bd. 46, Nr. 4 (2014), S. 937–956.

Dunagan, Jake et al., »Strategic Foresight Studio: A First-Hand Account of an Experiential Futures Course«, *Journal of Futures Studies*, Bd. 23, Nr. 3 (2019), S. 57–74.

Eagleton, Terry, *Hope Without Optimism* (Yale University Press, 2015). Deutsch: *Hoffnungsvoll, aber nicht optimistisch.* Übersetzt von H. Kober; Berlin: Ullstein, 2016.

Ellis, Charles D., *The Partnership: The Making of Goldman Sachs* (Penguin, 2009).

Ennos, Roland, »Aping Our Ancestor«, *Physics World* (Mai 2014), S. 32–36.

Eno, Brian, »The Big Here and Long Now«, Long Now Foundation, San Francisco (2000).

Finamore, Barbara, *Will China Save the Planet?* (Polity Press, 2018).

Flannery, Tim, *The Future Eaters: An Ecological History of the Australian Lands and People* (Secker & Warburg, 1996).

Foa, Robert Stefan und Yascha Mounk, »The Signs of Deconsolidaiton«, *Journal of Democracy*, Bd. 28, Nr. 1 (2017), S. 5–15.

Foweraker, Joe und Roman Krznaric, »Measuring Liberal Democratic Performance: An Empirical and Conceptual Critique«, *Political Studies*, Bd. 48, Nr. 4 (2000), S. 759–787.

Frankl, Viktor, *Man's Search for Meaning: An Introduction to Logotherapy* (Hodder & Stoughton, 1987).

Freeman, Mark, Ben Groom und Michael Spackman, »Social Discount Rates for Cost-Benefit Analysis: A Report for HM Treasury«, HM Treasury, UK Government (2018).

Friedman, Milton, *Capitalism and Freedom* (Chicago University Press, 2002). Deutsch: *Kapitalismus und Freiheit.* Übersetzt von P. C. Martin; München: Deutscher Taschenbuch-Verlag, 1976.

Frison, George, »Paleoindian large mammal hunters on the plains of North America«, *PNAS*, Bd. 95, Nr. 24 (1998), S. 14, 576–583.

Gidley, Jennifer M., *The Future: A Very Short Introduction* (Oxford University Press, 2017).

Gilbert, Daniel, *Stumbling on Happiness* (Harper Perennial, 2007). Deutsch: *Ins Glück stolpern: Über die Unvorhersehbarkeit dessen, was wir uns am meisten wünschen.* Übersetzt von B. Hickisch; München: Riemann, 2006.

Giono, Jean, *The Man Who Planted Trees* (Chelsea Green, 1985).

Gleick, James, *Time Travel: A History* (Fourth Estate, 2016).

Global Environmental Institute, »China's Involvement in Coal-Fired Projects Along the Belt and Road«, Global Environmental Institute, Peking (2017).

Gould, Stephen Jay, *Time's Arrow, Time's Cycle: Myth and Metaphor in the Discovery of Geological Time* (Harvard University Press, 1987). Deutsch: *Die Entdeckung der Tiefenzeit.* Übersetzt von H. Fließbach. München: dtv, 1992.

Gower, Barry S., »What Do We Owe Future Generations?«, in David E. Cooper und Joy A. Palmer (Hg.), *Environment in Question: Ethics and Global Issues* (Routledge, 1992).

Green, Mark (Hg.), *The Big Business Reader on Corporate America* (Pilgrim Press, 1983).

Griscom, Bronson W. et al., »Natural Climate Solutions«, *PNAS*, Bd. 114, Nr. 44 (2017), S. 11,654–11,650.

Halliday, Stephen, *The Great Stink of London: Sir Joseph Bazalgette and the Cleansing of the Victorian Metropolis* (Sutton Publishing, 2001).

Hammond, Marit und Graham Smith, »Sustainable Prosperity and Demo cracy – A Research Agenda«, Centre for the Understanding of Sustainability Prosperity, Working Paper Nr. 8, University of Surrey (2017).

Handy, Charles, *The Second Curve: Thoughts on Reinventing Society* (Random House Books, 2015).

Hanh, Thich Nhat, *Being Peace* (London, 1989). Deutsch: *Innerer Friede, äußerer Friede.* Übersetzt von H. Gerwens-Henke; Zürich: Theseus, 1993.

Hanusch, Frederic und Frank Biermann, »Deep-Time Organizations: Learning Institutional Longevity from History«, *The Anthropocene Review* (2019), S. 1–23.

Harari, Yuval Noah, *Homo Deus: A Brief History of Tomorrow* (Vintage, 2017). Deutsch: *Homo Deus: Eine Geschichte von morgen*. Übersetzt von A. Wirtensohn; München: C. H. Beck, 2017.

Harari, Yuval Noah, *21 Lessons for the 21st Century* (Jonathan Cape, 2018). Deutsch: *21 Lektionen für das 21. Jahrhundert*. Übersetzt von A. Wirthensohn; München: C. H. Beck, 2018.

Hawken, Paul, *Blessed Unrest: How the Largest Social Movement in History is Restoring Grace, Justice and Beauty to the World* (Penguin, 2008). Deutsch: *Wir sind der Wandel: Warum die Rettung der Erde bereits voll im Gang ist – und kaum einer es bemerkt*. Übersetzt von B. Hickisch; Emmendingen: Nietsch, 2010.

Hawkes, Kristen, »The Grandmother Effect«, *Nature*, Bd. 428, Nr. 128 (2004), S. 128–129.

Heilmann, Sebastian (Hg.), *China's Political System* (Rowman & Littlefield, 2016).

Hershfield, Hal, »The Self Over Time«, *Current Opinion in Psychology*, Bd. 26 (2019), S. 72–75.

Hershfield, Hal et al., »Increasing Saving Behavior Through Age-Progressed Renders of the Future Self«, *Journal of Marketing Research*, Bd. 48 (2011), S. S23–37.

Hickel, Jason, »The Sustainable Development Index: Measuring the Ecological Efficiency of Human Development in the Anthropocene«, *Ecological Economics*, Bd. 167 (2020).

HM Treasury, *The Green Book: Central Government Guidance on Appraisal and Evaluation* (HM Treasury, UK Government, 2018).

Hobsbawm, Eric, *Nations and Nationalism Since 1780: Programme, Myth, Reality* (Cambridge University Press, 1990). Deutsch: *Die Blütezeit des Kapitals 1848-1875*. Übersetzt von J. G. Scheffner; Darmstadt: Theiss, 2017.

Hobsbawm, Eric, *The Age of Capital, 1848–1875* (Weidenfeld & Nicolson, 1995).

Hume, David, *A Treatise of Human Nature* (John Noon, 1739). Deutsch: *Über die menschliche Natur*. Übersetzt von L. H. Jakob; Halle: Hemmerde und Schwetschke, 1791.

Hyde, Lewis, *The Gift: How the Creative Spirit Transforms the World* (Canongate, 2006). Deutsch: *Die Gabe: Wie Kreativität die Welt bereichert*. Übersetzt von H. G. Holl; Frankfurt am Main: S. Fischer, 2008.

Intergovernmental Panel on Climate Change, *Climate Change 2014: Synthesis Report* (IPCC, 2014).

IPPR, »Prosperity and Justice: A Plan for the New Economic – The Report of the IPPR Commission on Economic Justice«, Institute for Public Policy Research, London (2018).

Ivanya, Maksym und Anwar Shah, »How Close Is Your Government to its

People? Worldwide Indicators on Localization and Decentralization«, Policy Research Working Paper 6138, Weltbank, Ostasien und Pazifik (2012).
Jackson, Tim, *Prosperity Without Growth: Foundations for the Economy of Tomorrow* (Routledge, 2016). Deutsch: *Wohlstand ohne Wachstum: Leben und Wirtschaften in einer endlichen Welt.* Übersetzt von E. Leipprand; München: oekom, 2011.
Jackson, Tim und Peter Victor, »Unraveling the Claims for (and Against) Green Growth«, *Science*, Bd. 366, Nr. 6,468 (2019), S. 950–951.
Jaeyun, Ryu, *5 Keys to Understanding China: A Samsung Veteran Shares How to Succeed in China* (Seoul Selection, 2016).
Jeter, Kris, »Ancestor Worship as an Intergenerational Linkage in Perpetuity«, *Marriage & Family Review*, Bd. 16, Nos 1–2 (1991), S. 195–217.
Johnson, Steven, *Farsighted: How We Make the Decisions That Matter Most* (Riverhead, 2018).
Jungk, Robert, *Tomorrow is Already Here: Scenes from a Man- Made Word* (Rupert Hart-Davis, 1954).
Kahn, Herman, *On Thermonuclear War* (Princeton University Press, 1960).
Kasuya, Yuko und Kota Mori, »Better Regime Cutoffs for Continuous Democracy Measures«, *Users Working Paper Series 2019:25*, The Varieties of Democracy Institute, University of Gothenburg, Sweden (2019).
Kay, John, »The Kay Review of UK Equity Markets and Long-Term Decision Making«, Department for Innovation, Business and Skills, UK Government (2012).
Kerr, James, *Legacy: 15 Lessons in Leadership* (Constable, 2013).
Khanna, Parag, *Connectography: Mapping the Future of Global Civilization* (Random House, 2016).
Kotre, John, *Make It Count: How to Generate a Legacy That Gives Meaning to Your Life* (The Free Press, 1995). Deutsch: *Lebenslauf und Lebenskunst: Über den Umgang mit der eigenen Biographie.* Übersetzt von J. Trobitius; München: Hanser, 2001.
Kotre, John, »Generative Outcome«, *Journal of Aging Studies*, Bd. 9, Nr. 1 (1995), S. 33–41.
Kringelbach, Morten, *The Pleasure Centre: Trust Your Animal Instincts* (Oxford University Press, 2009).
Kringelbach, Morten und Helen Phillips, *Emotion: Pleasure and Pain in the Brain* (Oxford University Press, 2014).
Krznaric, Roman, »How Change Happens: Interdisciplinary Perspectives for Human Development«, ein Bericht für Oxfam Research (Oxfam, 2007).
Krznaric, Roman, »For God's Sake, Do Something! How Religions Can Find Unexpected Unity Around Climate Change«, Human Development Occasional Papers, Human Development Report Office, United Nations Development Programme (2007).

Krznaric, Roman, »Food Coupons and Bald Mountains: What the History of Resource Scarcity Can Teach Us About Tackling Climate Change«, Human Development Occasional Papers, Human Development Report Office, United Nations Development Programme (2007).

Krznaric, Roman, *Empathy: Why It Matters, and How to Get It* (Rider Books, 2015).

Krznaric, Roman, *Carpe Diem Regained: The Vanishing Art of Seizing the Day* (Unbound, 2017).

Lansing, Stephen, *Perfect Order: Recognizing Complexity in Bali* (Princeton University Press, 2006).

Le Goff, Jacques, *Time, Work, and Culture in the Middle Ages* (Chicago University Press, 1980).

Le Goff, Jacques, *Medieval Civilization 400–1500* (Folio Society, 2011).

Leicester, Graham, *Transformative Innovation: A Guide to Practice and Policy* (Triarchy Press, 2016).

Lent, Jeremy, *The Patterning Instinct: A Cultural History of Humanity's Search for Meaning* (Prometheus, 2017).

Leopold, Aldo, *A Sand County Almanac* (Oxford University Press, 1968). Deutsch: *Am Anfang war die Erde: Plädoyer zur Umwelt-Ethik*. Übersetzt von E. M. Walther; München: Knesebeck, 1992.

Lopez, Maria Alex, *Invisible Women* (Palibrio, 2013).

Lovins, Hunger, Stewart Wallis, Anders Wijkman und John Fullerton, *A Finer Future: Creating an Economy in Service to Life* (New Society Publishers, 2018).

Macfarlane, Robert, *Underland: A Deep Time Journey* (Hamish Hamilton, 2019). Deutsch: *Im Unterland: Eine Entdeckungsreise in die Welt unter der Erde*. Übersetzt von A. Jandl und F. Sievers; München: Penguin, 2019.

MacKenzie, Michael K., »Institutional Design and Sources of Short-Termism«, in Iñigo González-Ricoy und Axel Grosseries (Hg.), *Institutions for Future Generations* (Oxford University Press, 2016).

Mary Robinson Foundation – Climate Justice, »A Case for Guardians of the Future«, Mary Robinson Foundation – Climate Justice Position Paper (Februar, 2017).

Mary Robinson Foundation – Climate Justice, »Global Guardians: A Voice for the Future«, Mary Robinson Foundation – Climate Justice Position Paper (April, 2017).

McCarthy, Natasha, *Engineering: A Beginner's Guide* (Oneworld, 2009).

McPhee, John, *Basin and Range* (Farrar, Straus and Giroux, 1980).

McQuilkin, Jamie, »Intergenerational Solidarity, Human Values and Consideration of the Future«, Doktorarbeit zur Erlangung des Grades Magister Scientiarum an der Fakultät für Psychologie, University of Island (2015).

McQuilkin, Jamie, »Doing Justice to the Future: A Global Index of Intergenerational Solidarity Derived from National Statistics«, *Intergenerational Justice Review*, Bd. 4, Nr. 1 (2018), S. 4–21.

Meadows, Donella, *Thinking in Systems: A Primer* (Earthscan, 2009). Deutsch: *Die Grenzen des Denkens: Wie wir sie mit System erkennen und überwinden können.* Übersetzt von K. Bossel und H. Bossel; München: oekom, 2010.

Meadows, Donella, Dennis Meadows, Jorgen Randers und William Behrens, *The Limits to Growth* (Universe Books, 1972). Deutsch: *Die Grenzen des Wachstums.* Übersetzt von H.-D. Heck; Stuttgart: Deutsche Verlags-Anstalt, 1972.

Meadows, Donella, Jorgen Randers und Dennis Meadows, *Limits to Growth: The 30–Year Update* (Chelsea Green, 2004). Deutsch: *Grenzen des Wachstums, das 30-Jahre-Update: Signal zum Kurswechsel.* Übersetzt von A. Held; Stuttgart: Hirzel, 2006.

Meiksins Wood, Ellen, *The Origin of Capitalism: A Longer View* (Verso, 2017). Deutsch: *Der Ursprung des Kapitalismus: Eine Spurensuche.* Übersetzt von H. Etzbach; Hamburg: Laika, 2015.

Mischel, Walter, Yuichi Shoda und Monica Rodriguez, »Delay of Gratification in Children«, *Science*, Bd. 244, Nr. 4,907 (1989), S. 933–998.

Mitchell, Timothy, *Carbon Democracy: Political Power in the Age of Oil* (Verso, 2011).

Modis, Theodore, »Why the Singularity Cannot Happen«, in A. H. Eden et al. (Hg.), *The Singularity Hypotheses, The Frontiers Collection* (Springer, 2012), S. 311–339.

Monbiot, George, *Feral: Searching for Enchantment on the Frontiers of Rewilding* (Allen Lane, 2013). Deutsch: *Verwildert: Die Wiederherstellung unserer Ökosysteme und die Zukunft der Natur.* Übersetzt von D. Höfer; Berlin: Matthes und Seitz, 2021.

Mumford, Lewis, *The Human Prospect* (Beacon Press, 1955).

Neihardt, John G., *Black Elk Speaks* (Excelsior, 2008). Deutsch: *Ich rufe mein Volk.* Übersetzt von S. Lang; Berlin: Weltbild, 1995.

Nicholls, Margaret, »What Motivates Intergenerational Practices in Aotearoa/New Zealand«, *Journal of Intergenerational Relationships*, Bd. 1, Nr. 1 (2003), S. 179–181.

Nordhaus, William, »The Political Business Cycle«, *Review of Economic Studies*, Bd. 42, Nr. 2 (1975), S. 169–190.

O'Brien, Mark und Thomas Ryan, »Rights and Representation of Future Generations in United Kingdom Policy«, Centre for the Study of Existential Risk, University of Cambridge (2017).

O'Connell, Mark, *To Be a Machine: Adventures Among Cyborgs, Utopians, Hackers, and the Futurists Solving the Modest Problem of Death* (Granta, 2017). Deutsch: *Unsterblich sein: Reise in die Zukunft des Menschen.* Übersetzt von S. Schmid; München: Hanser, 2017.

O'Leary, Maureen et al., »The Placental Mammal Ancestor and the Post-K-Pg Radiation of Placentals«, *Science*, Bd. 339, Nr. 6,120 (2013), S. 662–667.

Ord, Toby, *The Precipice: Existential Risk and the Future of Humanity* (Bloomsbury, 2020).

Ostrom, Elinor, *A Polycentric Approach for Coping with Climate Change*, World Bank Policy Research Working Paper 5095 (2009).

Owen, David und Graham Smith, »Sortition, Rotation and Mandate: Conditions for Political Equality and Deliberative Reasoning«, *Politics and Society*, Bd. 46, Nr. 3 (2018), S. 419–434.

Oxford Martin Commission, »Now for the Long-Term: The Report of the Oxford Martin Commission for Future Generations', Oxford Martin School, Oxford University (2013).

Pahl, Sabine, Stephen Sheppard, Christine Boomsma und Christopher Groves, »Perceptions of Time in Relation to Climate Change«, *WIREs Climate Change*, Bd. 5 (Mai/Juni 2014), S. 375–388.

Parfit, Derek, *Reasons and Persons* (Clarendon Press, 1987).

Passig, David, »Future Time-Span as a Cognitive Skill in Future Studies«, *Futures Research Quarterly* (Winter 2004), S. 27–47.

Pinker, Steven, *Enlightenment Now: The Case for Reason, Science, Humanism and Progress* (Viking, 2018). Deutsch: *Aufklärung Jetzt: Für Vernunft, Wissenschaft, Humanismus und Fortschritt*. Übersetzt von M. Wiese; Frankfurt am Main: S. Fischer, 2018.

Papst Franziskus, *Laudato si*, Enzyklika des Heiligen Vaters Franziskus, Vatikan, Rom (2015).

Porritt, Jonathon, *The World We Made* (Phaidon, 2013).

Princen, Thomas, »Constructing the Long Term: The Positive Case in Climate Policy and Other Long Crises«, Arbeitspapier, Frederick A. und Barbara M. Erb Institute for Global Sustainable Enterprise, University of Michigan (2007).

Princen, Thomas, »Long-Term Decision-Making: Biological and Psychological Evidence«, *Global Environmental Politics*, Bd. 9, Nr. 3 (2009), S. 9–19.

Railton, Peter, »Introduction«, in Martin Seligman, Peter Railton, Roy Baumeister und Chandra Sripada, *Homo Prospectus* (Oxford University Press, 2016).

Rameka, Lesley Kay, »Kia whakatomuri te haere whakamua: I walk backwards into the future with my eyes fixed on my past«, *Contemporary Issues in Early Childhood*, Bd. 17, Nr. 4 (2017), S. 37–39.

Raskin, Paul, »Journey to Earthland: The Great Transition to Planetary Civilization«, Tellus Institute, Boston (2016).

Ratey, John, *A User's Guide to the Brain* (Abacus, 2013). Deutsch: *Das menschliche Gehirn: Eine Gebrauchsanweisung*. Übersetzt von S. Schumacher; Darmstadt: Wissenschaftliche Buchgesellschaft, 2001.

Rawls, John, *A Theory of Justice* (Belknap Press, 1971).

Rawls, John, *Political Liberalism* (Columbia University Press, 1993).

Raworth, Kate, *Doughnut Economics: Seven Ways to Think Like a 21st-Century Economist* (Random House Books, 2017). Deutsch: *Die Donut-Ökonomie: Endlich ein Wirtschaftsmodell, das den Planeten nicht zerstört.* Übersetzt von H. Freundl und S. Schmid; München: Hanser, 2018.

Raworth, Kate, »A Doughnut for the Anthropocene: Humanity's Compass in the 21st Century«, *The Lancet Planetary Health*, Bd. 1, Nr. 2 (2017), S. 48–49.

Read, Rupert, *Guardians of the Future: A Constitutional Case for Representing and Protecting Future People* (Green House, 2011).

Read, Rupert, »The Philosophical and Democratic Case for a Citizens' Super-Jury to Represent and Defend Future People«, *Journal of International Relations Research*, Nr. 3 (Dezember 2013), S. 5–29.

Read, Rupert und Samuel Alexander, *This Civilization Is Finished: Conversations on the End of Empire – and What Lies Beyond* (Simplicity Institute, 2019).

Rees, Martin, *On the Future: Prospects for Humanity* (Princeton University Press, 2018). Deutsch: *Unsere Zukunft: Perspektiven für die Menschheit.* Übersetzt von M. Wiese; Darmstadt: wbg Theiss, 2020.

Rewilding Britain, »Rewilding and Climate Breakdown: How Restoring Nature Can Help Decarbonise the UK«, Rewilding Britain, Steyning, UK (2019).

Rifkin, Jeremy, *Time Wars: The Primary Conflict in Human History* (Touchstone, 1987). Deutsch: *Uhrwerk Universum: Die Zeit als Grundkonflikt des Menschen*. Übersetzt von M. Huber; München: Kindler, 1988.

Rifkin, Jeremy, *Biosphere Politics: A New Consciousness for a New Century* (Crown, 1991).

Rifkin, Jeremy, *The Third Industrial Revolution: How Lateral Power is Transforming Energy, the Economy and the World* (Palgrave Macmillan, 2013). Deutsch: *Die dritte industrielle Revolution: Die Zukunft der Wirtschaft nach dem Atomzeitalter.* Übersetzt von B. Schmid; Frankfurt am Main: Campus, 2011.

Roberts, W. A., »Are Animals Stuck in Time?«, *Psychological Bulletin*, Bd. 128, Nr. 3 (2002), S. 473–489.

Ruskin, John, *The Seven Lamps of Architecture, The Complete Works of John Ruskin*, Bd. VIII (George Allen, 1903), S .233.

Saffo, Paul, »Six Rules for Effective Forecasting«, *Harvard Business Review* (Juli–August 2007).

Sagan, Carl, *Pale Bluet Dot: A Vision of the Human Future in Space* (Ballantine Books, 1997). Deutsch: *Blauer Punkt im All: Unsere Zukunft im Kosmos*. Übersetzt von S. Bunzel; München: Droemer Knaur, 1996.

Salk, Jonas, »Are We Being Good Ancestors?«, Dankesrede zur Verleihung des Jawaharlal Nehru Award for International Understanding, New Delhi, 10. Januar 1977.

Reprinted in *World Affairs: The Journal of International Issues*, Bd. 1, Nr. 2 (Dezember 1992), S. 16–18.

Salk, Jonas, *Anatomy of Reality: Merging of Intuition and Reason* (Columbia University Press, 1983).

Salk, Jonas und Jonathan Salk, *A New Reality: Human Evolution for a Sustainable Future* (City Point Press, 2018).

Salk, Jonathan, »Planetary Health: A New Perspective«, *Challenges*, Bd. 10, Nr. 7 (2019), S. 1–7.

Sanders, Michael und Sarah Smith, »Can Simple Prompts Increase Bequest Giving? Field Evidence from a Legal Call Centre«, *Journal of Economic Behaviour and Organization*, Bd. 125 (C) (2016), S. 179–791.

Sanders, Michael, Sarah Smith, Bibi Groot, David Nolan, »Legacy Giving and Behavioural Insights«, Behavioural Insights Team, University of Bristol (2016).

Schubotz, Ricarda, »Long-Term Planning and Prediction: Visiting a Construction Site in the Human Brain«, in W. Welsch et al. (Hg.), *Interdisciplinary Anthropology* (Springer, 2011).

Schwartz, Peter, *The Art of the Long View: Planning the Future in an Uncertain World* (Currency, 1991).

Scott, James, *Seeing Like a State: How Certain Schemes to Improve the Human Condition Have Failed* (Yale University Press, 1998).

Scott, James, *Two Cheers for Anarchism: Six Easy Pieces on Autonomy, Dignity, and Meaningful Work and Play* (Princeton University Press, 2012). Deutsch: *Applaus dem Anarchismus: Über Autonomie, Würde, gute Arbeit und Spiel.* Übersetzt von W. Petermann; Wuppertal: Hammer, 2014.

Scranton, Roy, *Learning to Die in the Anthropocene* (City Lights Books, 2015).

Seligman, Martin, Peter Railton, Roy Baumeister und Chandra Sripada, *Homo Prospectus* (Oxford University Press, 2016).

Seuss, Dr., *The Lorax* (HarperCollins, 1997).

Shoham, Shlomo und Nira Lamay, »Commission for Future Generations in the Knesset: Lessons Learnt«, in Joerg Chet Tremmel (Hg.), *Handbook of Intergenerational Justice* (Edward Elgar, 2006), S. 244–281.

Skrimshire, Stefan, »Deep Time and Secular Time: A Critique of the Environmental ›Long View‹«, *Theory, Culture and Society*, Bd. 36, Nr. 1 (2018), S. 63–81.

Slaughter, Richard, »Long-Term Thinking and the Politics of Reconceptualization«, *Futures*, Bd. 28, Nr. 1 (1996), S. 75–86.

Smith, Graham, »Enhancing the Legitimacy of Offices for Future Generations«, *Political Studies* (2019).

Smith, Richard, »China's Drivers and Planetary Ecological Collapse«, *Real World Economics Review*, Nr. 82 (2017).

Solnit, Rebecca, *A Paradise Built in Hell: The Extraordinary Communities that Arise in Disasters* (Penguin, 2010).

Son, Hyeonju, »The History of Western Futures Studies: An Exploration of the Intellectual Traditions and Three-Phase Periodization«, *Futures* Bd. 66 (Februar 2015), S. 120–137.
Stapledon, Olaf, *Star Maker* (Methuen, 1937), http://gutenberg.net.au/ebooks06/0601841.txt. Deutsch: *Sternenschöpfer.* Übersetzt von T. Schlück; Lüneburg: Dieter von Reeken, 2022.
Stapledon, Olaf, *Last And First Men* (Millennium, 1999).
Steffen, Will et al., »The Anthropocene: From Global Change to Planetary Stewardship«, *Ambio*, Bd. 40, Nr. 7 (2011), S. 739–761.
Steffen, Will et al., »The Trajectory of the Anthropocene: The Great Acceleration«, *The Anthropocene Review*, Bd. 2, Nr. 1 (2015), S. 81–98.
Steffen, Will, Johan Rockström et al., »Trajectories of the Earth System in the Anthropocene«, *PNAS*, Bd. 115, Nr. 33 (2019), S. 8, 252–259.
Stern, Nicholas, *The Economics of Climate Change: The Stern Review* (Cambridge University Press, 2014).
Straus, Lawrence Guy, »Upper Paleolithic Hunting Tactics and Weapons in Western Europe«, *Archeological Papers of the American Anthropological Association*, Bd. 4, Nr. 1 (1993), S. 89–93.
Suzuki, David, *The Legacy: An Elder's Vision for Our Sustainable Future* (Greystone Books, 2010).
Tainter, Joseph, »Problem Solving: Complexity, History, Sustainability«, *Population and Environment: A Journal of Interdisciplinary Studies*, Bd. 22, Nr. 1 (2000), S. 3–41.
Taleb, Nassim Nicholas, *The Black Swan: The Impact of the Highly Improbable* (Penguin, 2007). Deutsch: *Der schwarze Schwan: Die Macht höchst unwahrscheinlicher Ereignisse.* Übersetzt von I. Proß-Gill; München: Albrecht Knaus, 2015.
Teilhard de Chardin, Pierre, *The Phenomenon of Man* (Collins, 1970). Deutsch: *Der Mensch im Kosmos*, übersetzt von O. Marbach; München: C. H. Beck, 2010.
Thompson, Dennis, »Representing Future Generations: Political Presentism and Democratic Trusteeship«, *Critical Review of International Social and Political Philosophy*, Bd. 13, Nr. 1 (2010), S. 17–37.
Thompson, E.P., »Time, Work Discipline and Industrial Capitalism«, *Past & Present*, Bd. 38, Nr. 1 (1967), S. 56–97.
Thorp, Jennifer, »New College's Hall and Chapel Roofs«, Manuskript, New College, Oxford (2009).
Todorov, Tzvetan, *The Fragility of Goodness: Why Bulgaria's Jews Survived the Holocaust* (Weidenfeld & Nicolson, 2001).
Toffler, Alvin, *Future Shock* (Pan, 1971). Deutsch: *Der Zukunftsschock*; Bern: Scherz, 1970.
Tonn, Bruce E., »Philosophical, Institutional, and Decision Making Frameworks

for Meeting Obligations to Future Generations«, *Futures*, Bd. 95 (2017), S. 44–57.

Tonn, Bruce E., Angela Hemrick und Fred Conrad, »Cognitive Representations of the Future: Survey Results«, *Futures*, Bd. 38 (2006), S. 810–29.

Totman, Conrad, *The Green Archipelago: Forestry in Pre- Industrial Japan* (Ohio University Press, 1989).

Totman, Conrad, *A History of Japan* (Blackwell, 2005).

Tremmel, Joerg Chet (Hg.), *Handbook of Intergenerational Justice* (Edward Elgar, 2006).

United Nations Development Programme, *Human Development Report 2007/8: Fighting Climate Change – Human Solidarity in a Divided World* (UNDP, 2007).

Van der Leeuw, Sander, »The Archaeology of Innovation: Lessons for Our Times«, in Carlson Curtis und Frank Moss (Hg.), *Innovation: Perspectives for the 21st Century* (BBVA, 2010).

Van der Leeuw, Sander, David Lane und Dwight Read, »The Long-Term Evolution of Social Organization«, in David Lane et al. (Hg.), *Complexity Perspectives in Innovation and Social Change* (Springer, 2009).

Van Hensbergen, Gijs, *The Sagrada Família: Gaudí's Heaven on Earth* (Bloomsbury, 2017).

Van Schoubroeck, Frank und Harm Kool, »The Remarkable History of Polder Systems in the Netherlands«, FAO, Rom (2010).

V-Dem Institute, »Democracy Facing Global Challenges: V-Dem Annual Democracy Report 2019«, V-Dem Institute, University of Gothenburg (2019).

Venkataraman, Bina, *The Optimist's Telescope: Thinking Ahead in a Reckless Age* (Riverhead, 2019).

Von Weizsäcker, Ernst Ulrich und Anders Wijkman, *Come On! Capitalism, Shorttermism, Population and the Destruction of the Planet – A Report to the Club of Rome* (Springer, 2018).

Vrousalis, Nicholas, »Intergenerational Justice: A Primer«, in Iñigo González-Ricoy und Axel Grosseries (Hg.), *Institutions for Future Generations* (Oxford University Press, 2016), S. 49–64.

Wack, Pierre, »Scenarios: Unchartered Waters Ahead«, *Harvard Business Review* (September 1985), S. 73–89.

Wack, Pierre, »Scenarios: Shooting the Rapids«, *Harvard Business Review* (November 1985), S. 139–150.

Wade-Benzoni, Kimberley, »Legacy Motivations and the Psychology of Intergenerational Decisions«, *Current Opinion in Psychology*, Bd. 26 (April 2019), S. 19–22.

Wade-Benzoni, Kimberly et al., »It's Only a Matter of Time: Death, Legacies, and Intergenerational Decisions«, *Psychological Science*, Bd. 23, Nr. 7 (2012), S. 704–709.

Wahl, Daniel Christian, *Designing Regenerative Cultures* (Triarchy Press, 2016). Deutsch: *Regenerative Kulturen gestalten.* Palma de Mallorca: Phänomen Verlag 2022.

Wallace-Wells, David, *The Unhabitable Earth: A Story of the Future* (Allen Lane, 2019). Deutsch: *Die unbewohnbare Erde: Leben nach der Erderwärmung.* Übersetzt von E. Schmalen; München: Ludwig, 2019.

Wells, H. G., *An Outline of History* (Macmillan, 1920).

Wells, H. G., *The Discovery of the Future* (B.W. Huebsch, 1913).

Wells, H. G., *The Conquest of Time* (Watts, 1942).

White, Lynn, »The Historical Roots of Our Ecologic Crisis«, *Science*, Bd. 155, Nr. 3,767 (1967), S. 1203–1207.

White, Stuart, »Parliaments, Constitutional Conventions, and Popular Sovereignty«, *British Journal of Politics and International Relations*, Bd. 19, Nr. 2 (2017).

Whybrow, Peter, *The Well-Tuned Brain: A Remedy for a Manic Society* (Norton, 2016).

Wilson, David Sloan, *This View of Life: Completing the Darwinian Revolution* (Pantheon, 2019).

Wright, Ronald, *A Short History of Progress* (Canongate, 2004). Deutsch: *Eine kurze Geschichte des Fortschritts.* Übersetzt von M. Niehaus-Osterloh; Reinbek: Rowohlt, 2006.

Wrigley, E. A., *Energy and the English Industrial Revolution* (Cambridge University Press, 2010).

Wurster, Stefan, »Comparing Ecological Sustainability in Autocracies and Democracies«, *Contemporary Politics*, Bd. 19, Nr. 1 (2013).

Xu, Fei, *The Belt and Road: The Global Strategy of China High-Speed Railway* (Truth and Wisdom Press/Springer, 2018).

Zaval, Lisa, Ezra M. Markowitz und Elke U. Weber, »How Will I Be Remembered? Conserving the Environment for the Sake of One's Legacy«, *Psychological Science*, Bd. 26, Nr. 2 (2015), S. 231–236.

Zeldin, Theodore, *Conversation* (Harvill Press, 1998). Deutsch: *Der Rede wert: Wie ein gutes Gespräch Ihr Leben bereichert.* Übersetzt von W. Rhiel; München: Piper, 2001.

Bildnachweis

Grafiken auf den S. 25, 43, 50, 101, 106, 110, 157, 158, 169, 171, 178, 183, 219, 221, 239 von Nigel Hawtin
S. 59: Alamy / © University of York/Heritage Images
S. 72: Alamy / Library Book Collection
S. 93: Getty Images / William Campbell
S. 123: Alamy / Archivah
S. 141: Alamy / World History Archive
S. 163: Aus *On Thermonuclear War* von Herman Kahn
S. 192: Alamy / Piero Cruciatti
S. 217: Roman Krznaric
S. 230: Ritsuji Yoshioka
S. 254: Kate Raworth
S. 264: Alamy / Joerg Boethling
S. 286: Superflux
S. 297: Alamy / Iconpix
S. 304: Roman Krznaric und Nigel Hawtin
S. 313: Jamie McQuilkin

Auszug aus ›Hieroglyphic Stairway‹ von Drew Dellinger verwendet mit freundlicher Genehmigung des Autors. Zitat von Jonas Salk verwendet mit freundlicher Genehmigung der Jonas Salk Legacy Foundation und der Familie von Jonas Salk.

Das bei der Produktion dieses Buches entstandene CO_2 wurde durch die Finanzierung von Klimaschutzprojekten kompensiert:
climate-id.com/17531-2110-1001/de

Die englische Originalausgabe erschien 2020 unter dem Titel ›The Good Ancestor‹ bei WH Allen, London.

1. Auflage 2024

Übersetzung: Sebastian Vogel
Umschlaggestaltung: Lübbeke Naumann Thoben, Köln,
nach einer Vorlage von Jamie Keenan
Satz: Fagott, Ffm
Gesetzt aus der Sabon LT Pro
Druck und Verarbeitung: CPI books GmbH, Leck
Gedruckt auf säurefreiem und chlorfrei gebleichtem Papier
Printed in Germany
ISBN 9783-8321-6943-5

www.dumont-buchverlag.de